Manfred Oberlechner (Hg.)

Die missglückte Integration?

Wege und Irrwege in Europa

D1665414

Sociologica
Herausgegeben von Hilde Weiss und Christoph Reinprecht

Band 10

Manfred Oberlechner (Hg.)

Die missglückte Integration?

Wege und Irrwege in Europa

BRAUMÜLLER

Gedruckt mit Förderung
des Bundesministeriums für Bildung, Wissenschaft und Kultur in Wien.

Mit Dank für die Unterstützung des Internationalen VeBBAS-Symposiums
(Die Salzburger arbeitsmarktpolitische Betreuungseinrichtung VeBBAS zur
Integration von ZuwanderInnen in den österreichischen Arbeitsmarkt)
*Die gescheiterte Integration? Bilanzen, Impulse, Perspektiven aus österreichischer
und EU-europäischer Sicht* (Salzburg, 28. bis 29. Oktober 2005) an den
VeBBAS-Vorstand und die folgenden Institutionen:

Bibliografische Information Der Deutschen Bibliothek

Die Deutsche Bibliothek verzeichnet diese Publikation in der
Deutschen Nationalbibliografie; detaillierte bibliografische Daten
sind im Internet über http://dnb.ddb.de abrufbar.

Printed in Austria

© 2006 by Wilhelm Braumüller
Universitäts-Verlagsbuchhandlung Ges.m.b.H.
A-1092 Wien
http://www.braumueller.at

ISSN 1814-5647
ISBN 3-7003-1573-2
ISBN 978-3-7003-1573-5

Basisdesign für Cover: Lukas Drechsel-Burkhard
Satz: Mario Nepraunig
Druck: Ferdinand Berger & Söhne Gesellschaft m.b.H., A-3580 Horn

Inhalt

Geleitwort

Integration heißt „die Entstehung einer Einheit aus einzelnen Teilen". Integration ist ein wechselseitiger Prozess, der von allen Beteiligten ein großes Maß an Toleranz und demokratischer Reife abverlangt. Sie passiert nicht, sie wächst, wenn die Rahmenbedingungen stimmig sind.

In der Vergangenheit hat eine starke Zuwanderung nach Österreich und damit auch nach Salzburg stattgefunden. Wir begegnen täglich Menschen mit unterschiedlichen Weltbildern, Einstellungen sowie Lebens- und Verhaltensformen.

Ich persönlich sehe Integration als tägliche Herausforderung, die neben der rechtlichen Anerkennung vor allem die innere Anerkennung durch Menschen mit Geist und Herz benötigt. Es ist auch notwendig, die Sensibilität unserer Bevölkerung für die Wünsche und Probleme unserer ausländischen MitbürgerInnen zu fördern.

Seit nunmehr 20 Jahren sind die MitarbeiterInnen des Vereines VeBBAS in Salzburg engagiert in der täglichen Integrationsberatung und -betreuung tätig. Dafür danke ich an dieser Stelle namens des Landes Salzburg, wie auch persönlich, sehr herzlich. Ihr Engagement trägt zu einem friedlichen, kreativen und produktiven Miteinander bei. Sie können stolz auf Ihre Arbeit sein, das Land Salzburg ist es jedenfalls.

Gabi Burgstaller
Landeshauptfrau von Salzburg

Vorwort

Die Reihe Sociologica befasst sich mit Problemen österreichischer Gegenwart – oft reichen sie tief in die Vergangenheit hinein, einige der bisher erschienenen Bände haben sich speziell mit Minderheiten und Vorurteilen, Migration und Rückwanderung nach Österreich auseinandergesetzt.

Dieser Band knüpft an diese Thematik an, dennoch ist dieses Buch anders. Ganz im Trend stellt es zwar die Frage „Die missglückte Integration?" Statt einer geläufigen Diagnose, wie sie in der sozialwissenschaftlichen Literatur oft nur zu bereitwillig gegeben wird, bleibt die Antwort offen. Wie stellt sich die 25-jährige Geschichte der Migration in Österreich aus der Sichtweise all jener dar, die – sei es als Beteiligte, als Helfer oder Opfer, als Berater oder Flüchtlinge, als WissenschaftlerInnen aus den verschiedensten Bereichen – damit befasst waren? Aus dem Perspektivenwechsel entsteht keine stimmige Erzählung, aber ein tiefer Einblick in das Problemfeld.

Berichte über biografische Schicksale zeigen etwa die Problematik des Flüchtlings, dem es im gesetzlichen Dickicht nach Jahren geglückter Integration nicht gelingt, in Österreich Fuß zu fassen; andere Schilderungen wieder stellen das Klischee vom „Opfer MigrantIn" radikal in Frage. Die Unangemessenheit von Stereotypien und Klischees zeigt speziell die – in die Geschichte zurückgehende – Biografie eines den Holocaust überlebenden jüdischen Flüchtlings.

WissenschaftsvertreterInnen der verschiedenen Disziplinen entwickeln ihre Sicht des Integrationsthemas. Schließlich hat der Begriff der Integration selbst schon seine Geschichte, was sich nicht nur an den veränderten Konzepten und Ideen zeigt – etwa von den frühen Modellen des melting pot oder der multikulturellen Gesellschaft zur Auseinandersetzung mit Transnationalismus, sondern vor allem an der Notwendigkeit, den neuen und künftigen Formen des Wanderns Rechnung zu tragen. Die Lebenswirklichkeit einer künftig globalen, wandernden Arbeiterschaft, als Saisonniers oder Illegale, wird nicht mehr viel mit den heutigen Auseinandersetzungen um „Integration oder Assimilation", um das Bewahren von Identität und Tradition, zu tun haben. Welche Entwicklungen unsere gewohnten Vorstellungen von kultureller Anpassung durch den Globalisierungsdruck annehmen werden, darüber können auch die WissenschaftlerInnen noch keine konkreten Prognosen geben.

Während in naher Zukunft ganz andere Probleme durch die neuen Formen der Mobilisierung der Menschen in weltweiten Migrationsbewegungen bereitstehen, wird in Österreich die klassische Debatte „Integration oder Assimilation" geführt. Aus dem Sichtwechsel der verschiedenen AutorInnen dieses Bandes können die LeserInnen nachvollziehen, wie sich die Probleme – je nach Praxisfeld und Rolle – anders darstellen. Nicht zuletzt werden die tiefen gesellschaftlichen Veränderungen, die seit der Ankunft der ersten „Gastarbeiter" in Österreich stattgefunden haben, deutlich: am Wandel der Zuwandernden selbst, am Wandel der Gesetze, am Wandel der politischen Diskurse. Jedes der Kapitel des Buches beleuchtet eine andere Facette der Thematik, der Wechsel der Perspektiven macht das Buch deshalb zu einem besonders interessanten und spannenden Beitrag zu einer auch künftig sicher nicht endenden Debatte.

Hilde Weiss

Einleitung des Herausgebers

Zuwanderer in Österreich brauchen die reale Chance und die berechtigte Hoffnung, sich durch eigene berufliche Fertigkeiten, Ausbildungen und Erfahrungen – kurz: durch die eigene Leistungskraft – in den österreichischen Arbeitsmarkt und dadurch in unsere Gesellschaft integrieren zu können.

Seit 20 Jahren leistet die Salzburger arbeitsmarktpolitische Betreuungseinrichtung VeBBAS Hilfestellungen zur Integration von Zuwanderern. Die Zuwanderung in der Vergangenheit hat den österreichischen Arbeitsmarkt zur interkulturellen Drehscheibe und zum Kreuzungspunkt für ArbeitnehmerInnen mit unterschiedlichen Weltbildern, Einstellungen sowie Lebensformen gewandelt.

Als wissenschaftlicher Projektleiter für den Bereich Arbeitsmarktpolitik sehe ich es als vorrangiges Ziel, die hierfür nötigen zukunftsweisenden Grundlagen im Rahmen von Deutschkursen, Symposien, Vorträgen, Workshops, Radioprogrammen, Kulturveranstaltungen und Publikationen zu schaffen. Der vorliegende Sammelband, der auf unser erfolgreiches Internationales Symposium „Die gescheiterte Integration? Bilanzen, Impulse, Perspektiven aus österreichischer und EU-europäischer Sicht" (Salzburg, 28. bis 29. Oktober 2005) aufbaut, will – wenn es um Integration geht – *Theorie und Praxis der Integrationsarbeit verknüpfen und Integration in Gegenwart und Vergangenheit beleuchten.* Weder von wissenschaftlicher noch von anderer Seite liegt zu dieser Thematik bis dato eine derart praktische und wissenschaftliche Herangehensweise vor, meist handelt es sich ja um die Scheidung streng wissenschaftlicher von praktischen Inhalten. Den AutorInnen wurde für die nun vorliegende Zusammenschau jegliche Freiheit gelassen, die aus ihrer Sicht anstehenden und notwendigen Kernfragen zur Integration zu formulieren – ausgehend von Österreich über internationale Fallbeispiele bis hin zur theoretischen Reflexionsebene.

Der neuralgischen Drehscheibe *Arbeitsmarkt und Integration* (Teil I) wird seitens der arbeitsmarktpolitischen Betreuungseinrichtung VeBBAS von Margit Öppmayr aus praktischer Erfahrungssicht ein besonderes Augenmerk geschenkt, ebenso von Siegfried Steinlechner, Landesgeschäftsführer des Arbeitsmarktservices Salzburg mit einer grundlegenden und empirisch-statistischen Arbeit, außerdem vom Leiter des Referates Sozialversicherung der Kammer für Arbeiter und Angestellte für Salzburg, Peter Weis.

Möglichkeiten und Grenzen institutioneller Integrationsarbeit (Teil II) loten Nebahat Yilmaz-Huber von der Universität Innsbruck sowie Gerhard Hetfleisch vom Zentrum für MigrantInnen in Tirol (ZeMiT) aus.

Historische und exiltheoretische Herangehensweisen (Teil III) beschreiten Albert Lichtblau vom Fachbereich für Geschichts- und Politikwissenschaft sowie Zentrum für jüdische Kulturgeschichte an der Universität Salzburg,

Siglinde Bolbecher von der Österreichischen Gesellschaft für Exilforschung und der Herausgeber selbst.

Aus komparativer Sicht analysieren *Fallbeispiele nationalstaatlicher Integrationspolitiken* (**Teil IV**) Patrick Duval von der Université de Metz, Section de néerlandais, Bassam Tibi von der Abteilung für Internationale Beziehungen am Seminar für Politikwissenschaft an der Universität Göttingen, Nadine E. B. Weibel vom Centre National de la Recherche Scientifique in Straßburg sowie Claire Extramiana vom Ministère de la culture et de la communication, Délégation générale à la langue française et aux langues de France in Paris.

Demographie- und demokratietheoretische, migrationssoziologische und sozialphilosophische Perspektiven (**Teil V**) wählen Rainer Bauböck vom Institut für Europäische Integrationsforschung der Österreichischen Akademie der Wissenschaften, Heinz Fassmann vom Institut für Geographie und Regionalforschung an der Universität Wien sowie Brunhilde Scheuringer und Wolfgang Aschauer vom Fachbereich Erziehungswissenschaft und Kultursoziologie an der Universität Salzburg, außerdem Michaela Strasser vom Fachbereich Sozial- und Wirtschaftswissenschaften an der Universität Salzburg: Diese AutorInnen thematisieren den Begriff der Integration und Desintegration, widmen sich sozialen Bedingungen für Wanderungsprozesse und soziale Strukturbildungen, die aus Wanderungsprozessen resultieren, beschäftigen sich mit internationalen und transnationalen Formen von Migration, mit soziopolitischen Eingliederungsprozessen und sozialer Schichtung, Zusammenhängen von internationaler Migration, Staat und sozialer Kontrolle, interethnischen und interkulturellen Beziehungen sowie mit Prozessen individueller und kollektiver Identitätsbildung und Abgrenzung.

Welchem Menschenbild hängen wir an? Welche Gesellschaftsform soll reproduziert werden? Exil, Migration und Integration sind riskante Prozesse. Sie sind mit individueller, gemeinschaftlicher und gesellschaftlicher Identitätsfindung verbunden. Identität ist wandelbar. Ist Österreich auch offiziell ein Einwanderungsland? An dieser Frage hängt viel.

Manfred Oberlechner

TEIL I
ARBEITSMARKT UND INTEGRATION

Zuzug von MigrantInnen im Wandel – Eine Rückschau auf 20 Jahre VeBBAS

Margit Öppmayr

I. Einleitung

Die Beratungsstelle des Vereins zur Beratung und Betreuung von AusländerInnen in Salzburg (VeBBAS) feierte im August 2006 das zwanzigjährige Bestehen. 2005 wurde der Vereinsname geändert in „Arbeitsmarktpolitische Betreuungseinrichtung zur Integration von ZuwanderInnen in den österreichischen Arbeitsmarkt". In einer persönlichen Rückschau werden Erfahrungen in der Arbeit mit und für MigrantInnen reflektiert.

Als ich 1989 in der Beratungsstelle meine Tätigkeit als Geschäftsführerin begann, wollte ich die Arbeit, so wie meine Vorgängerin, zwei, drei Jahre ausüben und dann einen anderen beruflichen Weg einschlagen. Mittlerweile liegen 17 Jahre hinter mir und ich hoffe, dass noch weitere folgen werden. Da unsere Einrichtung ausschließlich durch Subventionen finanziert wird, hängt das Fortbestehen der Beratungsstelle von der jährlichen Zusage der Fördermittel ab, eine Weiterbeschäftigung ist daher nicht nur eine persönliche Entscheidung.

Ich habe neben der Funktion der Geschäftsführerin die Beratungstätigkeit nie aufgegeben, da mir der persönliche Kontakt für die Umsetzung einer Integrationsarbeit unumgänglich erscheint. Ich möchte Integration nicht nur am Papier leisten, sondern im unmittelbaren Kontakt mit den betroffenen Personen.

Mit bzw. für MigrantInnen zu arbeiten ist sehr interessant, vielseitig und bereichernd. Durch meinen Beruf habe ich unter den KundInnen zahlreiche FreundInnen gewonnen, habe Kulturen und fremde Länder kennen gelernt, ohne jemals dort gewesen zu sein. Persönliche, über die Beratungtätigkeit hinausreichende Gespräche haben aber auch gezeigt, dass Teile der moslemischen Gesellschaft von einer Annäherung an die westliche Kultur weit entfernt sind und ein engerer Kontakt zu InländerInnen auf ein Minimum beschränkt bleibt.

Die Gründe, warum Personen ihre Heimat verlassen, sind vielschichtig. Die erste Wanderbewegung in Österreich begann in den 1960er-Jahren, in denen durch gezielte Anwerbung Personen – vorwiegend aus der Türkei und dem damaligen Jugoslawien – je nach Bedarf der heimischen Wirtschaft als billige, mobile Arbeitskräfte ins Land geholt wurden. Die Dauer des Aufenthalts wurde als begrenzt angesehen, sich Gedanken über Integration zu machen, war nicht notwendig, denn es wurde davon ausgegangen, dass diese Personen nur vorübergehend im Land bleiben. Doch der Prozess verlief völlig anders, längst nicht alle GastarbeiterInnen kehrten zurück, sondern entschieden sich, noch weitere Jahre hier zu bleiben. Verwandte und Freunde aus denselben Dörfern zogen nach, Familien wurden gegründet, aus GastarbeiterInnen wurden MigrantInnen, die zu einem festen Bestandteil der österreichischen Gesellschaft wurden. Mit dem Nachzug der Familien änderten sich aber auch die Lebensweisen. Traditionen aus den Herkunftsländern wurden nach Österreich gebracht und fortgesetzt, der Grundstein für eine Parallelgesellschaft wurde bereits mit dem Familiennachzug und dem Schaffen einer eigenen Infrastruktur, wie dem Entstehen erster Lebensmittelgeschäfte, Dönerbuden, Moscheen, gelegt.

Nicht allen ist der Umzug in eine fremde Welt leicht gefallen, denn Migration bedeutet, Abschied zu nehmen, die gewohnte Umgebung zurückzulassen und aufzubrechen in eine Gesellschaft, von der man nicht weiß, ob man dort jemals psychisch ankommt und ob man von ihr aufgenommen wird. Fragen wie: „Kann ich jemals die Sprache erlernen?" „Wie wirkt die neue Kultur auf mich?" begleiten den Alltag.

Aber nicht nur MigrantInnen kommen nach Österreich, auch Personen aus Afrika, dem Nahen Osten, den GUS-Nachfolgestaaten, etc., wo demokratische und rechtsstaatliche Standards noch nicht ausreichend entwickelt sind, versuchen, in einem freien, demokratischen, hoch entwickelten Land Fuß zu fassen. MigrantInnen haben im Gegensatz zu den Asylsuchenden den Vorteil, meist eine Bezugsperson im Land zu haben, während viele Asylsuchende völlig allein auf sich gestellt sind und in eine für sie ungewisse Zukunft aufbrechen. Viele der Flüchtlinge durchleben eine monatelange Odyssee, bis sie letztendlich – beabsichtigt oder zufällig – in Österreich landen. Familien werden meist zurückgelassen und sollen später nachgeholt werden – gehen doch die meisten davon aus, sich hier eine neue Existenz schaffen zu können.

2. Hilfe und Selbsthilfe zur Integration

Die Beratungsstelle Salzburg öffnete am 1.8.1986 nach langwierigen Verhandlungsgesprächen als arbeitsmarktpolitische Betreuungseinrichtung ihre Pforten. Der Gründervorstand war durch VertreterInnen der Kammer für Arbeiter und Angestellte (AK) und des Österreichischen Gewerkschaftsbundes (ÖGB) sowie von VertreterInnen autonomer Gruppen – wie dem vor dem Krieg bestehenden Jugoslawischen Dachverband und dem Türkei-Komitee – besetzt. Erstmals entstand in Salzburg eine Einrichtung, in der muttersprachliche Beratung und Betreuung in Türkisch und Serbokroatisch angeboten wurde. Auch in den übrigen Bundesländern wurden in den Beratungsstellen vorrangig MitarbeiterInnen mit Migrationshintergrund beschäftigt. Von 1986 bis 1990 arbeitete die Beratungsstelle mit drei Personen und wurde mittlerweile auf sechs Personen aufgestockt.

Zielgruppe der Beratungsstelle sind alle im Bundesland Salzburg lebenden MigrantInnen, AsylwerberInnen und Asylberechtigte sowie ihre Familienangehörigen. Die Beratungsstelle wurde bis zum Jahr 2003 ausschließlich durch das Arbeitsmarktservice (AMS) gefördert. Dolmetschtätigkeiten und schriftliche Übersetzungen für AK-Rechtsberatungen sowie Dolmetschen bei Betriebsversammlungen werden durch Erlöse von AK und ÖGB abgegolten.

Neben der Beratungtätigkeit bietet der Verein seit 2004 ein breit gefächertes Spektrum an Integrationsprojekten, wie Diskussionsveranstaltungen zu verschiedensten Themen, eine eigene Radiosendung für und mit MigrantInnen, Deutschkurse für LeistungsbezieherInnen des AMS, etc. an. Diese Erweiterung des Angebots wird durch Fördermittel des Landes Salzburg finanziert.

Aufgrund von Sprachproblemen und Schwellenängsten sowie der Undurchschaubarkeit der Bürokratie sind nach wie vor viele ZuwanderInnen auf die Hilfe der Beratungseinrichtung angewiesen, denn die Stellung als Betreuungseinrichtung mit behördenähnlichem Charakter ermöglicht uns, in vielen Fällen wirksam einzuschreiten.

Die MitarbeiterInnen beraten und betreuen die Rat- und Hilfesuchenden unabhängig von ihrer Herkunft, Religion, politischen Überzeugung, ethnischen und sozialen Zugehörigkeit in allen Fragen des Aufenthalts, der Beschäftigung, der Wohnversorgung, der Einbürgerung sowie in Asylfragen. Darüber hinaus werden in Kooperation mit der AK und den Fachgewerkschaften des ÖGB arbeits- und sozialrechtliche Fragen behandelt.

Da die wirtschaftliche Unabhängigkeit einer der wichtigsten Aspekte für eine effiziente Integration ist, besteht das vorrangigste Ziel darin, nichtbeschäftigte MigrantInnen und Asylberechtigte in den Arbeitsmarkt zu integrieren.

2.1. Problemstellungen / Zielsetzungen der Beratungsstelle

Bis 1993 waren Anfragen zum Aufenthalt für die Beratungsstelle nur rudimentär relevant. Bei Vorliegen der diesbezüglichen Voraussetzungen – wie der Nachweis einer ausreichend großen Unterkunft und eigener Mittel für den Lebensunterhalt – wurden weitere Sichtvermerke erteilt. Primäres Ziel des Aufenthaltsgesetzes war, den Zuzug von AusländerInnen auf gesetzlicher Basis durch die Einführung einer jährlichen Zuzugsquote zu begrenzen (Rieser 1996, S. 31).

Erstanträge mussten ausnahmslos im Ausland gestellt werden. Anträge zur Verlängerung des Aufenthaltstitels waren so rechtzeitig zu stellen, dass darüber vor Ablauf der Geltungsdauer der Bewilligung entschieden werden konnte, jedenfalls spätestens vier Wochen vor Ablauf der Gültigkeit. Zu spät eingebrachte Anträge wurden per Gesetz zurückgewiesen. Der Vollzug wurde an die Bezirksverwaltungsbehörden abgetreten, für alle in der Stadt Salzburg Ansässigen wurde diesbezüglich das Amt für Öffentliche Ordnung des Magistrats befasst.

Die ausländischen BürgerInnen wurden per Schreiben durch die Stadt Salzburg auf die neue Regelung hingewiesen. Trotzdem kam es vor, dass der eine oder die andere das Schreiben nicht erhielt oder trotz der Information den Termin zur Verlängerung übersah. Für mich war dies das restriktivste Gesetz, das für viele MigrantInnen zum Verlassen Österreichs führte. Vergaßen Fremde bzw. ihre sich rechtmäßig in Österreich aufhaltenden Familienangehörigen die zeitgerechte Einbringung eines Antrages, verloren sie die weitere Berechtigung zum Aufenthalt in Österreich – das heißt, sie mussten in einem solchen Fall Österreich verlassen und im Ausland einen neuerlichen Antrag stellen. Ob dieser Antrag positiv erledigt werden konnte, hing von freien Plätzen der jährlichen Quote ab. Das hieß aber auch, sich vom Arbeitsplatz abzumelden, die Wohnmöglichkeit zu regeln, denn niemand konnte absehen, wie lange die Wartezeit im Ausland dauern würde. Eine weitere Voraussetzung für eine Verlängerung war außerdem der gesicherte Lebensunterhalt, was dazu führte, dass bei längerer Arbeitslosigkeit die Verlängerung verwehrt werden konnte.

Schon damals war ich ziemlich froh darüber, eine Inländerin zu sein, denn für mich als ziemlich chaotischen Menschen wäre es durchaus vorstellbar, sich den Tag des Ablaufs des Aufenthaltstitels nicht unbedingt ins Gedächtnis einzuprägen.

Zudem herrschten damals zum Teil äußerst unbefriedigende Zustände am Amt für Öffentliche Ordnung. MigrantInnen stellten sich bereits um zwei Uhr in der Früh an, damit sie rechtzeitig an die Reihe kommen würden. Von den wartenden Personen wurden Listen aufgehängt, Namen eingetragen, Listen vernichtet, neue Listen angefertigt …

Ein Beispiel soll zur Verdeutlichung beitragen:

> *Familie D. aus Bosnien war dem Verzweifeln nahe, als sie in die Beratungsstelle kam. Frau D. hatte den Antrag zur Verlängerung um ein paar Tage zu spät beantragt, da sie die Unterlagen komplett haben wollte – was sich als schwer wiegender Fehler herausstellte. Da der Antrag verspätet eingereicht wurde, musste Frau D. ausreisen und den Antrag im Ausland neu stellen. Da ihr Gatte beschäftigt war und die Arbeit nicht verlieren wollte und die drei Kinder schulpflichtig waren, verließ Frau D. alleine das Land und wartete im damals kriegszerstörten Bosnien bei Bekannten – da sie selbst über keinerlei Verwandtschaft mehr in Bosnien verfügte – die Aufenthaltserlaubnis ab. Ihr neugeborenes Baby durfte beim völlig überforderten Vater in Österreich die Erteilung der Aufenthaltserlaubnis abwarten. Insgesamt musste Frau D. acht Monate in Bosnien auf einen freien Quotenplatz warten.*

Dieses unter dem damaligen Innenminister Franz Löschnak am 1. 7. 1993 in Kraft getretene Gesetz war bis dato das restriktivste, welches für viele eine Rückkehr in die Heimat bedeutete. Fakt ist, dass in der Ära Löschnak zahlreiche Tränen flossen, Familien getrennt wurden, viele die Heimreise antreten mussten und vielleicht nie mehr nach Österreich zurückkehren konnten. Da bei einer Ausschöpfung der Quote für Familienangehörige keine weiteren Aufenthaltstitel erteilt werden konnten, betrug die Wartezeit für Familienangehörige oft mehrere Jahre, bis ein Familienleben stattfinden konnte.

Abgesehen von einer gewissen „Unmenschlichkeit" für die betroffenen MigrantInnen brachte das Aufenthaltsgesetz für die tägliche Arbeit in der Beratungsstelle auch etwas Positives. Bis zu diesem Zeitpunkt galt die Fremdenpolizei eher als Feindbild, es musste ja so sein, denn wir als BeraterInnen stellten uns bedingungslos hinter die KundInnen – nach dem Motto: Sie haben immer Recht. Erst nachdem die Fremdenbehörde des Magistrats mit dem Vollzug des Gesetzes betraut wurde, kam es zu einer für alle Beteiligten positiven Zusammenarbeit. Resultierend aus einer jahrelangen Kooperation wurde 1997 eine Zielvereinbarung unterschrieben, nach der wir uns zu einer vertrauensvollen, partnerschaftlichen Zusammenarbeit verpflichteten. Auch mit dem fremdenpolizeilichen Referat der Bezirkshauptmannschaft Salzburg-Umgebung, an die wir uns jederzeit mit Fragen, aber auch in konkreten Fällen wenden können, hat sich eine partnerschaftliche Kooperation entwickelt.

1997 wurde das Aufenthaltsgesetz vom Fremdengesetz abgelöst. Nun war erstmals von einer „Aufenthaltsverfestigung" die Rede: Personen, die sich länger als acht Jahre rechtmäßig im Bundesgebiet aufhielten, konnten nicht mehr ausgewiesen werden: Sie wurden „aufenthaltsverfestigt". Dies galt auch für Jugendliche, die in Österreich geboren waren oder den überwiegenden Teil ihrer Jugend in Österreich verbracht hatten. So konnten mittels der Intervention von RechtsanwältInnen auch viele der Jugendlichen, die nach der alten Rechtslage in die Heimat abgeschoben wurden, wieder nach Österreich geholt werden.

Wesentliche Erleichterungen gab es auch beim Familiennachzug bei Angehörigen von ÖsterreicherInnen: Familienangehörige, unabhängig von ihrem Alter, konnten zur Bezugsperson nachziehen, sofern tatsächlich durch die zusammenführende Person Unterhalt gewährt wurde. Letztendlich führte diese Regelung zur Einbürgerung vieler MigrantInnen, weil nur dadurch das Zusammenleben mit der Familie ermöglicht werden konnte.

Mit 1.1.2006 hat sich jedoch wiederum Grundlegendes geändert: Aus dem Fremdengesetz wurde das Niederlassungs- und Aufenthaltsgesetz, kurz NAG: Neue Antragsformulare, neue Bestimmungen lassen nicht nur die MigrantInnen, sondern auch uns BeraterInnen oft verzweifeln. Wer welchen Aufenthaltstitel bekommt, ist nicht mehr auf Anhieb nachvollziehbar, ebenso wenig, wer welche Bewilligung zum Arbeiten bekommt. Auch mit der Änderung im Ausländerbeschäftigungsgesetz ist nicht mehr alles unmittelbar verständlich und erklärbar und es bedarf vieler Nachfragen bei den zuständigen Behörden.

Aber nicht alles ist nur negativ und zum Nachteil der MigrantInnen: Erstmals sehe ich für EhegattInnen und ihre minderjährigen Kinder eine

Erleichterung, sich am Arbeitsmarkt einzugliedern, denn sie bekommen nach einem Jahr Aufenthalt den Zugang zum Arbeitsmarkt – meist mit derselben Bewilligung wie die Bezugsperson. Lange Wartezeiten auf eine Berechtigung zum Arbeiten und eine dadurch bedingte Abhängigkeit von EhegattInnen – wie im nachfolgenden Beispiel gezeigt – gehören damit zum Glück der Vergangenheit an:

> *Frau Fatima U. war glücklich, endlich nach vielen Jahren mit ihrer Tochter zu ihrem Mann nach Österreich ziehen zu können. Der Aufenthalt in Österreich veränderte das Leben von Frau U., sie wurde selbstbewusster und eigenverantwortlicher. Die Bewilligungen für eine Arbeitsaufnahme wurden aufgrund von Ersatzkräften vom AMS immer wieder abgelehnt, wodurch Frau U. in der Abhängigkeit ihres Mannes blieb. Nach vier Jahren gemeinsamen Zusammenlebens wollte Herr U. nicht mehr weiter für sie sorgen und weigerte sich, für ihren Unterhalt aufzukommen, sodass keine Handhabe für eine Verlängerung ihrer Aufenthaltsgenehmigung gegeben war.*

Frau Fatima U. musste todunglücklich Österreich verlassen, ihr Gatte hingegen lebt noch immer hier.

Ist im Ausländerbeschäftigungsgesetz durch die Erleichterung, eine individuelle Berechtigung zum Arbeiten zu bekommen (Arbeitserlaubnis oder Befreiungsschein, die den freien Zugang zum Arbeitsmarkt ermöglichen), ein Hauch von Harmonisierung zu sehen, so sind im NAG doch wesentliche Verschärfungen spürbar.

Eine Gesetzesabfolge würde den Rahmen hier sprengen, doch möchte ich auf zwei Bereiche eingehen, die sich in der täglichen Beratung am gravierendsten auswirken. Zum einen ist eine „InländerInnendiskriminierung" feststellbar, zum anderen wurden die Richtsätze für den gesicherten Lebensunterhalt drastisch erhöht. Nicht nur der Aufenthalt wird für so genannte „freizügigkeitsberechtigte Angehörige" erleichtert, sondern es wird auch beim Nachzug der Kinder ein Unterschied gemacht. Bei Kindern von Angehörigen von ÖsterreicherInnen gilt die Volljährigkeitsgrenze – somit 18 Jahre, bei Angehörigen von Freizügigkeitsberechtigten ist eine Zusammenführung bis zum 21. Lebensjahr möglich:

> *Der österreichische Staatsbürger Karl R. hat eine kroatische Staatsbürgerin geheiratet. Seine Gattin erhält den Aufenthaltstitel „Familienangehörige" und muss die Integrationsvereinbarung erfüllen (NAG § 14 ff).*
>
> *Ein deutscher Staatsbürger übersiedelt nach Österreich, holt seine in Kroatien lebende Gattin nach. Seine Frau genießt das vom Ehemann abgeleitete Freizügigkeitsrecht und erhält zur Dokumentation eine Daueraufenthaltskarte (NAG § 54). Damit braucht sie die Integrationsvereinbarung nicht zu erfüllen.*

Der Aufenthalt eines Fremden führt zu keiner finanziellen Belastung einer Gebietskörperschaft, wenn der Fremde ein festes und regelmäßiges eigenes Einkommen hat, das ihm eine Lebensführung ohne Inanspruchnahme von Sozialhilfeleistungen der Gebietskörperschaften ermöglicht und das der Höhe nach den Richtsätzen des § 293 des Allgemeinen Sozialversicherungsgesetzes (ASVG), BGBl. Nr. 189/1955, entspricht (NAG § 11, Abs. 5). Der ASVG-Richtsatz bedeutet für eine allein stehende Person über 690 Euro, für Ehepaare über 1.056 Euro, verfügen zu müssen. Geht man davon aus, dass zwei Personen einer Beschäftigung nachgehen und jeweils zumindest kollektivvertraglich entlohnt werden, mag dieser Betrag durchaus angemessen sein. Was aber, wenn die PartnerIn noch nicht in Österreich lebt und erst der Antrag auf Familiennachzug gestellt wurde? Der geforderte Betrag – zusätzlich der Mietkosten – muss bereits bei der Antragstellung nachgewiesen werden, was für die/den Zusammenführende(n) ein Gehalt von 1.500 Euro voraussetzt, wenn von einem durchaus üblichen Mietpreis in der Stadt Salzburg in der Höhe von 500 Euro ausgegangen wird:

Herr Erwin N. ist österreichischer Staatsbürger und seit einem halben Jahr Pensionist. Er erhält eine Pension von 890 Euro. Im Oktober vorigen Jahres hat Herr N. in Marokko geheiratet, der Antrag auf Familiennachzug wurde bei der Fremdenbehörde eingereicht.

Der Antrag ist abzulehnen, da Herr N. die nötigen Voraussetzungen nicht erfüllt. Selbst wenn Herr N. eine zusätzliche Beschäftigung auf geringfügiger Basis aufnehmen würde, könnte er die finanzielle Hürde nicht schaffen. Die Tür bleibt verschlossen, die Ehefrau kann nicht gemeinsam mit Herrn N. leben, zumindest nicht in Österreich. Ob Herr N. die Brücken in Österreich abreißt und in Marokko seine Zukunft verbringen wird, werde ich wohl nicht mehr erfahren.

Da kaum jemand über ein derart hohes Einkommen verfügen kann – zusätzlich müssen ja die Mietkosten noch beglichen werden, ist Herr N. kein Einzelfall. Viele Entscheidungen werden durch die Berufungsinstanz neu behandelt werden müssen.

2.2. ZuwanderInnen aus 50 Ländern

Eine erkennbare Änderung in den Herkunftsländern war ab den 1990er-Jahren zu verzeichnen. Vor allem der Krieg im Kosovo brachte mehr Flüchtlinge nach Österreich. Zunehmend kamen aber auch Schutzsuchende aus Afrika, Asien und dem Nahen Osten, die durch Flucht der politischen Lage, sozialen Missständen, etc. entkommen wollten und wollen.

Dieser Trend wirkt sich auch auf die Besucherstatistik der Beratungsstelle aus. Jahrelang wurde die Hilfe der Beratungsstelle hauptsächlich von

Personen aus den klassischen Herkunftsländern in Anspruch genommen:
Kamen bis Mitte der 1990er-Jahre jährlich durchschnittlich zehn AsylwerberInnen in die Beratungsstelle (vorwiegend aus der Türkei), so sind
heute über 1.000 AsylwerberInnen bzw. Asylberechtigte in regelmäßiger Betreuung. Ein Vergleich der Tätigkeitsberichte von 1989 und 2005 zeigt die
Änderung sehr deutlich:

1989:
- ➤ *59,12% (930) Personen aus Ex-Jugoslawien*
- ➤ *35,39% (557) Personen aus der Türkei*
- ➤ *5,49% (85) „Sonstige" (auf wenige Länder beschränkt)*

Derzeit setzt sich die Klientel der Beratungsstelle folgendermaßen zusammen: Die Ratsuchenden stammen aus 51 Ländern, wobei sich der Anteil der
Personen aus den nicht-klassischen Herkunftsländern mit dem derjenigen
aus den übrigen Ländern in etwa die Waage hält:

2005:
- ➤ *48% (1.482) MigrantInnen mit Aufenthaltstitel, davon 31% aus dem
  ehemaligen Jugoslawien, 14% aus der Türkei, 3% aus „sonstigen Herkunftsländern"*
- ➤ *34% (1.028) Personen nach dem Asylgesetz aufhältig, in erster Line
  aus Ländern des Nahen Ostens, gefolgt von Personen aus afrikanischen
  Ländern*
- ➤ *7% (238) Asylberechtigte, primär aus Tschetschenien*
- ➤ *11% (276) Personen mit österreichischer Staatsbürgerschaft*

Die Anzahl der AsylwerberInnen wird sich künftig in der Besucherstatistik
reduzieren, da dieser Personengruppe der Zugang zum Arbeitsmarkt verwehrt wurde und sie für Anliegen im Asylverfahren bestenfalls an die zuständigen Stellen weitervermittelt werden können.

Derzeit befinden sich ca. 3.000 Personen in regelmäßiger Betreuung, pro
Jahr werden ca. 8.000 persönliche und 6.000 telefonische Beratungsgesprä-
che geführt. Nicht immer aber kann den Erwartungen der KundInnen problemlos entsprochen werden. Wir BeraterInnen stehen manchmal der Ver-
zweiflung und dem Unverständnis der Ratsuchenden hilflos gegenüber:

*Herr O., ein Asylwerber aus Sierra Leone, gab mir die Schuld, dass er keine
Arbeit bekommt. Es ist mir nicht gelungen, ihm zu erklären, dass nicht ich
über eine Bewilligung zum Arbeiten entscheide, sondern die Gesetzeslage
eine Arbeit für AsylwerberInnen nicht zulässt. Eine kurzfristige Beschäftigung in der Saison wollte Herr O. jedoch nicht – wenn Arbeit, dann eine
Jahresstelle. Meine Überzeugungskraft reichte nicht aus, schließlich begann Herr O. in meinem Büro zu randalieren, mir zu drohen, sodass nach*

*gescheiterten Beruhigungsversuchen des Beratungsteams die Polizei geru-
fen werden musste.*

In Ausnahmefällen wird auch in Bereichen geholfen, in denen im Normal-
fall an KooperationspartnerInnen der VeBBAS weitervermittelt wird:

*Frau Ayse Y. wurde Jahre lang von ihrem Gatten misshandelt. Auf ihren
Wunsch hin wurde ich zu einer Gerichtsverhandlung wegen Körperverlet-
zung als Zeugin geladen. Natürlich sagte ich zugunsten der Frau aus, da ich
sowohl den Gatten als gewalttätigen Mann kennen gelernt hatte, als auch die
Spuren seiner Misshandlungen mehrmals im Büro zu sehen bekam. Meine
Aussagen vor Gericht brachten mir am Ende der Verhandlung eine wüste
Beschimpfung durch die Schwiegermutter ein, die zugleich die Tante der
Betroffenen ist. Vorhaltungen wie: „Misch' dich als Österreicherin nicht in
unsere Kultur ein!" führten schlussendlich zu einem öffentlichen Eklat.*

Nicht nur Frau Y. musste sich den Vorwurf, Schande über die Familie gebracht zu haben, anhören, sondern auch ich wurde „dezent" darauf hingewiesen, dass derartige Vorkommnisse in ihrer Kultur und Tradition „völlig
normal" seien. Ist es politisch unkorrekt, wenn nicht weggeschaut wird? Bedeutet die Öffnung zu anderen Kulturen, diese nicht kritisieren zu dürfen?
Frau Y. ließ sich scheiden, ihr Gatte musste Österreich verlassen, der
Kontakt zur Schwiegermutter wurde gänzlich abgebrochen.

2.3. Änderung in der Problemstellung

Nicht nur eine Erweiterung der Herkunftsländer, sondern auch eine deutliche Änderung in den Vorsprachen ist zu verzeichnen: Waren in den An-
fangsjahren noch die generelle Beratung in Angelegenheiten des Ausländerbeschäftigungsgesetzes und die Hilfestellung bei der Erlangung einer
Bewilligung zum Arbeiten vorrangig, so liegt der Fokus heute – neben frem-
denrechtlichen Belangen – darauf, überhaupt eine Arbeitsstelle zu finden.
In Bezug auf die Beschäftigungsverhältnisse sind neue Trends erkennbar:
Firmen bedienen sich vermehrt der Arbeitskräfte auf Zeit, dadurch sind
längerfristige Arbeitsverträge kaum mehr möglich. Sehen die einen eine Beschäftigung durch Personalleasingfirmen durchaus als Chance, stehen unsere KlientInnen dem eher negativ gegenüber. Aussagen wie: „Ich brauche
eine Dauerbeschäftigung und will nicht nur kurzfristig arbeiten!" prägen
den Beratungsalltag. LeistungsbezieherInnen versuchen die vom AMS über
Personalleasingfirmen vermittelten Stellen durch eigeninitiierte Arbeitssuche mit Hilfe der Beratungsstelle zu übergehen.
Betrachtet man die Beschäftigungsfelder von MigrantInnen, so finden
sich ca. 90% in Hilfstätigkeiten wieder. Da der Zuzug von MigrantInnen sehr

stark durch Familiennachzug geprägt ist, und es sich bei den Personen aus
den klassischen Herkunftsländern meist um ungelernte Arbeitskräfte handelt,
wird der niedrig qualifizierte Sektor bald gesättigt sein. Selbst MigrantInnen
mit einer fundierten Ausbildung üben häufig Tätigkeiten aus, die nicht ihrem
Qualifikationsniveau entsprechen. Dies lässt sich damit erklären, dass meist
die Berufsabschlüsse aus den Herkunftsländern nicht anerkannt werden bzw.
das Prozedere einer Nostrifizierung zu langwierig und zu kostspielig ist, sodass viele darauf verzichten, den Abschluss anerkennen zu lassen.

Hier müssten Rahmenbedingungen geschaffen werden, um das mitgebrachte Know-how dem Niveau des Aufnahmelandes anzupassen, denn
auch bei einer eventuellen Rückkehr können diese Ressourcen sinnvoll und
nachhaltig verwendet werden. Eine vorstellbare Möglichkeit wäre, durch
Arbeitserprobung oder Praktika Kenntnisse und Fähigkeiten zu vertiefen,
um einen höher qualifizierten Arbeitsplatz zu erhalten und dadurch einen
Arbeitsplatz für Nachziehende frei zu machen. Die Einschränkung der
Arbeitsmigration auf so genannte „Schlüsselkräfte" geht somit an der ursprünglichen Intention vorbei.

Die Unterstützung bei der Arbeitssuche ist, wie erwähnt, einer unserer
Schwerpunkte. Speziell bei Jugendlichen bedarf es langwieriger Gespräche
und großer Ausdauer, sie von der Wichtigkeit eines positiven Schulabschlus-
ses bzw. eines Lehrberufes, zu überzeugen. Nach wie vor beschränken sich
Jugendliche auf wenige traditionelle Lehrberufe. Hier müssen unbedingt die
Eltern in die Diskussion miteinbezogen werden, denn für viele steht noch
immer ausschließlich „Geld verdienen" im Vordergrund. Speziell bei traditionellen moslemischen Familien sollten die Imame der Moscheen hier positiv
einwirken.

3. Vom Arbeitsmarkt ausgeschlossen

Eine radikale Verschlechterung für AsylwerberInnen zeichnet sich seit 1.1.2006
mit den Gesetzesänderungen zum Ausländerbeschäftigungsgesetz, Niederlas-
sungs- und Aufenthaltsgesetz sowie Staatsbürgerschaftsgesetz ab, weshalb ich
dieser Personengruppe besondere Aufmerksamkeit widmen möchte, da sowohl AsylwerberInnen als auch Asylberechtigte einen immer größer werdenden Anteil der KundInnen darstellen. Noch heute kommen AsylwerberInnen
in die Beratungsstelle, in deren Asylverfahren bis dato keine Entscheidung
gefallen ist, obwohl sie seit durchschnittlich acht Jahren andauern.

Ein Grund für den starken Zulauf in die Beratungsstelle war ab 1998 ein
Auftrag des AMS an die Beratungsstelle, AsylwerberInnen ins Gastgewerbe zu
vermitteln, nachdem eine Änderung des Ausländerbeschäftigungsgesetzes den
MigrantInnen mit 1.1.1998 eine neue Situation brachte. MigrantInnen wurden über eine Rangfolge als „Ersatzkräfte" vermittelt. Es gab neun Integra-
tionsgrade, wobei Integrationsgrad „1" die am besten integrierte, „9" die am

geringsten integrierte Gruppe bezeichnete. AsylwerberInnen wurden dem Integrationsgrad „9" zugeteilt und konnten ins Gastgewerbe vermittelt werden.

Die Betreuung von AusländerInnen mit Integrationsgrad „7" bis „9" wurde damals der Beratungsstelle vom AMS übertragen: Die Betroffenen wurden registriert und im Bedarfsfall – in Kooperation mit den Regionalstellen des AMS – ins Gastgewerbe vermittelt. Der Ausbruch des Kosovokrieges zwang viele, ihr Land zu verlassen, ein nicht geringer Anteil der Flüchtenden kam nach Österreich. Innerhalb von drei Monaten wurde die Beratungsstelle von 204 AsylwerberInnen aus dem Kosovo frequentiert. Fast zeitgleich wurde die Beratungsstelle aber auch mit Personen aus den verschiedensten Ländern Afrikas oder des Nahen Ostens konfrontiert. Sie alle waren bereit, eine Arbeit im Gastgewerbe oder in der Landwirtschaft laut unserem zusätzlichen Auftrag des AMS aufzunehmen. Aufgrund einer gut funktionierenden Mundpropaganda kamen AsylwerberInnen auch aus anderen Bundesländern, vorwiegend aus der Steiermark und Wien, nach Salzburg und wurden erfolgreich vermittelt.

Die Beratungsstelle konnte in der Zeit von 1998 bis Herbst 2003 rund 300 AsylwerberInnen erfolgreich ins Gastgewerbe vermitteln, davon kamen mehr als die Hälfte aus dem Kosovo. Negative Erfahrungen mussten wir beim Versuch, AfrikanerInnen zu vermitteln, sammeln. Stereotype, diskriminierende Aussagen wie: „Ich persönlich hab' nichts gegen Schwarze, aber vielleicht die Gäste!" erschwerten die Arbeitssuche für diese Personen.

Mit Oktober 2003 wurde per Erlass festgelegt, dass AsylwerberInnen nur noch eine befristete Beschäftigungsbewilligung für eine Saisonarbeit im Gastgewerbe oder in der Landwirtschaft erhalten können. Dies ist jedoch nur theoretisch möglich, denn die Praxis zeigt, dass Anträge von AsylwerberInnen zur Erteilung einer Beschäftigungsbewilligung an letzter Stelle stehen. Saisonniers aus den neuen EU-Ländern werden für eine Saisonstelle bevorzugt.

Der Kontakt zu den meisten AsylwerberInnen bleibt bis heute aufrecht. Rund ein Drittel aller in der Beratungsstelle registrierten AsylwerberInnen hat sich mittlerweile in Österreich etabliert, sei es durch Einbürgerung beziehungsweise Zuerkennung der Flüchtlingseigenschaft, sei es durch Eheschließung. Bis heute versuchen Dienstgeber aus dem Gastgewerbe auf unser – mittlerweile allerdings nicht mehr gültiges – Angebot, Arbeitskräfte zu vermitteln, zurückzugreifen, was auf eine erfolgreiche Vermittlungstätigkeit in der Vergangenheit hinweist.

Diese Politik, AsylwerberInnen die Möglichkeit zu geben, sich in den Arbeitsmarkt zu integrieren, mag auf den ersten Blick richtig sein, da diese bis zum Abschluss des Asylverfahrens im Land bleiben. Eine durch ein generelles Arbeitsverbot aufgezwungene Untätigkeit während des Asylverfahrens bedeutet für die AsylwerberInnen eine psychische und soziale Belastung. Während ihres oft jahrelangen Aufenthalts werden sie durch öffentliche Gelder unterstützt. Parallel dazu werden aber immer wieder Saisonniers ins

Land geholt, die für eine befristete Zeit in Österreich arbeiten und wieder in die Heimat zurückkehren, während AsylwerberInnen zum Nichtstun verurteilt und durch Steuergelder finanziert werden. Bei näherer Betrachtung jedoch kann die Zulassung zum Arbeitsmarkt zu einem weiteren Anstieg der Anzahl derjenigen Personen führen, die aus primär wirtschaftlichen Beweggründen ihr Land verlassen, sich mit einem Asylantrag einen Aufenthalt in Österreich erzwingen und damit das NAG umgehen.

Seit Mai 2004 sind die Versorgung und Unterkunft von AsylwerberInnen und Hilfsbedürftigen im Grundversorgungsmodell geregelt, wodurch eine Versorgung aller AsylwerberInnen sichergestellt werden soll. Dies bedeutet: zum Leben zu wenig und zum Sterben zu viel zu haben. Rund 280 Euro stehen einer Person zur Verfügung, wovon die Unterkunft und das Leben finanziert werden müssen. Damit kommen AsylwerberInnen in eine ausweglose Perspektivenlosigkeit. Arbeiten ist nicht mehr erlaubt, jahrelanges Warten auf eine Entscheidung steht ihnen bevor. Hier wäre es allerhöchste Zeit, die Asylverfahren zu beschleunigen und den Asylsuchenden bereits bei der Antragstellung auf eine eher ungewisse Zukunftsperspektive in Österreich hinzuweisen. Dafür müsste vor Ort bereits mit einer Aufklärung begonnen werden, denn viele lassen sich durch SchleuserInnen, die ihnen von Wohlstand und einem Leben im Schlaraffenland vorschwärmen, dazu bewegen, trotz hohen Risikos nach Europa zu fliehen. Doch hier erwartet sie eine völlig andere Realität. Resultierend aus der Perspektivenlosigkeit bzw. aus dem Arbeitsverbot versuchen viele, Geld durch eine unerlaubte Beschäftigung zu bekommen, da sie ihre in der Heimat zurückgelassene Familie finanziell unterstützen wollen und müssen.

Mit der Flut an Gesetzesänderungen wurde auch das Ausländerbeschäftigungsgesetz mit 1. 1. 2006 geändert, und dies bedeutet für AsylwerberInnen streng genommen: das „AUS". Arbeitserlaubnis bzw. Befreiungsschein (die individuelle Berechtigung, einer Arbeit nachzugehen) können per Gesetz nur noch Personen ausgestellt beziehungsweise verlängert werden, die in Österreich „niedergelassen" sind:

Herr Mustafa S. war 1999 aus dem Kosovo geflüchtet. Wie zahlreiche andere wurde er durch die VeBBAS ins Gastgewerbe vermittelt. Nach einem Jahr Beschäftigung erhielt er die Arbeitserlaubnis, zwei Jahre später wurde diese verlängert. Vier Jahre lang war Herr S. durchgehend in einer Firma beschäftigt, aus wirtschaftlichen Gründen wurde er gekündigt. Sein Asylverfahren ist sieben Jahre später noch immer in der ersten Instanz, eine Entscheidung ist noch nicht absehbar. Da seine Arbeitserlaubnis nicht mehr verlängert wird, ist Herr S. wiederum von einer Beschäftigungsbewilligung, die ihm das AMS erteilt, abhängig. Er muss wieder eine(n) DienstgeberIn finden, diese(r) muss für ihn beim zuständigen Arbeitsmarktservice einen Antrag auf Erteilung einer Beschäftigungsbewilligung stellen, das AMS entscheidet darüber nach dem Ersatzkraftverfahren.

Auch dies ist kein Einzelfall, sondern sehr viele sind von dieser neuen Regelung betroffen. Sie alle fühlen sich in Österreich integriert, haben Arbeit gefunden, beherrschen die Sprache und planen ihre Zukunft in der für sie neuen Heimat. Da auch keine Möglichkeit besteht, einen Antrag für eine Niederlassungsbewilligung zu stellen – Niederlassungsbewilligungen werden nur noch an „Schlüsselkräfte", also qualifizierte Personen, erteilt, ist auch dieser Weg abgeschnitten. Selbst eine Heirat mit ÖsterreicherInnen (nicht alle Eheschließungen sind a priori Scheinehen!) bietet keinerlei Integrationsmöglichkeit, da selbst hier der Antrag auf Erteilung einer Niederlassungsbewilligung im Ausland gestellt werden muss und zudem das Einkommen derart hoch angesetzt ist, dass dies kaum mehr möglich sein wird. Eine Antragstellung im Ausland kann für AsylwerberInnen nur das Herkunftsland (!) bedeuten, denn sie haben keine Möglichkeit, in ein Land außerhalb Österreichs einzureisen.

Aufgrund einer Beschäftigung und eines zehnjährigen Aufenthaltes haben viele AsylwerberInnen die österreichische Staatsbürgerschaft erhalten. Da sich das Staatsbürgerschaftsgesetz ebenfalls geändert hat, ist auch diese Möglichkeit nicht mehr gegeben (Novelle StbG 2005). War nach dem bisher gültigen Staatsbürgerschaftsgesetz ein ununterbrochener Hauptwohnsitz von zehn Jahren dafür ausreichend, wurden die Bedingungen, eine Staatsbürgerschaft zu erhalten, vehement verschärft. So heißt es im diesbezüglichen § 10, Abs. 1(1): Die Staatsbürgerschaft darf einem Fremden verliehen werden, wenn

> er sich seit mindestens zehn Jahren rechtmäßig und ununterbrochen im Bundesgebiet aufgehalten hat und davon zumindest fünf Jahre niedergelassen war.

Als „niedergelassen" gilt, wer nach dem Fremden- oder Niederlassungs- und Aufenthaltsgesetz über einen Aufenthaltstitel verfügt, wodurch AsylwerberInnen, die sich nach dem Asylgesetz in Österreich befinden, trotz bisher erfolgreicher Integration die Chance versperrt bleibt, sich in Österreich ein neues Leben aufzubauen.

4. STICHWORT: INTEGRATION

Der Anteil der ausländischen Bevölkerung in der Stadt Salzburg beträgt mittlerweile 25,4% (Stichtag 1. 1. 2005), jedoch werden nur die Personen mit einem ausländischen Reisepass gezählt. Zählt man die Eingebürgerten hinzu, erhöht sich der Anteil um ein Vielfaches. War die öffentliche Debatte jahrelang durch eine Laissez faire- und Beschwichtigungspolitik geprägt, erkennt man erst jetzt, dass Zuwanderung auch von Normen und Wertekonflikten begleitet wird. Ausfluss dieses Umdenkens sind die allerorts geforderten „Integrationskonzepte", die aber die Integrationsdefizite mancher Volksgruppen nicht relativieren werden.

Ein Jahr lang waren ExpertInnen in der Stadt Salzburg damit befasst, ein Integrationskonzept zu erarbeiten, das zu heftigen Diskussionen innerhalb des Salzburger Gemeinderates führte. Letztendlich wurde der „kleinste gemeinsame Nenner" (Bürgermeister Heinz Schaden) beschlossen, die Stadt Salzburg wird eine(n) „Integrationsbeauftragte(n)" bekommen.

Der erste, aber nicht einzige Schritt zur Integration, das Erlernen der Sprache, wurde jahrelang sowohl von der Aufnahmegesellschaft als auch von den MigrantInnen als zweitrangig betrachtet. Die Kontakte der MigrantInnen beschränkten sich auf ihre Landsleute am Arbeitsplatz und die eigene Familie, die in diesen Kulturkreisen einen wesentlich höheren Stellenwert als bei uns darstellt. Diejenigen, die bis heute die Sprache nicht erlernt haben, bekommen dieses Defizit spätestens bei der Überlegung, die Staatsbürgerschaft zu beantragen, zu spüren: Die Notwendigkeit von Sprachkenntnissen wurde erst mit der Novelle des Fremdengesetzes 1997 erkannt, mit der Deutschkurse zwingend vorgeschrieben wurden. Doch auch hier bildeten Ausnahmen, den Kurs nicht besuchen zu müssen, den größeren Anteil. So waren – für mich völlig unverständlich – Angehörige von ÖsterreicherInnen und EWR-BürgerInnen von dieser Pflicht ausgenommen. Rigoros und ohne Ausnahmen (abgesehen von SchülerInnen und Kranken) werden Deutschkurse erst mit dem NAG vorgeschrieben.

Integration schließt nicht mit dem Erlernen der Sprache des jeweiligen Aufnahmelandes ab, auch kann die Verleihung der Staatsbürgerschaft nicht als Parameter für eine geglückte Integration gelten. Auch ein positiv erfolgter Test über die Geschichte des Landes impliziert nicht automatisch eine positive Einstellung und ein Akzeptieren der Wertevorstellung des Aufnahmelandes.

Außerdem muss die Forderung nach Integration differenziert betrachtet werden: Das Verlangen nach Integration kann nicht pauschal auf die MigrantInnen umgesetzt werden, so wie die Bereitschaft zur Integration nicht pauschal beurteilt werden kann. Ob Integrationskonzepte dazu beitragen können, Nicht-Integrationswillige in die Gesellschaft einzugliedern, bleibt fraglich und wird sich mit der Umsetzung der Konzepte zeigen. Nicht alle MigrantInnen sind „defizitäre Mängelwesen", die unserer Unterstützung beim Bewältigen ihres Alltags bedürfen. Viele der MigrantInnen aus den unterschiedlichsten sozialen Schichten fühlen sich durch die Forderung zur Integration erst recht thematisiert – und dadurch diskriminiert. Vor allem aber werden in der Integrationsdiskussion MigrantInnen häufig als „hilfsbedürftig" und „benachteiligt" bezeichnet. Es gibt sie logischerweise, doch darf diese These nicht pauschaliert werden. Auch widerspricht das Pauschalurteil, dass alle MigrantInnen zu den „Ärmsten der Armen" gehören, der Realität und diskriminiert gleichzeitig einen nicht geringen Anteil der MigrantInnen.

Über positive Beispiele, die aufzeigen, dass MigrantInnen nicht nur auf die Hilfe der Aufnahmeländer angewiesen sind, wird hingegen zu wenig gesprochen. Deshalb zum Abschluss einige Fallbeispiele, die vielleicht zum Umdenken führen:

*Ich bin in einem äußerst problematischen Alter von meiner Familie im Rah-
men der Familienzusammenführung nach Österreich geholt worden. Niemand hat mich gefragt, ob ich überhaupt nach Österreich will, ich lebte bei
meiner Großmutter und hatte viele Freunde zu Hause. Ich war 13 Jahre alt
und wurde aufgrund meiner nicht vorhandenen Deutschkenntnisse in der
Hauptschule ein Jahr zurückgestuft. Ich beendete die Hauptschule, erlernte
anschließend den Beruf einer Friseurin und bin schon jahrelang im erlern-
ten Beruf tätig. Ich besuche so oft wie möglich Weiterbildungskurse, da ich
mich in nächster Zeit selbständig machen will. In meinem Alltag erlebe ich
keinerlei Nachteile gegenüber InländerInnen, ob man sich integriert oder
nicht, hängt sehr viel von einem selbst ab. Ich fühle mich auch nicht als
Bosnierin oder Österreicherin, sondern als Europäerin.*

Frau Slavica S. hat es mit eigenem Willen geschafft, im Aufnahmeland Fuß
zu fassen.

Ohne jegliche Hilfe hat es auch Herr Faton G. geschafft. Trotz einer bei-
spielhaften Integration bleibt nach der aktuellen Gesetzeslage ein weiterer
gesicherter Aufenthalt in Österreich aber fraglich:

*Ich bin Ende 1999 aus dem Kosovo nach Österreich geflüchtet, um hier
einen Asylantrag zu stellen. Die einzige Möglichkeit, meinen Lebensunterhalt selbst zu verdienen, war eine Beschäftigung im Gastgewerbe. Als
Abwäscher beschäftigt, musste ich hin und wieder auch in der Küche mithelfen, wodurch mein Interesse am Kochen geweckt wurde. Mit Hilfe meines
Dienstgebers und des Vereins VeBBAS wurde mir der Besuch der Berufs-
schule für die Ausbildung zum Koch ermöglicht. Neben Deutsch musste ich
in der Schule Englisch und Französisch lernen. Ich schaffte den Abschluss
als Drittbester in der Klasse. Da ich seit 1999 im selben Betrieb im Pongau
beschäftigt bin, habe ich mittlerweile den Dialekt des Dorfes angenommen.
Ich befinde mich noch immer im Asylverfahren, welches erfahrungsgemäß
noch weitere Jahre dauern wird. Meine Anfrage bei der Landesregierung,
ob ich, nachdem ich meiner Meinung nach persönlich und beruflich nachhaltig integriert bin, die Staatsbürgerschaft beantragen könnte, ergab, dass
eine Einbürgerung nicht möglich sei.*

Herr G. muss bis zum Abschluss seines Asylverfahrens in Österreich bleiben, bei einer negativen Entscheidung muss er das Land verlassen. Eine Niederlassungsbewilligung für Österreich kann er nicht bekommen, da „Koch“
nicht unter den Begriff der „Schlüsselkraft“ fällt, und Österreich nur noch
„Schlüsselkräfte“ aufnimmt. § 2, Abs. 5 AuslBG besagt:

Als Schlüsselkraft gelten Ausländer, die über eine besondere, am inländischen
Arbeitsmarkt nachgefragte Ausbildung oder über spezielle Kenntnisse und Fertigkeiten mit entsprechender beruflicher Erfahrung verfügen und für die beab-

sichtigte Beschäftigung eine monatliche Bruttoentlohnung erhalten, die durchwegs mindestens 60 v.H. der Höchstbeitragsgrundlage gemäß § 108 Abs. 3 des Allgemeinen Sozialversicherungsgesetzes (ASVG) zuzüglich Sonderzahlungen zu betragen hat.

Die Bruttoentlohnung muss daher jedenfalls über ca. 2.250 Euro zuzüglich Sonderzahlungen liegen. In einem persönlichen Gespräch teilte mir Herr G. mit, sich eine Rückkehr in die Heimat zu überlegen, da er ohnehin keine Zukunftsperspektive in Österreich sehen kann.

5. SCHLUSSWORT

Vieles hat sich in den 17 Jahren meiner Tätigkeit geändert, nicht nur die Gesetze, denen MigrantInnen oder Asylsuchende unterliegen, oder die Herkunftsländer und die Problemstellungen der KundInnen, sondern zum Teil auch meine persönliche Sichtweise im Bereich der Migration, des Asyls und der Integration. Ich bin zu dem Schluss gekommen, dass ein nachhaltiges Konzept zur Umsetzung einer effizienten Integration nur über eine differenziert geführte Diskussion erreicht werden kann, diese aber so lange missglücken wird, solange die Kritik am Fremden zu den dominierenden Tabus gehört. Die Thematik birgt erheblichen Konfliktstoff, Ängste müssen durchaus ernst genommen werden. Allzu schnell lastet einem bei jedweder Kritik das Stigma der Ausländerfeindlichkeit und des Rassismus an, was eine objektive Diskussion behindert – während Rassismus innerhalb der MigrantInnen und gegenüber InländerInnen zumeist ignoriert wird. Kritik am Mangel der Integrationswilligkeit eines nicht geringen Anteils der moslemischen Bevölkerung gilt als Diffamierung und unterstützt dadurch das Zurückweisen westlicher Werte und Normen.
    Eine allzu politische Korrektheit kann auch in die Sackgasse führen.

WEITERFÜHRENDE LITERATUR

Gesetzessammlung Fremdenrecht, Fremdenrechtspaket 2005.

Regierungsvorlage: Bundesgesetz, aufgrund dessen das Staatsbürgerschaftsgesetz 1985 (StbG), das Tilgungsgesetz 1972, und das Gebührengesetz 1957 geändert werden (Staatsbürgerschafts-Novelle 2005)

Rudolf Rieser, *Das Aufenthaltsgesetz. Rechtsgrundlagen – Verwaltungspraxis.* Wien 1996.

Sebastian Schumacher, *Niederlassungs- und Aufenthaltsgesetz, Ausländerbeschäftigungsgesetz.* Wien 2006.

Salzburgs Arbeitsmarkt seit 1945 – Zuwanderung und Integration als eine Grundlage gesellschaftlicher Entwicklung

Siegfried Steinlechner

Vergleicht man die Wirtschaftskraft der Bundesländer, liegt Salzburg seit 1967 auf dem 2. Platz in Bezug auf das Bruttoregionalprodukt je EinwohnerIn – hinter der Bundeshauptstadt Wien. 1952 wurden im Bundesland Salzburg 4,5% des österreichischen Bruttoinlandsproduktes hergestellt, 1967 waren es bereits 5,6% und 2003 7,1%.[1] Das wirtschaftliche Erfolgsmodell Salzburg nach 1945 ist untrennbar mit der Leistungsfähigkeit einheimischer sowie zugewanderter Arbeitskräfte und ihrer Angehörigen verbunden. Herkunft der MigrantInnen und Ausmaß der Wanderung unterliegen dabei deutlichen Änderungen. Nach diesen Kriterien lassen sich auch einzelne Phasen unterscheiden:

- Bevölkerungsverschiebungen infolge des Zweiten Weltkrieges
- „Gastarbeiter" ab Mitte der 1960er-Jahre
- Auswirkungen der Ostöffnung und des Zerfalls Jugoslawiens in den 1990er-Jahren
- Zunehmende EU-Binnenwanderung

Über den beinahe gesamten Zeitraum hinweg erfolgte auch innerösterreichische Zuwanderung nach Salzburg. Diese ist jedoch genauso wenig Gegenstand der folgenden Ausführungen wie es die Wanderungs- und Pendelbewegungen innerhalb des Bundeslandes selbst sind. Jedoch waren alle Formen der Bewegung Voraussetzung für die Entwicklung und Funktionsfähigkeit von Wirtschaft und Gesellschaft.

Der Einsatz von Instrumenten zur Förderung oder Behinderung von Migration hat meist die Milderung oder Vermeidung negativer Begleiterscheinungen zum Ziel und erfolgt quer durch das Handeln politischer, administrativer sowie gesellschaftlicher AkteurInnen. Dabei umfassen die arbeitsrechtlichen Instrumente der Regulierung des Arbeitskräfteangebotes in diesem Zeitraum ein großes Spektrum: von gänzlicher Zwangsbewirtschaftung des Arbeitsmarktes für In- und AusländerInnen in der unmittelbaren Nachkriegszeit bis hin zur völligen Liberalisierung der Arbeitsmärkte für BürgerInnen des Europäischen Wirtschaftsraumes ab 1994.

---

[1] Österreichisches Institut für Wirtschaftsforschung (1973): Struktur und Entwicklung der Salzburger Wirtschaft. Wien, S. 13. Siehe auch Statistik Austria.

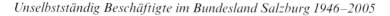

Unselbstständig Beschäftigte im Bundesland Salzburg 1946–2005

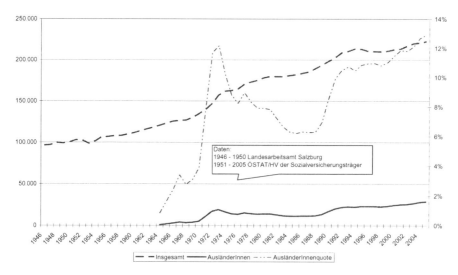

Die Bandbreite der gesellschaftlichen Positionierungen von MigrantInnen ist groß: Ob Assimilation, Integration oder Segregation, also mehr oder weniger tolerantes Nebeneinanderleben unterschiedlicher Kulturen, alle Formen sind wahrnehmbar. Konflikte blieben überschaubar.

MIGRATION ALS FOLGE DES ZWEITEN WELTKRIEGES

Die menschliche Arbeitskraft als einzig einigermaßen intakt gebliebener Produktionsfaktor stand zum Wiederaufbau in Salzburg sofort und mit zigtausenden Flüchtlingen auch in großem Ausmaß zur Verfügung. Bereits im Winter 1945/1946 wurden über 90.000 unselbstständige Beschäftigungsverhältnisse registriert und bis 1951 stieg diese Zahl auf mehr als 103.000.[2] Zuwandernde wurden sehr rasch vom Versorgungsproblem zum Potenzial für Wirtschaftsentwicklung. Die Volkszählung 1951 wies 25.700 AusländerInnen und Staatenlose in Salzburg aus. 1934 waren es nur 6.700 gewesen.[3]

---

[2] Landesarbeitsamt Salzburg (1965): Land Salzburg. 20 Jahre Arbeitsmarktverwaltung 1945–1964. Salzburg, S. 5f. Vgl. auch: Dirninger, Christian (1991): Konjunkturelle Dynamik und struktureller Wandel in der wirtschaftlichen Entwicklung des Landes Salzburg im 20. Jahrhundert, in: Dopsch, Heinz / Spatzenegger, Hans (Hg.): Geschichte Salzburgs. Stadt und Land. Band II. 4. Teil. S. 2791.

[3] Vgl. Scheuringer, Brunhilde (1985): Die Sozialstruktur im Bundesland Salzburg, in: Dachs, Herbert (Hg.): Das politische, soziale und wirtschaftliche System im Bundesland Salzburg. Salzburg, S. 334ff.

Ungefähr 11.000 Personen wurden zwischen 1946 und 1951 eingebürgert.[4] Schätzungen kamen für Salzburg im Jahr 1953 auf zusammen 38.400 eingebürgerte oder nicht eingebürgerte Flüchtlinge und Heimatvertriebene.[5] Die Wohnbevölkerung betrug insgesamt 327.200 Personen (1934: 245.800). Mit +33% hatte Salzburg das relativ stärkste Bevölkerungswachstum (Österreich: +3%). Die Zahl der unselbstständig Beschäftigten wuchs 1951 auf 103.200 (1934: 72.200).[6]

Aus dem Kreis der Flüchtlinge erfolgten auch bedeutende Unternehmensgründungen, so z.B. in der Glas- und Textilindustrie.[7]

Ein Beispiel nachvollziehbarer Eindrücke der Nachkriegsjahre – auch für jüngere Generationen – vermittelt Bruno Oberläuter, selbst zur Migration gezwungen und später im Salzburger Wohnbau tätig. Als besonders wichtigen Umstand für rasche Integration beschreibt er 1964:

> Durch die häufige örtliche Verzahnung von Siedlungen der Einheimischen mit solchen der Heimatvertriebenen wurden, wenn auch nicht absichtlich, nachbarschaftliche Konstellationen geschaffen, die mehr an die soziale Wirklichkeit heranreichen, als dies bei homogenen Siedlungen von Heimatvertriebenen möglich gewesen wäre. (...) Es ist der konjunkturellen Entwicklung zu danken, dass sich das Leben in den neuen Siedlungen gut entfaltet.[8]

Die Volkszählung 1961 wies einen deutlichen Rückgang des AusländerInnenanteils auf 8.080 Personen bzw. 2,3% aus. Zurückzuführen ist dies auf weitere Einbürgerungen und eine negative Wanderungsbilanz Salzburgs in diesem Jahrzehnt. Bis 1956 erhielten jährlich fast 2.000 AusländerInnen die österreichische Staatsbürgerschaft, in den Folgejahren waren es nur noch einige hunderte.[9] Die Konjunkturschwäche 1955 bis 1959 markierte das Ende dieser Migrationsphase.

DIE „GASTARBEITER"

Am Beginn der Nachfrage neuer Arbeitskräfte aus dem Ausland stand in Salzburg ein verstärkter Trend zur Arbeitsmigration Salzburger Arbeitskräfte in Richtung Deutschland. Die Lohnunterschiede zogen GrenzgängerInnen und PendlerInnen ins benachbarte Bayern: 1959 noch 800, 1962

---

[4]   Landesstatistischer Dienst (2005): Bevölkerung per 1.1.2005. Salzburg, S. 27.
[5]   Scheuringer (1985), S. 336.
[6]   Landesarbeitsamt (1965), S. 6.
[7]   Dirninger (1991), S. 2791.
[8]   Zitiert aus: Salzburg. Geschichte & Politik (2001): Mitteilungen der Dr.-Hans-Lechner-Forschungsgesellschaft. 11. Jahrgang. Heft 1/2–B. Salzburg, S. 139.
[9]   Landesstatistischer Dienst (2005), S. 27.

bereits 1.900 mit weiter steigender Tendenz – beinahe 2% der damals unselbstständig Beschäftigten im Bundesland.[10] Mit der EFTA-Gründung ab
1959 setzte auch eine Welle deutscher Betriebsgründungen in Salzburg ein.
Vorerst stieg die Beschäftigung von Frauen stärker und es folgte der Ruf nach
ausländischen Arbeitskräften. 1964 befanden sich ca. 1.000 ausländische ArbeitnehmerInnen in Salzburg, 1973 über 19.000. Herkunftsländer waren zu
84% Jugoslawien und zu 7% die Türkei. Der sprunghafte Anstieg um 1970
stand in engem Zusammenhang mit der Beschäftigung Salzburger ArbeitnehmerInnen in Vorbereitung der Münchner Olympiade 1972 bei gleichzeitiger Durchführung großer Bauvorhaben in Salzburg. Die Hochkonjunktur
dauerte bis 1974. Die Folgejahre der Ölkrise zeigten eine Reduktion des Anteils von AusländerInnen an der unselbstständigen Beschäftigung von 12%
auf 8%. Der Rückgang erfolgte bei jugoslawischen StaatsbürgerInnen, der
Anteil aus der Türkei stieg weiter leicht an.[11] Im Sinne des Rotationsprinzips
kehrten viele Personen in ihre Herkunftsländer zurück. Die strukturelle Arbeitslosigkeit stieg bei InländerInnen zwar deutlich – nicht aber bei AusländerInnen, wo die Entwicklung eher den saisonalen Branchengegebenheiten
folgte.

Die Zahl der Einbürgerungen überschritt in diesem Zeitraum kaum die
Zahl von 500. Erst 1983 wurde ein verhältnismäßig höherer Wert von knapp
650 Einbürgerungen registriert. Der Anteil der Einbürgerungen in der ausländischen Bevölkerung sank von knapp 3% im Jahr 1983 auf deutlich unter
1% 1993.[12]

Mit zunehmender Dauer der weiteren Beschäftigung wuchs der Grad
der Integration in den Arbeitsmarkt: 1986 betrug die AusländerInnenquote
unter den ArbeitnehmerInnen knapp 6%, und der überwiegende Teil arbeitete bereits länger als 10 Jahre in Österreich.[13] Rund die Hälfte der 12.000 in
Salzburg beschäftigten AusländerInnen arbeitete auf Basis eines Befreiungs-
scheins, war also aufgrund langer Beschäftigungsdauer (damals länger als
8 Jahre) arbeitsrechtlich annähernd ÖsterreicherInnen gleichgestellt. Auf
die übrige Hälfte konnte aus branchenspezifischen Gründen – insbesondere in der Bauwirtschaft, im Fremdenverkehr und im Reinigungswesen und

---

[10] Landesarbeitsamt (1965), S. 14.
[11] Ardelt, Rudolf G. (1988): Die soziale Struktur Salzburgs, in: Zwink, Eberhard
(Hg.): Die Ära Lechner. Das Land Salzburg in den sechziger und siebziger Jahren. Salzburg, S. 43.
[12] Landesstatistik (2005), S. 27f.
[13] Matuschek, Helga/Laburda, Angelika/Wiederschwinger, Margit (1998): Empirische Untersuchung zur Arbeitsmarktintegration von Ausländern und Ausländerinnen, in: Arbeitsmarktservice Österreich (Hg.): AMS report 6: AusländerInnen in Österreich. Migrationspolitik und Integration. Wien, S. 48ff.

zum Teil im Metallbereich – nicht verzichtet werden, auch wenn sie erst kür-
zere Zeit in Österreich beschäftigt waren.[14]

Die zusammenfassende Einschätzung aus Sicht der Demografen lautet:
„Aus der bis 1974 forcierten temporären Arbeitsmigration wurde eine tole-
rierte, aber eigentlich nicht gewollte Einwanderung. Vereinzelt wurde auf den
kompensatorischen Charakter von Zuwanderung angesichts niedriger Ge-
burtenraten und einer alternden inländischen Bevölkerung hingewiesen."[15]

OSTÖFFNUNG UND ZERFALL JUGOSLAWIENS

Die ab Jahresmitte 1987 beginnende Phase der Hochkonjunktur ab 1989
führte zu einem neuerlichen Wachstumsschub in der AusländerInnenbe-
schäftigung. Die Ostöffnung und die Wiedervereinigung Deutschlands bedeuteten für Österreichs Volkswirtschaft zusätzliche Nachfrageimpulse,
insbesondere in der Sachgütererzeugung, der Bauwirtschaft und im Tourismus, die auf eine gute Konjunktursituation 1988/1989 aufsetzte.

Waren in den Jahren zwischen 1983 und 1988 in Salzburger Unternehmen konstant zwischen 11.000 und 12.000 ausländische StaatsbürgerInnen
beschäftigt, erfolgte bis 1991 ein Anstieg auf 20.200.

Abgesehen von der unmittelbaren Nachkriegszeit überstieg der Zuzug
ausländischer Wohnbevölkerung in den Jahren 1986 bis 1991 mit über 16.200
Personen deutlich den bisherigen Höchstwert von 12.500 in den Jahren 1966
bis 1971. 1991 waren 88% der 32.100 in Salzburg wohnhaften ausländischen
Personen im Alter von über 15 Jahren in den letzten fünf Jahren aus dem
Ausland zugezogen und nur 5% wohnten bereits 1986 in Salzburg.

Die Erwerbsquoten von AusländerInnen und ÖsterreicherInnen näherten sich einander an: 1971 waren es 84% gegenüber 69%, 1981 82% bzw.
71%, 1991 79% bzw. 73%.[16]

Das Qualifikationsniveau der ausländischen Bevölkerung erhöhte sich
zwischen 1971 und 1991 ähnlich der Entwicklungsrichtung von InländerInnen,
aber mit wesentlich geringerer Dynamik: 1971 betrug bei AusländerInnen im
Alter von 15 und mehr Jahren der Anteil jener, die höchstens einen Pflicht-
schulabschluss hatten, 69% – 1991 waren es noch 61% gewesen (InländerInnen

---

[14] Bischofer, Wilfried/Schmidt, Gerhard (1991): Die regionale Dynamik des Salzburger Arbeitsmarktes. Entwicklung der Beschäftigung im Bundesland Salzburg
von 1980 bis 1990 in den Branchen und Bezirken. AK Studienreihe. Salzburg,
S. 13.

[15] Tazi-Preve, Irene/Kytir, Josef/Lebhart, Gustav/Münz, Rainer (1999): Bevölkerung in Österreich. Demographische Trends, politische Rahmenbedingungen,
entwicklungspolitische Aspekte. Schriften des Instituts für Demographie der
Österreichischen Akademie der Wissenschaften. Band 12. Wien, S. 35.

[16] Landesstatistischer Dienst (1995), S. 13f. und S. 73.

1971: 61% und 1991: 38%). Lehrabschluss- und Fachschulniveau stiegen von 19% auf 23% (InländerInnen von 31% auf 48%). Der Anteil höherer Schul- und Hochschulabschlüsse lag bei AusländerInnen 1971 mit 13% und 1991 mit 16% über dem Niveau von InländerInnen (9% bzw. 15%).[17]

Insbesondere ab dem Jahr 1990 waren Verdrängungseffekte am Arbeitsmarkt festzustellen: Bereits länger beschäftigte AusländerInnen und auch InländerInnen wurden durch neu Eingereiste – vor allem aus (Ex-)Jugoslawien – ersetzt. Man registrierte 3.500 zusätzlich beschäftigte AusländerInnen, gleichzeitig wurden 180 AusländerInnen und 230 InländerInnen gegenüber dem Vorjahr zusätzlich arbeitslos.[18] Das Wachstum der Arbeitslosigkeit von AusländerInnen im Ausmaß von ca. 30% pro Jahr setzte sich bis 1993 fort und glich sich in der Folge wieder den Branchengegebenheiten mit saisonalen Effekten an. Bis zur Jahrtausendwende blieb der Anteil der AusländerInnen an den unselbstständig Beschäftigten in Salzburg mit ca. 11% relativ konstant.

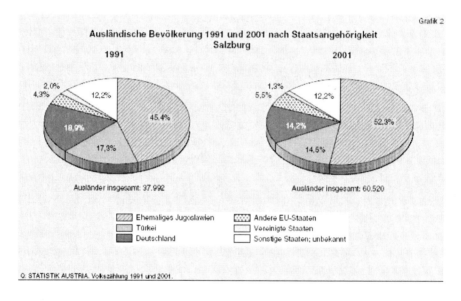

Grafik 2

Ausländische Bevölkerung 1991 und 2001 nach Staatsangehörigkeit
Salzburg

1991   2001

Ausländer insgesamt: 37.992   Ausländer insgesamt: 60.520

Ehemaliges Jugoslawien   Andere EU-Staaten
Türkei   Vereinigte Staaten
Deutschland   Sonstige Staaten; unbekannt

Q: STATISTIK AUSTRIA. Volkszählung 1991 und 2001.

Von 1991 bis 2001 kam es zu einem Zuwachs der ausländischen Bevölkerung in Salzburg von etwa 60%. Den überwiegenden Anteil an den 60.500 Personen stellten mit 52% MigrantInnen aus (Ex-)Jugoslawien. 20% stammten aus den EU-Staaten – ohne Beitrittsländer von 2004 – und 15% aus der Türkei. Der Anteil der in Österreich geborenen ausländischen Staatsangehörigen stieg auf 19% – ein deutliches Indiz für die zunehmende Aufenthaltsdauer

---

[17] Landesstatistischer Dienst (1995), S. 64.
[18] Bischofer/Schmidt (1991), S. 9.

der Elterngeneration. Das traf besonders für Personengruppen aus den traditionellen Herkunftsländern der Arbeitsmigration nach Salzburg zu. Fast jede(r) dritte (31 %) in Salzburg lebende türkische Staatsangehörige kam in Österreich zur Welt. Von den BürgerInnen der Nachfolgestaaten Jugoslawiens war dies bei jeder(m) vierten bis fünften der Fall.[19]

Verstärkte EU-Binnenwanderung

Der Blick auf die Anteile der Nationalitäten an den 25.300 beim Hauptverband der Sozialversicherungen registrierten ausländischen ArbeitnehmerInnen im Jahr 2001 zeigte mit 58 % (Ex-)JugoslawInnen einen im Verhältnis zu den Bevölkerungsanteilen größeren – und bei TürkInnen und EU-BürgerInnen mit je 14 % einen etwas geringeren – Anteil als den der Wohnbevölkerung.

Bis 2005 stieg die Zahl der ausländischen Beschäftigten auf insgesamt 28.800. Der Anteil von (Ex-)JugoslawInnen sank auf nunmehr 49 %, der von TürkInnen auf 12 %, wohingegen der Anteil der EU-BürgerInnen auf 23 % zulegte. Der überwiegende Teil des Zuwachses stammte aus den EU(15)-Staaten und hierbei insbesondere aus Deutschland. Der Anstieg deutscher ArbeitnehmerInnen in Salzburg wuchs dabei von + 12 % im Jahr 2001 bis hin zum Spitzenwert von + 32 % im Jahr 2004. 2005 betrug das Wachstum + 20 %, das sind nunmehr 5.500 Beschäftigte bzw. 83 % der unselbstständig Beschäftigten aus den EU(15)-Staaten. In Summe betrug der Beschäftigungszuwachs von 2001 bis 2005 + 85 % bei den ArbeitnehmerInnen aus den EU(15)-Staaten sowie + 50 % bei jenen, die aus den zehn im Mai 2004 beigetretenen Ländern kamen. Letztere stellten somit knapp 1.200 Beschäftigte. Im Jahresdurchschnitt 2005 waren damit 3 % der Beschäftigten im Bundesland Salzburg StaatsbürgerInnen der EU(15), 0,5 % der ArbeitnehmerInnen stammten aus den 2004 beigetretenen EU-Staaten und knapp 10 % waren (noch) nicht EU-BürgerInnen.

Die Bevölkerungsentwicklung von 2001 bis 2005 spiegelte die Entwicklungstendenzen des Arbeitsmarktes wider: + 2.600 deutsche StaatsbürgerInnen und + 1.400 Personen aus den übrigen EU(25)-Staaten (ohne Deutschland und Österreich) bedeuten einen Zuwachs von knapp einem Drittel bzw. mehr als einem Viertel. Der Anstieg der Wohnbevölkerung mit deutscher Staatsbürgerschaft weist darauf hin, dass ein steigender Anteil der deutschen Beschäftigten nicht aus den benachbarten Grenzregionen stammt. Deutliches Indiz für die zunehmende Dynamik der Zuwanderung deutscher StaatsbürgerInnen ist der Vergleich mit dem Zeitraum 1991 bis 2001, in dem mit 1.400 Personen die Zunahme nur halb so groß ist.[20]

---

[19] Statistik Austria (2003): Volkszählung 2001. Hauptergebnisse I – Salzburg. Wien, S. 17f.
[20] Landesstatistischer Dienst (2005), S. 17.

ARBEITSRECHTLICHE STEUERUNG – VON DER ROTATION ZUR INTEGRATION

Sozialpartnerschaftlich orientierte Systeme sehen eine wichtige Funktion der Arbeitsmarktpolitik im Schutz der Arbeitsmarktpartner vor negativen Folgen eines zu hohen bzw. zu niedrigen Arbeitskräfteangebotes. Überangebote von Arbeitskräften verschlechtern tendenziell die Einkommens- und damit die Lebensbedingungen der ArbeitnehmerInnen. Arbeitskräftemangel bremst Potenziale der regionalen Wirtschaftsentwicklung, beeinträchtigt die Standortqualität und verteuert tendenziell die Produktionskosten. Die erste Gesetzgebung zur Steuerung der Beschäftigung von AusländerInnen erfolgte in Österreich mit dem Bundesgesetz über die zeitweilige Beschränkung der Beschäftigung ausländischer Arbeiter und Angestellter (Inlandarbeiterschutzgesetz) vom 19.12.1925, BGBl. 457. Nach dem Zweiten Weltkrieg wurde der Arbeitsmarkt mit einem schrittweisen Rückbau der Zwangsbewirtschaftung reguliert: Bis 1948 standen sämtliche Wechsel von Beschäftigungsverhältnissen unter der Bewilligungspflicht der Arbeitsverwaltung. Nach Aufhebung der seit Mai 1938 zu Grunde liegenden Verordnung über Vermittlung, Anwerbung und Verpflichtung von Arbeitnehmern war bis Anfang der 1960er-Jahre die aus 1933 stammende und ab 1941 für Österreich gültige reichsdeutsche Verordnung über ausländische Arbeitnehmer die Rechtsgrundlage, die das Inlandarbeiterschutzgesetz von 1925 ablöste. Neue Steuerungselemente kamen mit Kontingentvereinbarungen auf Basis sozialpartnerschaftlicher Grundsatzübereinkommen im Anschluss an das Raab-Olah-Abkommen erst ab 1961 dazu.

Das Ausländerbeschäftigungsgesetz 1975 – der erste Höhepunkt der „Gastarbeiter"-Welle war bereits vorbei – bedeutete eine grundsätzliche Neuformulierung der arbeitsrechtlichen Steuerung. Der Neuregelung lag das Rotationsprinzip zu Grunde, das auf kurze Beschäftigung in Österreich und baldige Rückkehr in das Herkunftsland zielte. 1988 erfolgte mit der Novellierung das formale Ende dieses Modells zu Gunsten des Integrationsprinzips für länger anwesende AusländerInnen.[21] Ökonomische und soziale Integration waren so weit fortgeschritten, dass eine allfällige Rückkehr erst nach Beendigung des Erwerbslebens angestrebt wurde. „Etablierte" ausländische Arbeitskräfte sollten in ihren Rechten besser geschützt, auch ihren Kindern sollten Beschäftigungsmöglichkeiten im Inland eröffnet werden.

Die Ostöffnung und insbesondere der Flüchtlingsstrom aus den Kriegsgebieten des Balkans hatten eine zunehmende Gewichtsverlagerung der Migrationssteuerung in Richtung Fremden- und Aufenthaltsrecht zur Folge.

---

[21] Biffl, Gudrun (1998): Die Entwicklung des österreichischen Migrationssystems, in: Arbeitsmarktservice Österreich (Hg.): AMS report 6: AusländerInnen in Österreich. Migrationspolitik und Integration. Wien, S. 7.

Bis in die erste Hälfte der 1990er-Jahre war das Aufenthaltsrecht an den
Unterhalt in Österreich gekoppelt. Ausnahmen erfolgten durch das internationale Flüchtlingsrecht und den Beitritt Österreichs zum EWR 1994 bzw.
zur EU 1995.[22] Die Zugangsbegrenzungen zum regulären Arbeitsmarkt orientieren sich nicht mehr an nationalstaatlichen Grenzen. AsylantInnen und
EWR-BürgerInnen sind nicht „AusländerInnen" im Sinne des Ausländerbeschäftigungsgesetzes.

Für die BürgerInnen der zehn am 1.5.2004 der EU beigetretenen Länder gilt ein Übergangsszenario. Für „Drittstaatsangehörige" – also Personen außerhalb der EWR-Zugehörigkeit – wurden die Voraussetzungen für
die Arbeitsaufnahme in Österreich deutlich erschwert. Seit 2003 dürfen nur
noch „Schlüsselkräfte" und „Kontingentarbeitskräfte" angeworben werden.
Seit Anfang 2006 gelten besondere Regelungen aufgrund der Familienzu-
sammenführungsrichtlinie der EU, welche mindestens ein Jahr niedergelas-
sene Angehörige von AusländerInnen im Anspruch auf eine Berechtigung
der Bezugsperson gleichstellt.

ASSIMILATION, INTEGRATION, SEGREGATION?

Als Indikator für den Integrationsgrad kann u.a. die Umgangssprache interpretiert werden. Bei der Volkszählung im Jahr 2001 wurde für 3% der Befragten angegeben, dass sie ausschließlich eine andere Sprache als Deutsch
als Umgangssprache verwenden, 8% unterhielten sich sowohl auf Deutsch
als auch in einer anderen Umgangssprache. Ein Viertel aller Personen, die
nicht ausschließlich Deutsch als Umgangssprache verwendeten, sprachen
Serbisch, ein Fünftel Kroatisch und 18% Türkisch. Zählt man noch jene
Personen dazu, die Albanisch, Bosnisch, Mazedonisch oder Slowenisch als
Umgangssprache ankreuzten (11%), so entfallen auf die traditionellen Herkunftsländer der „Gastarbeiter" (Ex-Jugoslawien, Türkei) insgesamt 74%
aller Personen mit nicht ausschließlich deutscher Umgangssprache. Knapp
12.000 österreichische StaatsbürgerInnen in Salzburg gaben an, Deutsch
nicht als Umgangssprache zu nutzen.[23]

Mit 12,3% AusländerInnenanteil an der Wohnbevölkerung wies Salzburg
2005 nach Wien und Vorarlberg den höchsten AusländerInnenanteil auf.
Ihr Anteil am Arbeitsmarkt betrug 13%, die Erwerbsquoten von In- und

---

[22] Gächter, August (1998): Rechtliche Rahmenbedingungen und ihre Konsequenzen, in: Arbeitsmarktservice Österreich (Hg.): AMS report 6: AusländerInnen in
Österreich. Migrationspolitik und Integration. Wien, S. 10ff.

[23] Statistik Austria (2003): Volkszählung 2001. Hauptergebnisse I – Salzburg. Wien,
S. 18f. und S. 60.

AusländerInnen näherten sich weitgehend an: Laut Volkszählung 2001 betrug der Unterschied der Erwerbsquoten zwischen In- und AusländerInnen im Alter von 15 und mehr Jahren nur noch 3%-Punkte.[24]

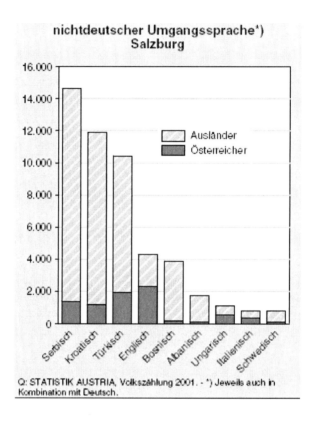

Seit 1997 wurden mit zunehmender Dynamik Einbürgerungen durchgeführt: Von 500 pro Jahr bis zu 2.800 im Jahr 2004, das sind ca. 1% der ausländischen Bevölkerung 1997 und über 4% 2004. Hauptsächliche Begründung ist ein mehr als 10-jähriger Wohnsitz in Österreich sowie die Erstreckung auf Ehegatten und Kinder – in Summe 73% der 13.600 von 1995 bis 2004 durchgeführten Einbürgerungen.[25]

Die wachsende Zahl von Einbürgerungen in den letzten Jahren lässt auch auf ein steigendes Interesse an Integration schließen. Die Staatsbürgerschaft

---

[24] Statistik Austria (2004): Volkszählung 2001. Hauptergebnisse II – Salzburg. Wien, S. 95.
[25] Landesstatistischer Dienst (2005), S. 27ff.

allein bedeutet aber noch nicht automatisch einen Gradmesser für Integration: Deutsch als Umgangssprache, als Ausdruck der Kommunikationsfähigkeit mit der umgebenden Gesellschaft ist für zumindest 3% der ÖsterreicherInnen in Salzburg nicht möglich. Das zeigen auch aktuelle Erfahrungen am Arbeitsmarkt. Bei Betriebsschließungen in Folge von Insolvenzen in den vergangenen Monaten wurden die problematischen Seiten langer Segregation, des Nebeneinanderlebens unterschiedlicher Kulturen, augenscheinlich. Nicht wenige – inzwischen ältere – Arbeitskräfte, sowohl Männer aus der Türkei als auch Frauen aus (Ex-)Jugoslawien, konnten trotz langjähriger Beschäftigung und Wohnsitz in Salzburg ohne deutsche Sprachkenntnisse in muttersprachlichen Subkulturen auskommen. Alternative Beschäftigung zu finden, ist ohne Sprachkenntnisse aber nicht mehr möglich, die Dynamisierung des Arbeitsmarktes erfordert auch für diese Arbeitskräfte ein rasches Nachholen lange ignorierter Anforderungen.

Als insgesamt assimiliert können die Generation und Nachkommen der Vertriebenen und Flüchtlinge des Zweiten Weltkrieges, aber auch viele in Salzburg verbliebene Angehörige der Arbeitsmigration der 1960er- bis 1980er-Jahre angesehen werden. Die schwierigste Situation finden aktuell die Nachfolgegenerationen vor. Sie treffen auf einen zunehmend selektiven Arbeitsmarkt, der Jugendlichen mehr abverlangt als ihren Eltern, als sie jung waren: höhere Lernbereitschaft und höheres Anpassungsvermögen bei schwierigerer Perspektive bezüglich Arbeitsmarktchancen. Die Jobperspektiven für schlecht Qualifizierte sinken. Der Anteil von AusländerInnen der 2. oder 3. Generation in arbeitsmarktpolitischen Jugendmaßnahmen ist hoch.

Das gesellschaftliche Umfeld neigt zu immer unterschiedlicheren, jedoch gleichzeitig auftretenden, Erscheinungsformen. Assimilation, Integration und Segregation von MigrantInnen finden – in variierendem Ausmaß – parallel statt. Der gesellschaftliche Diskurs, insbesondere die politische Behandlung der neuerdings zur „Islam-Frage" gewandelten „Ausländer-Frage", scheint leider an Differenzierungsvermögen zu verlieren. Salzburg hat nach 1945 gezeigt, dass Migrationsnotwendigkeit und Migrationsbereitschaft für Regionalwirtschaften auch in konjunkturell schwierigeren Zeiten als Standortgewinn genutzt werden können. Migrationsbereitschaft ist Teil moderner Arbeitsmarktflexibilität.

Menschen handeln aber nicht nur nach auf ihre Arbeitskraft reduzierten Interessen, sie lassen sich nicht beliebig verschieben. Mangelnde objektive Information und unklare Rechtslage sowie -praxis führen zu individuellen Fehlentscheidungen und produzieren Folgeprobleme. Salzburg weist auch 2006 einen hohen AusländerInnenanteil und vergleichsweise niedrige Arbeitslosigkeit auf, lässt man die Saisonarbeitslosigkeit außer Acht, ist es die niedrigste in Österreich. Die aus anhaltend schwacher Konjunkturentwicklung resultierende Anspannung am Arbeitsmarkt ab 2001 hat aber auch in Salzburg Spuren hinterlassen. Die Umorientierung tolerierter Migration bzw. Saisonbeschäftigung von Personen aus (Ex-)Jugoslawien auf solche aus den neuen EU-Staaten schränkt den Spielraum auch bereits länger dauernder Arbeitsbeziehungen ein. Angesichts steigender Erwerbsbeteiligungen von Älteren und Frauen sowie starker Jahrgänge von Jugendlichen im Erwerbsalter werden die Konkurrenzbedingungen am Arbeitsmarkt härter, auch wenn die Zuwanderung im Vergleich zu den 1990er-Jahren sinkt. Obwohl mehr als die Hälfte der im Jahr 2005 zusätzlich geschaffenen Beschäftigungsverhältnisse mit Deutschen eingegangen wurden – ca. 1.000 von 1.700 – wird die Zielrichtung des weiteren Integrationsdiskurses freilich bei den Folgefragen der Migration in den 1990er-Jahren und bei den AsylantInnen liegen.

Eine Feststellung sollte dabei nicht vergessen werden: Der wirtschaftliche Erfolg Salzburgs seit 1945 hat in der Zuwanderung eine wesentliche Grundlage, ohne sie könnte Salzburg seine Position auch in Zukunft nicht weiterentwickeln.

Literatur

Ardelt, Rudolf G. (1988): Die soziale Struktur Salzburgs, in: Zwink, Eberhard (Hg.): Die Ära Lechner. Das Land Salzburg in den sechziger und siebziger Jahren. Salzburg, S. 25–44.

Barth, Gunda (1985): Das Wirtschaftssystem im Bundesland Salzburg, in: Dachs, Herbert (Hg.): Das politische, soziale und wirtschaftliche System im Bundesland Salzburg. Salzburg, S. 393–476.

Biffl, Gudrun (1998): Die Entwicklung des österreichischen Migrationssystems, in: Arbeitsmarktservice Österreich (Hg.): AMS report 6: AusländerInnen in Österreich. Migrationspolitik und Integration. Wien, S. 5–10.

Bischofer, Wilfried / Schmidt, Gerhard (1991): Die regionale Dynamik des Salzburger Arbeitsmarktes. Entwicklung der Beschäftigung im Bundesland Salzburg von 1980 bis 1990 in den Branchen und Bezirken. AK Studienreihe. Salzburg.

Dirninger, Christian (1991): Konjunkturelle Dynamik und struktureller Wandel in der wirtschaftlichen Entwicklung des Landes Salzburg im 20. Jahrhundert, in: Dopsch, Heinz / Spatzenegger, Hans (Hg.): Geschichte Salzburgs. Stadt und Land. Band II. 4. Teil. S. 2743–2812.

Gächter, August (1998): Rechtliche Rahmenbedingungen und ihre Konsequenzen, in: Arbeitsmarktservice Österreich (Hg.): AMS report 6: AusländerInnen in Österreich. Migrationspolitik und Integration. Wien, S. 10–26.

Hauptverband der Sozialversicherungsträger (erscheint jeweils im Folgejahr): Statistik der Sozialversicherung. Wien.

Landesarbeitsamt Salzburg (1965): Land Salzburg. 20 Jahre Arbeitsmarktverwaltung 1945–1964. Salzburg.

Landesstatistischer Dienst (1995): Endgültige Ergebnisse der Volkszählung 1991. Strukturdaten. Teil II. Salzburg.

Landesstatistischer Dienst (2005): Bevölkerung per 1.1.2005. Salzburg.

Matuschek, Helga/Laburda, Angelika/Wiederschwinger, Margit (1998): Empirische Untersuchung zur Arbeitsmarktintegration von Ausländern und Ausländerinnen, in: Arbeitsmarktservice Österreich (Hg.): AMS report 6: AusländerInnen in Österreich. Migrationspolitik und Integration. Wien, S. 48–66.

Österreichisches Institut für Wirtschaftsforschung (1973): Struktur und Entwicklung der Salzburger Wirtschaft. Wien.

Salzburg. Geschichte & Politik (2001): Mitteilungen der Dr.-Hans-Lechner-For-
schungsgesellschaft. 11. Jahrgang. Heft 1/2-B. Salzburg, S. 139.

Scheuringer, Brunhilde (1985): Die Sozialstruktur im Bundesland Salzburg, in:
Dachs, Herbert (Hg.): Das politische, soziale und wirtschaftliche System im
Bundesland Salzburg. Salzburg, S. 333–392.

Statistik Austria (2003): Volkszählung 2001. Hauptergebnisse I – Salzburg. Wien.

Statistik Austria (2004): Volkszählung 2001. Hauptergebnisse II – Salzburg. Wien.

Tazi-Preve, Irene/Kytir, Josef/Lebhart, Gustav/Münz, Rainer (1999): Bevölkerung in Österreich. Demographische Trends, politische Rahmenbedingungen,
entwicklungspolitische Aspekte. Schriften des Instituts für Demographie der
Österreichischen Akademie der Wissenschaften. Band 12. Wien.

Gedanken zu 25 Jahren Beratung
in- und ausländischer ArbeitnehmerInnen

Peter Weis

Ich bin 47 Jahre alt und berate mittlerweile seit 25 Jahren ArbeitnehmerInnen in Fragen des Sozialversicherungsrechts, also mehr als die Hälfte meines Lebens, davon 17 Jahre bei der Kammer für Arbeiter und Angestellte für Salzburg. Die Kammer für Arbeiter und Angestellte ist die gesetzliche Interessenvertretung der ArbeitnehmerInnen in Österreich. Die ArbeitnehmerInnen entrichten einen gesetzlich vorgeschriebenen Beitrag von 0,5 % ihres Gehaltes an die Kammer. Als kollektive Interessenvertretung der ArbeitnehmerInnen ist die Kammer beispielsweise in Gesetzesbegutachtungen eingebunden, andererseits werden ArbeitnehmerInnen in arbeits- und sozialrechtlichen Fragen und auch im Bereich des Konsumentenschutzes beraten und vertreten.[1]

Wenn ich zu einem Beitrag im Sammelband „Die missglückte Integration?" eingeladen werde, kann ich mich diesbezüglich keineswegs als Integrationsexperte betrachten. Meine Aufgabe sehe ich vielmehr darin, aus der praktischen Arbeit heraus, also subjektiv, meine Überlegungen über die angeblich missglückte Integration der nach Österreich eingewanderten Menschen darzulegen.

Was die Sache für mich relativ spannend macht, ist die Tatsache, dass ich einerseits grundsätzlich seit vielen Jahren an dem Thema interessiert bin, und andererseits die Gelegenheit hatte, für einige Zeit in den Niederlanden zu leben, dem einstigen Musterland der Integration, um mich u.a. mit der dortigen Diskussion zu beschäftigen.

Bei der Frage der Integration entsteht mitunter der Anschein, dass es sich hierbei um ein aktuelles Problem unserer Zeit handelt. Wie ich aber feststellte, ist dies keineswegs so.

So beschäftigte ich mich bei meinem Aufenthalt in den Niederlanden unter anderem mit der Geschichte der schönen Stadt Haarlem mit derzeit 147.000 EinwohnerInnen: Im Jahr 1568 brach in den Niederlanden der so genannte „80-jährige Krieg" aus, in dem sich die protestantischen, niederländischen *Geuzen* gegen die katholisch-spanische Habsburger-Herrschaft erhoben. In diesem anfangs sehr wechselvollen Aufstand wurde ab 1572 die Stadt Haarlem von spanischen Truppen belagert. Im Jahr 1573 musste die Stadt wegen des herrschenden Hungers kapitulieren. Die spanischen Truppen rächten sich für die erlittenen Verluste, indem der größte Teil der männlichen Bevölkerung ermordet wurde. In den darauf folgenden Jahren wütete

---

[1] Rechtsgrundlage Arbeiterkammergesetz 1992 – AKG.

eine Pestepidemie unter der Bevölkerung, und im Jahr 1576 vernichtete ein
großes Feuer ganze Stadtteile, sodass erwogen wurde, die Stadt überhaupt
aufzugeben. Was Haarlem rettete, war die Eroberung der Stadt Antwerpen
durch die Spanier im Jahr 1585. Die Spanier stellten die Bevölkerung Antwerpens vor die Wahl: entweder Übertritt zum katholischen Glauben oder Auswanderung. Diejenigen AntwerpenerInnen, die ihre Stadt verließen, ließen
sich vorwiegend in Amsterdam und in Haarlem nieder. In Haarlem waren
die Menschen herzlich willkommen. Sie wurden vorerst in den aufgehobenen
katholischen Klöstern untergebracht, in weiterer Folge wurden die niederge-
brannten Stadtteile neu aufgebaut und die Zuwanderer dort untergebracht.

Es zeichneten sich jedoch relativ schnell soziale Spannungen ab. Die Zugewanderten waren im Gegensatz zu den bereits dort ansässigen AntwerpenerInnen sehr konservative ProtestantInnen, sie sprachen zwar die gleiche
Sprache, jedoch mit einem sehr deutlich unterscheidbaren Dialekt. Dies
führte relativ schnell zu Spannungen und einer Spaltung. Die flämischen
Zuwanderer öffneten ihre eigenen Geschäfte, bauten eigene Kirchen und
lebten ihr eigenes Leben – also ein Integrationsproblem vor vielen hunder-
ten Jahren … .

Ein anderes Migrationsproblem, das noch nicht so weit zurückliegt, war
die Vertreibung der Volksdeutschen am Ende des Zweiten Weltkrieges. Hun-
derttausende Menschen mussten ihre Heimat verlassen und nach Deutschland und Österreich flüchten, weil sie aus ihrer angestammten Heimat vertrieben wurden. Sie ließen sich in Deutschland und Österreich nieder. Da
diese Menschen sehr gut Deutsch sprachen, hätte die Zuwanderung und Integration problemlos verlaufen müssen. Wenn man jedoch die Aufmärsche
der Vertriebenenverbände im Fernsehen betrachtet, kommen einem darüber
auch heute noch Zweifel. Damit stellt sich die Frage, was Integration eigentlich ist.

INTEGRATION IN DEN NIEDERLANDEN

Sicherlich gibt es ausgezeichnete Definitionen für den Begriff Integration.
Ganz allgemein wird man darunter die Aufnahme zugewanderter Menschen
in die eigene Bevölkerung verstehen. In Österreich wurden meiner Meinung
nach in den letzten Jahren die Fragen zur Migration und Integration immer
sehr emotional behandelt (das Wort „diskutiert" erscheint mir hier nicht
richtig), den „aufrechten BürgerInnen" auf der einen Seite standen und stehen auf der anderen Seite die so genannten „Gutmenschen" gegenüber. In
den Niederlanden ist – im Vergleich zu Österreich – die Diskussion wesentlich offener und ehrlicher.

Grundsätzlich ist man offenbar in den Niederlanden (vermutlich woanders auch) zu dem Ergebnis gekommen, dass für die Integration von Zuwanderern drei Faktoren maßgeblich sind:

1. Die Sprache
2. Die Bildung/Ausbildung
3. Die Religion

Soll die Integration verbessert werden, müssen demnach Maßnahmen im Bereich der Sprache und der Bildung/Ausbildung ergriffen werden, die Religion wird man (darüber besteht zumindest in den Niederlanden Konsens) ja nicht vorschreiben können.

Ganz allgemein können in den Niederlanden Allochthonen in fünf Gruppen unterschieden werden:

1. AntillianerInnen,
2. SurinamerInnen,
3. TürkInnen,
4. MarokkanerInnen und
5. „sonstige" Zuwanderer.

SurinamerInnen und AntillianerInnen kamen und kommen aus den ehemaligen Kolonien, es handelt sich um jeweils etwa 400.000 Menschen, die

a) farbig sind
b) Niederländisch sprechen und
c) sich als christlich verstehen.

Offenbar kommt es gerade bei Jugendlichen dieser Bevölkerungsgruppen zu beträchtlichen Spannungen, es besteht hier auch eine relativ hohe Jugendarbeitslosigkeit.

Weiters befinden sich etwa jeweils 300.000 Menschen türkischer oder marokkanischer Abstammung in den Niederlanden, die

a) häufig schlecht bis gar nicht Niederländisch sprechen und
b) bezüglich der Religion dem Islam zugerechnet werden.

Die Arbeitslosigkeit ist insbesondere unter den MarokkanerInnen groß, so soll es marokkanischen SchulabgängerInnen kaum möglich sein, eine Lehrstelle zu finden. Die Zahl der SchulabbrecherInnen und Menschen ohne Berufsausbildung ist besonders hoch. Auch haben SurinamerInnen und AntillianerInnen insgesamt gesehen eine bessere Schulausbildung als MarokkanerInnen und TürkInnen.

Weitere Zuwanderer kommen – häufig als AsylwerberInnen – aus aller Herren Länder, wobei auffällt, dass sie mitunter relativ nah beisammen wohnen, z.B. die weitaus meisten EritreerInnen in Rotterdam. Was ich sehr interessant finde, ist die Tatsache, dass im Jahr 2004 aus den Niederlanden erstmals mehr Allochthonen auswanderten als zuwanderten, insbesondere in die Türkei.

Die AusländerInnendebatte in den Niederlanden wurde insbesondere durch zwei Ereignisse angeheizt:

a) die Gründung der „Lijst Pim Fortuyn", einer populistischen Partei, die u.a. die AusländerInnenproblematik thematisierte und
b) die Ermordung von Theo van Gogh im November 2004.

Diese Debatte wurde und wird sehr emotional geführt, wobei sehr traurig ist, dass in den Medien vor allem die extremsten Positionen die größte Aufmerksamkeit finden und die Bemühungen der „gemäßigten Kräfte" häufig nur wenig oder keine Beachtung finden. Aus meiner Sicht erfreulich ist es aber, dass die Massenhysterie von Ende 2004 auch immer mehr öffentlich thematisiert wird, u.a. von dem in den Niederlanden sehr populären Schriftsteller Geert Mak in seinem Pamphlet *„gedoemt tot kwetsbaarheid" („Verdammt zur Verletzlichkeit")*, in dem er die durch die Medien, aber auch durch PolitikerInnen geschürte Hysterie heftig kritisierte.

Andere Fakten finden leider nur geringe Beachtung. Einerseits ist es immer wieder ein Thema, ob jetzt bereits eine Million Moslems in den Niederlanden wohnen oder nur 900.000 (mit dem unterschwelligen Ton: Moslem = radikal). Andererseits will niemand hören, dass ein vergleichsweise geringer Anteil, nämlich nur geschätzte 20 bis 25% der Moslems, überhaupt regelmäßig eine Moschee besucht, geschweige denn, wie viele „radikale" Moslems es in den Niederlanden tatsächlich gibt.

Grundsätzlich wird die gesamte Migrationsdebatte aber spätestens dann unschlüssig, wenn sich die Niederlande darum bemühen, ca. 26.000 ausprozessierte und abgewiesene AsylwerberInnen auszuweisen, während gleichzeitig Spanien 700.000 illegalen Einwanderern eine Aufenthaltsbewilligung erteilt. Von den 26.000 Ausweisungsfällen in den Niederlanden ist übrigens etwa die Hälfte erledigt, wobei der größte Teil der Betroffenen „verschwunden" ist.

DIE KUNDENBERATUNG IN SOZIALRECHTSSACHEN

In unserer Kammer sprechen vorwiegend Menschen vor, die aus verschiedenen Gründen keine Sozialversicherungsleistungen erhalten. Meistens handelt es sich dabei um Pensionen, es kann sich aber auch um Probleme bei Krankenkassenleistungen handeln (z. B. Krankenstände im Ausland) oder um Arbeitslosenunterstützungen.

Zuwanderer aus dem Ausland erscheinen im Erwerbsleben und bei den Sozialversicherungsleistungen mehrfach benachteiligt: Häufig verfügen sie über keine Berufsausbildung im Ausland. Selbst wenn eine entsprechende Ausbildung vorliegt, wird sie in Österreich meistens nicht als gleichwertig anerkannt, was bedeutet, dass sie eine minderwertigere Tätigkeit annehmen müssen. Mitunter besteht auch gar keine Aussicht auf eine gleichwertige Beschäftigung. So arbeitet z. B. ein irakischer Universitätsprofessor, der in Österreich als Asylant anerkannt wurde, hier als Kellner in einem kleinen Kaffeehaus.

AsylwerberInnen sind beim Thema Beschäftigung übrigens in Österreich ein eigenes Kapitel. Arbeiten sie während des Asylverfahrens nicht, weil sie nicht dürfen, sind sie „arbeitsscheu", erhalten sie eine Arbeitsbewilligung, die ohnehin nur für die schlechtesten Jobs gilt, „nehmen sie uns die Arbeit weg". Sie zahlen zwar Arbeitslosenversicherungsbeiträge, sind aber vom Anspruch auf Arbeitslosengeld ausgeschlossen.[2]

Die Dienstverhältnisse ausländischer ArbeitnehmerInnen unterscheiden sich im Vergleich zu denjenigen von ÖsterreicherInnen häufig in folgenden Punkten:

a) die Tätigkeit ist meistens schlechter qualifiziert,
b) die Arbeit ist körperlich schwerer,
c) die ArbeitnehmerInnen sind häufiger arbeitslos und
d) sie sind aus obigen Gründen häufiger krank.

Vor der Einwanderung nach Österreich waren sie oft nicht versichert, z. B. weil sie Bauern in Ex-Jugoslawien oder der Türkei waren, oder aber die ausländischen Versicherungszeiten können mangels entsprechender Sozialversicherungsabkommen nicht wechselseitig anerkannt werden.[3] Dies spielt insbesondere im österreichischen Pensionsrecht eine große Rolle: Einerseits können österreichische ArbeitnehmerInnen früher in eine vorzeitige Alterspension gehen, wenn sie eine große Anzahl von Versicherungsmonaten nachweisen können.[4] Das bedeutet, dass Zuwanderer diese vorzeitigen Pensionierungsmöglichkeiten nicht in Anspruch nehmen können. Nachdem sie aber schwerer arbeiten, an mehr und schwereren Krankheiten leiden und früher arbeitslos werden – und aus diesen Gründen auch beim Arbeitsmarktservice (AMS) als unvermittelbar gelten – suchen sie dann aus Gesundheitsgründen in der Regel um eine Invaliditätspension an.

Hier besteht das nächste Problem im österreichischen Pensionsrecht: Je anspruchsvoller der ausgeübte Beruf ist und je länger man ihn ausgeübt hat, umso leichter erhält man die Invaliditätspension. Ein Beispiel: Eine Krankenschwester und eine Putzfrau arbeiten in einem Krankenhaus in der gleichen Abteilung, beide haben die gleiche Krankheit: Die Krankenschwester

---

[2] § 7 Arbeitslosenversicherungsgesetz 1977 (AlVG), BGBl. 1977/609.
[3] Zweiseitige Abkommen mit Bosnien-Herzegowina (BGBl. III 2001/230), Jugoslawien (BGBl. III 2002/100), Kroatien (BGBl. III 1998/162), Mazedonien (BGBl. III 1998/46) und der Türkei (BGBl. III 2000/199).
[4] §§ 253 b, 607 Abs. 10, 12, 14 Allgemeines Sozialversicherungsgesetz (ASVG) u.a.m.

erhält die Pension leichter als die Putzfrau, weil sie über eine höhere Qualifikation verfügt und daher rechtlich nicht auf Tätigkeiten verwiesen werden
kann, die für eine Putzfrau als „zumutbar" erachtet werden. So kann man
nach österreichischem Recht eine Putzfrau auf Tätigkeiten wie z. B. Parkga-
ragenkassiererin, Museumsaufseherin und dergleichen verweisen. Die Tatsache, dass diese Frau eventuell gar nicht über die entsprechenden Sprachkenntnisse für eine derartige Beschäftigung verfügt, bleibt außer Betracht,
weil es sich sonst rechtlich um eine „Bevorzugung ausländischer ArbeitnehmerInnen" zum Nachteil österreichischer ArbeitnehmerInnen handeln würde.[5] Bei diesen Beratungsgesprächen spielt das Ausmaß der Integration in
unsere Gesellschaft eine bedeutende Rolle.

Die Sprachbarriere

Hier kann man alles erleben, von Allochthonen, die ausgezeichnet Deutsch
sprechen, bis zu Menschen, an denen man schier verzweifelt, weil die Kommunikation gar so schwierig ist. Dabei spielt z. B. die Aufenthaltsdauer in
Österreich eine Rolle. So sprechen üblicherweise SerbInnen, die seit Jahrzehnten in Österreich leben, durchaus passabel Deutsch, mit ein bisschen
gutem Willen kann man sie üblicherweise durchaus verstehen. Bei BosnierInnen, die aufgrund der Kriegsereignisse in den 1990er-Jahren nach Österreich flüchteten, ist es häufig weitaus schwieriger bis praktisch unmöglich.
Hier muss man aber auch die Gründe zum Aufenthalt in Österreich hinterfragen. Während die Zuwanderer der 1970er-Jahre meistens hier verbleiben
wollen, fällt mir auf, dass gerade die BosnierInnen, die vor 10 oder 15 Jahren gekommen sind, gerne wieder zurück möchten. Wenn man jedoch von
vornherein nicht die Absicht hat, in Österreich zu bleiben, wird auch die
Motivation gering sein, die deutsche Sprache zu erlernen.
    Im Gespräch mit einem Zuwanderer aus Ex-Jugoslawien kann man aber
durchaus an seine Grenzen stoßen. Was macht man mit einem Eisenbieger,
der seit 25 Jahren in Österreich lebt, zur Beratung kommt, seine Unterlagen
auf den Tisch schmeißt und sagt: „Ferro-Betonit!"? Wie ich Gott sei Dank
weiß, handelt es sich hierbei um eine österreichische Baufirma, bei der Herr
Z. jetzt offenbar 25 Jahre gearbeitet hat, ohne nennenswerte Deutschkenntnisse erworben zu haben. Bei der Kontaktaufnahme mit Herrn Z. bin ich
allerdings kläglich gescheitert, weil ich als Antwort ausschließlich abwech-
selnd ungläubige Blicke und das Wort „Ferro-Betonit" erhalten habe. Letztlich musste ich ihn wegschicken, weil das für ein Gespräch nicht ausreichend
war. Erschreckend ist aber die Tatsache, dass Menschen tatsächlich jahr-
zehntelang in Österreich leben können, ohne Deutsch zu lernen.

---

[5] Rechtslage §§ 255, 273 ASVG, ständige Rechtsprechung des Obersten Gerichts-
    hofs (OGH).

Die Rechtsunkundigkeit

Die Mangelnde Rechtskundigkeit ist ein großes Problem. Ein Beispiel: Ein ausländischer Arbeitnehmer spricht mit einem ablehnenden Invaliditätspensionsbescheid der PVA[6] vor.

Frage: „Wegen welcher Krankheiten haben Sie um Pension angesucht?"
Antwort: „Alles tut weh ..." (Kunde stöhnt.)
Frage: „Das gibt es eigentlich nicht, dass alles weh tut. Was tut denn genau weh?"
Die Antworten sind jetzt unterschiedlich:

  a) weiterhin: „Alles tut weh..."
  b) „Kreuz, Kopf, Knie..." (Männliche Kunden neigen hier mitunter dazu, sich auszuziehen, damit man ihre Beschwerden besser würdigen kann.)
  c) Die Alternative mit Unterstützung des Beraters: Der Berater bietet von Kopf bis Fuß verschiedene Möglichkeiten an, die üblicherweise alle bejaht werden.

Jedenfalls kommt man irgendwann zu einem Resultat. Je nach Ergebnis versucht man, dem Kunden zu erklären, dass mit den geschilderten Beschwerden nach österreichischem Pensionsrecht keine Aussichten auf eine Invaliditätspension bestehen, weil es „zu wenig" ist.
    Dies führt logischerweise zur Aussage: „Ich kann aber nicht mehr arbeiten."
    Die Antwort: „Ich verstehe, dass Sie mit Ihren Beschwerden die Arbeit nicht mehr machen können, aber das reicht für eine Invaliditätspension nicht aus. Solange Sie noch leichte Arbeiten ausführen können, bekommen Sie keine Pension." Man bemüht sich also, die Gesetzeslage zu erklären. Hier gibt es dann wieder verschiedene Antwortmöglichkeiten:

  a) noch heftigeres Stöhnen,
  b) Zorn, Aggression,
  c) Aufbau einer Sprachbarriere, die bis dahin gar nicht so unüberwindlich schien,
  d) Gott sei Dank nicht ganz ausgeschlossen: eine inhaltliche Diskussion.

---

[6] Pensionsversicherungsanstalt mit Sitz in der Friedrich Hillegeiststraße 1, A-1021 Wien; derzeit zuständig für die Pensionsversicherung fast aller ArbeiterInnen und Angestellten in Österreich.

Schließlich kommt man irgendwann einmal zu einem Resultat. Ist das für den Kunden zufrieden stellend, bessert sich ziemlich schnell sowohl der Gesundheitszustand – das heißt das Stöhnen hört auf – als auch die Kommunikation.

Auf Grund der Rechtsunkundigkeit, verbunden mit der Sprach- und Bildungsbarriere, reduziert sich das Ziel der Kunden auch häufig auf die Aushändigung bestimmter Dokumente. Das heißt, der Kunde gibt sich erst dann zufrieden, wenn er ein bestimmtes Schriftstück (eine Bestätigung oder dergleichen) in der Hand hat.

Zusammenfassend scheitert man jedoch meistens am Kern: Es ist kaum möglich, dem Kunden einerseits die Rechtslage zu erklären, andererseits, sie mit ihm zu diskutieren.

Das Bildungsproblem

Nach einer neueren Studie leben etwa 600.000 AnalphabetInnen in Österreich. Dabei handelt es sich keineswegs ausschließlich um AusländerInnen. Zahlreiche unserer österreichischen Kunden kommen mit Formularen und sagen: „Können'S mir nicht das Formular g'schwind ausfüllen, die Fragen sind so kompliziert, ich versteh' die nicht!"

Ein anderes Beispiel: Frage an den Kunden mit Bezug auf die vorgelegten Dokumente: „Was ist denn Ihre Meinung dazu?"
Antwort: „…" (Schulterzucken)
Frage: „Haben Sie sich das durchgelesen?"
Antwort: „Na sicher!"
(Gespräch ließe sich beliebig lang fortsetzen.)

Bei diesen Kunden handelt es sich nach meinem Dafürhalten zum weitaus größten Teil um AnalphabetInnen. Meiner Meinung nach finden sich unter AusländerInnen auch primär nur relativ wenige AnalphabetInnen. Probleme bringt vielmehr der Umstand, dass sie in ihrem Arbeitsleben wirklich nur einfachste Handgriffe gelernt haben und dass sie andere Kenntnisse relativ bald nicht mehr verwerten können.

So werden nach österreichischem Pensionsrecht beispielsweise „abgerackerte" bosnische Bauarbeiter um die 60 Jahre ebenso wie 50-jährige türkische Näherinnen, die sich bei ihrer jahre- und jahrzehntelangen Akkordarbeit alle Gelenke ruiniert haben, auf Tätigkeiten wie Portier, ParkgaragenkassierIn oder MuseumsaufseherIn verwiesen, obwohl ihnen selbst für diese nach der Rechtssprechung leichten Arbeiten die intellektuelle Ausstattung fehlt, vom äußeren Erscheinungsbild ganz zu schweigen. Es scheint mir logisch und nachvollziehbar, dass ein 58-jähriger Gießereihilfsarbeiter durchaus daran scheitern kann, die Kasse einer Parkgarage nach acht Stunden Arbeit abzurechnen.

Fortbildungsmaßnahmen des Arbeitsmarktservices (AMS) scheitern dann wohl meistens am Widerstand der Arbeitslosen selbst, die nicht einsehen, dass sie in ihrem Alter noch Deutsch lernen sollen. Außerdem ist es ohnehin denkbar unwahrscheinlich, dass man als ältere(r) ausländische(r) ArbeitnehmerIn nach einer Umschulungsmaßnahme von den österreichischen Firmenchefs mit offenen Armen aufgenommen wird.

Abschließend noch ein Beispiel: Ein 60-jähriger bosnischer Bauarbeiter spricht mit einem negativen Bescheid der Pensionsversicherungsanstalt bei mir vor. Er war 1991 durch den Krieg in Jugoslawien nach Österreich gekommen und hat hier durchgehend gearbeitet. Gemäß dem Bescheid ist er nicht invalide. Der Pensionsantrag wurde ihm offenbar von seiner Familie und Kollegen nahe gelegt, weil er erstens in seinem Alter und mit seinen Krankheiten keine Arbeit mehr findet, zweitens nach Hause nach Bosnien will, und drittens dort auch gerne ein geregeltes Einkommen hätte.

Ich sage ihm zu, gegen den Ablehnungsbescheid eine Klage beim Landesgericht[7] einzubringen und stelle ihm dazu eine Bestätigung für das Arbeitsmarktservice aus, die ihm die weitere finanzielle Unterstützung für die Dauer des Verfahrens sichert. Letztlich kommt es nach einem dreiviertel Jahr zu einer Verhandlung beim Landesgericht. Die vom Gericht beauftragten Ärzte stellen eine ganze Palette von Krankheiten fest. Vor der Verhandlung bespreche ich alles mit dem Kläger und zeige mich durchaus optimistisch. Ich bespreche auch noch genau, welche Arbeiten er ausgeführt hat und wie schwer diese Arbeiten waren. Ich erkläre ihm, dass auf Grund der Schwere seiner Arbeit, seiner gesundheitlichen Einschränkungen und seines Lebensalters, er war ja mittlerweile schon 61, das Ganze wohl positiv ausgehen werde.[8]

Mein böses Erwachen kam erst bei der Verhandlung: Der Richter befragte meinen Mandanten durchaus wohlwollend, wie nun die Arbeit genau ausgeschaut habe und ob er das nicht mehr machen könne. Im Hinterkopf war der Richter wohl davon überzeugt, drei Minuten später die Pension gewähren zu können. Zu meinem Entsetzen begann nun mein Mandant mit Hilfe des gerichtlichen Dolmetschers ausführlich zu schildern, was er gearbeitet hat. Gleichzeitig erklärte er aber, dass das für ihn alles kein Problem war, dass er das selbstverständlich auch noch in der Zukunft machen könnte, lediglich: Er fände keine Arbeit mehr, und wolle deshalb heim nach Bosnien. Wie der Prozess ausging, kann man sich vorstellen. Meine Gedanken auch …

---

[7] Im Gegensatz zum Allgemeinen Verwaltungsverfahrensgesetz (AVG) BGBl. 1991/51 sind im Sozialversicherungsleistungsrecht die Bestimmungen des Arbeits- und Sozialgerichtsgesetzes (ASGG) BGBl. 1985/104 anzuwenden und Klagen nicht bei der Verwaltungsbehörde, sondern beim zuständigen Landesgericht einzubringen. Die Klagen sind grundsätzlich kostenfrei.

[8] Anzuwendende Rechtslage § 255 Abs. 4 ASVG.

Der Kläger ist in Wirklichkeit an folgenden Faktoren gescheitert:

a) Die Rechtsunkundigkeit

Offenbar hat er bei einem Prozess, der immerhin ein Jahr gedauert hat, schlicht und einfach nicht verstanden, worum es geht.

b) Die Sprachbarriere

Die schlechten Deutschkenntnisse haben das Problem verstärkt. Offenbar war auch ich nicht imstande, ihm die Entscheidungskriterien zu erklären. Letztlich aber ist hierbei ein wesentlicher Faktor wohl auch

c) die insgesamt mangelnde Integration,

nämlich der Wunsch, schlicht und einfach Geld zu bekommen und nach Hause fahren zu dürfen. Woher das Geld kommt, ist letztlich egal. Die Vorgangsweise beschränkte sich dann darauf, jemanden – nämlich mich – damit zu beauftragen, das Geld zu „besorgen".

ZUSAMMENFASSUNG

Ich gehe davon aus, dass es grundsätzlich nicht einfach ist, in einem Land zu leben, in dem eine andere Sprache gesprochen wird. Der weitaus größte Teil der Zuwanderer kam und kommt aus finanziellen Gründen, um Geld zu verdienen. Über lange Zeit waren diese Menschen bei uns als Arbeitskräfte sehr gefragt. Die Integration erfolgte mehr oder weniger von selbst oder auch nicht. Das störte niemanden, so lange die Menschen nur arbeiteten und dann wieder in ihre Heimat zurückgingen. Entgegen den ursprünglichen Planungen entschieden sich jedoch viele Menschen, hier zu bleiben. Dies fällt aber umso leichter, je besser sie integriert sind.

Das Thema Integration wird derzeit je nachdem, ob gerade ein akuter Anlassfall vorliegt oder nicht, gerne, auch grob vereinfacht, medial in Form großer Schlagzeilen abgehandelt. Fakten spielen leider häufig nur eine untergeordnete Rolle. Am 19. und 20. Oktober 2005 fand in Salzburg die 6. Österreichische Armutskonferenz statt. Dabei wurde unter anderem Folgendes festgestellt: In Österreich leben rund 1,5 Millionen Menschen, die bei der Geburt nicht die österreichische Staatsbürgerschaft hatten. In Österreich wird als „Integration" vorwiegend der Aufstieg in die Mittelschicht betrachtet. Wer nicht in der Lage ist, sich wie die Mittelschicht zu geben, gilt als „fremd". Der Wunsch, „integrierte" Einwanderer mit Mittelschichtsgewohnheiten zu haben, steht jedoch dem wahren Bedarf an ArbeitnehmerInnen für unqualifizierte Tätigkeiten gegenüber. Dies zeigt sich dadurch, dass 45,1 % der MigrantInnen Tätigkeiten ausüben, die nicht ihrer ausländischen beruflichen Ausbildung entsprechen.

Andere Fragen werden leider noch nicht diskutiert, etwa die „Desintegration" inländischer StaatsbürgerInnen. Ich verstehe darunter jene Menschen, die nicht mehr bereit sind, den Staat als solches und seine staatlichen Aufgaben mitzutragen. Damit meine ich einerseits Personen, die an den Staat ausschließlich die Forderung richten, sie zu erhalten, und andererseits MitbürgerInnen, die davon ausgehen, dass sie auf den Staat angewiesen sind und sich daher auch nicht mehr an solidarische oder demokratische Spielregeln halten wollen. Meiner Meinung nach wird diese Entsolidarisierung in der Zukunft eine ebenfalls beträchtliche Herausforderung an den Staat bedeuten.

Teil 11
Möglichkeiten und Grenzen
institutioneller Integrationsarbeit

Die Rolle von MigrantInnenvereinen bei der Integration

Nebahat Yilmaz-Huber

1. EINLEITUNG

Die Integration von MigrantInnen aus anderen Ländern ist eines der vordringlichsten Probleme, dem viele europäische Länder heute gegenüberstehen. Gelingt sie, so ist dies ein aktiver Beitrag zu Frieden und Wohlstand in der Gesellschaft. Missglückt sie, so stellen die Zersplitterung der Gesellschaft und die zunehmende Fremdenfeindlichkeit mit unabsehbaren politischen Konsequenzen potenzielle Bedrohungen dar. Leider fehlen aber nach wie vor Konzepte zur Integration. Straßenunruhen in Paris, politische Morde in den Niederlanden, aber auch die alltäglichen Probleme zwischen Aufnahmegesellschaft und MigrantInnen hier in Österreich belegen, dass Integration noch nicht optimal funktioniert. Damit sie funktionieren kann, braucht es das Interesse und aktive Mitwirken möglichst vieler Menschen auf möglichst vielen Ebenen. Da sich aber das offizielle Österreich nach wie vor nicht als Einwanderungsland begreift, werden viele Probleme ignoriert oder weggeschoben, anstatt dass sie engagiert angegangen werden (Cinar 2004, S. 48f.).

In diesem Artikel behandle ich die Rolle von MigrantInnenvereinen bei der Integration. Dieses Thema wird meines Erachtens zu wenig in der wissenschaftlichen Literatur und in der medialen Diskussion aufgegriffen, obwohl ich es für eminent wichtig halte. Ich glaube, dass die MigrantInnenvereine großes Potenzial haben, die Integration zu fördern und einen Beitrag dafür zu leisten, dass unterschiedliche ethnische Gruppen friedlich zusammenleben können.

Vorab ist festzuhalten, dass ich meine Ideen und Gedanken mit Beispielen hinterlegen werde. Hierzu habe ich als Beispiel-Verein fast immer den Alevitischen Kulturverein in Tirol herangezogen, da ich diesen näher kenne. Viele meiner Ideen und Gedanken sind aber nicht nur auf den Alevitischen Kulturverein begrenzt, sondern auch für Vereine anderer Kulturen anwendbar. Allerdings muss ich betonen, dass es durchaus Unterschiede in der Integrationsfähigkeit und Integrationsbereitschaft unterschiedlicher MigrantInnengruppen gibt. Deutsche, NiederländerInnen oder NorwegerInnen tun sich aufgrund ähnlicher Sprachen, Religionen und Strukturen im Herkunftsland erheblich leichter, sich in Österreich zu integrieren, als etwa TürkInnen oder NigerianerInnen, bei denen äußere Merkmale, Religion und Erfahrungshintergrund ganz anders sind. Um in diesem Artikel die notwendige Tiefe der Analyse erreichen zu können, werde ich mich hier ausschließlich mit türkischen Vereinen befassen. Zu diesen habe ich einen guten Zugang, da ich selbst in der Türkei geboren wurde. Der Großteil der Schlussfolgerungen gilt aber sicher auch für Vereine anderer Gruppen.

2. Verein ist nicht gleich Verein

Österreichische Vereine werden in der Regel gegründet, um ein eng definiertes gemeinsames Interesse zu verfolgen, sei dies Sport, Musik, Tanz oder Bienenzüchten. MigrantInnenvereine sind wesentlich umfassender. Sie sind Treffpunkte für eine ganze Gemeinschaft, wo Menschen sich treffen, ihre Kultur pflegen, unterhalten, diskutieren, feiern und ihre Religion ausüben. Es ist wichtig zu erkennen, dass MigrantInnenvereine viel mehr sind als nur Folklore- oder Sportvereine – sie sind Ersatzdörfer. Innerhalb der Vereine ist oft eine Struktur aufgebaut, die einem kleinen Dorf ähnelt. Angefangen vom Lebensmittelladen über den Friseur, Kindergarten bis hin zu einem Gebetsraum, zu Sprach-, Folklore- und Musikkursen – Vereine bieten eine umfassende Betreuung ihrer Mitglieder. Daher umfasst ein türkischer Verein oft Freizeit, Sport, Kultur, Politik und Familie. All diese Themen und Aktivitäten werden in den Vereinen behandelt bzw. ausgeübt. Für Vereinsmitglieder, die die angebotenen Dienste in Anspruch nehmen, besteht oft kein Grund mehr, Zeit außerhalb des Vereins zu verbringen, denn dieser ist praktisch ein vollständiger Mikrokosmos. Es ist wichtig, sich diesen Unterschied zwischen einem österreichischen Verein und einem MigrantInnenverein klar zu machen, denn nur so kann man verstehen, wie wichtig es ist, die Vereine in die Integration miteinzubeziehen. Ignoriert man diese wie bisher, so wird man viele MigrantInnen erst gar nicht erreichen, da diese faktisch ihre gesamte Zeit im Verein verbringen. Speziell gilt dies für Frauen, denn während die Männer berufstätig sind und dabei zwangsläufig auch mit ÖsterreicherInnen in Kontakt kommen, gilt dies für Frauen häufig nicht.

Aufgrund ihrer vielen Dimensionen bilden MigrantInnenvereine ein umfassendes soziales Netzwerk, das eine Vielzahl von Dienstleistungen für ihre Mitglieder erbringt. Sie fungieren als Vermittler von wichtigem Alltagswissen und geben speziell Neuankömmlingen Sicherheit und Orientierung. Auch für die politische Meinungs- und Willensbildung der Zuwanderer sind sie oft maßgeblich, denn dort werden politische Themen diskutiert, Meinungen gebildet und Informationen ausgetauscht. Bezieht man die Vereine nun aktiv in Integrationskonzepte ein, fördert sie und lässt sie mitbestimmen, kann damit eine selbstbestimmte, demokratische Öffentlichkeit von und für Einwanderer unterstützt werden (vgl. auch Hunger 2004). Ignoriert man aber die Vereine, so wie es bisher meist geschieht, so steigt die Gefahr der Abschottung oder gar Gettoisierung.

Selbstverständlich sind die heutigen MigrantInnenvereine das Ergebnis einer langen Entwicklung, die in den 1960er-Jahren begann. Man muss sich vor Augen halten, dass damals GastarbeiterInnen aktiv nach Österreich geholt wurden, dass sie aber natürlich keine für sie passende Infrastruktur vorfanden. Erste AnsprechpartnerInnen waren meist Angehörige derselben ethnischen Gruppe. Mit diesen teilte man nicht nur die Sprache, Religion und Herkunft, sondern vor allem die Lebenssituation, das Heimweh und die

Sehnsucht. Bevor es Vereine gab, haben sich die Zuwanderer an öffentlichen Plätzen, z. B. Bahnhöfen, getroffen. Als es klarer wurde, dass viele GastarbeiterInnen nicht nur für wenige Jahre bleiben würden, begannen sie, auch hier Strukturen aufzubauen und sich zu organisieren. Mit der Zeit wurden die ersten Vereine gegründet und Vereinsstrukturen aufgebaut. Die heute verfügbaren Dienstleistungen – wie erwähnt, oft vom Lebensmittelgeschäft über den Friseur bis zu Weiterbildungsmöglichkeiten reichend – entwickelten sich nach und nach entsprechend den Bedürfnissen und Möglichkeiten der Mitglieder. Heute haben viele MigrantInnenvereine bereits ihre eigenen Räumlichkeiten gekauft, in denen sich die Mitglieder regelmäßig treffen, wo sie ihren Aktivitäten nachgehen und bisweilen den Großteil ihrer Zeit verbringen. *Beispiel: Der unterschiedliche Stellenwert des Vereins für typische österreichische Vereinsmitglieder bzw. MigrantInnenvereine zeigt sich z. B. an der Finanzierung der Vereinsräumlichkeiten. Der Alevitische Kulturverein Tirol hat letztes Jahr für mehrere hunderttausend Euro ein Grundstück mit zwei Gebäuden als Vereinsheim gekauft. Finanziert wurde dies überwiegend durch Spenden der Mitglieder, die im Durchschnitt über 2.000 Euro spendeten.*

3. Positive Einflüsse von MigrantInnenvereinen

Für MigrantInnen bieten Vereine sehr viele Vorteile, die ich der Reihe nach behandeln will. Dabei gehe ich auch darauf ein, wie dies verschiedenen Gruppen als Anknüpfungspunkt für Integration dienen kann.

In erster Linie sind Vereine für neu zuziehende MigrantInnen oft die erste Anlaufstelle. Sie bieten bei Formalitäten und Problemen Hilfestellung. *Beispiel: Als meine Eltern 1979 nach Österreich kamen, war ich gerade 3 Jahre alt. Sie wussten nicht, dass man Kinder in den Kindergarten schicken soll, denn so eine Einrichtung gab es in ihrer Heimat nicht. Unsere damalige Nachbarin hat meine Mutter immer wieder darauf hingewiesen, dass sie mich in den Kindergarten schicken soll, aber aufgrund mangelnder Sprachkenntnisse hat sie die Dame nicht verstanden. Drei Jahre später, als der erste türkische Arbeiterverein gegründet wurde, hat man dort meine Mutter darauf aufmerksam gemacht, mich in den Kindergarten zu schicken. So kam ich erst mit sechs Jahren in den Kindergarten und „verlor" Jahre, in denen ich fast kein Deutsch lernte.* Wie man an diesem Beispiel sehen kann, sind es oft Kleinigkeiten bzw. Dinge, welche für jede(n) InländerIn selbstverständlich sind, die für MigrantInnen jedoch eine große Hürde darstellen. Gerade hier können MigrantInnenvereine eine große Stütze für Zuwanderer sein. Nicht nur das, sie bieten auch einen Pool von „vertrauten" Personen, die Arbeit vermitteln, bei der Wohnungssuche und bei bürokratischen Hürden helfen. Sehr vieles ist den MigrantInnen nicht klar bzw. selbstverständlich und viele verlieren hier sehr viel Zeit und/oder Geld, weil sie gewisse Informationen nicht haben. Mangelnde Sprachkenntnisse verschärfen solche Probleme, denn gerade offizielle Schreiben und Formulare bleiben für MigrantInnen selbst nach vielen Jahren des Aufenthalts oft völlig unverständlich. Daher sind die meisten sehr froh, wenn ein Landsmann in ihrer eigenen Sprache vieles so erklären kann, dass sie es auch wirklich verstehen.

Eine sehr aktuelle Entwicklung bei MigrantInnenvereinen besteht darin – wohl auch ausgelöst durch die Gesetzgebung der letzten Jahre – sebst Deutschkurse für Zuwanderer anzubieten. Einige Vereine haben bereits so viele Mitglieder, dass sie selbst DeutschlehrerInnen anstellen und ihren Mitgliedern die Möglichkeit bieten, erste Kenntnisse der Landessprache zu erwerben. Auch Kurse für Fortgeschrittene werden angeboten. Die Nachfrage seitens der MigrantInnen ist sehr groß, oft scheitert das Zustandekommen eines Kurses aber daran, dass geeignete DeutschlehrerInnen nicht leicht zu finden sind. Speziell die deutsche Grammatik an das Zielpublikum zu vermitteln, ist oft schwierig. Beispielsweise hat der Alevitische Kulturverein in Innsbruck genug Interessierte, um einen Kurs zu veranstalten, jedoch wurden bisher noch keine DeutschlehrerInnen gefunden. Bemerkenswert ist die Erfahrung, dass die MigrantInnen bei deutschsprachigen DeutschlehrerInnen viel mehr lernen als bei LehrerInnen mit türkischer Muttersprache. Ich führe das vor allem darauf zurück, dass ein(e) türkischstämmige(r) LehrerIn schnell als „Kumpel" gesehen wird und die Ernsthaftigkeit, vielleicht auch der Respekt fehlt. Schnell wird im Kurs dann überwiegend Türkisch gesprochen, was den Lernerfolg natürlich beeinträchtigt. Bei österreichischen LehrerInnen, speziell wenn sie nicht Türkisch können, besteht gar keine andere Möglichkeit, als sich auf Deutsch zu verständigen, so dass die TeilnehmerInnen die Sprache anwenden müssen und dann auch schneller lernen.

Die MigrantInnenvereine übernehmen auch immer mehr die Rolle von Interessenvertretungen und „Informationszentren", in denen sich Menschen über rechtliche Regelungen, aber auch über günstige Wohnungen oder Arbeitsmöglichkeiten austauschen. Dabei machen allerdings Gerüchte ebenso schnell die Runde wie seriöse Informationen. Hier sehe ich Handlungsbedarf und Handlungsmöglichkeiten für öffentliche Stellen, ÄrztInnen, etc., um seriöse und zutreffende Informationen weiterzugeben. Niemand eignet sich bei MigrantInnen besser als die Vereine, um Informationen zu verbreiten.

Schließlich haben MigrantInnenvereine auch eine politische Dimension, denn einige dieser MigrantInnenselbstorganisationen beteiligen sich aktiv am politischen Diskurs in Österreich. Dabei geht es sowohl um Politik in Österreich, als auch um die Zustände in der alten Heimat. So veranstalten Vereine bisweilen Demonstrationen, um auf Menschenrechtsverletzungen und andere Missstände in ihrer Heimat aufmerksam zu machen. Doch auch in die österreichische Politik bringen sich Vereine ein. Vor Wahlen werden z. B. RegionalpolitikerInnen der jeweiligen Parteien eingeladen, um den MigrantInnen zu erklären, was ihr Parteiprogramm ist, was sie für die MigrantInnen erreichen und verbessern wollen. Es scheint, dass die meisten PolitikerInnen nach wie vor unterschätzen, wie viele Stimmen von eingebürgerten MigrantInnen „zu holen" wären, wenn man sich wirklich um deren Anliegen und Bedürfnisse kümmern würde. Oft entsteht der Eindruck, dass die Parteien die Stimmen zwar gerne nehmen, sich um die WählerInnen aber kaum kümmern. In Österreich ist es kein Geheimnis, dass MigrantInnen vor allem die SPÖ und die Grünen wählen. Bei der Erstellung von Wahllisten werden MigrantInnen aber regelmäßig übergangen, was zu Frustration und Politikverdrossenheit führt.

Die Beteiligung von (eingebürgerten) MigrantInnen bei Wahlen liegt laut IOM (2004, S. 48f.) deutlich unter dem Niveau der Einheimischen – aus Unwissenheit, aber auch weil viele unsicher sind, wie ein Wahlzettel auszufüllen ist. Politisches Interesse für die Situation in ihrer neuen Heimat ist bei MigrantInnen dabei durchaus vorhanden (IOM 2004, S. 49f.). Auch hier können die Vereine eine positive Veränderung bewirken. So wird vor Wahlen z. B. erklärt, wie ein Wahlzettel aussieht und wie er auszufüllen ist, denn viele MigrantInnen wählen das erste Mal in Österreich.

3.1. MigrantInnenvereine als Ansprechpartner

In der Politik und in den Medien wird sehr viel darüber diskutiert, was in der Migrationspolitik falsch läuft und warum Integration missglückt. Viel weniger wird aber darüber gesprochen, was man konkret tun könnte, um die Integration der hier lebenden MigrantInnen zu verbessern. Die meisten Vorschläge bedeuten schlicht neue Regeln, ohne wirklich Integration zu fördern. Meines Erachtens wird in der ganzen Diskussion bisher übersehen, dass die MigrantInnenvereine ein großes Potenzial für den Integrationsprozess bieten, wenn sie als Ansprechpartner für Integrationsfragen wahrgenommen werden. Vereine bieten sich als Partner an, denn genau dort diskutieren viele MigrantInnen ihre Probleme – sei es mit der Staatsbürgerschaft, Mobbing, Wohnungssuche, Schule, Sprache, etc. Gehen staatliche Stellen, ÄrztInnen und andere mit Integrationsfragen beschäftigte Menschen auf die Vereine zu, können sie sehr schnell viele Menschen erreichen. Dialog und Kooperation mit den MigrantInnenvereinen können daher für die wirkungsvolle Umsetzung von Integrationspolitik entscheidend sein.

Vereinsobmänner geben wichtige Informationen umgehend an ihre Mitglieder weiter. Es werden auch Diskussionsabende veranstaltet, wo den Mitgliedern Gesetzestexte und wichtige Änderungen bzw. Beschlüsse erklärt werden. Die Politik könnte also den Vereinen gezielt Informationen über Gesetzesänderungen (z. B. beim Staatsbürgerschafts-, Aufenthalts- und Fremdenrecht) zukommen lassen, um diese schnell zu verbreiten und Gerüchten und Ängsten vorzubeugen. Derzeit wissen die Obmänner bzw. die Mitglieder oft nicht, wo sie sich informieren sollen bzw. sie scheitern am Spießrutenlauf bei den Behörden. Sehr viele MigrantInnen kennen sich im Paragrafendschungel nicht aus (wohl ein Schicksal, das sie mit vielen InländerInnen teilen), geschweige denn, dass sie die Gesetzestexte verstehen. Hier brauchen sie Menschen, die sich in ihrem Fachgebiet gut auskennen und den MigrantInnen die Sachlage so erklären, dass sie sie verstehen.

Als zweite Gruppe könnten sich beispielsweise GesundheitspolitikerInnen und ÄrztInnen an Vereine wenden, um den MigrantInnen etwa die Sinnhaftigkeit von Impfungen oder die gesetzlichen Regelungen zum Kindergeld zu verdeutlichen. Gerade hier lässt sich das Interesse und die Aufmerksamkeit der MigrantInnen wecken, denn um das Wohl ihrer Kinder sind Menschen aller Kulturen gleichermaßen besorgt.

MigrantInnenvereine müssen natürlich nicht auf Aktivitäten von Seiten der Politik warten. Speziell die Vereinsleitung tritt mit ihren Anliegen oft aktiv in Kontakt mit PolitikerInnen, befasst sich mit Vereinsrecht, Förderungen, u.v.m. Im Zuge von Diskussionen werden die wichtigen Gesetzestexte bzw. Informationen an die Mitglieder weitergegeben.

3.2. Wie MigrantInnenvereine sich einbringen (können)

Nun stellt sich die Frage, wie sich MigrantInnenvereine in den Integrationsprozess einbringen können, denn Integration muss per definitionem ein zweiseitiger Prozess sein, bei dem beide Seiten aktiv mitwirken. Es gibt viele Möglichkeiten, wie Vereine aktiv werden können. Ein paar der wichtigsten möchte ich hier vorstellen: Erste Grundvoraussetzung für ein geglücktes Zusammenleben sind Offenheit und die Bereitschaft, dem anderen etwas mitzuteilen. Ein Verein soll und darf kein Geheimbund sein. Es wäre wünschenswert, wenn Vereine z. B. zweimal im Jahr ihre Tore für ÖsterreicherInnen und andere MigrantInnen öffnen. Diese Gelegenheit sollten die Vereine nützen, um ihren Mitmenschen ihre Kultur, Tradition und Lebensweise zu „präsentieren". Hierzu sollten sie z. B. die eigene Küche mit verschiedenen Köstlichkeiten vorstellen, die Art wie sie beten, eine Folkloregruppe auftreten lassen, u.v.m. Viele ÖsterreicherInnen machen bereits in der Türkei Urlaub und schätzen dort das Essen, die Lebensfreude und Musik – wenn man ihnen zeigt, dass es dasselbe nun auch in der eigenen Heimat gibt, werden vielleicht viele Ängste abgebaut und neue Brücken geschlagen. Optimal wäre es natürlich, wenn die Vereinsmitglieder möglichst viele Freunde, Nachbarn, SchulkollegInnen, religiöse Vereinigungen, ArbeitskollegInnen und Vorgesetzte zu diesem „Tag der offenen Tür" einladen bzw. mitnehmen würden, damit diese die Kultur ihrer zugewanderten KollegInnen und MitarbeiterInnen kennen lernen.

Eine andere Möglichkeit, wie sich die MigrantInnenvereine in den Integrationsprozess einbringen können, besteht in der Veranstaltung von multikulturellen Festen. *Beispiel: In Innsbruck fand fünf Jahre hintereinander der Integrationsball statt. Es war ein tolles Erlebnis zu sehen, wie die verschiedenen Kulturen ihre Tänze, Bräuche und Musik vorführten und die Ballgäste mit kulinarischen Köstlichkeiten verwöhnten. Die Ballgäste waren begeistert, und man hat gesehen, wie sich die Menschen an den verschiedenen „Ethnoständen" unterhielten und auch Freundschaften schlossen.*

In Zukunft wäre es sicher wünschenswert, nicht nur diesen Integrationsball, sondern auch andere Feste zu veranstalten, wo z. B. die verschiedenen Kulturen miteinander feiern, um eine gemeinsame Basis für Kommunikation zu schaffen (Oepen 1982). Dies sollte auch von staatlicher Seite gefördert werden. Leider ist wohl kein Staat der Welt in kultureller Hinsicht völlig neutral – Heimatvereine werden wohl auch in Österreich leichter gefördert als MigrantInnenvereine (Volf / Bauböck 2001, S. 32). Ich bin mir sicher, dass solche Veranstaltungen für das Zusammenleben unterschiedlicher ethnischer Gruppen einen großen Beitrag leisten könnten und die daraus resultierenden positiven Effekte für alle spürbar würden. Eine weitere Möglichkeit, wo sich verschiedene Gruppen treffen könnten, wäre ein „Jour fixe", z. B. um jeden ersten Sonntag im Monat ein gemeinsames Essen zu veranstalten. Dazu können dann manchmal auch bekannte Persönlichkeiten aus der Türkei oder auch RegionalpolitikerInnen eingeladen werden, um Diskussionen anzuregen. Vor allem sollen aber immer wieder österreichische Freunde, Bekannte und ArbeitskollegInnen mitgenommen werden, um zu zeigen, wie man lebt, isst und feiert. In einer derart entspannten Umgebung kann man sich besser kennen lernen und vielleicht bestehende Vorurteile abbauen.

Weiters ist die Veranstaltung von Diskussionen und Panels (z. B. zum Thema „EU-Türkei") eine gute Möglichkeit, um positive Akzente für die Integration zu setzen und dringend notwendige Diskussionsprozesse zu fördern. *Beispiel: Im Oktober 2005 veranstaltete der Alevitische Kulturverein in Tirol ein Panel zum EU-Beitritt der Türkei. Zum Panel waren RegionalpolitikerInnen wie Georg Willi (Landesparteichef der Grünen), Gisela Wurm (Landtagsabgeordnete der SPÖ) und aus der Türkei Fikri Saglar (Abgeordneter der CHP) eingeladen. Sorgen, Ängste und Hoffnungen wurden geäußert und interessante Themen angesprochen.*

Leider kamen bis auf Herrn Willi, Frau Wurm und meinen Mann keine ÖsterreicherInnen zu dem Panel, obwohl der Alevitische Kulturverein in den Wochen vorher dafür geworben hatte. Ich bedaure das, denn gerade da ein Großteil der ÖsterreicherInnen gegen den EU-Beitritt der Türkei ist, wäre dies ein Forum gewesen, wo sie sich aus erster Hand hätten informieren können. Mir ist bewusst, dass die Vorstellung einer umfassend interessierten und teilnehmenden Bevölkerung eine Idealvorstellung ist, dennoch war ich an diesem Abend enttäuscht.

Zu guter Letzt will ich noch einen möglichen Schlüssel zu einer geglückten Integration ansprechen: die Kinder und Jugendlichen der Einheimischen und der MigrantInnen. Wenn es Vereine schaffen, ihr Interesse zu gewinnen, können sie viel bewegen. Jugendliche sind noch nicht verbohrt und meist viel interessierter und unvoreingenommener als viele Erwachsene. Die junge Generation ist unsere Zukunft, wenn diese die Fehler und die Kurzsichtigkeit der älteren Generation überwindet, sehe ich für die Zukunft eine Gesellschaft, wo Toleranz und Miteinander das Zusammenleben prägen.

4. POTENZIELL NEGATIVE EINFLÜSSE

Nichts ist bei der Integration gefährlicher, als sich romantischen Illusionen hinzugeben. Daher sollten wir neben den positiven Möglichkeiten auch potenzielle Gefahren, die Vereine bilden, betrachten. Dominiert ein Verein das Leben einer Gemeinde sehr stark und ist die Führung gar nicht an Integration interessiert, so kann das ein großes Hindernis für den Integrationsprozess werden. Wenn Selbstorganisationen von MigrantInnen nur mehr dazu führen, dass sich die ZuwandererInnen treffen und jeglicher Kontakt zur Aufnahmegesellschaft abgeblockt wird, ist das eine Sackgasse für die Integration – eine missglückte Integration, die zur Gefahr der Gettoisierung führt. Speziell bei sehr großen und gut organisierten MigrantInnengruppen – wie eben die TürkInnen – kann es so zur Abschottung vom Umfeld kommen. Dieses Problem ist in Wien besonders akut, wo die meisten MigrantInnen leben (John/Lichtblau 1990, 88ff.). Solche Abkapselungen von MigrantInnenvereinen und Moscheen können einen integrationshindernden Einfluss entfalten, der für die zukünftige Generation drastische Auswirkungen hat. Gerade in Moscheen sind es die Imame, die Veränderungen zum Guten – oder eben auch zum Schlechten – bewegen können (ein positives Beispiel ist der Wiener Imam Adnan Ibrahim). Daher sollte es im Interesse der Aufnahmegesellschaft liegen, den Kontakt zu solchen Vereinen aktiv zu suchen und diese durch verschiedene Aktivitäten am Integrationsprogramm teilnehmen zu lassen, um sie aus ihrer „Reserve" zu locken. Speziell, wenn die Vereine dabei Mitspracherechte und Zugriff auf Fördergelder erhalten, verweigert kaum jemand die Zusammenarbeit.

Tatsächlich ist es nicht selten der Fall, dass Vereinsobmänner oder Imame auf die MigrantInnen Druck ausüben, wie sie leben und ihre Kinder erziehen sollen. Das ist sehr bedauerlich, denn speziell Zuwandererkinder haben so schon Probleme, sich zu orientieren und im Spannungsfeld zweier Kulturen zu leben (Buschwenter 2001, S. 111ff.). Wenn in dieser Situation noch massiver sozialer Druck von außen kommt oder sogar eine Zwangsheirat arrangiert wird, führt das bei vielen zu Resignation oder Flucht von zu Hause. Das soziale Umfeld spielt hier eine entscheidende Rolle, deshalb sollten alle beteiligten Stellen versuchen, in solchen Situationen Vernunft und Menschenwürde zu fördern (Alpheis 1988). Auch untereinander kontrollieren sich Vereinsmitglieder und üben dadurch sozialen Druck aus. Schnell wird erwartet, dass man jedes Wochenende im Verein ist, was die Entfaltung des individuellen Lebens natürlich erschwert. *Beispiel: Meine Mutter meint, dass der Grund, warum sie schlecht Deutsch spricht, in den Vereinen liegt. Anstatt ihre Freizeit in das Erlernen der deutschen Sprache zu investieren, ver-*

brachte sie jedes Wochenende im Verein, wo damals leider keine Deutschkurse angeboten wurden.

Besonders kritisch ist zu beurteilen, dass Vereine manchmal bewusst versuchen, einige ihrer Mitglieder in Unselbstständigkeit zu halten. So wird Neuankömmlingen „netterweise" angeboten, Gänge zu Behörden, wichtige Schreiben, etc., zu erledigen. Anstatt aber diese Menschen zu den Behörden mitzunehmen und ihnen zu zeigen, wie man offizielle Schreiben verfasst – also sie Selbstständigkeit zu lehren, bleiben diese zu Hause und können auch in Zukunft nicht selbstständig agieren. Mit der Zeit übernimmt die Vereinsleitung immer mehr private Außenkontakte, bis sich das Leben einiger Mitglieder nur noch im Verein abspielt. Bekannte außerhalb haben sie faktisch nicht, und sie können sich in dieser „anderen Welt" auch kaum zurechtfinden. Während Männer meist zumindest in der Arbeit auch mit „Außenstehenden" in Kontakt kommen, sind es speziell Frauen, die bisweilen in einer derart abgeschotteten „Sub-Welt" leben: Sie kaufen im türkischen Geschäft um die Ecke ein, gehen zum türkischen Friseur und Bäcker und verbringen ihre Freizeit ausschließlich im Verein. Die Notwendigkeit, Deutsch zu lernen, besteht für sie in dieser Welt nicht, und ein sinnvolles Miteinander mit ÖsterreicherInnen ist weder möglich noch erwünscht – die Integration ist damit missglückt.

Beiderseitigen Ressentiments und Vorurteilen sind unter diesen Umständen Tür und Tor geöffnet (Markefka 1984). Solche Zustände sind für rechtsextreme politische Parteien und auch für radikale Imame sehr willkommen. Diese schüren Ängste und Ausländerfeindlichkeit in der Bevölkerung und die jeweils „Anderen" werden für Missstände als Sündenböcke vorgeschoben (Gärtner 2000, S. 124ff.). Dies verstärkt wiederum die Ressentiments, und MigrantInnen haben noch weniger Motivation, Deutsch zu lernen. Durch mangelnde Sprachkenntnisse kommt es dann oft zu großen Problemen, wenn die MigrantInnen nicht mehr umhin können, mit InländerInnen in Kontakt zu treten (Arzt, Schule, Behörden, Arbeit, etc.). *Beispiel: Der Kinderarzt meiner Tochter ist sehr engagiert, so lernt er beispielsweise Türkisch, damit er sich mit den Eltern seiner PatientInnen unterhalten kann. Er erzählt, dass oft zugewanderte Mütter in seine Praxis kommen und kein einziges Wort Deutsch sprechen können. Das ist sehr hart für ihn, da er wichtige Kinderkrankheiten, Ernährungstipps und Impfungen mit den Müttern nicht besprechen kann. Auf seine Bitte habe ich ein Informationsblatt auf Türkisch für zugewanderte Eltern verfasst, und darin auch geschrieben, dass sie unbedingt Deutsch lernen sollen – zumindest ihren Kindern zuliebe.*

Unser Kinderarzt ist sicher nicht die Regel, sondern eine positive Ausnahme. Sehr viele andere ÄrztInnen, BeamtInnen, u.a. resignieren irgendwann oder es ist ihnen schlicht egal, ob MigrantInnen Deutsch lernen oder nicht.

5. Fazit

Abschließend möchte ich noch einmal zusammenfassen: Vereine spielen im Leben vieler MigrantInnen eine wichtige Rolle. Das Angebot des Vereins ist oft sehr umfassend und schafft quasi ein Ersatzdorf für die MigrantInnen. In vielen Bereichen üben Vereine positive Einflüsse aus, geben Starthilfe und verbessern die Lebensqualität ihrer Mitglieder. Sie können gemeinsam Aktivitäten organisieren, Unterstützung geben und bisweilen aktiv am Integrationsprozess mitarbeiten. Speziell bei großen, gut organisierten MigrantInnengruppen besteht aber auch die Gefahr der Gettobildungen. Einige Imame und Vereinsobmänner fördern bewusst die Abschottung ihres Vereins vom Umfeld und bemühen sich, die eigenen Mitglieder in einem Abhängigkeitsverhältnis zu halten.

Integration ist ein Prozess, der nur gelingen kann, wenn beide Seiten aktiv daran mitarbeiten. Daher sollten Politik und Stellen, die sich mit Integration beschäftigen, die MigrantInnenvereine bewusst als Partner in ihre Aktivitäten einbinden. Umgekehrt ist es wichtig, dass auch die MigrantInnenvereine die dafür notwendige Offenheit mitbringen.

Wenn notwendig, muss der Staat über die Vergabe oder Verweigerung von Förderungen auf MigrantInnenvereine dahingehend einwirken, dass sich diese der Integration nicht verweigern.

Literatur

Alpheis, Hannes (1988): Kontextanalyse: Die Wirkung des sozialen Umfeldes, untersucht am Beispiel der Eingliederung von Ausländern, Deutscher Universitätsverlag, Wiesbaden.

Aslan, Ibrahim, Klitzke, Dietrich (1982): Migration – Texte über die Ursachen und Folgen der Migration, Express Edition GmbH, Berlin.

Buschwenter, Robert (2004): Traumländer, in: Gürses, Hakan, Kogoj, Cornelia, Mattl, Sylvia: „Gastarbajteri – 40 Jahre Arbeitsmigration", Mandelbaum Verlag, Wien, S. 111–119.

Cinar, Dilek (2004): Österreich ist kein Einwanderungsland, in: Gürses, Hakan, Kogoj, Cornelia, Mattl, Sylvia: „Gastarbajteri – 40 Jahre Arbeitsmigration", Mandelbaum Verlag, Wien, S. 47–52.

Gärtner, Reinhold (2000): Rassismus und Xenophobie in Europa, in: Spurensuche, 11. Jg., 3–4/2000, S. 121–127.

Gürses, Hakan, Kogoj, Cornelia, Mattl, Sylvia (2004): Gastarbajteri – 40 Jahre Arbeitsmigration, Mandelbaum Verlag, Wien.

Hunger, Uwe (2004): Wie können Migrantenselbstorganisationen den Integrationsprozess betreuen? Wissenschaftliches Gutachten im Auftrag des Bundesinnenministeriums der BRD, Münster/Osnabrück.

IOM International Organization for Migration (2004): Der Einfluss von Immigration auf die österreichische Gesellschaft, Wien, online unter http://www.auslaender.at/download/immigration-oesterreich-studie.pdf.

John, Michael, Lichtblau, Albert (1990): Schmelztiegel Wien. Einst und Jetzt. Zur Geschichte und Gegenwart von Zuwanderung und Minderheiten, Böhlau Verlag, Wien.

Markefka, Manfred (1984): Vorurteile, Minderheiten, Diskriminierung, 5. Auflage, Luchterhand-Verlag, Darmstadt.

Oepen, Manfred (1982): Interkulturelle Kommunikation. Ihre Bedeutung für die Segregation und Integration von Immigranten, in: Aslan, Ibrahim, Klitzke, Dietrich: „Migration – Texte über die Ursachen und Folgen der Migration", Express Edition GmbH, Berlin.

Volf, Patrik, Bauböck, Rainer (2001): Wege zur Integration – Was man gegen Diskriminierung und Fremdenfeindlichkeit tun kann, Drava-Verlag, Klagenfurt/Celovec.

Integration von Migrantinnen und Migranten am Prüfstand

Gerhard Hetfleisch

1. Einleitung

Integration von MigrantInnen – das Thema ist in Österreich en vogue. Es ist ein öffentliches Anliegen, das NGOs, Vereine von MigrantInnen, Politik, Kirchen, Verwaltung und Sozialpartner an einen Tisch zu bringen vermag. In der Tat hat sich im Vergleich zum Stellenwert des Themas in der Ära des „Gastarbeitermodells"[1] der beiden Jahrzehnte vor 1985 einiges getan. Neben Wien erzielten mehrere Bundesländer, einige Städte und Gemeinden nennenswerte Fortschritte. Österreich versteht sich als ein Einwanderungsland, könnte man meinen.

2. Integrations-Erfolgsgeschichten im Überblick

Ein kursorischer Streifzug durch das Land schlägt mit einer langen Liste von integrativen Maßnahmen zu Buche. Die Städte und Gemeinden Dornbirn, Krems, Guntramsdorf, Traismauer und Wels haben in den letzten Jahren Integrationsleitbilder erarbeitet. Das Integrationskonzept der Stadt Salzburg wurde vom Gemeinderat im Frühjahr 2006 beschlossen. Schon im Jahr 1999 hat der steirische Landtag beschlossen, dass in Gemeinden mit mehr als 1.000 niedergelassenen BürgerInnen aus dem Ausland Ausländerbeiratswahlen abzuhalten sind. Im Jahr 2002 wurde ein Integrationskonzept des Landes erstellt. Beiräte gibt es in Kapfenberg, Knittelfeld und Leoben sowie seit 2003 in Graz. Im Bundesland Tirol ist seit 2002 ein Integrationsbeauftragter des Landes aktiv, ein fertiges Integrationsleitbild soll noch bis Sommer 2006 von der Landesregierung beschlossen werden. Oberösterreich setzt mit einem gut dotierten Budget eine Reihe von Integrationsprojekten um, auch hier ist der Leitbildprozess im Gange. In Vorarlberg koordiniert und finanziert der Verein *okay.zusammen leben* im Auftrag der Landesregierung bereits seit fünf Jahren integrative Projekte. In Wien ist „‚Integration' als Ziel und Bezugspunkt der Stadtpolitik fest verankert".[2] Ein Programm

---

[1] Kern des Modells waren die Prinzipien der Rotation und Substitution. Die Politik beabsichtigte die vorübergehende Anwesenheit und den permanenten Austausch der „Gast"-ArbeiterInnen, sowie die jederzeitige Substitution eines „Gastarbeiters", einer „Gastarbeiterin", durch arbeitslose Einheimische.

[2] Stadt Wien MA 18, Stadtentwicklung und Stadtplanung; BLI, Bereichsleitung Integration, Wien (2002): Migration Integration Diversitätspolitik (Vorwort).

für Diversitätspolitik wurde 2003 erarbeitet und mit der MA 17 eine eigene
Magistratsabteilung für Integrations- und Diversitätsangelegenheiten eingerichtet, die auch die wichtigsten Agenden des Integrationsfonds übernommen hat. Im Frühjahr 2006 fand die 6. Integrationskonferenz der Migrant-
Innenvereine Wiens statt.[3]

Die Liste kann durch viele kleinere und größere Aktivitäten ergänzt werden. Nicht zuletzt wurden mittels der Gemeinschaftsinitiative EQUAL der
Europäischen Union in einer ersten Antragsrunde von 2002 bis 2005 und in
einer zweiten von 2005 bis 2007 allein 12 Projekte im Bereich Rassismus und
zahlreiche weitere Projekte im Bereich Reintegration von MigrantInnen in
den Arbeitsmarkt und Integration von Flüchtlingen ermöglicht, wobei jedes
einzelne Projekt über ein beachtliches Budget verfügte bzw. verfügt. Nicht
zu vergessen sind die sieben arbeitsmarktpolitischen Beratungseinrichtungen für MigrantInnen in sieben Bundesländern, die mit Unterstützung von
Bundesminister Dallinger bereits in den 1980er-Jahren als Anlaufstellen für
MigrantInnen geschaffen wurden. Selbst im Bereich der universitären und
außeruniversitären Migrationsforschung hat man den Anfang der 1990er-
Jahre noch bestehenden Rückstand – gemessen an der Forschung in anderen
europäischen Ländern – verringern können.

Diese Aktivitäten könnten Ausdruck davon sein, dass sich Österreich
im Selbstverständnis als Einwanderungsland sieht, dass die nach Österreich
geholten Arbeitskräfte als Einwanderer mit allen Rechten anerkannt werden
und nicht mehr in den Status von „Gastarbeitern" auf Zeit gedrängt bleiben.
Die Abkehr vom Gastarbeitermodell der ersten Jahrzehnte, der Einwanderung von MigrantInnen mit seinem fatalen Rotations- und Substitutions-
prinzip, scheint endgültig überwunden.

Allerdings sprechen zahllose Fakten gegen eine grundsätzliche Änderung der von Anfang an ökonomistisch orientierten österreichischen Ausländerpolitik, bei der nicht der Mensch im Mittelpunkt steht, sondern der
Arbeitskräftebedarf der Wirtschaft.

3. INTEGRATION UND DIE KEHRSEITE DER INTEGRATIVEN MEDAILLE

Zunächst ist Integration von MigrantInnen keine Erfindung der letzten Jahre, auch wenn es bei der nach wie vor anhaltenden Hochkonjunktur des Begriffs so scheinen könnte. Ebenso verhält es sich mit dem Slogan „Integration vor Neuzuzug". Zumindest bis in die frühen 1980er-Jahre lassen sich die
Wurzeln dieser Politik zurückverfolgen.

---

[3] vgl. IOM Wien, BM.I (Hrsg.) (2005): Integrationspraktiken in Österreich. Eine
     Landkarte über Integrationspraktiken und –philosophien von Bund, Ländern
     und Sozialpartnern.

3.1 Der Beginn der österreichischen Integrationspolitik

Alfred Dallinger, langjähriger Vorsitzender der GPA und von 1980 bis 1989 Bundessozialminister (SPÖ), ermöglichte Mitte der 1980er-Jahre den Aufbau von arbeitsmarktpolitischen Beratungsstellen für MigrantInnen in den Bundesländern Vorarlberg, Tirol, Salzburg, Oberösterreich, Niederösterreich und Wien mit Mitteln der Arbeitsmarktförderung. Gemeinsam waren diesen Einrichtungen die Kernaufgabe der „Beratung und Betreuung von MigrantInnen" und die Tatsache, dass die Belegschaft überwiegend aus MigrantInnen bestand, was damals absolut innovativ war. Am 3. Juli 1985 eröffnete Dallinger die Ausländerberatung Tirol – heute „Zentrum für MigrantInnen in Tirol" – und skizzierte in der Eröffnungsrede seine politische Grundposition in Fragen der Migration und Integration:

> *Wir haben seinerzeit die Parole ausgegeben und auch in Programmen umgesetzt, dass wir Arbeitskräfte gerufen haben und Menschen gekommen sind, wozu ich mich uneingeschränkt bekenne, dass Menschen gekommen sind, denen unsere ganze Obsorge, Fürsorge, Hilfe und Kollegialität als Gewerkschafter zu gelten hat. Dass wir hier eine Aufgabe als Österreicher haben, die trotz gesetzlicher Beschränkungen, die ich gar nicht leugne, die von uns zumindest im Rahmen der Arbeitsmarktverwaltung so gesehen wird, dass wir sozial-humanitär vorzugehen haben.*
>
> *Es ist gar kein Geheimnis, dass seit dem Beginn der Wirtschaftskrise in Europa eine Ausländerfeindlichkeit vorhanden ist, es ist bekannt, dass das in Österreich latent immer vorhanden gewesen ist, aber ich habe vom ersten Tag meiner Tätigkeit als Bundesminister für Soziales an gesagt, dass ich keine Maßnahme exekutieren werde, die sich gegen die Ausländer richtet, die hier ihre Arbeit leisten und die zum Teil schon viele Jahre hier sind; mehr als die Hälfte aller Gastarbeiter befindet sich mehr als 10 Jahre in Österreich.*
>
> *Unsere Politik sieht so aus, dass wir die Integration derer, die hier sind, besorgen wollen, dass wir seit drei Jahren den Zuzug gestoppt haben, weil wir ja selber auf dem österreichischen Arbeitsmarkt Schwierigkeiten haben. Dass wir lediglich den Zuzug gestoppt haben und sonst keine restriktiven Maßnahmen getroffen haben. Die Arbeitsmarktverwaltung ist angehalten, sozial-humanitär vorzugehen. Und wir werden eine Regelung vorbereiten, die zum Inhalt hat, dass die Angehörigen der 2. Generation gleichgestellt werden mit den österreichischen Kindern, so dass hier keine Unterscheidung vorgenommen wird und die Integration in die Gesellschaft und in den Arbeitsmarkt sich reibungslos vollziehen soll.[4]*

---

[4]   Die vollständige Rede kann auf der Homepage des ZeMiT abgerufen werden: www.zemit.at

Ein visionäres Konzept damals und wesentlich mehr Verständnis für die Lage von MigrantInnen, als man in dieser Zeit erhoffen durfte, womit einmal mehr die herausragende Persönlichkeit des Sozialpolitikers Dallinger unterstrichen wird. Seine Politik wurde nach seinem frühen Tod nicht im wünschenswerten Maß weiter geführt, da die Nachfolger entweder politisch wenig durchsetzungsstark oder schlichtweg nicht willens waren.[5]

Alfred Dallinger hat mit seiner Politik den Grundstein für die heutige österreichische Integrationspolitik gelegt. Die von ihm initiierten Beratungsstellen[6] waren in ihren jeweiligen Bundesländern lange Zeit die einzigen Anlaufstellen für MigrantInnen, die umfassende Beratungsarbeit leisteten und zu integrationspolitischen Zentren mit hohem Know-how wurden. Die in manchen Arbeiterkammer- oder Gewerkschaftsstellen bereits vorher bestehenden „Gastarbeiter"-Referate konnten diesen Leistungsumfang nicht anbieten, einerseits hatten sie nie einen vergleichbaren Personalstand, andererseits verstanden sie sich nicht – wie die arbeitsmarktpolitischen Beratungseinrichtungen – als Lobbyisten in Integrationsfragen, wobei dieses Anliegen von Bundesland zu Bundesland unterschiedlich stark ausgeprägt war. Die in einzelnen Bundesländern außerdem existierenden, kirchlichen „Gastarbeiter"-Referate leisteten wichtige humanitäre Einzelfallhilfe, aber nicht mehr. Mitte der 1980er-Jahre bis Anfang der 1990er gab es daneben nur wenige Vereine mit dem Kernanliegen Lobbying für MigrantInnen, die mehrheitlich von Einheimischen geführt wurden. Wichtig war z. B. das Komitee ausländerfreundliches Österreich (KAFÖ) in Wien, das konsequente politische Informations- und Sensibilisierungsarbeit sowie Interessenspolitik für MigrantInnen betrieb.[7] Die wichtigsten Anlaufstellen für MigrantInnen waren in den 1980er-Jahren die von MigrantInnen selbst gegründeten Vereine, die vielfältigste soziale, kulturelle, politische und integrative Arbeit leisteten.

---

[5] Zudem fand die von Innenminister Blecha zum Teil noch mitgetragene Politik Dallingers in den Händen von Innenminister Löschnak und dessen Sektionschef Matzka keine Unterstützung mehr.

[6] Beratungszentrum für Migranten und Migrantinnen – Wien; Verein Horizont, Beratungsstelle für Migrantinnen und Migranten – Wiener Neustadt; migrare – Zentrum für MigrantInnen Oberösterreich; VeBBAS – Die Salzburger arbeitsmarktpoltitische Betreuungseinrichtung zur Integration von ZuwanderInnen in den österreichischen Arbeitsmarkt; Verein zur Beratung und Betreuung von Ausländern – Dornbirn; die Vereine ZEBRA (Graz) und Ausländerberatungsstelle Klagenfurt kamen nach Dallingers Tod als arbeitsmarktpolitische Beratungseinrichtungen dazu, der Verein in Vorarlberg wurde 2002 geschlossen, womit der ÖVP-Nationalratsabgeordnete Feuerstein, der bereits zu Dallingers Zeiten gegen die Beratungsstellen wetterte, sein Ziel schließlich doch noch erreicht hatte.

[7] Die Angaben beziehen sich nicht auf Einrichtungen für AsylwerberInnen und anerkannte Konventionsflüchtlinge.

Ein Eckpfeiler von Dallingers Politik war ganz offensichtlich „Integration vor Neuzuzug", orientiert auf Chancengleichheit und gleiche Rechte (zumindest für Jugendliche, soweit dies möglich war) in der Gesellschaft und auf dem Arbeitsmarkt. Besonders sticht jedoch eines hervor: Für Dallinger war es selbstverständlich, dass ein Teilgebiet der Integrationsdisziplin der Kampf gegen „Ausländerfeindlichkeit"[8] sein musste und Gesetze durchaus auch „ausländerfeindlich" ausfallen können. „Ausländerfeindlichkeit" und Rassismus sind eng mit Fragen der Integration verschränkt und dennoch findet sich davon wenig in den aktuellen Integrationskonzepten oder Integrationsleitbildern. Rassismus ist in der Integrationsszene maximal ein Randthema. Die Eröffnungsrede Dallingers wurde 1985 in Innsbruck gehalten, kurz vor dem Machtantritt von Jörg Haider 1986 am Innsbrucker Parteitag, der mit der Kernprogrammatik des Rassismus und gezielter Ausländerhetze ein anderes Kapitel der Politik aufschlagen sollte.

Besonders bedauerlich am unvollendeten Werk Dallingers ist das Erbe des Ausländerbeschäftigungsgesetzes, das den Vorrang für InländerInnen am Arbeitsmarkt – mit dem Effekt, dass zuerst AusländerInnen gekündigt werden mussten – postuliert. An dieser Grundeinstellung hat sich bis heute nichts geändert. Dallinger verheddterte sich bei seinen Versuchen der Besserstellung von MigrantInnen immer wieder in sozialpartnerschaftlichen Fesseln und politischem Lagerdenken. Darin liegt wohl auch begründet, dass aus der angekündigten völligen Gleichstellung von Jugendlichen der 2. Generation nichts wurde und bis heute nur eingeschränkt davon gesprochen werden kann.

Resümierend kann gesagt werden, dass die österreichischen Verhältnisse über Dallingers Ansatz bis heute nicht wesentlich hinaus gekommen sind. Zugleich offenbaren die Worte des sozialpolitisch radikalsten Sozialministers der 2. Republik die Grenzen des österreichischen Integrationsverständnisses: Er ist auch Vordenker der österreichischen offiziellen Integrationspolitik, die unter dem Slogan „Integration vor Neuzuzug" steht. Seine Rede markierte die Wende der Entwicklung Österreichs weg von einer „Gastarbeiterpolitik" in Richtung Integrationspolitik, die allerdings heute – auf anderem Niveau – wieder bei der alten „Gastarbeiterpolitik" angekommen ist. Vor allem aber lässt sich mit einem Blick auf die Resultate der bisherigen Integrationspolitik des Bundes erkennen, wie sehr man in diesem Land seit jeher der sozialen, politischen, kulturellen und wirtschaftlichen Entwicklung halbherzig hinterher läuft.

---

[8] Der Begriff „Ausländerfeindlichkeit" ist in Mitteleuropa der zentrale Ersatzbegriff für „Rassismus". Er verdeckt mehr als er erklärt, da AusländerIn nicht gleich AusländerIn ist und Feindlichkeit das Gewaltpotenzial von Rassismus verharmlost. Zudem verdunkelt er die Wurzeln des bis heute aktuellen mitteleuropäischen Rassismus, die im Nationalsozialismus und Faschismus liegen.

3.2 „Gastarbeiterpolitik" oder Integrationspolitik?

Mit der Implosion der kommunistisch-stalinistischen Regime Osteuropas wurden die Wirtschaften Österreichs und Westdeutschlands kurzfristig zu Hauptprofiteuren der Entwicklung. Arbeitskräfte waren gefragte Mangelware. So wie in den Boomjahren der 1960er- und 1970er-Jahre ein rasanter Anstieg der „Gastarbeiter"-Zahlen die Folge war, kam es im Zeichen des Konjunkturaufschwungs zu einer Verdoppelung der Anzahl der MigrantInnen von 387.000 auf 690.000 durch Zuwanderung von Arbeitskräften. Aber auch zahlreiche Familienangehörige im Land lebender „GastarbeiterInnen" nützten die Gelegenheit, womit sich das Problem des Rückstaus, der bei der Familienzusammenführung der 1980er-Jahre durch restriktive fremdenpolizeiliche Maßnahmen entstand, zu einem guten Teil erledigt hatte. Dazu kam der Zuzug von zehntausenden Flüchtlingen aus dem zerfallenden Jugoslawien. Der Wanderungssaldo betrug 1989 plus 64.000 Personen, in den nachfolgenden Jahren jeweils plus 80.000. Die Notbremse wurde Anfang der 1990er-Jahre mit einem ausgefeilten Quotensystem und Bundeshöchstzahlen gezogen. Mit dem Aufenthaltsgesetz 1993 und dem Niederlassungsgesetz 1998 wurde die von Dallinger verfolgte Politik fortgesetzt. Der Neuzuzug von Arbeitskräften und Familienangehörigen wurde einer strikten Kontrolle unterworfen, die im Lande lebenden MigrantInnen sollten schrittweise „integriert" werden, womit die Freizügigkeit am Arbeitsmarkt noch stärker an die Aufenthaltsdauer gebunden wurde. Regulär fanden nur noch hoch qualifizierte Spitzenkräfte Zugang zum sonst abgeschotteten Arbeitsmarkt. Daraus ein Bekenntnis zur Niederlassung und Integration abzuleiten, demzufolge sich Österreich seither als Einwanderungsland verstehe, wäre also voreilig.

Die ökonomistische Perspektive der alten „Gastarbeiterpolitik" wurde keinesfalls verlassen. Ökonomismus unterwirft die Lebensinteressen der MigrantInnen primär den Erfordernissen der Wirtschaft. Um den konjunkturell wechselnden Bedarf an Arbeitskräften im Tourismus, der Landwirtschaft und fallweise auch anderen Branchen schnell gerecht zu werden, wurden Quoten für SaisonarbeiterInnen eingeführt. Saisonnier sein heißt, auf den Status der Ware Arbeitskraft reduziert zu sein: Rechte, die über den eigenen Verkauf der Ware Arbeitskraft hinausgehen, werden vorenthalten wie z. B. die Arbeitslosenunterstützung, wichtige Sozialleistungen, die Niederlassung nach einer gewissen Aufenthaltsdauer und Familiennachzug.

Das begrenzte Verständnis von Integration zeigt sich auch darin, dass selbst „integrierten" MigrantInnen, die sich im Land niedergelassen haben, wichtige Rechte noch immer vorenthalten werden. Der Familiennachzug ist an das Quotensystem gebunden und altersmäßig limitiert, der Nachzug von EhegattInnen ist durch das Quotensystem mit Wartezeiten von mehreren Jahren verbunden. Es gibt noch immer kein aktives kommunales Wahlrecht, der Zugang zu Sozialleistungen des Bundes und der Länder (mit unterschiedlicher Praxis in den Bundesländern) sowie die Gleichstellung am Wohnungsmarkt sind eingeschränkt. Die Gleichbehandlungs- oder Antidiskriminierungsrichtlinien der EU wurden völlig zahnlos umgesetzt. Diese Liste ist längst nicht vollständig. Die Einschränkungen der Rechte trugen in letzter Konsequenz auch zu einem rasanten Anstieg der Einbürgerungsansuchen von MigrantInnen bei, obwohl verschiedene bürokratische Hürden dies zu verhindern suchten. In den Jahren 2003 und 2004 wurden mehr als 40.000 Menschen eingebürgert. Im abgelaufenen Jahr kam es mit dem Fremdenpaket 2005, der Novelle des Ausländerbeschäftigungsgesetzes und des Staatsbürgerschaftsgesetzes nun endgültig zur Wende in der halbherzigen Integrationspolitik. Mit 1. Jänner 2006 sind sowohl das Niederlassungs- und Aufenthaltsgesetz (NAG) als auch das novellierte Ausländerbeschäftigungsgesetz (AuslBG) in Kraft getreten. Außerdem das Fremdenpolizeigesetz, das Asylgesetz, die Fremdenpolizeigesetz-Durchführungsverordnung, die Niederlassungs- und Aufenthaltsgesetz-Durchführungsverordnung und die Integrationsvereinbarungsverordnung. Innenministerin Liese Prokop hat erst kürzlich erklärt, keinen Bedarf für ein eigenes Staatssekretariat für Integration zu sehen, die Integrationsagenden seien im Innenministerium gut aufgehoben. Womit sie nur der auf Sicherheitsfragen reduzierten Integrationsperspektive ihres Ressorts Ausdruck verleiht, die allerdings neben dem ökonomistischen Ansatz den zweiten entscheidenden Aspekt der österreichischen Integrationspolitik ausmacht.

Selbst die Integrationsleitbilder und Integrationskonzepte atmen in der Praxis – notwendigerweise – die Rahmenbedingungen der grundsätzlich nationalistischen, diskriminierenden und partiell auch rassistischen österreichischen Politik der Desintegration, die selbst die vorhandenen guten Ansätze, innovativen und mutigen Maßnahmen der Länder und Kommunen in ihrer nachhaltigen Konsequenz auszuhebeln und im Mainstream der diskriminierenden Ausländerpolitik zu versanden lassen drohen.

Es stellt sich nun die Frage, ob die Debatte im Handlungsfeld Integration nicht zusätzlich an einer „natürlichen" ideologischen Blendung leidet. Wenn schon das Gerede von der Chancengleichheit für Kinder von ArbeiterInnen Österreichs gemessen an den Bildungsabschlüssen wenig mehr war als ein frommer Wunsch, Wahlkampfrhetorik und Valium der systemintegrativen Linken, warum sollte dann hinter der Integrationsdebatte mehr stecken als eine zyklisch wiederkehrende Feuerwehraktion im Interesse der stets aufs Neue bedrohten nationalen Ruhe, Sicherheit und Ordnung? Mit dem bequemen Nebeneffekt, ein kontrollierbares Beschäftigungsfeld für potenziell renitente Mittelschichtangehörige abzugeben wie etwa SozialarbeiterInnen, abstiegsgefährdete UniversitätsabsolventInnen und WissenschaftlerInnen am Tellerrand.

4. Notizen zu Integrationsleitbildern und Integrationskonzepten

Es kann in diesem Rahmen keine umfassende Analyse der österreichischen Integrationskonzepte und -leitbilder erfolgen. Die nachfolgenden Notizen beziehen sich daher auf wenige, aber entscheidende Bereiche, die das Projekt Integration wesentlich betreffen und zugleich die Grenzen des Handlungsfeldes aufweisen. Es geht um die Frage des Ansatzes der Leitbilder und Konzepte, um die Partizipation von Menschen mit Migrationshintergrund, und ganz besonders geht es darum, wie weit Rassismus und „Ausländerfeindlichkeit" Gegenstand der laufenden Integrationsdebatte sind. Andere Grundsatzfragen können – wenn überhaupt – nur gestreift werden. Für eine tief gehende Analyse bedürfte es eines ethnischen Monitorings der Integrationsleistungen, davon ist man in ganz Österreich jedoch weit entfernt.

Es wäre beispielsweise außerordentlich interessant, die für Integrationsarbeit zur Verfügung stehenden Budgets der Kommunen, Länder und des Bundes näher zu ergründen, da wohl unbestritten ist, dass ohne ausreichende Finanzmittel die Konzepte und Leitbilder mit ihren Maßnahmenkatalogen nur der berühmte Tropfen auf dem heißen Stein sind. Eines lässt sich ohne großen Rechercheaufwand bereits vorwegnehmen: Im Bundesland Wien stand in den letzten fünfzehn Jahren ein Mehrfaches jenes Betrages zur Verfügung, den die Bundesländer und Kommunen insgesamt ausgaben. Einige Kommunen und Bundesländer verfügen erst seit wenigen Jahren über eigene Integrationsbudgets und operieren zumeist mit Minibudgets. Manche Maßnahmen, Konzepte und Leitbilder in Gemeinden – wie beispielsweise in Niederösterreich – wurden bzw. werden mit EU-Mitteln von EQUAL-Projekten erstellt und auch durchgeführt.

Empowerment von MigrantInnen – verstanden als Eigenmacht, Selbstannahme, Macht zu handeln und die Möglichkeit zur Mitentscheidung – ist eine wesentliche Teildisziplin von Integration, die im aktuellen Integrationsgeschehen ebenfalls unterbewertet ist.

Grundsätzlich fällt bei allen Leitbildern auf, dass es durch die Konzentration auf die regionale Perspektive zu einem Verzicht bzw. Verlust der überregionalen Perspektive kommt, sei es nun die Sicht auf die Bundes- und Landespolitik bei einem städtischen Integrationsleitbild, oder die fehlende Bundesperspektive bei einem Bundeslandleitbild. Der europäische Kontext fehlt meist überhaupt.

Gemeinsam ist allen Beiträgen zur Integrationsdebatte das Verharren im Status quo der bestehenden gesellschaftlichen Verhältnisse, die somit sakrosankt erscheinen. Wie sollte auch deutlich Kritik an desintegrativen Maßnahmen der Regierungspolitik geübt werden, wenn so ein Leitbild von möglichst allen Parteien – und vor allem von der jeweils regierenden – beschlossen werden will? Geschuldet ist dieser Grundzug auch dem Pragmatismus der Beteiligten, der die politischen Auftraggeber im Auge hat und die Orientierung an der „Zumutbarkeit" der Maßnahmen für die gesellschaftliche Mitte (eine vermutete Mitte, da diese diskursiv nie bestimmt wird) sowie möglichst breite konsensuale Zielerreichung, womit die Widersprüche und Probleme aber unter den Tisch gekehrt werden. So etwa erklärte Kenan Güngör[9] 2005 bei einer Tagung zur Kommunikation von Leitbildern: „Sie haben die Absicht, mit der Mitte der Gesellschaft zu kommunizieren. (…) Da ist das Problem, dass bestimmte Begriffe sofort so markant sind, so einschließend und ausschließend, dass eine weitere Kommunikation kaum mehr möglich ist. Einer dieser Begriffe – auf der strategischen Ebene – ist der des Rassismus."[10]

Die *Leitbilder* sind durch die Beteiligung von AkteurInnen und ExpertInnen vor Ort, die in die Strukturen der regionalen Gesellschaft eingebunden sind, ein hervorragender Spiegel des jeweiligen Niveaus in Fragen der Migration, Integration, Diskriminierung und des Rassismus. Es überrascht daher nicht, dass gerade in diesem Punkt zwischen den jeweiligen Leitbildern deutliche Unterschiede in der Qualität der eingebrachten Expertise festzustellen sind. Vom Zugang her sind Leitbilder breit angelegt, die Prozessebene spielt eine entscheidende Rolle.

Im Gegensatz zu Leitbildern werden *Integrationskonzepte*[11] in der Regel von einer Organisation mit der entsprechenden Expertise im Auftrag einer Gemeinde, Stadtverwaltung, Landesregierung erstellt. Es handelt sich um Konzepte, die im besten Fall durch gezielte Konsultation von ExpertInnen aus den relevanten gesellschaftlichen Bereichen erstellt werden. Das Konzept als Ergebnis steht im Mittelpunkt und nicht die Kommunikation im Prozess.

In Wien wurde eine umfangreiche Studie zu Migration und Integration erstellt und in einer Kurzfassung der Öffentlichkeit vorgelegt. Projektträger war das Europaforum Wien, Zentrum für Städtedialog und Europapolitik. Auf Basis der Studie war beabsichtigt, in einem acht Monate dauernden Entwicklungsprozess ein Wiener „Programm für Diversitätspolitik" (PDP) zu erarbeiten. Der Nachteil eines derartigen Ansatzes ist evident: Es wurde zwar im Einleitungstext der Stadträtin für Integration die breitere, vom Programm betroffene Bevölkerungsgruppe um Anregungen ersucht, da „Diversitätspolitik nicht eine Sache der ‚SpezialistInnen' im Integrationsbereich, sondern eine Querschnittsmaterie, die jede und jeden von uns angeht"[12], sei,

---

[9] Kenan Güngör ist Koordinator der Integrationsleitbilder von Dornbirn und der Bundesländer Tirol und Oberösterreich.

[10] Integration im Blickfeld von Rassismus, Diskriminierung und Partizipation von MigrantInnen, MIDAS Abschlusskonferenz, 23. Juni 2005, www.midasequal. com.

[11] Das Integrationskonzept für Salzburg wurde nach den Kriterien eines Leitbildes erstellt.

[12] Stadt Wien MA 18, Stadtentwicklung und Stadtplanung; BLI, Bereichsleitung Integration (2002): Vorwort.

dann aber wurde ziemlich unvermittelt angekündigt: „Wir werden Sie daher über den Fortgang des Projekts in geeigneter Form auf dem Laufenden halten.“[13] Also Anregungen erwünscht, Partizipation aber nicht. Damit sollte wohl der „zentralen“ Rolle der Gemeinde und wohl auch dem Interesse der beteiligten „SpezialistInnen“ entsprochen werden, nämlich der „Wahrung der unabhängigen Schrittmacher- und Gestaltungsfunktion der Gemeinde“, wie dem kurzen Kapitel „Klare Aufgabenverteilung“ am Schluss der Kurzfassung der Studie zu entnehmen ist.[14] Die breitere partizipative Erstellung – wie eben in einem Leitbild zumindest grundsätzlich angestrebt – ist in diesem Top-Down Ansatz nicht beabsichtigt. Das kann den Vorteil haben, ein von ExpertInnen erstelltes Programm am letzten Stand der wissenschaftlichen Forschung in der Hand zu haben, mit dem Nachteil, dass dieses Papier u. U. abgehoben ist, fern dem Verständnis der potenziell von den Maßnahmen des Konzeptes Betroffenen.[15] Vom Prozess der Erarbeitung werden die Interessensvertretung von MigrantInnen und Organisationen im zivilgesellschaftlichen Bereich nämlich weitgehend ausgeschlossen.

4.1 Integration: Definitionen und Konzepte

Die Mehrzahl der Ansätze eint das Postulat, von einem gesamtgesellschaftlichen Integrationsverständnis auszugehen. Es geht dabei um die „Einbeziehung und Integration aller Einwohnerinnen und Einwohner des Landes“ und um „gleichberechtigte Teilhabe auf sozialer, struktureller und kultureller Ebene. Ziel ist es, soziale und strukturelle Barrieren und Hemmnisse aufzuheben, welche zu einer Diskriminierung führen“.[16] Ziel von Integration ist es laut Bauböck, „dass aus Fremden gleichberechtigte Bürger werden“, wobei Integration ein „Prozess der wechselseitigen Anpassung und Veränderung“[17] sein soll. Fassmann/Stacher/Strasser definieren Integration von MigrantInnen als „Prozess der gesellschaftlichen Eingliederung und Partizipation der zugewanderten Bevölkerung“.[18] Mit einem Integrationsdreieck

---

[13] ebd. Vorwort.
[14] ebd. S. 26.
[15] Auf den ersten Blick fällt allerdings auf, dass die Studie von Männern ohne Migrationshintergrund erstellt wurde.
[16] Güngör, Kenan (2005): Integration mit Zugewanderten. Leitbild mit Maßnahmenempfehlungskatalog für das Land Tirol. S. 6.
[17] Bauböck, Rainer: Gleichheit, Vielfalt und Zusammenhalt – Grundsätze für die Integration von Einwanderern. In: Volf, Patrick/Bauböck, Rainer (Hrsg.) (2001): Wege zur Integration. Drava, Klagenfurt/Celovec. S. 14. (=Publikationsreihe Fremdenfeindlichkeit, Bd. 4)
[18] Fassmann, Heinz/Stacher, Irene/Strasser, Elisabeth: Einleitung: Zweck des Berichts, zentrale Begriffe und inhaltliche Gliederung. In: Fassmann, Heinz/

skizziert Perchinig die zentralen Bereiche von Integration. Die wesentlichen Beurteilungskriterien sind demnach rechtliche Gleichstellung, Chancengleichheit, kulturelle Vielfalt und Diversität.[19] In einer Studie der IOM heißt es: „Integration umfasst verschiedene gesellschaftliche Bereiche. Demnach spricht man von einer rechtlichen, ökonomischen, kulturellen, politischen und sozialen Integration."[20]

Viel versprechend am Tiroler Leitbild ist die Ausgangsdefinition zur Frage der gesellschaftlichen Teilhabechancen: „Im Zentrum der Aufmerksamkeit finden sich dabei primär jene *strukturellen* Barrieren, welche zu sozialer Ungleichheit führen, ungeachtet der nationalen Zugehörigkeit der Individuen."[21] Dieser Ansatz wird aber nicht näher ausgeführt, doch wäre gerade an diesem Punkt weiter zu denken. Er führt nämlich zur Grundfrage, ob beim Verständnis von Integration nicht prinzipiell von einem wenig kritischen Blick auf die sozialen, politischen und kulturellen gesellschaftlichen Verhältnisse ausgegangen wird, auch wenn es in der Regel begleitend zu einer Erhebung der Ist-Situation kommt.

Geht es bei Fragen der Integration einer benachteiligten Bevölkerungsgruppe nicht zuerst darum, die bestehenden gesellschaftlichen Verhältnisse – *so wie sie sind* – zur Kenntnis zu nehmen? Handelt es sich bei Integration nicht immer um eine Integration in eine hierarchisierte Gesellschaft der ungleichen Einheimischen? Bedarf es nicht einer grundsätzlichen Kritik am Nationalstaat, an der kapitalistischen Ökonomie, an der Scheinpartizipation weiter Schichten der Bevölkerung? Wer der Diskussion im Handlungsfeld Integration folgt, sich die Konzepte, Leitbilder und Maßnahmen ansieht, bemerkt von solchen Überlegungen wenig. Es wird dem Schein einer Gesellschaft der gleichen Staatsbürger gehuldigt. Es ist schon viel, wenn die gegebenen gesetzlichen Voraussetzungen, die MigrantInnen in die ungleichen Verhältnisse auf unfairer und diskriminierender Basis zwingen, nicht unkommentiert hingenommen werden. Nicht einmal der bundesgesetzliche Rahmen wird in seiner integrativen oder desintegrativen Potenz – aus pragmatischen und politischen Rücksichten – in mehr als Nebensätzen analysiert. Es wird von einem *formalen Gleichheitspostulat* ausgegangen und nicht von den realen gesellschaftlichen Voraussetzungen.

Stacher, Irene/Strasser (Hrsg.) (2003): Österreichischer Migrations- und Integrationsbericht. Demographische Entwicklung – sozioökonomische Strukturen – rechtliche Rahmenbedingungen. Drava, Klagenfurt/Celovec. S. 12 f.

[19] Perchinig, Bernhard: Einwanderung und Integrationspolitik in Europa. In: Zwickelhuber, Maria (Hrsg.) (2003): Interkulturelles Zusammenleben und Integration als kommunalpolitische Herausforderung. Handbuch für die interkulturelle Gemeindearbeit. Interkulturelles Zentrum, Wien. S. 9.

[20] IOM Wien, BM.I (2005), S. 22.

[21] Güngör (2005), S. 6.

Das zeigt sich aber vor allem an der verkürzten Analyse der Ist-Situation, bei der tief sitzende Integrationsbarrieren ausgeblendet bleiben: Herkunft, Kultur, Bildung, Geschlecht, Nationalität, „Rasse", Beruf, ungleiche Ressourcen, die in gesellschaftlichen Systemen der Ungleichheit erworben wurden und mitgebracht werden, bestimmen bei MigrantInnen entscheidend die Integration in die real existierenden ungleichen gesellschaftlichen Verhältnisse Österreichs. Diese „ererbten" Mitbringsel der Ungleichheit sind zusätzlicher Ansatz für weitere nationalistische bis rassistische und diskriminierende Zuschreibungen im Einwanderungsland, die bei der Niederlassung schlagend werden und zu weiterer Ungleichheit im gesellschaftlichen Status führen.

Mit dieser Ausgangsbasis, mit diesem Habitus belastet, treffen MigrantInnen schließlich auf die auch für Einheimische „normalen" real existierenden, ungleichen und diskriminierenden gesellschaftlichen Verhältnisse und die für Nationalstaaten ebenso „normale" generelle Unterscheidung zwischen StaatsbürgerInnen und Fremden, ausdifferenziert in mehr oder weniger hohen rechtlichen und desintegrativ wirkenden Barrieren. Angesichts dieser „Chancen" auf mehrfach ungleiche Teilhabe und Diskriminierung ist die Forderung einer gleichberechtigten Integration Selbstbetrug, wenn nicht dazu gesagt wird, dass es sich dabei nur um einen rein formalen Anspruch handelt, der in der Praxis nicht annähernd einholbar ist.

Kulturelle Vielfalt und Diversität ist in Kulturen der Ungleichheit kaum realistisch, maximal darf „Toleranz der Leitkultur" erwartet werden. Tatsache ist die real existierende herrschende nationale „Leitkultur". Anderes zu behaupten, ist Blendwerk. Die Forderung nach einer „Leitkultur" geht selbstverständlich von ihrer Existenz aus und sucht lediglich ihre konservative Bewahrung.

Partizipation wiederum kann real doch nur bedeuten, an den gesellschaftlichen Institutionen zumindest so ungleich partizipieren zu dürfen, wie auch Einheimische an ihnen ungleich teilhaben. Wie sehr partizipieren KatholikInnen der Basis schon an der Kirche oder das einfache Parteimitglied an den Parteien, das AK- und ÖGB-Mitglied an der AK und am ÖGB, der/die Tante-Emma-Laden-BesitzerIn an der Wirtschaftskammer?

Chancengleichheit für Einwanderer kann bestenfalls bedeuten, die gleichen ungleichen Chancen zu haben, wie sie Einheimische selbst vorfinden. Das gilt auch für die ökonomische, kulturelle, politische und soziale Integration: Nirgendwo gibt es eine gleichberechtigte Integration der Einheimischen in diesen Bereichen, warum sollte dies für MigrantInnen anders sein? Das höchste der Gefühle wäre es, wenn die Integration in die ungleichen Verhältnisse ohne zusätzliche Diskriminierung aufgrund von „Rasse", Klasse, Geschlecht, Herkunft, etc. erfolgen könnte. Doch systemintegrative ExpertInnen und MultiplikatorInnen im Handlungsfeld Integration fordern in der Tat nicht einmal das, wie ihr Schweigen zu Rassismus verrät. Dadurch gefährden sie (ohne es zu begreifen) ihre eigenen – eben systemintegrativ –

gedachten Maßnahmen. Was unterm Strich bleibt, ist viel Utopie, die von den real existierenden bürgerlichen Gesellschaften und Nationalstaaten per se nicht einholbar ist.

4.2 Rassismus

Es ist wenig verwunderlich, dass die eigentliche Kernproblematik von Integration nicht in das Blickfeld rücken kann: Rassismus und Diskriminierung aufgrund von Herkunft, „Rasse", Klasse, Schicht, Geschlecht, usw. Diskriminierung ist zwar manchmal Gegenstand der Erörterung, nicht jedoch Rassismus bzw. die Auswirkungen von Rassismus, Ausländerfeindlichkeit und Xenophobie auf den Status von MigrantInnen. Ein, zwei Randnotizen dazu bestätigen als Ausnahmen die Regel. Rassismus ist in der gegenwärtigen Integrationsdebatte wenig mehr als ein Orchideenfach, obwohl rassistische Einstellungen in der Bevölkerung weit verbreitet sind. In der oben genannten Kurzfassung der Studie des Europaforums Wien findet sich bezeichnenderweise auf zwanzig Seiten kein einziges Mal das Wort Rassismus, nicht einmal das Wort „Ausländerfeindlichkeit". Es wird zwei Mal von der „Benachteiligung von MigrantInnen" gesprochen, die „man nicht leugne", und vier Mal kommt das Wort „Diskriminierung" vor. Antirassismus ist auch nicht einer der genannten Handlungsebenen der Diversitätspolitik zugeordnet. Damit wird das eigentliche Handicap bei der Umsetzung von Maßnahmen der Integrationspolitik mehr als deutlich.

Ökonomismus und Rassismus sind – in mehr oder weniger stark ausgeformter Weise – die zentralen ideologischen Kernelemente unserer ungleichen Gesellschaft, die das ideologische Geschäft der „natürlichen" Hierarchisierung der Gesellschaft in Gleiche und Ungleiche in den Köpfen und hinter dem Rücken der Menschen besorgen. Antirassismus kann dagegen nur „mehr oder weniger" wirken und mildern. Um es aber deutlich zu sagen: Auch wenn Rassismus nicht aufhebbar ist, kommt es entscheidend auf den Unterschied des „mehr oder weniger" an. Rassismus zum System erhoben, wie im Dritten Reich oder Apartheid-Staat Südafrika, ist selbstverständlich von anderer Qualität als Rassismus in einem funktionierenden bürgerlichen Nationalstaat. In einem Land, das sich noch immer nicht zur eigenen Vergangenheit in allen Aspekten bekennt, darf allerdings nicht erwartet werden, dass der *Zusammenhang* zwischen dem Rassismus der Gegenwart und dem systemischen Rassismus der Diktatur der Braunen Horden beim Namen genannt wird – und die Gemeinsamkeit ist *Rassismus*.

Finanzielle Unterstützung für mutige antirassistische Initiativen gibt es daher nicht. Auf gut Deutsch wird bis in die Gegenwart – wenn überhaupt – beinahe liebevoll bloß von „Ausländerfeindlichkeit" gesprochen. Rassistische Übergriffe werden als solche nur erkannt und geahndet, wenn sie der rechtsextremen Szene zuordenbar sind und sich mit Wiederbetätigung überlappen,

somit in die Vergangenheit „abgeschoben" werden können. Österreich ist daher in der EU-Statistik – gemessen an den offiziellen Zahlen – unter den Ländern mit wenig Rassismus zu finden, während kurioserweise Großbritannien
mit einer ausgefeilten und wirksamen Antirassismusgesetzgebung, die selbst
den Bürgermeister von London vor Gericht zu bringen vermag, im Spitzen-
feld der durch und durch „rassistischen Staaten" rangiert.

Rassismus verfestigt Ungleichheit und ist ein zentrales ideologisches
Kernelement der Diskriminierung von „AusländerInnen". Chancengleichheit, rechtliche Gleichstellung, anerkannte kulturelle Vielfalt, eine aktive Integrationspolitik und Diversitätspolitik sind nur begrenzt umsetzbar, wenn
man sich der Kernproblematik nicht stellt. Konjunktureinbrüche und erst
recht Rezessionen sind mächtige Motoren gegenläufiger Prozesse, die politisch auch genützt werden, womit kurzfristigen Erfolgen schwere Rückschlä-
ge folgen, wie an der Integrationspolitik Österreichs so deutlich zu sehen ist.

4.3 Partizipation

Zu einer wesentlichen Rahmenbedingung der Produktion von Leitbildern
im lokalen und regionalen Rahmen gehört die umfassende Einbeziehung
möglichst aller AkteurInnen und MultiplikatorInnen, die im Handlungsfeld
Migration und Integration tätig sind. Ziel ist es, im Prozess der Erarbeitung
des Leitbildes eine breite Basis unter den Beteiligten zu schaffen, die nach
Abschluss des Projektes zumindest in zentralen Bereichen die Zielvorstel-
lungen und Maßnahmen des Leitbildes weiter verfolgt und mit trägt. Die
Teilnehmenden sollten Wissenslücken, Vorurteile und Fehleinschätzungen
im Prozess selbst durch intensive Diskussionen und Austausch zu den Themen abbauen. Durch diesen Zugang ist allerdings auch die Qualität der Leitbilder sehr stark abhängig von der Expertise der beteiligten Personen. Zu
berücksichtigen sind dabei die regionalen Unterschiede. Generell sind ExpertInnen in Integrations- und Migrationsfragen in den meisten Bundesländern Österreichs und erst recht Gemeinden der Bundesländer – im Vergleich
zu Wien – dünn gesät.[22]

Am Leitbildprozess nehmen in der Regel die wichtigsten NGOs vor Ort
teil, auf denen auch die Hauptarbeit lastet. Andere wichtige AkteurInnen
sind in der Regel weniger stark vertreten, was vor allem auf VertreterInnen
von Parteien zutrifft, zum Teil auch auf VertreterInnen der Verwaltung, des
Gesundheitswesens, der Universitäten, des Bildungs- und Kulturbereichs.
Beinahe völlig durch Abwesenheit glänzen die Sozialpartner ÖGB, AK,

---

[22] Damit soll nicht gesagt werden, dass Wien Topwerte im europäischen Vergleich
     erreicht hätte, sicher aber im österreichischen Kontext.

WK, IV, die an sich über beträchtliche personelle und finanzielle Ressourcen verfügen, für die aber Integrationsfragen noch immer knapp unter der Wahrnehmungsgrenze liegen. Darin spiegelt sich auch die Tatsache, dass interkulturelle Öffnung, Diversity Management und ethnisches Monitoring in keinem Bundesland bei Sozialpartnerorganisationen, öffentlichen Institutionen und der Verwaltung eine Rolle spielen, allenfalls ansatzweise wieder in Wien.

Die interkulturelle Kompetenz ist bei den meisten Beteiligten eher schwach ausgeprägt und stützt sich oft auf theoretisch unreflektiertes Erfahrungswissen. Verschärft wird dieses Manko um die Tatsache, dass es aufgrund der fehlenden interkulturellen Öffnung der Organisationen vielfach an ethnischer Kompetenz mangelt. Menschen mit Migrationshintergrund sind aus bekannten Gründen bei den Sozialpartnern, der Verwaltung, im Bildungs- und Kulturbereich entweder überhaupt nicht vertreten oder völlig unterrepräsentiert. Nicht einmal den/die Alibi-AusländerIn gibt es.

Die Teilhabe und die Beteiligung von MigrantInnen am Integrationsgeschehen sind nicht leicht zu organisieren, noch weniger handelt es sich dabei um eine Selbstverständlichkeit. Die zentrale Fragestellung lautet daher, wie weit bei den – an sich nur lobenswerten – Versuchen unter Ausschluss der Betroffenen selbst diskutiert wird und welche Ursachen diesen Ausschluss bedingen.

ExpertInnen mit Migrationshintergrund sind vor allem in den Bundesländern rar, dies trifft erst recht auf VertreterInnen von MigrantInnen und deren Organisationen zu. Die wenigen, die es in den Bundesländern gibt, können kaum die für die kontinuierliche Mitarbeit erforderlichen ehrenamtlichen Zeitressourcen aufbringen bzw. müssen sich für Termine in der Arbeitszeit extra Urlaub ohne Kostenersatz nehmen. Ein weiterer gravierender Unterschied besteht also darin, welche Ressourcen hinter den jeweiligen Beteiligten stehen. Jene MultiplikatorInnen bzw. ExpertInnen und Beteiligten am Leitbildprozess mit Migrationshintergrund, die über nennenswerte Ressourcen verfügen, sind an einer Hand abzuzählen, besonders wenn sie Vertretungsfunktionen für Vereine und Organisationen von MigrantInnen wahrnehmen. Schuld an diesem Zustand ist die beinahe völlig fehlende Finanzierung von Interessensvertretungen der MigrantInnen durch die öffentliche Hand.

Grundsätzlich war das Interesse von MigrantInnen bzw. von Personen mit Migrationshintergrund bei den Auftaktveranstaltungen der Leitbildprozesse sehr viel besser als im Verlauf und bei der kontinuierlichen Mitarbeit in den Arbeitsgruppen. Zu Fluktuationen kam es auch bei den einheimischen TeilnehmerInnen, was aber weniger auffiel, da Einheimische in der Überzahl waren und dadurch abwesende MigrantInnen mehr auffielen. Im Detail, soweit feststellbar, waren z. B. am Leitbildprozess in Dornbirn wenige MigrantInnen beteiligt. Von den fünf namentlich erwähnten TeilnehmerInnen waren außerdem zwei Personen Angehörige des türkischen

Konsulats. Warum diese überhaupt eingeladen wurden, am Leitbildprozess
teilzunehmen, hätte eigentlich näher begründet werden müssen.[23] Von den
Gemeinden Niederösterreichs wurden eine wechselnde Häufigkeit der Beteiligung und ein – vor allem anfangs – ausgeprägter Zustand der Nicht-
kommunikation berichtet.[24] In Tirol waren MigrantInnen bzw. ExpertInnen mit Migrationshintergrund sowohl in der Steuerungsgruppe, unter den
LeiterInnen der Arbeitsgruppen als auch den TeilnehmerInnen von Arbeitsgruppen vertreten. Es waren in der Regel die „üblichen Verdächtigen" aus
den NGOs der Landeshauptstadt. Die Beteiligung wurde aber auch hier als
nicht ausreichend eingeschätzt. In Salzburg war es um die Beteiligung von
MigrantInnen zwar anfangs und dem Papier nach gut bestellt, gemessen an
der Häufigkeit der Sitzungsteilnahmen jedoch weniger. Die unzureichende
Partizipation ist direkter Ausdruck der Lage der MigrantInnen in den Bundesländern, die sich von der in der Bundeshauptstadt unterscheidet.

Ein gravierender Mangel besteht grundsätzlich bei allen Leitbildern
auch darin, dass es keine Kenntnis darüber gibt, was denn in Österreich
lebende MigrantInnen unter Integration verstehen. Es gibt darüber hinaus
keine Sensibilisierungs- und Informationsprogramme im Vorfeld der Leitbildprozesse für MigrantInnen. Die wenigen, am Prozess partizipierenden
MigrantInnen sind nur sehr eingeschränkt in der Lage, die Ergebnisse in
breitere Kreise ihrer Communities zu tragen. Es besteht hier ein sehr viel
größeres Defizit als bei den Einheimischen, wobei wieder die am Leitbildprozess beteiligten einheimischen MultiplikatorInnen mit ungleich größeren
institutionellen Ressourcen ausgestattet sind, was einen ausschlaggebenden
Vorteil darstellt.

In der österreichischen Integrationsdebatte besteht ein gewisser Konsens, dass es langfristig darum geht, die interkulturelle Kompetenz von Einzelpersonen und Organisationen durch geeignete Maßnahmen zu steigern.
MigrantInnen haben ethnische Kompetenz, wenn auch oft wenig reflektiert,
meist aber keine interkulturelle Kompetenz. Diese Kompetenzen aufgrund
von Herkunft und Abstammung einfach zuzuschreiben, geht an der Realität
vorbei. Ebenso verhält es sich mit dem ExpertInnenstatus. Es ist aber auch
zu hinterfragen, ob den Integrationsbemühungen durch VertreterInnen der
Mehrheit nicht auch anders gelagerte Integrationsinteressen von Migran-

---

[23] Botschaften ist grundsätzlich zu unterstellen, dass sie an einer zu tiefen Bindung
ihrer Landsleute an das Gastland nicht interessiert sein können und dürfen. Im
„Gastarbeitermodell" gab es eine klare Interessenskonformität Österreichs mit
dem jugoslawischen Staat: Der Status „Gastarbeiter" mit vorübergehendem Aufenthalt in Österreich war beiden Staaten recht.

[24] ARGE MigrantInnenberatung (2005): Integration im Blickfeld von Rassismus,
Diskriminierung und Partizipation von MigrantInnen. MIDAS Abschlusskonferenz, Salzburg, 23. Juni 2005. S. 15 f.

tInnen entgegenstehen bzw. MigrantInnen sich von Integration eine andere Vorstellung machen als die VertreterInnen der Mehrheitsgesellschaft. Auch für diese Frage interessiert sich kaum jemand, obwohl MigrantInnen unter Umständen ebenso wenig an Integration interessiert sind wie die große Masse der Mehrheitsgesellschaft.

Noch drastischer fällt der Befund aus, wenn die grundsätzliche Segmentation des Arbeitsmarktes in Betracht gezogen wird. Es bedürfte eines ausgefeilten Programms, um die interkulturelle Kompetenz von VermittlerInnen und MultiplikatorInnen mit Migrationshintergrund im breiten Stil zu steigern und sie zu befähigen, die Communities von MigrantInnen interkulturell zu öffnen. Weiters mangelt es an den dazu erforderlichen, begleitenden Informations- und Sensibilisierungmaßnahmen.

Auch wenn Maßnahmen dringend erforderlich sind – der in Österreich offiziell gewählte Weg ist schlichtweg kolonialistisch. MigrantInnen müssen zwangsweise – zum Erwerb der Staatsbürgerschaft oder des Integrationsnachweises – einen wie immer gearteten Heimatkundeunterricht genießen und überwiegend auf eigene Kosten Deutsch lernen (soweit sie dazu überhaupt in der Lage sind). Um hier die autoritäre Balance zu wahren, müsste demnach zumindest von jenen Einheimischen ohne Migrationshintergrund, die beruflich mit MigrantInnen zu tun haben, verpflichtend ein interkultureller Führerschein abverlangt werden.

5. NICHT INTEGRATION NOCH NEUZUZUG

Studien zur Analyse der Lebenssituation von MigrantInnen sprechen deutlich gegen den Slogan „Integration vor Neuzuzug". Sie bestätigen vielmehr, dass es weder Integration noch Neuzuzug gibt.

August Gächter analysierte auf einer Konferenz in Wien im Herbst 2005, dass die Einkommensrückstände der MigrantInnen aus Bosnien, Serbien, Kroatien und der Türkei seit 1995 gegenüber den ÖsterreicherInnen größer werden und beinahe keine berufliche Mobilität nach der ersten Beschäftigung in Österreich gegeben ist.[25]

In ihrer Bestandsaufnahme zur Lage der 2. Generation stellt Barbara Herzog-Punzenberger fest, dass die mehrheitliche Benachteiligung von Jugendlichen mit Herkunft aus dem ehemaligen Jugoslawien und der Türkei in Bildungsinstitutionen und auf dem Arbeitsmarkt „so stark ausgeprägt ist, dass von ethnischer Segmentierung gesprochen werden kann. Wenn keine Veränderungen der Rahmenbedingungen stattfinden, ist eine Verfestigung dieses Musters zu befürchten, der einem Circulus vitiosus gleicht". Es wird

---

[25] Gächter, August (2005): Beitrag am Workshop „Integration von MigrantInnen am Wiener Arbeitsmarkt", 13. Oktober 2005, Wien (ZSI).

weiters klargelegt, dass es in diesen Gruppen weder „eine erfolgreiche Elite noch eine Mittelschicht gibt, zumindest nicht in einer numerisch relevanten Größe. Das Fehlen solcher Vorbilder, wichtiger Rollenmodelle für die Jugendlichen, verstärkt die Reproduktion einer engen Auswahl an Berufsbildern".[26]

Verfestigte Armut und Deprivation in weiten Kreisen der MigrantInnen – auch der Eingebürgerten – ist das Ergebnis der Randständigkeit von MigrantInnen und ihrer Communities, wie der von der Statistik Austria jährlich seit 2003 durchgeführten EU-SILC Erhebung zu Einkommen und Lebensbedingungen österreichischer Privathaushalte zu entnehmen ist.[27] Ursula Till-Tenschert hat auf der gleichen Konferenz einige bemerkenswerte Ergebnisse präsentiert. Die nachfolgenden Zitate sind ihrer Power-Point-Präsentation entnommen und beziehen sich auf die Studie für das Jahr 2003, die Ergebnisse für 2004 liegen seit Frühjahr 2006 vor. Es wird festgestellt, dass „MigrantInnen eine der am meisten von Armutsgefährdung betroffenen Gruppen sind, wobei nach Herkunftsland türkische Staatsangehörige ein besonders hohes Risiko haben. Eingebürgerte (nicht vormals EU oder EFTA) sind aber in fast gleichem Ausmaß betroffen".[28] So sind Einwanderer aus der Türkei zu 34% armutsgefährdet, aus dem ehemaligen Jugoslawien zu 26% und Eingebürgerte zu 26%. Weiters wird festgestellt, dass Beschäftigung bei Armutsbekämpfung zentral ist, aber immer öfter „nicht ausreicht". Etwa im Bereich Beschäftigung kann Integration durch Einbürgerung nicht festgestellt werden, da „Deprivation und niedriger Lebensstandard besonders bei Eingebürgerten verfestigt" sind. So sind nur 48% der Eingebürgerten und 52% der MigrantInnen „nicht arm", „depriviert" sind 26% der Eingebürgerten und 22% der MigrantInnen, „einkommensarm" 5% der Eingebürgerten und 13% der MigrantInnen, 21% der Eingebürgerten und 14% der MigrantInnen leben schließlich in „verfestigter Armut". Bei Einheimischen sind 68% „nicht arm", 20% „depriviert", 7% „einkommensarm" und „nur" 5% leben in „verfestigter Armut".

Die Statistik Austria verweist darauf, dass es wegen der zu geringen Stichprobe keine Ergebnisse für die Bundesländer gibt. Dazu ist anzumerken, dass die Ergebnisse in einigen Bundesländern sicher schlimmer ausfallen würden, da es im Durchschnittseinkommen zwischen den Bundesländern gravierende Unterschiede gibt, beispielsweise zwischen Wien als dem Bundesland mit der höchsten Kaufkraft und Tirol mit der niedrigsten.

---

[26] Herzog-Punzenberger, Barbara (2003): Die „2. Generation" an zweiter Stelle? Soziale Mobilität und ethnische Segmentation in Österreich – eine Bestandsaufnahme. Online-Publikation, http://www.livetogether.at/wif_site/downloads/Stud2Gen.pdf

[27] ebd.

[28] Till-Tenschert, Ursula (2005): Beitrag am Workshop „Integration von MigrantInnen am Wiener Arbeitsmarkt", 13. Oktober 2005, Wien (ZSI).

Wenn laut August Gächter „der Aufstieg in die Mittelschichten das entscheidende Merkmal von Integration"[29] sein soll, so kann von Desintegration zumindest jener Hälfte der Eingebürgerten und MigrantInnen gesprochen werden, die laut EU-SILC Studie „einkommensarm", „depriviert" oder in „verfestigter Armut" leben, da der Aufstieg in die Mittelschicht – schon allein gemessen am Lebensunterhalt – nicht stattfindet und nicht stattfinden kann. Muss man angesichts der Faktenlage nicht zum Schluss kommen, dass Integration der Eingebürgerten und MigrantInnen eine ideologisch-idealistische Schrulle ist, die zu nicht mehr als zur vorübergehenden und partiellen Beruhigung der Gemüter bzw. der realen sozialen Verhältnisse beitragen kann? Oder setzt die Integrationsdebatte bei den falschen Parametern an und lässt außer Acht, in welche vorgegebenen und in ihren Rahmenbedingungen wenig veränderbaren gesellschaftlichen Verhältnisse jemand „integriert" werden soll, besser gesagt: sich zu integrieren hat. Die Frage ist doch, ob es die für alle gleiche Chance auf Arbeit, Bildung, Partizipation etc. überhaupt geben kann in einem System, dessen Grundlage – zumindest ökonomisch – permanent Ungleichheit produziert?

Gächter spricht in Verkehrung des Slogans „Integration statt Neuzuzug" der österreichischen Ausländerpolitik davon, dass es keine Integration ohne Neuzuzug geben kann. Wenn Neuzuzug nicht stattfindet, müssen laut Gächter „Zugezogene und ihre Kinder durch Diskriminierung in den schlechten Jobs festgehalten werden".[30] Das Argument auf die Spitze getrieben und damit präziser gefasst, lautet: Es gibt also keinen Aufstieg in die Mittelschichten ohne Neuzug von Menschen, die für die Unterschicht des segmentierten Arbeitsmarktes in Österreich „geeignet" sind – sei es durch Aussehen, Qualifikation, Bildung, Herkunft, Religion. Abgesichert wird die Zuweisung der Neuankömmlinge in die Unterschicht durch das Fremdenrecht, durch strukturelle und informelle Diskriminierung, partiell verschärft durch institutionellen und informellen Rassismus.

Für die These Gächters spricht allerdings ebenso wenig wie für den Slogan des offiziösen Österreichs: Weder findet „Integration statt Neuzuzug" noch „Integration durch Neuzuzug" statt. Die Mehrheit der Menschen mit Migrationshintergrund merkt nichts von den Segnungen des Aufstiegs in die Mittelschicht, da sich trotz des massiven Zuzugs in den letzten Jahren unter den Einkommensarmen, Deprivierten und in verfestigter Armut lebenden Eingebürgerten und MigrantInnen nichts am Status geändert hat. Die geringe soziale Mobilität der Unterschichteten ist zur Genüge belegt, wie oben nur auszugsweise dargestellt wurde. Der Standard vom 20. 3. 2006 schreibt, dass laut Wifo-Migrationsexpertin Gudrun Biffl „die Zuwanderungsdyna-

---

29 Gächter, August (2005): Beitrag am Workshop „Integration von MigrantInnen am Wiener Arbeitsmarkt", 13. Oktober 2005, Wien (ZSI).
30 ebd.

mik seit 1997 kontinuierlich an Bedeutung gewinnt. Derzeit liegt die Netto-
zuwanderung nach Österreich bei 40.000 bis 45.000 Personen pro Jahr".[31] Im
Standard vom 21. 3. 2006 erklärt Volkswirt Helmut Hofer vom IHS: „Migration ist durchaus gesamtwirtschaftlich positiv zu sehen. Der positive Effekt verteilt sich freilich nicht gleichmäßig. Negativ wirkt sich Migration
naturgemäß auf schlecht ausgebildete In- und Ausländer aus, die sowieso
die schlechtesten Chancen auf dem Arbeitsmarkt haben. Die Ausländer aus
den neuen EU-Ländern, welche nach dem Auslaufen der Übergangsfristen
nach Österreich kommen, werden gut ausgebildet sein, in Niedriglohnjobs
eingesetzt werden und Druck auf die bestehenden Arbeitslosen und schlecht
ausgebildeten Inländer machen. Ein zu erwartender starker Zustrom ausländischer Arbeitskräfte sollte deshalb rechtzeitig kanalisiert werden, sonst
könnte ein Big Bang bei der Arbeitslosenquote drohen."[32]

Auch gleiche Rechte zu erlangen, ist keine ausreichende Voraussetzung
für Integration, wie am Beispiel der Eingebürgerten deutlich wird. Andere
Faktoren haben nachweislich einen wesentlich stärkeren Einfluss auf die soziale Lage eines Menschen im gesellschaftlichen Gefüge. Integration darf
man sich daher allein durch Einbürgerung nicht erwarten.

6. RESÜMEE

Die Schlussfolgerung ist eine Binsenweisheit, die trotzdem kein Gemeinplatz
ist: Es ist von einer permanenten Unterschicht als einer „natürlichen" Gege-
benheit und Voraussetzung bürgerlich-kapitalistischer Gesellschaften auszugehen. Es spiegelt sich darin das Wesen einer Gesellschaftsform, die sich
notwendigerweise in hierarchischen Klassen und Schichten strukturiert.[33]
Auch eine Stratifikation zwischen Land und Stadt, in der ländliche Gebiete
Arbeitskraftreserven für die Unterschicht liefern, zwischen benachteiligten
Regionen und städtischen Zentren, ersten und letzten Kontinenten, gehört
dazu. War es vor hundert Jahren der „Ziegelböhm"', so spielt sich das heute
in einer Welt kurzer Reisewege zwischen Kontinenten ab.

Daran etwas mehr ändern zu wollen, als durchlässige Grenzen für einzelne außerordentlich Begabte und psychisch Robuste aus den untersten,
unteren und mittleren Schichten zu schaffen, oder anders gesagt, durch eine

---

[31] „Österreich am Beginn einer neuen Zuwanderungswelle", Der Standard,
    20. 3. 2006 (Quelle: Online-Archiv).
[32] „Migration negativ für schlecht Ausgebildete", Interview mit Helmut Hofer
    (IHS), Der Standard, 21. 3. 2006 (Quelle: Online-Archiv).
[33] Ich habe nicht die Intention, mich in das Prokrustesbett des Ökonomismus zu
    legen, möchte auch nicht endlosen „Basis-Überbau"-Debatten frönen, ich fol-
    ge vielmehr den Grundprämissen des Projektes „Ideologie Theorie" (PIT) von
    Haugg und Co.

breite Mittelschicht und schmale Unterschicht die Gegensätze zu mildern, würde bedeuten: diese Gesellschaftsform abzuschaffen.

Alle Parameter weisen aber darauf hin, dass der umgekehrte Prozess weltweit und in den Nationalstaaten stattfindet: Die Widersprüche wachsen, die Schichten driften auseinander. Das gilt für „echte" Einheimische wie für Menschen mit Migrationshintergrund. Und damit ist wohl kaum der Spielraum gegeben, in dem sich etwas an den „natürlichen" Schichtungsverhältnissen ändern könnte. Im Gegenteil: Der grassierende und zunehmende Rassismus und die Neu-Entdeckung des Gastarbeitermodells im europäischen Rahmen verweisen darauf, dass die Verhältnisse dazu tendieren, sich weiter zu verfestigen und zu verschärfen.[34]

Dagegen spricht auch nicht, dass es die oben angeführten Integrationserfolge gibt, die in ihrem Wert *für sich* nicht zu schmälern sind. Den Erfolgen stehen allerdings die ebenso „natürlichen" desintegrativen Wirkungen einer sich immer neu in den gleichen Grundstrukturen reproduzierenden hierarchischen Gesellschaft der Ungleichen entgegen. Es besteht zwischen den Integrationserfolgen und den „Dissonanzen" im bisher ausgeführten Sinn ein innerer Zusammenhang, da derartige Widersprüche den Kern des Ganzen ausmachen. Es sind die zwei Seiten der gleichen Medaille. Der Versuch einer Milderung der Widersprüche im Vorzeichen universalistischer, aber bürgerlich-idealistischer Werte, ist zwangsläufig verknüpft mit der Reproduktion der gesellschaftlichen Verhältnisse in den gegebenen und grundsätzlich nicht veränderbaren – allerdings schon modifizierbaren – hierarchisch-diskriminierenden Strukturen, die an den Rändern eine Unterschicht von Verlierern erzwingen und zugleich den Nutznießern der Oberschicht zuarbeiten und deren Herrschaft sichern – „zum Wohle" der Reproduktion des Gesamten, dem Gleichheitspostulate ebenso inhärent sind wie Diskriminierung und Rassismus, verpackt in einer funktional-logischen Ordnung.[35]

---

[34] Nur ein Wirtschaftswunder könnte kurzfristig – bis zur nächsten Rezession – Entlastung bringen und so etwas wie die Integration des mobilsten Teils „echter" Einheimischer und MigrantInnen in die Mittelschichten ermöglichen, wie es das ja in der jüngeren Migrationsgeschichte auch schon gegeben hat.

[35] Derlei Fragen sind aber heute – nach dem endgültigen Sieg kapitalistischen Wirtschaftens – nicht opportun bzw. sie sind in einer Karriere fördernden Form nur in systemimmanenten „Begriffen" bzw. Kürzeln öffentlich artikulierbar.

LITERATUR

„Migration negativ für schlecht Ausgebildete", Interview mit Helmut Hofer (IHS), Der Standard, 21. 3. 2006 (Quelle: Online-Archiv).

„Österreich am Beginn einer neuen Zuwanderungswelle", Der Standard, 20. 3. 2006 (Quelle: Online-Archiv).

ARGE MigrantInnenberatung (Hrsg.) (2005): Integration im Blickfeld von Rassismus, Diskriminierung und Partizipation von MigrantInnen, MIDAS Abschlusskonferenz, 23. Juni 2005, www.midasequal.com.

Bauböck, Rainer: Gleichheit, Vielfalt und Zusammenhalt – Grundsätze für die Integration von Einwanderern. In: Volf, Patrick/Bauböck, Rainer (Hrsg.) (2001): Wege zur Integration. Drava, Klagenfurt/Celovec. (=Publikationsreihe Fremdenfeindlichkeit, Bd. 4)

Fassmann, Heinz/Stacher, Irene/Strasser, Elisabeth: Einleitung: Zweck des Berichts, zentrale Begriffe und inhaltliche Gliederung. In: Fassmann, Heinz/Stacher, Irene/Strasser (Hrsg.) (2003): Österreichischer Migrations- und Integrationsbericht. Demographische Entwicklung – sozioökonomische Strukturen – rechtliche Rahmenbedingungen. Drava, Klagenfurt/Celovec.

Gächter, August (2005): Beitrag am Workshop „Integration von MigrantInnen am Wiener Arbeitsmarkt", 13. Oktober 2005, Wien (ZSI).

Güngör, Kenan (2005): Integration mit Zugewanderten. Leitbild mit Maßnahmenempfehlungskatalog für das Land Tirol. Basel, Innsbruck.

Herzog-Punzenberger, Barbara (2003): Die „2. Generation" an zweiter Stelle? Soziale Mobilität und ethnische Segmentation in Österreich – eine Bestandsaufnahme. Online-Publikation, http://www.livetogether.at/wif_site/downloads/Stud2Gen.pdf

IOM Wien, BM.I (Hrsg.) (2005): Integrationspraktiken in Österreich. Eine Landkarte über Integrationspraktiken und –philosophien von Bund, Ländern und Sozialpartnern. Wien.

Perchinig, Bernhard: Einwanderung und Integrationspolitik in Europa. In: Zwickelhuber, Maria (Hrsg.) (2003): Interkulturelles Zusammenleben und Integration als kommunalpolitische Herausforderung. Handbuch für die interkulturelle Gemeindearbeit. Interkulturelles Zentrum, Wien.

Stadt Wien MA 18, Stadtentwicklung und Stadtplanung; BLI, Bereichsleitung Integration (2002): Migration Integration Diversitätspolitik. Wien.

Till-Tenschert, Ursula (2005): Beitrag am Workshop „Integration von MigrantInnen am Wiener Arbeitsmarkt", 13. Oktober 2005, Wien (ZSI).

TEIL III
HISTORISCHE UND EXILTHEORETISCHE HERANGEHENSWEISEN

Integration und Desintegration
am Beispiel der jüdischen Bevölkerung Österreichs.
Innen- und Außenperspektiven

Albert Lichtblau

Xenophobe bedienen sich eingeübter Codes aus einem Argumentations-Container und ein Teil davon stammt aus tradierten judenfeindlichen Haltungen.[1] „Der Jude" war (bis 1945) im katholischen, judenfeindlichen und antisemitischen Diskurs „der" paradigmatisch „Andere". Obwohl sich viele Juden und Jüdinnen vor dem Nationalsozialismus als Österreicher und Österreicherinnen fühlten und das Land als ihre Heimat ansahen, wurden sie als „Fremde" betrachtet.

Basis für die Beziehung der nichtjüdischen zur jüdischen Bevölkerung war die christlich-jüdische Dichotomie mit dem Dauervorwurf der Christen, die Angehörigen der jüdischen Religion hätten die Rolle des Erlösers nicht anerkannt und deswegen die Konversion – also den Übertritt zur christlichen Religion – verweigert. Daraus wurde gegenüber den „uneinsichtigen" Juden und Jüdinnen bis zur Emanzipation 1867 eine Sonderbehandlung abgeleitet, die sich in ausgeklügelten Gesetzgebungen manifestierte, also die jüdische Bevölkerung ausgrenzte und stigmatisierte, auch in Form von Kleidungsvorschriften. Für Juden und Jüdinnen hieß dies unter einem Dauerdruck von jederzeit veränderbarer Gesetzgebung zu leben und beständig Vorwürfen ausgesetzt zu sein. Die Ausgrenzungsszenarien betrafen nicht nur ganze Provinzen, in denen es der jüdischen Bevölkerung nicht gestattet war zu leben, sondern auch den Ausschluss von vielen Berufen. Später wird genau diese durch Gesetzgebungen bedingte „anormale" Berufsstruktur zu einem Hauptvorwurf gegenüber der jüdischen Bevölkerung, da ihr nichts anderes übrig blieb, als aus der Not eine Tugend zu machen und auf moralisch minderwertig geltende Handelsberufe auszuweichen. Bis ins 18. Jahrhundert war die jüdische Bevölkerung von Ausweisungen bedroht. Sie war allerdings nicht die einzige davon betroffene Gruppe, sondern auch protestantisch Gläubige wurden ausgewiesen.

Dass die jüdische Bevölkerung schon vor der Aufklärung als „Feind im Inneren" betrachtet wurde, zeigt das Beispiel der Kaiserin Maria Theresia, die der böhmisch-jüdischen Bevölkerung unterstellte, im Zweiten Schlesischen Krieg auf Seiten der preußischen Besatzungstruppen gestanden zu haben. Nach Abzug der preußischen Truppen kam es zu Plünderungen im

---

[1] Zur Begrifflichkeit vgl. Shulamit Volkov (2000): Antisemitismus als kultureller Code. Zehn Essays. 2. Auflage. München: Beck.

Prager jüdischen Ghetto und im Dezember 1744 erließ die Kaiserin folgendes Dekret: „Allerhöchst dieselbe aus mehrlei bewegenden, höchst triftigen Ursachen den Allerhöchsten Beschluss gefasst hätte, dass künftighin kein Jud mehr in dem Erbkönigreich Böhmen geduldet werden sollte."[2] Internationale Proteste verhinderten schließlich die Vertreibung, aber die jüdische Bevölkerung Prags musste die Stadt tatsächlich vorübergehend verlassen.[3]

In den siebziger Jahren des 18. Jahrhunderts lebte die überwiegende Mehrheit der jüdischen Bevölkerung im Norden und Osten der Habsburgermonarchie: ca. 80.000 in Ungarn, 40.000 in Böhmen und 30.000 in Mähren. Lediglich ca. 7.500 verteilten sich auf die südlichen und westlichen Regionen. Als Galizien in Folge der ersten Teilung Polens 1772 Österreich zugesprochen wurde, nahm die jüdische Bevölkerung der Habsburgermonarchie plötzlich um schätzungsweise 200.000 bis 250.000 Menschen zu.[4] Es handelte sich dabei um eine Bevölkerungsgruppe mit hohem Anteil an Armen, von denen befürchtet wurde, dass sie als BettlerInnen in andere Teile der Monarchie ziehen würden. Abgesehen von den allgemeinen Veränderungen zwang der jüdische Bevölkerungszuwachs die Habsburgermonarchie zu einem Umdenken.

„AUFGEKLÄRTER ABSOLUTISMUS"

Die Aufklärung, die in der Habsburgermonarchie vor allem von Kaiser Joseph II. und seiner Toleranzpolitik getragen wurde, veränderte die Beziehungen von jüdischer und nichtjüdischer Bevölkerung. Der religiöse Pluralismus löste die Phase ab, in der nur der römisch-katholische Glaube als der einzig „wahre" galt.[5] Die Privilegien der katholischen Kirche wurden vom „absoluten Herrscher" Joseph II. reduziert, während die bis dahin benachteiligten Religionsgemeinschaften eine Aufwertung erfuhren. Im Falle der jüdischen Religion ging es einerseits um die Politik des Utilitarismus, die das Ziel verfolgte, die „jüdische Nazion" dem Staate „nützlicher" zu machen. Dafür war es notwendig, einige ausgrenzende Regelungen wie die Kennzeichnung durch Kleiderverordnungen abzubauen, die Erwerbsmög-

---

[2] Lipscher, Vladimir (1983): Zwischen Kaiser, Fiskus, Adel, Zünften: Die Juden im Habsburgerreich des 17. und 18. Jahrhunderts am Beispiel Böhmens und Mährens. Zürich: Zentralstelle der Studentenschaft, S. 64 f.

[3] Mevorach, Baruch (1980): Die Interventionsbestrebungen in Europa zur Verhinderung der Vertreibung der Juden aus Böhmen und Mähren, 1744–1745. In: Jahrbuch des Instituts für deutsche Geschichte, 9. Jg., S. 15–81.

[4] Über die unterschiedlichen Schätzungen vgl. Joseph Karniel (1985): Die Toleranzpolitik Kaiser Josephs II. (Schriftenreihe des Instituts für Deutsche Geschichte Universität Tel-Aviv, 9). Gerlingen: Bleicher, S. 104 f.

[5] Karniel (1985), S. 33.

lichkeiten und gesellschaftlichen Verpflichtungen zu erweitern – etwa die
Zulassung zum kaiserlichen Heer ab den 1780er-Jahren.

Dem aufgeklärten Absolutismus Josephs II. ging es darum, die jüdische
Bevölkerung einzubinden und sie zugleich im Sinne der zentralistischen Politik zu kontrollieren. Um sie administrativ zu erfassen, wurde die Übernahme von deutschen Familiennamen verordnet, die Verwendung der hebräi-
schen Sprache eingeschränkt und die Autonomie der jüdischen Gemeinden
verringert. Mit der „Germanisierungspolitik" – z. B. der erzwungenen Annahme von deutschen Eigen- und Familiennamen – und der Bildungspolitik
wurde die jüdische Bevölkerung für die politischen Ziele Josephs II. instrumentalisiert.[6] Die jiddisch sprechende Bevölkerung Galiziens sollte bei der
Verbreitung der deutschen Sprache mithelfen.

An die „Besserungsfähigkeit" der jüdischen Bevölkerung zu glauben,
ohne die Taufe einzufordern, war dennoch ein enormer Fortschritt.[7] Trotz
der Toleranzgesetzgebung blieben zahlreiche diskriminierende Bestimmungen unangetastet, besonders das seit der Vertreibung der jüdischen Bevölkerung im späten Mittelalter geltende Niederlassungsverbot. Es galt weiterhin
in zahlreichen Ländern, in der Steiermark, in Kärnten, Krain und Oberösterreich, wo keine Juden und Jüdinnen leben durften. Ein ausgeklügeltes
und lokal unterschiedliches System von Aufenthalts-, Besitz- und Wohnbe-
schränkungen bestimmte das jüdische Alltagsleben.[8] In Böhmen und Mähren beschränkte z. B. das Familiantengesetz die Zahl der jüdischen Familien
auf 8.541 bzw. 5.106. Nur der älteste Sohn der Familie erhielt die Erlaubnis,
nach dem Tod des Vaters zu heiraten.[9] Auch daran rüttelte die Toleranzgesetzgebung nicht.

Trotz der fortdauernden Belastungen war die jüdische Bevölkerung dank-
bar für die Reformen, und die Ideen wirkten sich auch auf das innerjüdische
Leben aus. Bekanntester Vertreter der Haskala (hebräisch für Aufklärung)
wurde der in Berlin wirkende Philosoph Moses Mendelssohn (1729–1786),
der in der Figur von Lessings „Nathan der Weise" in die Literaturgeschichte
einging. Seine Bibelübersetzung ins Deutsche war ein wichtiger Schritt im
Sinne der Übernahme deutscher Sprachkultur. Der aufgeklärte Teil der jüdischen Bevölkerung hoffte, durch Anpassung und Partizipation zumindest
gesellschaftliche Anerkennung finden zu dürfen. Innerhalb der jüdischen
Kultur entstand mit der Reformbewegung neben dem Chassidismus eine
zweite Richtung, die den reformunwilligen Orthodoxen zusetzte.

---

[6] Karniel (1985), S. 450 ff., 535 ff.
[7] Der Klassiker dazu: Christian Wilhelm Dohm (1781): Ueber die bürgerliche
     Verbesserung der Juden. Berlin, Stettin: Friedrich Nicolai.
[8] Karniel (1985), S. 104.
[9] Vgl. Encyclopaedia Judaica (1971), Bd. 6. Jerusalem: Keter Publishing House,
     Sp. 1162–1164.

Bürgerlicher Liberalismus

Dieser Text überspringt bewusst Zeiträume und ignoriert damit Entwicklungen, die eigentlich erklärt werden müssten, in diesem Fall die Französische Revolution, die Neuordnung Europas, das Biedermeier, die beginnende Industrialisierung, Fortschritte der Annäherung von jüdischer und nichtjüdischer Bevölkerung, etc. Als nächsten gravierenden Einschnitt sehe ich die Revolution der Jahre 1848/49, deren Ideen allerdings nicht unmittelbar umgesetzt werden konnten, da die reaktionären Kräfte schließlich die Oberhand behielten.

Schon im Vorfeld der Revolution wurde über die Gleichberechtigung der jüdischen Bevölkerung debattiert, und es war selbst für Wohlmeinende nicht einfach, sich zu entscheiden, ob die Gewährung gleicher Rechte an Bedingungen zu knüpfen sei. Lajos Kossuth wollte in Ungarn die Gleichberechtigung mit einer jüdischen „Selbstreform" verbinden, während etwa József Eötvös für die bedingungslose Gewährung der Gleichberechtigung eintrat.[10] Eötvös vertraute auf die „nationale Assimilierbarkeit" der jüdischen Bevölkerung, von der die ungarische profitieren würde.[11]

Während der Revolution waren Befürworter der Gleichberechtigung zu Recht besorgt, die Gleichstellung würde auf massiven Widerstand stoßen. Unmittelbar nach Ausbruch der Revolution inszenierten reaktionäre Kräfte, Teile des Bürgertums und ein gewaltbereiter „Pöbel" an mehreren Orten pogromartige Unruhen gegen die jüdische Bevölkerung. Die politischen Vertretungen der Revolution schufen zwar etliche, die jüdische Bevölkerung diskriminierende Gesetze wie das Familiantengesetz ab, doch zur Verankerung der Gleichberechtigung konnten sie sich erst angesichts der Niederlage 1849 entscheiden.

Für die jüdischen Teilnehmenden war die Revolution 1848 ein bis dahin unvorstellbares politisches Nach-Außen-Gehen für die Anliegen der Gesamtgesellschaft, als deren Teil sie sich verstanden. Es war eine ihnen bis dahin nicht bekannte Erfahrung gemeinsamer Ziele, die auf ein Ende der gesellschaftlichen Isolation hoffen ließ. Dass die jüdischen Opfer der Wiener Märzrevolution 1848 gemeinsam mit den andersreligiösen Opfern beerdigt wurden und der katholische Priester den jüdischen Prediger Isaak Noah Mannheimer und Kantor Salomon Sulzer einlud, an der Beerdigung

---

[10] Rolf Fischer (1988): Entwicklungsstufen des Antisemitismus in Ungarn 1867–1939. Die Zerstörung der magyarisch-jüdischen Symbiose. München: R. Oldenbourg, S. 29 f.; Raphael Patai (1996): The Jews of Hungary. History, Culture, Psychology. Detroit: Wayne State University Press, S. 269 ff.

[11] Wolfgang Häusler (1976): Assimilation und Emanzipation des ungarischen Judentums um die Mitte des 19. Jahrhunderts. In: Studia Judaica Austriaca, Bd. 3. Eisenstadt: Edition Roetzer, S. 45 f.

teilzunehmen, war ein symbolischer Ausdruck des revolutionären Paradig-menwechsels. Mannheimer sprach am Grab folgende Worte: „Ihr habt ge-wollt, dass die toten Juden da mit Euch ruhen in Euerer, in einer Erde. Sie haben gekämpft für Euch, geblutet für Euch! ... Nehmet auch uns auf als freie Männer, und Gottes Segen über Euch!"[12]

Die Revolution verlief für die jüdische Bevölkerung zwiespältig: Der Ab-bau gesetzlicher Diskriminierungen war ein wichtiger Schritt, aber das Hi-nauszögern einer Entscheidung über die Gleichberechtigung machte diese Frage zu einem emotional aufgeladenen Dauerthema. Damit wurden auch die Erwartungshaltungen an das Wohlverhalten der jüdischen Bevölke-rung prolongiert und erweitert. Nach der Niederlage der Revolution nahm die neoabsolutistische Politik die Gleichberechtigung zurück und stellte zum Teil den vorrevolutionären Gesetzeszustand wieder her.[13] Die Ideen der Revolution zeigten erst später Wirkung, nämlich als sich Kaiser Franz Joseph I. gezwungen sah, nach den militärischen Niederlagen gegen Frank-reich und Preußen mit den ehemaligen politischen Gegnern der Revoluti-on einen „Ausgleich" zu finden. Am Ende kam es 1867 im österreichischen Staatsgrundgesetz und dem ungarischen Emanzipationsgesetz unspektaku-lär zur Gleichberechtigung der jüdischen Bevölkerung. Sie war allerdings nicht Ausdruck einer von einer Volksbewegung getragenen Initiative und eines dort verankerten Bedürfnisses. Dennoch, die verfassungsmäßige Ver-ankerung der Gleichberechtigung veränderte die Konstellationen der Koe-xistenz fundamental.

Das Zurückstellen jüdischer Sonderforderungen wurde zu einem Merk-mal der sich seit der Revolution engagierenden jüdischen Liberalen. Bis zu einem gewissen Grad könnte auch die spätere Arbeiterbewegung als Fort-setzung der liberalen Konzeption der Anpassung gesehen werden. Otto Bauer, selbst Angehöriger der jüdischen Religion, prophezeite in seinen theoretischen Schriften zur Nationalitätenfrage das Aufgehen der jüdischen Bevölkerung in den „Wirtsvölkern". Assimilationshemmenden Initiativen wie der Gründung einer „jüdischen Sozialdemokratie" in Galizien stand die österreichische Sozialdemokratie deswegen ablehnend gegenüber.[14]

Mit der Säkularisierung hörte für viele eine von religiösen Vorschriften geprägte, sich abgrenzende jüdische Lebensform auf, die zur Einhaltung des

---

[12] M. Rosenmann (1922): Isak Noa Mannheimer. Sein Leben und Wirken. Wien, Berlin: Löwit, S. 138 f.

[13] Vgl. z. B. Rudolf Leitner (1924): Die Judenpolitik der österreichischen Regierung in den Jahren 1848–1859. Dissertation, Universität Wien.

[14] Otto Bauer (1907): Die Nationalitätenfrage und die Sozialdemokratie. Wien: Brand; Robert S. Wistrich (1982): Socialism and the Jews. The Dilemmas of Assimilation in Germany and Austria-Hungary. London, Toronto: Associated University Press, S. 332 ff.

Schabbats anstatt des Sonntags zwang, das Tragen der Kleidung und Haar-
tracht vorschrieb und das Heiratsverhalten beeinflusste. Für orthodox und
chassidisch Orientierte war die Missachtung von religiösen Vorschriften Ausdruck einer verachtenswerten Anpassung an nichtjüdische Lebensformen.

DEMOKRATISIERUNG, NATIONALISMUS, ANTISEMITISMUS UND RASSISMUS

Auch wenn die Einführung des allgemeinen Männerwahlrechtes erst 1907
und die Einführung des allgemeinen Wahlrechts für Frauen und Männer
erst 1918 erfolgte, erhielten die Meinungen der Mittel- und Unterschichten
im Zuge der Demokratisierung ein größeres Gewicht. Für die jüdische Bevölkerung hieß dies eine Verlagerung des Schutzes von den Herrschenden
hin zu einer vom Volk gewählten Regierung. Nun ging es zunehmend um
das Ausverhandeln des Schutzkonsenses in der Gesamtgesellschaft.
      Im Zuge des Aufblühens mononationalistischer Bewegungen bahnte
sich eine grundlegende Änderung von Vorstellungen an, die für die jüdische
Bevölkerung, aber auch für alle anderen „Minderheiten", relevant werden
sollte, nämlich die Annahme der „Nicht-Assimilierbarkeit" bestimmter
Gruppen. Seit Ende der 1870er-Jahre nahm die Judenfeindschaft in ihrer
ideologisierten parteipolitischen Form des Antisemitismus beängstigend
zu und durchdrang die europäischen Gesellschaften. Dass es den Antisemiten unter Karl Lueger ab 1895 gelang, die Wiener Kommunalwahlen zu
gewinnen, war eine schmerzliche Niederlage für ein humanitäres Weltbild.
Der österreichische Antisemitismus wurde zusätzlich durch den Nationali-
tätenstreit in der Habsburgermonarchie gestärkt. Die Unterscheidung von
rassistischer und traditionell christlicher Judenfeindschaft war in Österreich
keine trennscharfe, da sich rassistische Haltungen durchaus auch im konservativen Milieu verbreiteten. Erst die Aufkündigung der antisemitischen
Koalition durch die Nationalsozialisten Mitte der 1920er-Jahre brachte eine
stärkere Abgrenzung mit sich.
      Mit der Ideologisierung der Judenfeindschaft im Antisemitismus wurde
die jüdische Bevölkerung zum Kern der Lösungsvorschläge für soziale und
gesellschaftspolitische Probleme der Zeit und sie geriet damit in den gefähr-
lichen Fokus rassistischer Politik. Während die traditionell im Christentum
verankerte Judenfeindschaft noch eine Integrationsmöglichkeit durch die
Taufe vorsah, lehnte dies der Antisemitismus prinzipiell ab. In den radikalen
Ausformungen wurde die jüdische Bevölkerung zur feindlich gesinnten „Ge-
genrasse", der ein Wille zur Beherrschung anderer „Rassen", vor allem der
„deutschen" oder „germanischen", unterstellt wurde. Mehrheits- und Min-
derheitsverhältnisse wurden in diesem Denken umgedreht und die „Minderheit" als zu bekämpfende Aggressorin identifiziert.
      In Österreich führte Karl Lueger die Form des Unterhaltungs-Antise-
mitismus ein. Seine Reden waren ein Gaudium für die Zuhörenden, denn

seine verbal-aggressiven Attacken schienen analog zum fremdenfeindlichen „Wiener Schmäh" nur halbernst gemeint zu sein. Lueger ist ja auch für seinen Ausspruch: „Wer a Jud is, bestimm i" bekannt, da er es sich nicht nehmen ließ, mit jüdischen Bekannten weiterhin Kontakt zu halten. Dennoch, die antisemitische Sprache war eine Gewalt androhende.

Für die jüdische Bevölkerung war die Wucht der neuen Judenfeindschaft ein Schock und eine Überforderung. Wie darauf reagieren? Das Thema bestimmte das Alltagsleben derart, dass es für jüdische Heranwachsende nahezu unmöglich war, sich der Vorurteile zu erwehren. Sie waren in Gefahr, die Stereotypen zu internalisieren und sich selbst zu stigmatisieren. Das betraf nicht nur weniger gebildete Menschen, sondern auch gebildete, wie Sander L. Gilman in seinem Buch „Die schlauen Juden" zeigen konnte. Selbst Sigmund Freud oder Ludwig Wittgenstein plagte die Vorstellung, dass Juden und Jüdinnen kulturell nicht schöpferisch seien, sondern ihre Kreativität in der Reproduktion von Vorhandenem liege.[15]

Als der streitbare Floridsdorfer Rabbiner und Parlamentsabgeordnete Joseph Samuel Bloch schon in den 1880er-Jahren gegen Ritualmordbeschuldigungen und andere unsinnige Anschuldigungen der Antisemiten auftrat, schien dies zunächst eine Alternative zum passiven Zuwarten der verschreckten liberalen jüdischen Gemeindevertreter. Bloch initiierte 1885 die Gründung der „Union österreichischer Juden", die sich ab 1897 mit einem Rechtschutzbüro gegen die Angriffe der Antisemiten juristisch zu verteidigen suchte.[16] Gewalttätige Übergriffe in Böhmen und Mähren, aber auch in Galizien Ende des 19. Jahrhunderts machten das judenfeindliche Gefahrenpotenzial überdeutlich.[17]

Eine befremdende Reaktion jüdischerseits war der so genannte „jüdische Selbsthass", eine autoaggressive Reaktion auf die schwer auszuhaltenden Anfeindungen.[18] Die „Flucht aus dem Judentum" durch den Austritt aus der jüdischen Religionsgemeinschaft und die Auswanderung nach Amerika waren individuelle Lösungsversuche, die aber durchaus auch mit anderen Faktoren wie der allgemein stattfindenden Säkularisierung und sozialen Fragen wie der Armut zusammenhingen. Privatisierung und das Vermeiden von

---

[15] Sander L. Gilman (1998): Die schlauen Juden. Über ein dummes Vorurteil. Hildesheim: Claassen.

[16] Vgl. Jacob Toury (1987): Defense Activities of the Österreichisch-Israelitische Union before 1914. In: Jehuda Reinharz (Hrsg.): Living with Antisemitism. Modern Jewish Responses. Hanover, London: University Press of New England, S. 168 f.

[17] Vgl. Teresa Andlauer (2001): Die jüdische Bevölkerung im Modernisierungsprozess Galiziens (1867–1914). Frankfurt am Main, u. a.: Peter Lang; Christoph Stölzl (1975): Kafkas böses Böhmen. Zur Sozialgeschichte eines Prager Juden. München: Edition Text + Kritik.

[18] Vgl. Sander L. Gilman (1993): Jüdischer Selbsthaß. Antisemitismus und die verborgene Sprache der Juden. Frankfurt am Main: Jüdischer Verlag.

Kontakten mit potenziell antisemitisch Gesinnten waren weitere Strategien. Orthodox und chassidisch Orientierte litten anders unter der neuen Aversionsbewegung, da es ihnen nicht so sehr um die Anerkennung innerhalb der nichtjüdischen Gesellschaft ging, sondern um die Einhaltung ihres von religiösen Normen bestimmten Lebens.

„Ich glaube den Antisemitismus, der eine vielfach komplizierte Angelegenheit ist, zu verstehen", schrieb Theodor Herzl in seiner 1896 veröffentlichten zionistischen Programmschrift „Der Judenstaat".[19] Der Zionismus war ein Befreiungsschlag für die säkular Orientierten, denn er bot eine Alternative zur Einbahnstraße der Assimilation. Es wurde nicht mehr auf die Anerkennung durch die nichtjüdische Bevölkerung gepocht, sondern „Wir sind ein Volk, ein Volk" proklamiert.[20] Das zionistische Programm war ein systemimmanent nationalistisches, denn es ging von einer mononationalen Lösung aus. Auf diese Weise schien sich die zionistische Anhängerschaft aus der fatalen Loyalitätsverkettung mit einer antisemitisch gesinnten Umwelt lösen zu können.

Mit dem Zerfall des Vielvölkerstaates und der Gründung der Ersten Republik Österreich wurde die jüdische Bevölkerung zusätzlich isoliert, da sie nun noch mehr in das Visier deutschnationaler Rassisten und Antisemiten geriet. Abgesehen von der Sozialdemokratie hatten die Regierungsparteien allesamt antisemitische Passagen in ihren Parteiprogrammen. So hieß es beispielsweise im Wahlprogramm der Christlichsozialen Partei 1918: „Die auch im neuen Staate hervortretende Korruption und Herrschsucht jüdischer Kreise zwingt die christlichsoziale Partei, das deutschösterreichische Volk zum schärfsten Abwehrkampf gegen die jüdische Gefahr aufzurufen."[21] Die Fremdstigmatisierung erhielt für antisemitisch Orientierte durch die Ankunft jüdischer Kriegsflüchtlinge aus Galizien und der Bukowina eine scheinrationale Begründung. Die oftmals arme und religiöse „ostjüdische" Bevölkerung wurde zum bevorzugten Angriffsziel der ersten Republikjahre und selbst die Sozialdemokratie wollte sie ausweisen lassen.[22]

Der zunehmende Ausschluss jüdischer Mitglieder aus zahlreichen Sport- und Tourismusvereinen, darunter dem Alpenverein, trieb die Isolation der jüdischen Bevölkerung voran.[23] Arierparagrafen-Vereine und der Juden und

---

[19]   Theodor Herzl (1985): „Wenn ihr wollt, ist es kein Märchen". Altneuland/Der Judenstaat. Hrsg. von Julius H. Schoeps. 2. Auflage. Königstein/Ts.: Athenäum, S. 201.

[20]   Herzl (1985), S. 201.

[21]   Klaus Berchtold (Hrsg.) (1967): Österreichische Parteiprogramme 1868–1966. Wien: Verlag für Geschichte und Politik, S. 357.

[22]   Beatrix Hoffmann-Holter (1995): „Abreisendmachung". Jüdische Kriegsflüchtlinge in Wien 1914 bis 1923. Wien, Köln, Weimar: Böhlau.

[23]   Rainer Amstädter (1996): Der Alpinismus. Kultur, Organisation, Politik. Wien: WUV-Universitätsverlag.

Jüdinnen zu unerwünschten Gästen erklärende Sommerfrische-Antisemitismus führten zu apartheidähnlichen Zuständen, mit denen die jüdische Bevölkerung leben lernen musste. Beängstigend war in Österreich die Zunahme des kriminellen Antisemitismus, mit körperlichen Attacken und zwei Morden. Eines der Opfer war Hugo Bettauer, ein Schriftsteller jüdischer Herkunft, der in seinem verfilmten visionären Roman „Die Stadt ohne Juden" schon 1922 die Vertreibung der jüdischen Bevölkerung voraussah.[24]

Aus gesamtösterreichischer Perspektive wurde die Desintegration durch die neue Grenzziehung verschärft, da in der Ersten Republik – das wird auch in der Zweiten Republik so bleiben – mehr als 90 Prozent der jüdischen Bevölkerung Österreichs in Wien lebten. Dies war aber nun nicht mehr das antisemitische Wien, sondern es wurde nach der Einführung des kommunalen Wahlrechts zum „Roten Wien". Da ca. 10 Prozent der Wiener Bevölkerung der jüdischen Religion angehörten (1923: 201.513 von 1.865.780 Personen), galt die Stadt der antisemitisch gesinnten Provinzbevölkerung als „Jüdisches Wien". Die Hauptstadt wurde bis zum Bürgerkrieg 1934 mit der sozialdemokratischen Kommunalregierung zu einer Art Oase im antisemitischen Österreich, und das jüdische Gemeindeleben erlebte dort einen letzten Aufschwung mit einer beeindruckenden Vielfalt an Aktivitäten und Vereinen. Die Situation in den Landgemeinden war trister, da die kleinen jüdischen Gemeinden von den antisemitischen Feindseligkeiten weitaus exponierter betroffen waren und viele Jüngere deswegen lieber in die Anonymität der Großstadt auswichen. In vielen Regionen durften Juden und Jüdinnen erst seit 1848 bzw. 1867 leben, und die jüdischen Landgemeinden konnten sich auf keine viele Generationen übergreifende Verwurzelung berufen. Eine Ausnahme davon war das Burgenland.[25]

Wie gefährlich die Situation war, zeigt sich daran, dass die jüdische Bevölkerung auf den Schutzkonsens von antisemitischen Regierungen angewiesen war. Auch wenn der Austrofaschismus die Gleichberechtigung nicht einschränkte, verschärften sich manche Ausgrenzungsmaßnahmen, etwa bei Berufen, auf die die Politik Einfluss nehmen konnte. Dass 1933 zionistische Listen die Mehrheit bei den Wahlen der Wiener Israelitischen Kultusgemeinde gewinnen konnten, gilt als Indiz für die Reaktion auf die verschärfte Situation – die Nationalsozialisten übernahmen im selben Jahr die Macht in Deutschland.

---

[24] Murray G. Hall (1978): Der Fall Bettauer. Wien: Löcker; Bruce F. Pauley (1993): Eine Geschichte des österreichischen Antisemitismus. Von der Ausgrenzung zur Auslöschung. Wien: Kremayr & Scheriau, S. 116 ff. Zu Deutschland vgl. Walter Dirk (1999): Antisemitische Kriminalität und Gewalt. Judenfeindschaft in der Weimarer Republik. Bonn: Dietz.

[25] Alfred Lang / Barbara Tobler / Gert Tschögl (Hrsg.) (2004): Vertrieben. Erinnerungen burgenländischer Juden und Jüdinnen. Wien: Mandelbaum.

Die Feindseligkeit zwang weiter zu einem Rückzug ins Privatleben und die sozialen jüdischen Netzwerke wurden besonders wichtig. Die Austritte aus der jüdischen Religionsgemeinschaft nahmen nochmals dramatisch zu, bis zur Machtübernahme durch die Nationalsozialisten traten in Wien ca. 17.000 Personen aus. Andererseits gibt es viele Bereiche, in denen sich die desintegrativen Kräfte nicht durchsetzen konnten. Die Zunahme so genannter Mischehen deutet eher darauf hin, dass im Alltagsleben Grenzen durchaus auch abgebaut wurden. Die Partizipation jüdischer Kulturschaffender und der Gewinn der österreichischen Fußballmeisterschaft durch die Mannschaft des jüdischen Allroundsportklubs Hakoah 1924/25 wären andere Beispiele.

NATIONALSOZIALISMUS

Mit der völligen Verneinung einer Koexistenzmöglichkeit verkörpert der Nationalsozialismus die radikalste Form der exkludierenden Minderheitenpolitik, die im Kriegsverlauf bei Roma und Sinti und der jüdischen Bevölkerung in eine mörderisch genozidale mündete. Den Nationalsozialisten ging es um den absoluten Ausschluss der jüdischen Bevölkerung, zunächst mit den Mitteln der Vertreibung durch Terror, Raub, den Entzug von Einkommensmöglichkeiten und einer umfangreichen Palette diskriminierender Gesetze. Die Gewaltspirale brachte die jüdische Bevölkerung immer mehr in einen Opferstatus, dem angesichts der nationalsozialistischen Gewaltmaschinerie und dem stillen Einverständnis der nichtjüdischen Bevölkerung schwer etwas entgegenzusetzen war. Der Handlungsspielraum der jüdischen Bevölkerung wurde immer enger und die von den Nationalsozialisten eingesetzten jüdischen Funktionäre gerieten zusehends in eine fatale Situation. Sie wollten zunächst den Bedrohten helfen, mussten im Kriegsverlauf aber sogar bei der Durchführung der Deportationen Aufträge der Nationalsozialisten erfüllen.[26]

NACH DER SHOAH

Für die jüdische und nichtjüdische Bevölkerung blieb vom Nationalsozialismus eine bis dahin nicht gekannte Erfahrung des Zivilisationsbruchs und das Wissen um die radikalsten Formen der Desintegration, nämlich Vertrei-

---

[26] Vgl. Doron Rabinovici (2000): Instanzen der Ohnmacht. Wien 1938–1945. Der Weg zum Judenrat. Frankfurt am Main: Jüdischer Verlag; Herbert Rosenkranz (1978): Verfolgung und Selbstbehauptung. Die Juden in Österreich 1938–1945. Wien: Herold.

bung und Völkermord. Der Zweite Weltkrieg hinterließ Generationen, die mit der Tatsache der Shoah umgehen mussten, und diese Katastrophe verband die jüdische und nichtjüdische Bevölkerung auf unterschiedliche Weise. Die ungelösten Fragen der individuellen und kollektiven Schuld, einer materiellen und symbolischen „Wiedergutmachung" belasten den Umgang mit der NS-Vergangenheit bis zur Gegenwart. Schuldumkehr wie die Opfer-Täter-Umkehrung und „Schlussstrich-Appelle" passten sich ein in eine für Österreich spezifische Opfer-Identifikation, in der sich das Land analog zu einer Passage der Moskauer Deklaration kollektiv zum ersten Opfer von Hitlers Angriffspolitik stilisierte. Erst die Internationalisierung der Debatten rund um Kurt Waldheim und die FPÖ Jörg Haiders führten zu einer offiziellen Abkehr von der österreichischen Nachkriegslebenslüge. Mit dem Eingestehen der Mitschuld Österreichs an den NS-Verbrechen durch Bundeskanzler Franz Vranitzky im Juli 1991 nahm das offizielle Österreich Abschied von der Opferlegende.

Angesichts der mörderischen NS-Gewalt war manches nicht mehr fortsetzbar, etwa der Antisemitismus der Kirche und der konservativen Kreise oder der zur Gewalt aufrufende Antisemitismus der rassistisch Orientierten. Nun wurden manche antijüdische Haltungen in „Codes" verpackt, deren Anspielungen von den antisemitisch geprägten Milieus sehr wohl verstanden wurden. Die ÖVP plakatierte beispielsweise den Fremd-Stigmatisierungs-Code „Wir wählen, wen wir wollen" für die Waldheim-Wahlwerbung 1986. Schon 1970 hatte die ÖVP für ihren Kandidaten Josef Klaus mit dem Plakat „Ein echter Österreicher" auf die jüdische, sprich „unösterreichische" Herkunft des Gegenkandidaten Bruno Kreisky angespielt.[27]

An eine Integration der Überlebenden und der Vertriebenen dachte die österreichische Nachkriegspolitik nicht und auch die Rückkehrenden sahen zunächst keine Perspektive für den Wiederaufbau jüdischer Gemeinden. Politiker wie der Sozialdemokrat Karl Renner fürchteten die Konkurrenz jüdischer Rückkehrender und wollten den Wiederaufbau jüdischer Gemeinden durch die ca. 250.000 bis 300.000 sich vorübergehend in Österreich aufhaltenden jüdischen Displaced Persons, Überlebenden aus Mittel- und Osteuropa, verhindern.[28] Auch die österreichische Bevölkerung lehnte die Reintegration der Überlebenden und Vertriebenen ab. Bei einer Umfrage im August 1946 waren 46 Prozent der Befragten der Meinung, die vertriebenen Juden und Jüdinnen „sollen nicht zurückkehren". Nur 28 Prozent befür-

---

[27] Z. B. Evelyn Adunka (2000): Die vierte Gemeinde. Die Geschichte der Wiener Juden von 1945 bis heute. Berlin, Wien: Philo, S. 390.

[28] Adunka (2000): S. 21 f., 27 u. 36 f.; Helga Embacher (1995): Neubeginn ohne Illusionen. Juden in Österreich nach 1945. Wien: Picus, S. 29, 152 u. 183.

worteten die Rückkehr.[29] Damit knüpfte die österreichische Nachkriegsgesellschaft an ein Bewusstsein an, in dem die jüdische Bevölkerung nicht als Österreicher und Österreicherinnen gesehen wurde, sondern weiterhin als „Andere". Der Widerwillen gegen die Rückkehrenden und die dauerhafte Debatte über die Schuldfrage und Wiedergutmachung wirkten für die kleine Gruppe der jüdischen Bevölkerung desintegrativ, denn sie wurden wie Agenten „fremder" und übertriebener Forderungen hingestellt. Die österreichische Politik kümmerte sich dagegen aus wahltaktischen Gründen sehr rasch um die Wiedereingliederung „minderbelasteter" – das betraf 1947 mehr als 90 Prozent – ehemaliger NSDAP-Mitglieder. Im Opferlegenden-Österreich überbrachten die Überlebenden die schlechte Nachricht, nämlich, dass sie als Opfer den Nachweis der Mitschuld an den NS-Verbrechen vieler Österreicher und Österreicherinnen leibhaftig bewiesen. Dabei waren die Überlebenden vor allem mit dem Neubeginn beschäftigt, manchmal mit nervenaufreibenden Prozessen gegen Ariseure und Ariseurinnen, und viele waren körperlich und psychisch erschöpft.[30]

Bezogen auf die Dimension konnte sich die jüdische Bevölkerung vom Vernichtungsversuch der Nationalsozialisten bislang nicht erholen und ist mit 8.140 Personen bei der Volkszählung 2001 weit entfernt von 191.481 Personen, die 1934 bei der letzten Volkszählung vor dem Nationalsozialismus von der Statistik erfasst wurden. Da das Thema jedoch so präsent ist, dürften viele vermuten, es gäbe viel mehr Juden und Jüdinnen in Österreich. Bei einer 1980 durchgeführten Erhebung glaubten knapp 30 Prozent, der Prozentanteil der jüdischen Bevölkerung liege in Österreich über zehn Prozent, 18,6 Prozent vermuteten, er liege zwischen fünf und zehn Prozent. Tatsächlich lag er bei 0,1 Prozent und hat sich bislang nicht erhöht.[31]

---

[29] Thomas Albrich (2005): „Es gibt keine jüdische Frage". Zur Aufrechterhaltung des österreichischen Opfermythos. In: Koroschitz, Werner / Rettl, Lisa (Hrsg.): „Heiss umfehdet, wild umstritten...". Geschichtsmythen in Rot-Weiß-Rot. Klagenfurt / Celovec: Drava, S. 61.

[30] Christoph Reinprecht (1992): Zurückgekehrt. Identität und Bruch in der Biographie österreichischer Juden (Sociologica, Bd. 3). Wien: Braumüller.

[31] Hilde Weiss (1987): Antisemitische Vorurteile in Österreich. Theoretische und empirische Analysen (Sociologica, Bd. 1). Wien: Braumüller, S. 159.

Bevölkerung Österreichs nach Religion und Bundesländern,
Volkszählung 2001

	Gesamtbevölkerung in Zahlen	Israelitisch in Zahlen	Anteil in Prozent
Burgenland	277.569	33	0,01
Kärnten	559.404	56	0,01
Niederösterreich	1.545.804	399	0,03
Oberösterreich	1.376.797	216	0,02
Salzburg	515.327	125	0,02
Steiermark	1.183.303	161	0,01
Tirol	673.504	99	0,01
Vorarlberg	351.095	63	0,02
Wien	1.550.123	6.988	0,45
Gesamt	8.032.926	8.140	0,10

Quelle: http://www.statistik.at/gz/vz_religion2.shtml *(16. Februar 2006).*

Nur wenige wie Simon Wiesenthal in Linz stellten sich der direkten Konfrontation mit der NS-Vergangenheit, und es dauerte für ihn sehr lange, bis er dafür in Österreich Anerkennung fand. Mit Bruno Kreisky (1970–1983) wählte Österreich einen sozialdemokratischen Bundeskanzler jüdischer Herkunft, der an sich viel zur Öffnung des Landes beitrug. Kreisky war schon vor dem Nationalsozialismus aus der Israelitischen Kultusgemeinde ausgetreten, dennoch galt seine Wahl der kleinen jüdischen Gemeinde Österreichs als Hoffnungsschimmer. Doch Kreiskys Konflikte mit Simon Wiesenthal wegen der Hereinnahme ehemaliger Nationalsozialisten in das Regierungsteam und seine Israel-kritische Haltung waren für viele enttäuschend und belastend. Es war auch eine Zeit, in der ein von Palästinensern ausgeübter Terror auf Österreich übergriff. Der erste Anschlag fand 1973 gegen jüdische Auswanderer aus der Sowjetunion statt, weitere Anschläge folgten – und für jüdische Einrichtungen bedeutet dies bis heute, unter Polizeischutz zu stehen.

Mit der Affäre Waldheim und dessen Wahl zum österreichischen Bundespräsidenten 1986 wurde das Trennende zwischen jüdischer und nichtjüdischer Bevölkerung abermals deutlich.[32] So beängstigend dies für manche

---

[32] Interviewpartner von Helga Embacher (1995), S. 260: Er fühlte sich „pudelwohl in Österreich, weil endlich das Trennende über das Einigende gestellt wurde".

war, so klärend war es auf zwischenmenschlicher Ebene. Es zeigte sich nun, wie Einzelne über die NS-Vergangenheit dachten, und die Kontroversen wurden öffentlich ausgetragen. Dass auf einmal der latente Antisemitismus von der Hinterbühne privater antisemitischer Unterhaltungen auf die Vorderbühne rückte, war für die Betroffenen dennoch schwer zu ertragen. Parallel zur Waldheim-Krise erlebte die FPÖ unter Jörg Haider mit aggressiver Fremdenfeindlichkeit und NS-Apologie einen beängstigenden Aufschwung. Die Israelitische Kultusgemeinde hatte sich bereits 1976 aus der parteipolitischen Umarmung der Sozialdemokratie gelöst, doch die direkte Konfrontation mit dem politischen Österreich vermied sie weiterhin. Das ist durchaus verständlich, denn es musste immer mit Drohungen politisch Gewaltbereiter gerechnet werden. Erst als 1998 Ariel Muzicant Präsident der Israelitischen Kultusgemeinde Wien wurde, änderte sich die jüdische Interessenpolitik fundamental. Muzicant ist der erste nach der Shoah geborene Präsident der Wiener Israelitischen Kultusgemeinde. Sein Einmischen in die österreichische Innenpolitik ist ein wichtiger Schritt in Richtung „Normalisierung", die von einem Wohlverhalten, der Privatisierung und Zurückhaltung Abstand nimmt, und mit eigenen Positionen am politischen Geschehen teilnimmt.[33]

Die Nach-Waldheim-Zeit brachte Fortschritte in Richtung inkludierender Politik. Mit dem Beitritt Österreichs zur Europäischen Union 1995 sahen sich viele Juden und Jüdinnen in Österreich nicht mehr nur in einer Sicherheits-Beziehung zu Israel, sondern in einer europäischen, die auch Schutz gegen politischen Extremismus zu bieten scheint. Die Abkehr vom Leben in privater Zurückgezogenheit hin zu „jüdischer Sichtbarkeit" manifestierte sich in zahlreichen Mahnmalen, den Eröffnungen der jüdischen Museen in Hohenems und Wien in den 1990er-Jahren bzw. Forschungseinrichtungen, die sich mit jüdischer Geschichte befassen. Dass dieser Veränderungsprozess manchmal „holprig" über die Bühne ging, ist an bemühten Versuchen zu sehen, der neuen Haltung eine sprachliche Form zu geben, etwa in der eigenartigen Formulierung „jüdische Mitbürger". Wohlmeinendes kippte auch manchmal in kritiklosen Philosemitismus, der sicher nicht ungefährlich ist, wie die Idealisierung Israels bis zum Sechstagekrieg 1967 und die anschließende „Enttäuschung" zeigten.

---

[33] Vgl. Matti Bunzl (2004): Symptoms of Modernity. Jews and Queers in Late-Twentieth-Century Vienna. Berkely, Los Angeles, London: University of California Press.

RELIKTE

Was blieb von den historischen Traditionen?

Ein grundlegendes Problem – und dies wird auch relevant für andere „Minderheiten" bleiben – war, dass die gesetzlichen Zugeständnisse der Aufklärung und die Debatte über die Gewährung der Gleichberechtigung mit einer Palette an Erwartungshaltungen verknüpft waren. Enttäuschung war damit vorprogrammiert. Versuche etwa, Juden und Jüdinnen stärker in die anerkannten Handwerksberufe und die Landwirtschaft zu schleusen, waren trotz großer Anstrengungen auch auf jüdischer Seite schon auf Grund der Gesetzeslage eine Illusion. Das Konzept der „Nützlichkeit" von „Minderheiten" und der Erwartungen an diese wird später zu einem Spielball der Minderheitenfeinde werden. Es war ein Leichtes, die „Unnützlichkeit", die „Schädlichkeit" und damit die „Minderwertigkeit" von ausgewählten Gruppen zu begründen. Aktuell sind solche Haltungen selbst bei Wohlmeinenden zu finden, die meinen, es bedürfte „good news", um die Vorwürfe der Xenophoben und antisemitisch Orientierten zu entkräften. Ein derartiger Legitimierungsvorstoß ist aber nicht zielführend, da die Erwartungen im Ausgrenzungsdiskurs jederzeit umformuliert werden können und damit die Nichterfüllung dieser Erwartungen nachweisbar bleibt.

Die Revolution 1848/49 und die Gewährung der Pressefreiheit machten deutlich, dass Freiheit mit dem dialektischen Gegenpol der Appelle für Unfreiheit leben muss. Sich ohne Zensur äußern zu können, nutzten die Intoleranten für ihre Machtdiskurse und die jüdische Bevölkerung war bis zum Ende des Nationalsozialismus eines ihrer bevorzugten Zielobjekte. Seither hat es trotz des Nationalsozialismus nicht mehr aufgehört, dass auf Kosten von „Minderheiten" – leider publikumswirksame – Politik betrieben wird. Xenophobie ersetzte den Antisemitismus als dominant minderheitenfeindlichen Sprachduktus, obwohl davon ausgegangen werden kann, dass Xenophobe meist auch antisemitisch gesinnt sind.

Die Gleichberechtigung der jüdischen Bevölkerung 1867 schien eigentlich Klarheit zu schaffen, doch der Antisemitismus transformierte die Judenfeindlichkeit mit der Ideologisierung in ein Instrumentarium beliebiger Beschuldigungsszenarien, in dem die Verhältnisse auf den Kopf gestellt wurden: Die jüdische „Minderheit" wurde zur dominanten Macht erklärt. Nach wie vor sind die Vorurteile wie abrufbare Codes besonders in Form des privatisierten Antisemitismus vorhanden. Der Rassismus schrieb sich tief in die europäische Mentalitäts-Kulturen ein und gilt in abgeschwächter Form immer noch als Markenzeichen rechter Politik. Die rassistischen Vorurteile betrafen und betreffen natürlich nicht nur die jüdische Bevölkerung, sondern z. B. auch die slawische oder schwarzafrikanische Bevölkerung. Zuletzt genannte wurde im Zuge des Neuverständnisses der Menschheitsgeschichte in die Nähe des „missing link" zwischen Tierwelt und Menschen gerückt und rutschte damit auf die niedrigste Stufe ab. Die jüdische Bevölkerung wurde in den überzeichneten antisemitischen Karikaturen und Polemiken ebenfalls oft tierähnlich, also dehumanisiert, dargestellt.[34]

Kontinuitäten und die unscharfe Trennung von einer problematischen Vergangenheit sind im aktuellen Parteienwesen zu beobachten. Bei der ÖVP wäre dies die fehlende Distanzierung zu den antisemitischen Protagonisten ihrer Parteigeschichte wie Karl von Vogelsang oder Leopold Kunschak. Aber selbst im sozialdemokratischen Wien blieb der Antisemit Karl Lueger Namensträger wichtiger Orte. Auch wenn im gegenwärtigen Österreich der scheinbar „gemütliche" Unterhaltungs-Antisemitismus eines Karl Luegers nach der Shoah in der öffentlichen Kommunikation kaum mehr statthaft scheint, findet er in der Transformation der Unterhaltungs-Xenophobie seine Fortsetzung.[35] Der Unterhaltungswert von Xenophobie wird weiterhin in Versammlungsreden genützt und vermeintliche „Fremde" werden noch immer verantwortlich für anstehende soziale Probleme gemacht, etwa die Arbeitslosigkeit. Eine Abkehr davon ist nicht zu erwarten, wie die Erfolgsgeschichte der FPÖ nach 1986 zeigte, weswegen dringend Grundprinzipien der Demokratie zu diskutieren wären. Das Problem ist zu ernsthaft in einem Land, das für Genozide verantwortlich zeichnet. Dass Einschränkungen gegen Intoleranz möglich sind, zeigen Gesetze zur NS-Wiederbetätigung.

Für die jüdische Bevölkerung hieß das Leben mit der Gleichberechtigung unter den Vorzeichen des Antisemitismus, weiterhin mit unerfüllbaren, da beliebig veränderbaren Erwartungen zu leben und sich mit einer immer dominanter werdenden antisemitischen Politkultur zu arrangieren. Das Erschreckende vor dem Nationalsozialismus war, dass nur wenige Nichtjuden und Nichtjüdinnen sich gegen den Antisemitismus und aufkommenden Nationalsozialismus stemmten, etwa die christliche Einzelkämpferin Irene Harand. Dass der Schutzkonsens nicht nur Sache der „Minderheit" und der politisch Herrschenden ist, sondern in Demokratien auch der politisch denkenden Bürger und Bürgerinnen, wurde auf Seiten der nichtjüdischen Bevölkerung kaum erkannt. Dieses Bewusstsein entwickelte sich zum Teil erst durch die Erfahrungen des Nationalsozialismus und trug dazu bei, dass sich Menschen in Organisationen wie SOS Mitmensch gegen die xenophobe Politik zusammenschließen.

„Minderheiten" sind trotz des Nationalsozialismus eine Projektionsfläche mit spezifischen gesellschaftspolitischen Funktionen geblieben. „Der Andere" scheint für viele nach wie vor notwendig zum Finden des „Eigenen".

---

[34] Martin Peter (1993): Schwarze Teufel, edle Mohren. Afrikaner im Bewusstsein und Geschichte der Deutschen. Hamburg: Junius.

[35] Jörg Haiders Anspielung auf das Waschmittel „Ariel" in Bezugnahme auf den Namen des Präsidenten der Israelitische Kultusgemeinde Ariel Muzicant und der Vorwurf des „Dreck am Stecken" vom 28. Februar 2001 passen zur antisemitischen Unterhaltungtradition Österreichs. Vgl. Anat Peri (2001): Jörg Haider's antisemitism. Jerusalem: Hebrew University of Jerusalem.

In der Projektion werden Ängste, Abgelehntes, aber auch Erstrebtes formuliert: Herrschsucht, Gefahr durch Kriminalität, Familiensinn im Sinne von Zusammenhalt wären solche negativen und positiven Eigenschaften. Dass „Andere" Schuld am Unglück der „Eigenen" tragen, ist eine Denkweise, die nach wie vor in europäischen Mentalitäten eingeschrieben ist. Ob die Realität von Migration, Mobilität, Sprachkompetenz, gemischten Beziehungen daran grundlegend etwas ändert, bleibt abzuwarten.

Literatur

Adunka, Evelyn (2000): Die vierte Gemeinde. Die Geschichte der Wiener Juden von 1945 bis heute. Berlin, Wien: Philo.

Albrich, Thomas (2005): „Es gibt keine jüdische Frage". Zur Aufrechterhaltung des österreichischen Opfermythos. In: Koroschitz, Werner/Rettl, Lisa (Hrsg.): „Heiss umfehdet, wild umstritten...". Geschichtsmythen in Rot-Weiß-Rot. Klagenfurt/Celovec: Drava, S. 51–74.

Amstädter, Rainer (1996): Der Alpinismus. Kultur, Organisation, Politik. Wien: WUV-Universitätsverlag.

Andlauer, Teresa (2001): Die jüdische Bevölkerung im Modernisierungsprozess Galiziens (1867–1914). Frankfurt am Main, u.a.: Peter Lang.

Bauer, Otto (1907): Die Nationalitätenfrage und die Sozialdemokratie. Wien: Brand.

Berchtold, Klaus (Hrsg.) (1967): Österreichische Parteiprogramme 1868–1966. Wien: Verlag für Geschichte und Politik.

Bunzl, Matti (2004): Symptoms of Modernity. Jews and Queers in Late-Twentieth-Century Vienna. Berkely, Los Angeles, London: University of California Press.

Dirk, Walter (1999): Antisemitische Kriminalität und Gewalt. Judenfeindschaft in der Weimarer Republik. Bonn: Dietz.

Dohm, Christian Wilhelm (1781): Ueber die bürgerliche Verbesserung der Juden. Berlin, Stettin: Friedrich Nicolai.

Embacher, Helga (1995): Neubeginn ohne Illusionen. Juden in Österreich nach 1945. Wien: Picus.

Encyclopaedia Judaica (1971), Bd. 6. Jerusalem: Keter Publishing House.

Erb, Rainer/Bergmann Werner (1989): Die Nachtseite der Judenemanzipation. Der Widerstand gegen die Integration der Juden in Deutschland 1780–1860. Berlin: Metropol.

Fischer, Rolf (1988): Entwicklungsstufen des Antisemitismus in Ungarn 1867–1939. Die Zerstörung der magyarisch-jüdischen Symbiose. München: R. Oldenbourg.

Gilman, Sander L. (1998): Die schlauen Juden. Über ein dummes Vorurteil. Hildesheim: Claassen.

Gilman, Sander L. (1993): Jüdischer Selbsthaß. Antisemitismus und die verborgene Sprache der Juden. Frankfurt am Main: Jüdischer Verlag.

Hall, Murray G. (1978): Der Fall Bettauer. Wien: Löcker.

Häusler, Wolfgang (1976): Assimilation und Emanzipation des ungarischen Judentums um die Mitte des 19. Jahrhunderts. In: Studia Judaica Austriaca, Bd. 3. Eisenstadt: Edition Roetzer, S. 33–79.

Herzl, Theodor (1985): „Wenn ihr wollt, ist es kein Märchen". Altneuland/Der Judenstaat. Hrsg. v. Julius H. Schoeps. 2. Auflage. Königstein/Ts.: Athenäum.

Hoffmann-Holter, Beatrix (1995): „Abreisendmachung". Jüdische Kriegsflüchtlinge in Wien 1914 bis 1923. Wien, Köln, Weimar: Böhlau.

Karniel, Joseph (1985): Die Toleranzpolitik Kaiser Josephs II. (Schriftenreihe des Instituts für Deutsche Geschichte Universität Tel-Aviv, 9). Gerlingen: Bleicher.

Lang, Alfred/Tobler, Barbara/Tschögl, Gert (Hrsg.) (2004): Vertrieben. Erinnerungen burgenländischer Juden und Jüdinnen. Wien: Mandelbaum.

Leitner, Rudolf (1924): Die Judenpolitik der österreichischen Regierung in den Jahren 1848–1859. Dissertation, Universität Wien.

Lipscher, Vladimir (1983): Zwischen Kaiser, Fiskus, Adel, Zünften: Die Juden im Habsburgerreich des 17. und 18. Jahrhunderts am Beispiel Böhmens und Mährens. Zürich: Zentralstelle der Studentenschaft.

Mevorach, Baruch (1980): Die Interventionsbestrebungen in Europa zur Verhinderung der Vertreibung der Juden aus Böhmen und Mähren, 1744–1745. In: Jahrbuch des Instituts für deutsche Geschichte, 9. Jg., S. 15–81.

Patai Raphael (1996): The Jews of Hungary. History, Culture, Psychology. Detroit: Wayne State University Press.

Pauley, Bruce F. (1993): Eine Geschichte des österreichischen Antisemitismus. Von der Ausgrenzung zur Auslöschung. Wien: Kremayr & Scheriau.

Peri, Anat (2001): Jörg Haider's antisemitism. Jerusalem: Hebrew University of Jerusalem.

Peter, Martin (1993): Schwarze Teufel, edle Mohren. Afrikaner im Bewusstsein und Geschichte der Deutschen. Hamburg: Junius.

Rabinovici, Doron (2000): Instanzen der Ohnmacht. Wien 1938–1945. Der Weg zum Judenrat. Frankfurt am Main: Jüdischer Verlag.

Reinprecht, Christoph (1992): Zurückgekehrt. Identität und Bruch in der Biographie österreichischer Juden (Sociologica, Bd. 3). Wien: Braumüller.

Rosenkranz, Herbert (1978): Verfolgung und Selbstbehauptung. Die Juden in Österreich 1938–1945. Wien: Herold.

Rosenmann, M. (1922): Isak Noa Mannheimer. Sein Leben und Wirken. Wien, Berlin: Löwit.

Stölzl, Christoph (1975): Kafkas böses Böhmen. Zur Sozialgeschichte eines Prager Juden. München: Edition Text + Kritik.

Toury, Jacob (1987): Defense Activities of the Österreichisch-Israelitische Union before 1914. In: Reinharz, Jehuda (Hrsg.): Living with Antisemitism. Modern Jewish Responses. Hannover, London: University Press of New England, S. 167–192.

Trost, Ernst (1967): David gegen Goliath. Die Schlacht um Israel 1967. Wien: Fritz Molden.

Volkov, Shulamit (2000): Antisemitismus als kultureller Code. Zehn Essays. 2. Auflage. München: Beck.

Weiss, Hilde (1987): Antisemitische Vorurteile in Österreich. Theoretische und empirische Analysen (Sociologica, Bd. 1). Wien: Braumüller.

Wistrich, Robert S. (1982): Socialism and the Jews. The Dilemmas of Assimilation in Germany and Austria-Hungary. London, Toronto: Associated University Press.

Die Rückkehr nach Österreich als ein zweites Exil.
Integration aus der Perspektive von Frauen 1934–1945

Siglinde Bolbecher

> „Wer uns in Fahrt bringt, macht uns erfahren,
> wer uns ins Weite stößt, uns weit.
> Nun danken wir alles den fahrenden Jahren,
> und nichts der Kinderzeit."[1]
> Elisabeth Freundlich

Die Publizistin und Schriftstellerin Elisabeth Freundlich nimmt in dem Prolog zu ihren Lebenserinnerungen einen Spruch von Günther Anders auf und interpretiert darin ihre eigene Sichtweise von Exil und dem großen Bruch in ihrem Leben. 1950 ist sie mit ihrem Mann, Günther Anders, aus den USA nach Österreich zurückgekehrt. Bei Anders heißt es mit skeptischer Ironie: „Zeit des Exils – ihr verdanken wir alles. Unsere Lehrzeit, die gute Zeit der Exilmisere."

Ein Vergleich der Zitate zeigt eine unterschiedliche Subjektivierung der Exilerfahrung. Anders fasst die „Zeit" des Exils existentiell als „Wartesaal" (Lion Feuchtwanger), als ein „Nicht mehr" und „Noch nicht" – einen Zustand der Zurückgeworfenheit in der eigenen Entwicklung, während gleichzeitig gerade durch das Exil grundlegende Erfahrungen gemacht wurden. Die Auseinandersetzung mit den Ursachen, die zur Durchsetzung eines totalitären rassistischen Systems geführt hatten – eines der zentralen Themen der im Exil geführten Debatten –, konnte nicht daran vorbeisehen, dass der Widerstand und die von ihm politisch und kulturell eingesetzten Mittel dem Faschisierungsprozess nicht gewachsen gewesen waren. Die Zurückgeworfenheit bezieht sich auf die geschichtliche Situation, stellt aber auch gleichermaßen das Subjekt in Frage, lässt es nicht ungeschoren und drängt zur Auseinandersetzung mit den eigenen Fundamenten. So formulierte Bertolt Brecht in einer Art „Selbstkritik" 1937 über die Schwierigkeiten der Literatur der Emigration: „Ihr politisches Wissen ungleichmäßig entwickelt, ein großer Teil von ihr, viele sagen, der künstlerisch qualifiziertere, ist als politisch behandelt ausgetrieben worden, bevor er sich seiner politischen Handlungen bewusst war. Was dieser Teil gelernt hat, hat er aus erlebbaren Fakten gelernt, aber gerade das Lernen aus Fakten war nicht gerade seine Stärke ..."

---

[1] Elisabeth Freundlich: Die fahrenden Jahre. (Erinnerungen.) Hg. und Nachwort von Susanne Alge. Salzburg: Otto Müller 1992. 191 S.

Zur Tatsache geworden war, dass durch Flucht und Exil die Gegnerschaft zum NS-Regime und die nackte Lebensrettung zusammengefallen waren. Die Flucht ist zunächst keine Emigration – im Sinne einer Auswanderung. Der Schock der Verfolgung lebt in differenzierter Weise fort. Zu den persönlichen Erfahrungen schlagen sich die Meldungen über das wahre Ausmaß der nationalsozialistischen Vernichtungspolitik und die bittere Erkenntnis, dass diese Verbrechen am jüdischen Volk nur unter tatkräftiger Mithilfe eines Teils der Bevölkerung möglich gewesen sein können. Das ist eine schwere Last im Gepäck, wenn sich die Frage der Rückkehr tatsächlich stellt.

Günther Anders nimmt eine ambivalente Haltung ein: einerseits ein unabdingbares Beharren darauf, dass eine Aussöhnung mit der Hitler-Herrschaft niemals in Betracht kommt, andererseits wird auf ein für das Subjekt Offenes, Einzulösendes verwiesen. Der Mann im Exil sieht sich als *Abwesenden*, der zurück will, der an Partizipationen und Mitgestaltung festhält. Es ist die Perspektive des Rückkehrers, aus der Günther Anders das Exil als *Misere* bezeichnet.

Dagegen mutet Freundlichs Resümee „Im Exil bin ich geworden, die ich bin" fast trotzig an. In einem weiblichen Beharren sind ihr Vertreibung, Not und die Entbehrungen des Exils zur Zäsur geworden, die nach innen wie nach außen wirksam wurde und ihr Leben und Schreiben auf neue Grundlagen gestellt hat. Ein widerborstiger Standpunkt, der einen geschichtlichen Horizont zwischen den Koordinaten des erlebten *Bruchs* und dem Weitergehen einfordert. Die Rückkehr steht nicht in einer Spannung zur Abwesenheit, sondern in direktem Bezug zur Gegenwart. „Die Landung der Alliierten in Frankreich", heißt es an anderer Stelle, „veränderte die Situation vor allem für uns Emigranten. Die Hoffnung auf das Kriegsende erhöhte sich, plötzlich bekamen all unsere Anstrengungen wieder einen Sinn".[2]

Diese, die Rückkehr einleitende allgemeine Bemerkung, in der Hoffnung und Zuversicht mitschwingt, schließt in direkter Folge an die Schilderung ihrer Lehrtätigkeit an der Universität Princeton und am „Wheaton College" (Massachusetts) an, wo sie akzeptiert wurde und sich wohl gefühlt hatte: „Ich hatte am Campus zwei Zimmer und wollte mich oft zum Schreiben zurückziehen. Das war gar nicht so leicht, denn da war immer jemand, der einen besuchen wollte. Es gab unter ihnen so außergewöhnliche Menschen, die vom Typ her in Europa niemals hätten eine Universitätsstelle bekleiden können, unkonventionelle, menschlich großartige Kollegen."

Was lässt Elisabeth Freundlich mit diesen beiden Aussagen nebeneinander stehen? Die Augen und Ohren des Exils waren auf die Geschehnisse in Europa gerichtet, gespannt auf ein mögliches Ende des Dritten Reiches. Für Elisabeth Freundlich waren die Exilaktivitäten immer auf den Widerstand bezogen. In Paris, ihrem ersten Exil 1938, war sie Mitbegründerin

---

[2] Ebd., S. 131.

der „Ligue pour l'Autriche Vivante" und des „Cercle Culturel Autrichien"
– kulturelle Foren für den Protest „gegen das Unrecht an Österreich"; in
New York arbeitete sie als Redakteurin der Monatszeitschrift „Freiheit für
Österreich", die ab 1943 als „Austro American Tribune" erschien, und deren
ausgezeichnete Kulturbeilage sie herausgab.[3]
     Auf ein völlig anderes Leben weist die zweite Stelle hin. Sie sprach flie-
ßend Englisch und hatte ein Studium zur Bibliothekarin abgeschlossen,
das ihr Lehraufträge als Gastdozentin ermöglichte. Von sich aus hatte sie
einiges unternommen, das ein dauerndes Bleiben in Amerika ermöglichen
konnte. Sie empfand sich nicht als isolierte Flüchtlingsfrau, sondern erfuhr
Beachtung und Interesse. In dem Vergleich mit Europa, präziser den österreichischen universitären Verhältnissen, pointiert sie die Offenheit und
Unkonventionalität gegenüber statuarischem bis dünkelhaftem Elitegeha-
be. Unausgesprochen bleibt, dass sie sich als *Kollegin* akzeptiert fühlt – ein
wesentlicher Unterschied zu der großteils ablehnenden Haltung zum Frau-
enstudium in ihrer Heimat, wo weibliche Intellektualität als Denaturierung
gedeutet wurde. Es geht hier nicht um die Beschönigung des Lebens im US-
Exil, sondern um tatsächlich erfahrene Lebensbereicherung.[4]
     Letztlich war die Rückkehr für Günther Anders und Elisabeth Freund-
lich schwierig: Sie sind von Tätigkeits- und Entfaltungsmöglichkeiten ausgegangen, die in Österreich nicht vorhanden waren.[5]

---

[3] Zu den ständigen Mitarbeitern gehörten Günther Anders, Ferdinand Bruckner,
     Berthold Viertel, Else Hofmann, u.a. Von Franz Werfel erschienen Szenen aus
     „Jacobowsky und der Oberst", die Erstveröffentlichung in deutscher Sprache,
     und von Bertolt Brecht Auszüge aus seiner „Kriegsfibel". In ihrer redaktionellen
     Arbeit war sie so ziemlich auf sich allein gestellt. Neben dieser Selbstständigkeit
     hatte sie die persönliche Fähigkeit, mit Geduld und Beharrlichkeit eine mensch-
     liche Vertrauensbasis zu Autoren und Autorinnen herzustellen.
[4] E. Freundlich hat von 1927–1931 Germanistik, Romanistik, Kunstgeschichte und
     Theaterwissenschaften an der Uni Wien studiert (Dr. phil.). Nach der Rückkehr
     hat sie in Wien keine Arbeit gefunden und war dann von 1953–1978 Kulturkor-
     respondentin der Tageszeitung „Mannheimer Morgen", ab 1954 Mitarbeiterin
     bei „Frankfurter Hefte". Beiträge in „Die Presse", „Die Gemeinde" (Zeitschrift
     der Israelitischen Kultusgemeinde, Wien, u.a. Berichterstattung von NS-Prozes-
     sen). In den 1970er-Jahren Mitarbeit beim ORF. Seit 1978 freie Schriftstellerin.
     Für ihre zum Teil im Exil verfassten Bücher „Der Seelenvogel" (Roman; ent-
     standen in den 1940er-Jahren; E. Freundlich brachte das fertige Manuskript bei
     ihrer Rückkehr aus dem Exil mit), „Finstere Zeiten. Vier Erzählungen" (enthält
     die Erzählungen „Der Stein der Waisen" und „Im Steingebirg", geschrieben 1947
     und 1944 in New York); „Die Ermordung einer Stadt namens Stanislau. NS-Ver-
     nichtungspolitik in Polen 1939–1945" (Studie, entstanden in den 1960er-Jahren)
     konnte sie erst in den 1980er-Jahren Verlage finden und hat so als über 75-jährige
     „Jungautorin" reüssiert.
[5] Anders war Mitbegründer der Bewegung gegen Atomwaffen und Mitglied des
     Russell-Tribunals gegen den Vietnam-Krieg in Stockholm und Kopenhagen. In-

Es ist auffällig, dass in Autobiografien und biografischen Erzählungen von exilierten Frauen die „existentielle Situation" wie Arbeit, Wohnung, Schule usw., also die ganzen Schwierigkeiten des Alltags, wenig oder kaum als schmerzhafte „Fremdheitserfahrungen" thematisiert werden. Vielmehr überwiegt ein praktischer Zugang, durch den Barrieren, vor allem die fremde Sprache, andere kulturelle und soziale Gewohnheiten bewältigt werden konnten. Frauen drücken ihre Dankbarkeit gegenüber dem Asylland im Allgemeinen und im Besonderen den Menschen, die geholfen haben, deutlich aus. Diese Dankbarkeit überlagert zum Teil den Prozess der Umstellung, Anpassung und schenkt Zeit und Raum gegenüber einer unsicheren Zukunft. Nicht ohne Stolz berichten Frauen über pragmatisches Handeln und emotionale Intelligenz, die es ihnen möglich machte, Fuß zu fassen, eine gewisse „Normalität" herzustellen für die Familie, mehr für die Freunde, denn für sich.

MOTIVE DER RÜCKKEHR

Wenn wir für die erste Phase nach Kriegsende bis 1948 von einer überwiegend politisch motivierten Rückkehr (Aufbau eines „Neuen Österreichs") ausgehen, so trifft dies für Frauen ebenfalls zu.

Und doch sind Einschränkungen bzw. Differenzierungen von Nöten: An den großen Exildebatten, in denen es um die politische und kulturelle Erneuerung ging, haben sich Frauen in einem geringeren Ausmaß beteiligt.[6]

---

ternational bekannt wurde er durch das Buch „Off limits für das Gewissen. Der Briefwechsel zwischen dem Hiroshima-Piloten Claude Eatherley und G. Anders" (1961; engl. „Burning Conscience", 1962). Ab 1955 war er Mitglied der Akademie der Künste (Westberlin). Schlug eine ihm von Ernst Bloch reservierte Philosophieprofessur in Halle an der Saale (DDR) aus, in Österreich wurde ihm kein vergleichbarer Posten angeboten. Erhielt zahlreiche Auszeichnungen in Deutschland (u.a. 1967 „Deutscher Kritikerpreis", 1978 Literaturpreis der Bayerischen Akademie der schönen Künste), ehe Österreich folgte (1979 Österreichischer Staatspreis für Kulturpublizistik, 1980 Preis der Stadt Wien). 1982 Austritt aus der Israelitischen Kultusgemeinde aus Protest gegen den israelischen Libanon-Krieg. – Die meisten der oft sehr spät veröffentlichten literarischen Arbeiten G. Anders entstanden im Exil oder gehen doch in wesentlichen Momenten auf Versuche seiner Exilzeit zurück. So „Die molussische Katakombe" (Roman, 1992) – die erste Fassung stammt von 1933. Seit 1984 erschienen bei C.H. Beck in München „Gesammelte Schriften in Einzelbänden". 1992 lehnte er ein Ehrendoktorat der Universität Wien ab. Er ist im selben Jahr in Wien gestorben.

6   Vgl. dazu: Konstantin Kaiser: Zur Diskussion um Kultur und Nation im österreichischen Exil. In: Friedrich Stadler (Hg.): Vertriebene Vernunft II. Emigration und Exil österreichischer Wissenschaft. Wien, München: Jugend und Volk 1988, 1052–1064. – Johann Holzner, Sigurd Paul Schleichl, Wolfgang Wiesmüller: Eine schwierige Heimkehr. Österreichische Literatur im Exil 1938–1945. Innsbruck: Innsbrucker Beiträge zur Kulturwissenschaft 1991. 406 S. [Germanistische

Auch das Exil ist nicht frei davon, im Inneren ein Herrenhaus mit gegenseitiger Wertschätzung, Abgrenzung und Positionierung zu bilden – vor diesem Herrenhaus waren die Frauen marginalisiert, hatten eine geringe Sprechposition. Man findet in den Darstellungen von Frauen selten plastische Erinnerung an Diskussionszirkel, noch weniger eine Kaffeehaus-Atmosphäre zwischen Verlust, Warten und geistiger Anspannung auf die Zukunft. Es werden vielmehr die „einmaligen", vielleicht prägenden, ja ermunternden Begegnungen, die für den weiteren Lebensweg und die Persönlichkeitsbildung bedeutsam wurden, herausgestrichen.

Was sind also die besonderen Motive von Frauen gewesen, nach Österreich zurückzukehren bzw. mit welcher Erwartungshaltung haben sie sich dazu entschlossen?

Wenn maximal nur ein Zehntel der Vertriebenen gänzlich oder nur zeitweise nach Österreich zurückgekehrt ist, dürfte rein quantitativ die Zahl der aus dem Exil zurückgekehrten Frauen und Männer relativ gleich sein. (Das ergibt zumindest ein Vergleich der [zeitweiligen] Rückkehr von Schriftstellern und Schriftstellerinnen.)[7]

Reihe. 40]. – Einen Überblick über die Rückkehr des politischen Exils gibt Siegwald Ganglmeier, in: Handbuch der deutschsprachigen Emigration 1933–1945. Hg. von Claus Dieter Kohn, Patrik von zur Mühlen, Gerhard Paul, Lutz Winckler: Darmstadt: Primus Verlag 1998, S. 1188–1194.

[7] Vgl.: S. Bolbecher, K. Kaiser: Lexikon der österreichischen Exilliteratur. Wien: Deuticke 2000. – Mit Ergänzungen aus anderen beruflichen Bereichen sind in den ersten Jahren nach Kriegsende zurückgekehrt u.a.: die Schriftstellerinnen Käthe Braun-Prager (GB), Agnes Bleier-Brody (GB), Martha Florian (Serbien), Elisabeth Freundlich (USA), Martha Hofmann (Palästina, Schweiz), Ina Jun-Broda (Jugoslawien), Hilde Spiel (GB), Adrienne Thomas (USA), Martina Wied (Schottland); die Altphilologin Gertrud Herzog-Hauser (Niederlande), die Germanistin und Romanistin Minna Lachs (USA), die Fürsorgerin und Publizistin Elfie Lichtenberg (Kolumbien), die Dramaturgin und Autorin Ruth von Mayenburg (UdSSR), die Schauspielerin und Theaterleiterin Stella Kadmon (Palästina), die Schauspielerinnen Adrienne Gessner (USA), Elisabeth Neumann-Viertel (USA), Hortense Raky (Schweiz), Helene Thimig (USA), die Journalistinnen Marianne Pollak (GB) und Eva Priester (GB), die Chansonette Sissi Kraner (Venezuela), die Ärztin Marie Frischauf-Pappenheim (Mexiko), die Mittelschullehrein Stella Klein-Löw (GB), die Staatsrechtlerin Genia Quittner (UdSSR), die Journalistin, Filmkritikerin und Lehrerin Susanne Wantoch (China), die Chemikerin Erna Wodak (GB); und die ganz jungen Frauen, die als Kinder oder Jugendliche geflüchtet waren und im Exil oder nach dem Krieg ihre Ausbildung absolvierten: Susanne Bock (GB) – Sprachwissenschaftlerin, Paula Bizberg (GB) – Korrespondentin und Übersetzerin, Hannah Fischer – Pädagogin und Leiterin der Bildungsanstalt für Kindergärtnerinnen, Hanny Hieger (GB) – Übersetzerin und Kultursekretärin an den österreichischen Botschaften in Kolumbien und der DDR, Edith Rosenstrauch-Königsberg – Germanistin und Erforscherin der Literatur der Aufklärung und der Freimaurerbewegung, Maria Dorothea Simon – Politikwissenschaftlerin und Psychologin (GB) u.a.

Neben allen allgemeinen Gründen, die für eine Rückkehr ausschlaggebend waren, sind Frauen sehr oft mit dem Partner zurückgekehrt – aus Liebe
und aus Gründen einer bereits bestehenden Partnerschaft. Die junge Edith
Rosenstrauch-Königsberg, die im Exil 1942 und 1945 zwei Kinder geboren
hatte, erinnert sich an ihre Gespaltenheit: „(...) Ich war unsicher, wollte ich
eigentlich zurück? (...) Mein Mann wollte möglichst bald nach Wien und
fuhr im April weg. Es war nicht ganz fair. Ich setzte mich erst beim Abschied
am Bahnhof zur Wehr. Jenö Desser, der die Parteiorganisation [kommunis-
tische Partei] in England nach der Abreise von Franz West führte, hat meine
Einwände überhaupt nicht verstanden. Ich habe es also hingenommen, eine
kleine Unterstützung bekommen, weil mein Mann der Winterberg-Gruppe
des „Czech Refugee Trust Fund" angehörte, und ging in einen von Öster-
reichern geführten Betrieb arbeiten, der Handtaschen herstellte. Ich musste
Taschen kleben. Meine ältere Tochter hatte ich im Kindergarten, die jüngere
war noch zu klein dafür, weshalb ich eine ‚Genossin' zu mir ins Haus nahm,
die auch ein Kind hatte. (...) Es war für mich eine sehr schwere Zeit. Die Organisation verlangte, dass man trotz Belastungen aktiv mitarbeitete."[8]
    Für Männer und Frauen hat die Exil-Situation unterschiedliche Auswir-
kungen: Einerseits entwickelt sich eine weibliche Selbstständigkeit, gepaart
mit einem neuen Selbstbewusstsein, das über das Gebrauchtwerden in der
Familie hinausragt und für die Mädchen und jungen Frauen überhaupt eine
Befreiung aus der Klammer der Familie bedeutet, andererseits entsteht eine
spürbare Distanz zwischen der täglichen Bewährung und einer möglichen
Zukunft in der ehemaligen Heimat.
    Frauen bekommen es mit Inhalten und Aufgaben zu tun, die sich als allge-
mein bedeutsam ausweisen und doch bei näherem Hinsehen nur als allgemein
männlich bezeichnet werden können. Vor allem in jenen Bereichen, in denen
eine traditionelle Arbeitsteilung zwischen den Geschlechtern vorherrscht. Es
ist für Frauen eine besondere Energie nötig, um mit dieser aufkommenden
Distanz, einer geringen Identifikationsmöglichkeit, umzugehen. Das bezieht
sich auf den Alltag, die Arbeitsteilung, auf die Lebensgestaltung.

Frauen, die allein geflüchtet waren, kehrten zurück, um Verwandte, Freunde wieder zu finden. So überwogen vordergründig bei vielen Frauen persönliche oder private Gründe, die aber im Zusammenhang mit den 1938 erlittenen Demütigungen standen und von der Hoffnung auf einen Neuanfang
überlagert wurden. Dass ein Neuanfang in der alten Heimat möglich sein
müsste, folgte dem zwar nicht ungebrochenen, aber doch vorhandenen Gefühl der Verbundenheit mit der alten, erinnerten Heimat.

---

8   Edith Rosenstrauch-Königsberg: Von der Metallschleiferin zur Germanistin.
     Lebensstationen und historische Forschungen einer Emigrantin und Remigran-
     tin aus Wien. Hg. von Beatrix Müller-Kampel. Mit einem Vorwort von Ernst
     Wangermann. Wien, Köln, Weimar: Böhlau Verlag 2001, 44ff.

Die jungen Exilantinnen, die die Schul- oder Berufsausbildung abrechen mussten, aber doch im Exil Sprachkompetenz und Berufserfahrungen erworben hatten, stellten sich vor, dass ihre Kenntnisse und Auslandserfahrungen in Österreich gebraucht wurden. Rückkehr folgte auch dem Wunsch, die früheren Berufsvorstellungen zu verwirklichen. Kaum thematisiert, aber untergründig muss bei vielen Geflüchteten die Erinnerung an all das 1938 Geraubte und Verlorene aktuell geworden sein. Die einfachen, vermögenslosen Menschen, die Schneiderin aus der Leopoldstadt, die Hutmacherin, die Büroangestellte …, sie hatten ihre Mietwohnung, ihre gesamten Existenzmittel verloren. Ein Impuls zur Wiederherstellung des einstigen Lebens, eine Idee von Gerechtigkeit, mag zu der Entscheidung beigetragen haben, zurückzukehren. Das Unterfangen Remigration war ein von Optimismus, unbestimmten Hoffnungen und von Gutgläubigkeit erfülltes Projekt.

Realität der Rückkehr – ein schwarzes Loch

Die Exilierten, die bald nach Kriegsende zurückkehrten, standen meist in einem Naheverhältnis zu einer der damaligen Regierungsparteien SPÖ, ÖVP und KPÖ (bis November 1945). Besonders jene, die sich im Exil politisch engagiert hatten, allen voran die Kommunisten, wollten tatkräftig am Aufbau eines „neuen, sozialen" Österreichs mitwirken. Für „empfohlene" Rückkehrer gab es über diese Netzwerke indirekte Unterstützung bei der Rückreise, bei der Überwindung der zahlreichen bürokratischen Hindernisse, bei der Beschaffung der erforderlichen Dokumente (u.a. Ausreisegenehmigung aus dem Asylland, polizeiliches Führungszeugnis, Einreisegenehmigung nach Österreich, Nachweis einer Unterkunftsmöglichkeit). Die einen waren als „Deutsche Reichsangehörige" registriert oder hatten auf Grund der Fluchtumstände keine „ordentlichen" Papiere. Die Aufrufe und Namenssammlungen der Exilorganisationen für die Rückkehr wandten sich gleichermaßen an Männer und Frauen – ein solcher Aufruf unterblieb von dem offiziellen politischen Österreich, mit vorauseilender Rücksicht auf die „Stimmung" in der Bevölkerung, auf die Kontinuität des Antisemitismus und die Befürchtungen vor Rückforderungen.

Während Ärzte, Rechtsanwälte, Kulturschaffende Rückkehr-Überlegungen anstellten, fühlten sich Frauen davon weniger angesprochen, sahen wohl auch für das eigene persönliche Fortkommen geringe Chancen. Wir wissen wenig über die berufliche Situation der vertriebenen Frauen vor 1938, um einen effektiven Vergleich mit den Remigrantinnen zu ziehen. Jedenfalls war die Zahl der erwerbstätigen Frauen im Exil sprunghaft angestiegen, und Frauen hatten eine selbstbewusste Einstellung zu einem beruflichen Fortkommen entwickelt.[9]

---

[9] Sybille Quark: Zuflucht Amerika. Zur Sozialgeschichte der Emigration deutschjüdischer Frauen in die USA (1933–1945). Berlin: Dietz-Verlag 1995.

Mit welchen Hoffnungen, Tatendrang die Remigration auch angegangen
wurde, sie erfolgte in ein Not leidendes, zerstörtes Land. De facto waren
mit der Rückkehr folgende gravierende Probleme und Sorgen verbunden:
Obdachlosigkeit, Arbeitslosigkeit, Mangel an Lebensmitteln.

Im Zusammenhang mit der Rückkehr wird die Frage aufgeworfen, inwieweit im Exil ein realistisches Bild von der wirtschaftlichen und politischen
Situation im Nachkriegs-Österreich möglich war. Sicher war der Grad der
Informiertheit vom Exilland, vom Kontinent abhängig. Die meisten Rückkehrer der ersten Nachkriegsjahre kamen aus Europa, Palästina, dann aus
den USA, Südamerika, Shanghai. Wer z. B. in Großbritannien lebte, dem
waren Lebensmittelrationierungen und ungeheizte, beengte Unterkünfte
während der Kriegsjahre schon zur Normalität geworden.

Zu dem Komplex von Exilaktivitäten gehörte, dass, sobald es die Trans-
portmöglichkeiten erlaubten, Care-Pakete nach Österreich geschickt wurden. Dass im befreiten Österreich die Bevölkerung bittere Not leide, war
eines der Hauptthemen in den Exilzeitschriften, denen zahlreiche Sam-
melaufrufe für Hilfeleistungen folgten. Durchgeführt haben übrigens diese
Hilfestellungen, die über das Rote Kreuz organisiert und später nach Wie-
deraufnahme des Paketverkehrs direkt an österreichische Adressaten, Personen und Organisationen geschickt wurden, hauptsächlich Frauen.[10]

---

[10] Eine zentrale Rolle bei der Organisation der Care-Pakete spielte Eva Kolmer, Ge-
      neralsekretärin des „Council of Austrians" (GB), das im September 1938 gegrün-
      det worden war und die sozialen, wirtschaftlichen und kulturellen Interessen der
      ÖsterreicherInnen in Großbritannien vertrat. (Dem Vorstand gehörten u.a. an:
      Paul Knepler, Oskar Kokoschka, Anna Mahler; Ehrenpräsident [bis zu seinem
      Ableben]: Sigmund Freud; bis Mai 1940 Sir George Franckenstein; danach Wal-
      ter Schiff.) Erfolge konnte das Council u.a. beim Kampf um Anerkennung des
      Status „Friendly Alien" für ÖsterreicherInnen bzw. bei der Ausstellung von über
      3.000 Bescheinigungen für Exilierte, daß sie Verfolgte des NS-Regimes waren,
      verzeichnen. Eva Kolmer war auch Aktivistin des „Austrian Centre" und des
      „Free Austrian Movement". 1945 nach Österreich zurückgekehrt, Sekretärin der
      Parlamentsfraktion der KPÖ. Zog dann zu ihren Exil-Lebensgefährten Heinz
      Schmidt nach Berlin in die SBZ (später DDR). Beendete ihr Medizinstudium in
      Berlin. Spezialisierung im Bereich Sozialhygiene. 1958 Professur am Institut für
      „Hygiene des Kindes- und Jugendalters". Auf ihre Initiative wurde in der DDR
      ein Netz von Kindergärten und Kinderkrippen geschaffen. Das Institut wurde
      nach der „Wende" geschlossen. Kolmer ist Verfasserin zahlreicher wissenschaft-
      licher Arbeiten. – Die Informationen über Eva Kolmer verdanke ich Herbert
      Kolmer (Wien), ihrem Bruder. – Über die Tätigkeit des „Austrian Centre" vgl.
      auch Charmian Brinson: „Ein sehr ambitioniertes Projekt". Die Anfänge des
      Austrian Centre. In: Marietta Bearman, Charmian Brinson, Richard Dove u.a.:
      Wien-London, hin und retour. Das Austrian Centre in London 1939 bis 1947. Aus
      dem Englischen von Miha Tavčar. Wien: Czernin Verlag 2004. – Siehe auch: Ös-
      terreicher im Exil. Großbritannien 1938–1945. Hg. vom Dokumentationsarchiv
      des österreichischen Widerstandes. Bearbeitung durch Wolfgang Muchitsch.
      Wien: Österreichischer Bundesverlag 1992, S. 165.

Für die meisten Exilantinnen traf kaum zu, dass sie über Kontakte in Österreich verfügten; Hilfestellungen für den Aufbau einer Existenz durch österreichische Stellen – etwa die Aussicht auf eine Anstellung – waren kaum zu erwarten. Auch jene, die bereits vor 1938 oder 1934 im öffentlichen Dienst berufstätig waren, erhielten kaum eine Einladung oder etwa Zusicherung auf Wiederbeschäftigung. Die nach dem Februar 1934 aus dem Dienst der Gemeinde Wien entlassene Fürsorgerin Elfi Lichtenberg – sie war nach dem März 1938 mit ihrem Mann, dem Grafiker Franz Lichtenberg, nach Bogotá (Kolumbien) entkommen – kam 1948 nach Überwindung großer Reiseschwierigkeiten mit der Aussicht nach Wien, wieder in ihrem Beruf arbeiten zu können. Diese „Sicherheit" beruhte auf ihren Kontakten mit Freunden aus der Zeit der Illegalität, Revolutionären Sozialisten in der Zeit der Ständestaatsdiktatur, die sie zur Rückkehr nicht unbedingt drängten, aber in Anbetracht ihrer Entschlossenheit zur Rückkehr doch zu unterstützen bereit waren.[11]

Dass Remigrationswillige in die Position von Bittstellern gerieten, war eine direkte Folge des politischen Selbstverständnisses Österreichs, in dem jede Eigenverantwortung oder Mitschuld abgelehnt und jede Wiedergutmachung verweigert wurde. Es blieb Einzelpersonen überlassen – ob sie nun im öffentlichen Leben standen oder in wirtschaftlichen Unternehmungen tätig waren – etwas für bekannte und ihnen vertrauenswürdige Personen zu unternehmen. So war das Netzwerk für die Remigration relativ abgesteckt. Engagiert und eingesetzt haben sich Menschen, die im Widerstand waren, die selbst Verfolgungen erlitten hatten.

Viele der jüdischen Rückkehrer stellten ihre Abtrennung vom nichtjüdischen Österreich fest. Das Land und seine Bewohner sahen sich nicht als Heimatland der Vertriebenen. Gültig war nur *eine* Heimkehr, die der Soldaten aus der Kriegsgefangenschaft.

Den gleichen schwierigen Bedingungen unterworfen, wurden die Exilierten als Last, als unerwünscht „begrüßt". Das „wir" fand sich in den überschaubaren politischen Gruppen des Exils, der „Betroffenen". Die Rückkehr erscheint als existentielles Missverständnis. Welche Vorstellungen von der Verfasstheit des Landes unter den Remigranten auch immer kursierten, für sie galt die Grundvoraussetzung: Das Recht auf Rückkehr und der Wille zur Teilhabe am „demokratischen Neuanfang". In der politischen Realität entzauberte sich der Neubeginn als eine Restauration, in der es zu keiner Re-Integration der Exilierten kam. Für die meisten Zurückgekehrten erwies sich Österreich als fremdes Heimatland, gerade weil bestimmte „Kontinui-

---

[11] S. Bolbecher: Exil in Kolumbien. In: Wie weit ist Wien. Lateinamerika als Exil für österreichische Schriftsteller und Künstler. Hg. von Alisa Douer, Ursula Seeber. Wien: Picus 1995, S. 173–180.

täten" vorgefunden wurden. Die Eindrücke bei ihrer ersten Rückkehr nach
Österreich im Jänner 1946, in britischer Uniform als englische Zeitungsbe-
richterstatterin beschreibt Hilde Spiel so: „Nun muss ich wieder alles von
neuem lernen. Ich lerne wieder den kalten, muffigen Steingeruch der Wiener
Häuser, die porösen abgetretenen Treppen (...), die dürftigen Stiegenhäuser
mit den Kritzeleien auf dem abblätternden Anstrich. Ich lerne den starren
Blick der Hausmeister, die Neugier der alten Frauen im Kopftuch, und jenes
misstrauische, unfreundliche Lächeln, das vor den Nazis dagewesen ist und
immer da sein wird. Es gibt auch Neues: die Tirolerhüte, die jeder, auch der
vornehmste Einwohner dieser einst so eleganten Stadt, jetzt trägt; die Pelze
der kleinen Geschäftsfrauen, die früher nur Stoffmäntel besaßen; die Stiefel
überall, wie man sie in England nicht kennt (...).“[12]

Die Rückkehrer realisieren vielfach erst in der Konfrontation mit der Nach-
kriegswirklichkeit den entscheidenden existentiellen Bruch, der die österreichischen Jüdinnen und Juden nach 1938 aus ihrem Lebenszusammenhang gerissen hatte.[13]
    Die ungeheure Diskrepanz, mit der Frauen konfrontiert waren, hat viel-
mehr mit den Einstellungen und Umgangsformen zu tun als mit dem dürftigen Lebensalltag. „Die Atmosphäre in Wien war furchtbar. Wer braucht
euch?" erinnert sich Hanny Hieger an die *Begrüßung*. Nach einigen Mühen
konnte sie mit ihrer zweijährigen Tochter ein Kabinett in einer „Rückkeh-
rer-Wohnung" beziehen – eingerichtet mit einem Bett und einem Strohsack.
Während die von den Nationalsozialisten hergestellten Besitzverhältnisse
über das Terrorregime hinaus stabil blieben, hatte sie sich eine Unterkunft
„erschlichen". Es gelang ihr, eine versiegelte Wohnung im 3. Bezirk durch
die Polizei öffnen zu lassen und einen Teil zu beziehen. Die Wohnung gehörte einem Nationalsozialisten, Primar in St. Pölten, der einige Jahre brauchte,
um Hanny Hieger wieder heraus zu bekommen.[14]
    Prive Friedjung war 1934 in die Sowjetunion emigriert. Sie kam mit ih-
rem kleinen Sohn Wladimir zwei Jahre nach Kriegsende nach Wien: „Auf
der Taborstraße 22 gab es ein Asyl für Heimkehrer (...). Das war ein sehr
großer Raum, ein riesiger Saal, wo Betten standen. (...) Manchmal war der
Raum überbelegt, und manchmal waren wir nur zu zweit. (...) Je nachdem,

---

[12] Hilde Spiel: Die hellen und die finsteren Zeiten. Erinnerungen 1911–1946.
     München: Paul List ³1989, S. 234ff.
[13] Gabriele Anderl: Vertrieben zurückgekehrt? In: Gerfried Sperl, Michael Steiner
     (Hg.): O Jubel, O Freud! Schatten und Schimären eines Jubiläumslandes. Wien:
     Edition Gutenberg 2005, S. 17.
[14] Hanny Hieger in: Vertrieben. Erinnerungen burgenländischer Juden und Jüdin-
     nen. Hg. von Alfred Lang, Barbara Tobler, Gert Tschögl. Mit einem Vorwort von
     Fred Sinowatz. Wien: Mandelbaum Verlag 2004, S. 305.

wie geschickt man war oder wie viele Verbindungen man hatte, bekam man früher oder später eine Wohnung. Ich habe die ganze Zeit bis zum Sommer '48 im Asyl in der Taborstraße gewohnt."[15]

Was waren nun die Verbindungen, die man nützen konnte, die z. B. bei der Arbeitssuche behilflich sein konnten? Kenntnisse, die Frauen aufzuweisen hatten – wie Mehrsprachigkeit und die Berufserfahrungen im Ausland –, wurden in Österreich, das sieben Jahre von der freien Welt völlig abgeschottet gewesen war, dessen „arisches" Bildungs- und Sozialwesen heruntergekommen und dehumanisiert war, nicht gebraucht. Die Arbeitssituation für Frauen hat sich übrigens mit der Integration der großen, männlichen Masse von Nationalsozialisten und der „Mitläufer" weiter verschärft. Um einige Beispiele anzuführen: Im Alter von 21 Jahren kehrte Hannah Fischer 1946 nach Wien zurück. Im englischen Exil war sie Trainee in dem Anna Freud Institut „Hampstead War Nurseries" und Kindergärtnerin im „Austrian Day Nursery" (Kindergarten des „Austrian Centre"). Von der Stadt Wien wurde ihre Ausbildung nicht anerkannt; die Kommunistische Partei verschaffte ihr eine Stellung in einem Betriebskindergarten der USIA (Verwaltung des sowjetischen Vermögens in Österreich) in Schwadorf. Nach Abschluss des Studiums der Erziehungswissenschaften wurde sie eine psychoanalytisch orientierte Pädagogin, Direktorin der Bildungsanstalt für Kindergärtnerinnen (1984–1992).[16]

Susanne Bock hatte noch in Wien maturiert, bevor sie nach England flüchten musste. Sie kehrte allein, auf abenteuerlichste Weise, ohne Papiere 1946 über Prag nach Wien zurück: „Unterstützung offizieller Stellen gab es für Susanne keine. Bei der Arbeitssuche war sie allein auf eigene Initiative angewiesen, denn sie galt für öffentliche Stellen oder Behörden keineswegs als förderungs- oder berücksichtigungswürdig, eher als ungeliebter, lästiger Eindringling, der besser woanders geblieben wäre, was man ihr auch stets unumwunden zu verstehen gab. Diese Einstellung war ihr anfangs gänzlich unbegreiflich und sie hielt sie einfach für ein Missverständnis. (...) Aus dem anfänglichen Erstaunen, der Verwunderung, entwickelte sich, mit den

[15] Prive Friedjung: „Wir wollten nur das Paradies auf Erden". Die Erinnerungen einer jüdischen Kommunistin aus der Bukowina. Hg. und bearbeitet von Albert Lichtblau und Sabine Jahn. Wien, Köln, Weimar: Böhlau 1995. [Damit es nicht verloren geht ... Hg. von Peter Mitterauer und Paul Kloß. 31], S. 256.
[16] Im Gespräch mit Hannah Fischer. Exil-Pädagogik-Psychoanalyse. Symposium am Institut für Wissenschaft und Kunst. Wien, 28. September 2005. Konzept und Koordination: S. Bolbecher, Ilse Korotin. – Traude Bollauf: Flucht und Zuflucht. Als Dienstmädchen nach England. Am Beispiel dreier Frauen aus Wien. In: L'Homme. Europäische Zeitschrift für feministische Geschichtswissenschaft (Wien). Hg. von Erna Appelt und Waltraud Heindl. 15. Jg. (2004), Nr. 2, S. 195–215.

gemachten Erfahrungen, nach und nach blankes Entsetzen darüber."[17] Sie
wandte sich an ihre Freunde aus der Exilzeit, landete bei der kommunisti-
schen Parteizentrale und bekam einen Posten bei der Pressestelle des britischen „Information Services Branch". 1947 wechselt sie zum „Joint" („American Joint Distribution Committee") und betreute die jüdischen Flüchtlinge
aus Osteuropa, die in Wellen 1948 aus Polen, Rumänien und Ungarn nach
Wien kamen, und die österreichischen Shanghai-Rückkehrer, die sich mangels heimischer Hilfe an den „Joint" wandten. Sie erlebte ganz persönlich,
wie die jüdischen Heimkehrer aus den Arbeitslagern in Karaganda (Sowjetunion) behandelt wurden – so wurden sie im Obdachlosenquartier in der
Meldemannstraße einquartiert –, was als einer der größten Skandale der
Nachkriegszeit anzusehen ist.[18]

Edith Rosenstrauch-Königsberg hatte im englischen Exil verschiedenste
Tätigkeiten ausgeübt und als Haushaltshilfe, Näherin und Metallarbeiterin
gearbeitet. In Wien legte sie dann die Matura ab. Sie gab Kindern von sowjetischen Offizieren Englisch-Unterricht und war Lektorin ohne feste Anstellung beim Globus-Verlag.[19]

Die Schauspielerin Elisabeth Neumann-Viertel schlug ein Angebot des
Züricher Schauspielhauses aus und kehrte mit Berthold Viertel, der als Regisseur ans Burg- und Akademietheater gerufen worden war, nach Wien zurück. Gerade weil ihr Mann mit seinen Inszenierungen große Erfolge feierte,
erhielt sie kaum Rollenangebote in Wien und ging nach München, an die
Kammerspiele.

Die Beispiele zeigen, dass sich Frauen nach der Rückkehr kaum in die
einheimische Arbeitswelt integrieren konnten, sie fanden an den Rändern
des Landes ihr materielles Fortkommen, bei den Einrichtungen der Alliierten, bei ausländischen Unternehmungen, in Bereichen, wo das zurückge-
kehrte Exil Einfluss hatte. Die Situation gestaltete sich so, dass die eigenen

---

[17] Susanne Bock verfasste über ihre Exil- und Rückkehrerfahrungen zwei berühren-
de Bücher: Mit dem Koffer in der Hand. Leben in den Wirren der Zeit 1920–1946
(Wien: Passagen Verlag 1999); Heimgekehrt und fremd geblieben. Eine alltägli-
che Geschichte 1946–1954 (Wien: Vier-Viertel Verlag 2003). – Zitat aus: Heimgekehrt und fremd geblieben, S. 15.

[18] Zu den Rückkehrern aus Karaganda siehe G. Anderl in: Vertrieben zurückgekehrt? Wie Anm. 13.

[19] Sie begann ihr Germanistikstudium nach der Rückkehr. Nach einer großen Un-
terbrechung dissertierte sie 1971 bei Prof. Herbert Seidler, der seinerzeit als „minder belasteter" Nationalsozialist frühpensioniert worden war und ab 1956 wieder
als Universitätslehrer tätig war. Ihr Hauptinteresse galt dem Entstehungsprozess
der österreichischen Nation und dem Entstehen ihres nationalen Bewusstseins.
Schwerpunkt ihrer Forschungen war zunächst die schillerndste Persönlichkeit
der österreichischen Aufklärung, der Schriftsteller und Zensor Aloys Blumauer.
Sie wurde zu einer international hoch angesehenen wissenschaftlichen Expertin
und Herausgeberin der Literatur der Aufklärung und der Freimaurer.

Zukunftspläne oder mögliche Entwicklungschancen zunächst zurückgestellt werden mussten. Sie mussten einen Alltag voll Mühseligkeiten und Mangel bewältigen, nur dass in diesem Alltag – im Unterschied zu den Exil-Erfahrungen, wo der Mangel gleichermaßen alle betraf und die gegenseitige Hilfe überwog – der Egoismus, das Selbstmitleid und der Neid vorherrschten.

Absolvierte Ausbildungen wurden nicht anerkannt. Die Wertschätzung weiblicher wissenschaftlicher Tätigkeit, die Anerkennung als Künstlerin war in Österreich bis 1938 gering entwickelt gewesen, und der Typus der „Neuen Frau", der Linksintellektuellen, hatte entscheidende Impulse von Frauen jüdischer Herkunft erhalten. Ilse Korotin fasst zur Remigration von Wissenschaftlerinnen, die nur auf einen durch die Entnazifizierung frei gewordenen Lehrstuhl möglich war oder durch Schaffung neuer Stellen, zusammen: „(...) Die an den Universitäten eingerichteten ‚Sonderkommissionen‘ betrieben eher eine erfolgreiche Lobbypolitik für die ‚Wiederverwendung‘ ehemaliger Parteimitglieder, als sich zu AnwältInnen in der Frage nach den Rückkehrmöglichkeiten von EmigrantInnen zu machen."[20] Die Folgen der Vertreibung und Ermordung und dann der Nicht-Wiedereingliederung der ersten und zweiten Generation von Frauen, die Zugang zu höherer Bildung erkämpft hatten, prägten für Jahrzehnte eine patriachale Wissenschaftspolitik und -kultur, die eine weibliche Perspektive auf gesellschaftliche Thematiken unterband und den neuen Generationen von Studierenden weibliche Identifikationsfiguren entzog.

---

[20] I. Korotin: Wissenschaftlerinnen und Remigration – Die „Austrian University League of America". In: Frauen im Exil. Hg. von Siglinde Bolbecher und Ilse Korotin. Wien: Mitteilungen des Instituts für Wissenschaft und Kunst, 60 Jg. (2005), 1–2, S. 11. – Die Histologin Clara Zawisch kehrte 1946 aus den USA zurück und war die einzige Frau, die einen Universitätslehrstuhl (Graz) erhielt. Sie gehörte zu der „Austrian University League of America", eine Vereinigung emigrierter Gelehrter mit vorwiegend katholisch-konservativer Orientierung. – Die oben genannten Sonderkommissionen der Universitäten arbeiteten anonym, im autonomen Hochschulbereich. Nach dem bisherigen Stand der Forschung gibt es in der Nachkriegszeit keinen einzigen Nennungsvorschlag für eine Hochschullehrerin. Fünf Hochschullehrerinnen wurden ermordet: die Anthropologin Emilie Bondy, die Romanistin Elise Richter, die Physikerin Maria Anna Schirmann, die Ethnografin Marianne Schmidl, die Ärztin und Anatomin Marianne Stein. – Weitere biografische Informationen zu emigrierten und ermordeten Akademikerinnen in: Wissenschafterinnen in und aus Österreich. Leben-Werk-Wirken. Hg. von Brigitta Keintzel, I. Korotin. Wien, Köln, Weimar: Böhlau 2002. 870 S.

Heimat – ein Rückfall?

„Mir wäre ein Aufenthalt in Wien völlig unmöglich, wenn es nicht im Verein mit den Briten wäre." Hilde Spiel empfand die Rückkehr in die Welt der Herkunft, die dort verbliebenen oder neu gewonnenen Freunde als „Kinderzimmer" – im Gegensatz zu Großbritannien und zu den Engländern, die ihr gleichaltrig, ja manchmal überlegen schienen und eine ständige Forderung bedeuteten: „Freilich ahnte ich, ja wusste bald, so sehr ich dieses Wissen in meinem Seelengrund vergrub, dass diese Rückkehr auch ein Rückfall, ja ein Fall gewesen war."[21]

Heimat ist ein sehr strapazierter Begriff: Einmal wird sie als Enge verstanden, der man zu entkommen trachtet. Dann als Ort des Vertrauten und der Geborgenheit. Der Heimatbegriff hat durch die Heimatfront hindurch „schlimme Zeiten" heil überstanden, fand Eingang im Unterrichtsfach „Heimatkunde" und wurde zu einem Hort der Anständigkeit für die zerschundenen, zurückgekehrten Kämpfer. Für die im englischen Exil lebende Dichterin Stella Rotenberg gleicht Heimatlosigkeit, die durch Verfolgung und Vertreibung verursacht wurde, dem Verlust des eigenen Ursprungs: „(...) Ich bin unbestätigte Vergangenheit. / Ich lebe. Doch ist keiner da, nah noch weit, / der bezeugen kann, dass ich entsprungen war, / wie andre Menschen, einem Menschenpaar." („Ungewissen Ursprungs")[22]

Der geografische Raum und die Zeit, in die man hineingeboren wird, haben immer schon ein Davor, das man bewusst oder unbewusst aufnimmt und das von einem Besitz ergreift. Was die Zukunft einst in der Kindheit versprach, umhüllt von der Sicherheit in der Familie und in vertrauter Heimat, hatte für Menschen jüdischer Herkunft keinen Bestand.

Rückkehr ist ein Versuch der „Zurückholung von Heimat". Doch jeder lieb gewonnene Platz, jedes erinnerbare Glücksgefühl wird mit einer vielleicht ebenso starken negativen Erfahrung bedeckt. Der Platz, wo Heimat noch ihre Unschuld besitzt, ist nicht auszuloten. Und es wächst die Empörung darüber, dass jenen, die noch gar nicht dazu gekommen waren, ein Schuldgefühl zu entwickeln, gar so rasch verziehen wurde. So ist die Rückkehr ein schwieriger, unsentimentaler Prozess der Rekonstruktion von Heimat.

---

[21] Hilde Spiel: Welche Welt ist meine Welt. Erinnerungen 1946–1989. München: List 1990, S. 219.
[22] Stella Rotenberg: An den Quell. Gesammelte Gedichte. Hg. und mit einem Vor- und Nachwort versehen von S. Bolbecher und Beatrix Müller-Kampl. Wien: Verlag der Theodor Kramer Gesellschaft 2003, S. 72.

Flüchtlinge

Ich steh am Wasserrand. Ein Mann
geht stumm vorbei und blickt mich an.

Ich schau ihm nach. Er dreht sich um
und hebt die Hand, doch bleibt er stumm.

Ich folge ihm. Da sagt er leis:
„Verzeih, daß ich das Wort nicht weiß

das ich dir bieten wollt zum Gruß
– weil ich die Heimat suchen muß."

Er eilt davon. Ich bleib zurück
und wäge ab sein Mißgeschick

gen das von jenem andern Mann
– der keine Zuflucht finden kann.[23]

(Stella Rotenberg)

Dissidenz

„Susanne war in eine Welt zurückgekehrt, die wenig Gemeinsamkeiten
mit jener, die sie verlassen hatte, aufwies. Die Jahre des Lebens innerhalb
des deutschen Reiches, die Erlebnisse des Krieges, hatten die Österreicher
geprägt, auch jene, die absolute Gegner des Regimes gewesen waren. Der
Antisemitismus in allen seinen Ausformungen war durch die entsetzlichen
Ereignisse des Holocausts nur verändert, nicht aber vermindert worden.
Man begegnete ihm tagtäglich (…) mit gewissen Vorurteilen, gewissen Ant-
agonismen, gewissen Begebenheiten musste man sich resignierend abfinden
– schweigen –, oder immer wieder auseinandersetzen. Fremd – sie hatten
sieben Jahre auf einem anderen Planeten gelebt. Sie repräsentierte in Wien
bestenfalls eine sehr, sehr kleine Minderheit, die andere Vorstellungen, andere Zugänge, andere Ideen hatte, als jene Menschen, die den Krieg in Österreich hatten erleben müssen. Diese oft sehr ungewöhnlichen, bestimmt
aber unbequem anmutenden Vorstellungen gaben ununterbrochen Anlass
zu Unstimmigkeiten."[24]

Prozesse der Integration und Assimilation setzen Toleranz, Anerkennung,
Gleichberechtigung und offene Chancen voraus. Von entscheidender Bedeutung für die nationale und demokratische Entwicklung ist die Frage,

---

[23] Ebd., S. 79.
[24] S. Bock: Heimgekehrt und fremd geblieben, S. 64f., wie Anm. 17.

in welcher Weise sich die gesellschaftliche Kraft der Homogenität, des Zu-
sammenschließens und die gesellschaftliche Fähigkeit zur Differenzierung
entwickelt haben. In der nationalstaatlichen Konstituierung nach 1945 fand
– neben symbolischen Formen um den Staatsvertrag – hinter dem Rücken
eine verdeckte Formierung statt, die durchaus in allen politischen Lagern
ihre Vertreter hatte. In dieser Formierung wirkte der Volksgemeinschafts-
ansatz des christlichen Ständestaates und des rassistischen Nationalsozialismus weiter. Zu den nationalökonomischen Vorstellungen von einer
unabhängigen österreichischen Wirtschaft gehörte die Vorstellung einer
mäßigen Bevölkerungsentwicklung (ein malthusianisches Erbe). Dem gene-
rativen Verhalten wird Ausgewogenheit empfohlen und bis heute existiert
ein Schwanken in dieser Frage bis zu dem Glauben, eine Verringerung der
Bevölkerungszahl verringere auch die ökonomischen Probleme – so wie das
der Arbeitslosigkeit.

Die mehr oder weniger schleichende Durchsetzung der Nation ohne offene Debatten (z.B. Annahme der Verfassung von 1929) hat keine Citoyen-
Ebene aufkommen lassen. Die zurückgekehrten ExilantInnen, mit dem
Wissen, was passiert war, auch wenn sie es vergessen wollten, befanden sich
diesen Prozessen gegenüber in einer spezifischen Dissidenz. Sie standen zu
dem österreichischen Gemeinwesen und fühlten sich in einer moralischen
Einheit mit dem Exil (den Gründen und Resultaten der Vertreibung). Ihr
bloßes „Da-sein" bewirkte, dass der innerste Bestand und die damit verbundenen Gefühle getroffen wurden. Verdrängung und Schweigen gehörten schnell zum gesellschaftlichen Konsens, was die Fragen und Aussagen
des Exils umso peinlicher macht. Wenn Stella Rotenberg in „Vermächtnis
von Auschwitz" festhält: „Das Unheil, das uns vernichtet, / steht auch vor
deinem Gesicht. / (...) Sonst sind wir für nichts gestorben, / heute ich – und
morgen du."[25] Diese Peinlichkeit führt zur Abstoßung, zur Nichtzugehörigkeit. Das konkrete Schicksal des jüdischen Volkes, das als Minderheit zuerst
ausgestoßen wurde und an dem die europäische Gemeinschaft zerbrach,
wurde als eine Untat neben vielen anderen Untaten gesehen. Alle hatten ge-
litten, ob verwaist, verwitwet, ausgebombt, keiner ließ sich sein Leid durch
ein angeblich noch größeres Leid nehmen. Ruth Klüger spricht von einem
Erinnerungsschatz – „ein Besitz, und wer ihn uns entreißen will, macht uns
ärmer"[26]. So gehörte Auschwitz den Häftlingen, den Verfolgten, dem Judentum, dem Widerstand, bis heute vereint unter der Klassifikation „Opfer".

---

[25] S. Rotenberg: An den Quell, S. 85, wie Anm. 22.
[26] Ruth Klüger: Von hoher und niedriger Literatur. Göttingen: Wallstein-Verlag
      1996, S. 31f.

Die Rückkehrer verkörpern eine dissidente Gruppe und sie nehmen eine besondere Stellung im Gemeinwesen ein. Frauen waren von Ablehnung und vorurteilsbeladenem Misstrauen besonders betroffen. Sie waren stärker in den „gewöhnlichen" Alltag eingebunden und ihre Kritik oder Vorschläge könnten direktere, aggressivere und unverblümtere Reaktionen hervorgerufen haben. Frauen thematisieren antisemitische Vorfälle und Einstellungen weitaus öfter als männliche Rückkehrer. Die berufliche Stellung sowie gesellschaftliche und auch politische Verbindungen ließen diese darüber hinwegsehen. Eine selbstbewusste Dissidenz dieser Gruppe war bis in die 1980er-Jahre nicht möglich, aber doch auf andere Weise wirksam. Auffällig ist, wie sehr sich jüdische Remigranten und Remigrantinnen und ihre Nachkommen allgemeinen gesellschaftspolitischen Problemen zuwandten: Der Minderheitenfrage, Roma, MigrantInnen... Sie haben eine größere Sensibilität gegenüber Diskriminierungen, Verfolgungen in der Gegenwart, engagieren sich in entwicklungspolitischen Fragen und besitzen eine verstärkte Fähigkeit, differenzielle Persönlichkeitsentwicklungen soziologisch, psychologisch, kulturell wahrzunehmen.

Augenscheinlich haben es auch andere Gruppen schwer, sich in das österreichische Gemeinwesen hineinzufinden.

„Das gelobte Land" ist anderswo: Jakov Lind in den Niederlanden als Beispiel einer geglückten literarischen Integration [1]

Manfred Oberlechner

Nur aus der Angst lernt man. [2]

I. JAKOV LIND UND DIE NIEDERLANDE

Daß die Leute so nett waren … [3]

Mehr als 76 Prozent der Juden, welche in den Niederlanden zur Zeit der deutschen Okkupationszeit leben, werden deportiert, vorerst in das niederländische Durchgangslager Westerbork und von dort nach Auschwitz oder Sobibor. [4] Diese erschreckend hohe Zahl macht deutlich, wie wichtig der Zeitzeuge und Immigrant in die Niederlande Jakov Lind ist. Er – sein Geburtsname (13. 2. 1927 [5])

[1] Artikel: Jeanne Benay, Alfred Pfabigan, Anne Saint Sauveur (Hg.), *Österreichische Satire (1933–2000): Exil-Remigration-Assimilation*, Bern: Lang, 2003, S. 413–430.

[2] Jakov Lind im Interview mit mir am 28. 9. 2002. Ein zweites Interview führte ich mit dem Autor am 17. 10. 2002. An dieser Stelle möchte ich mich bei Jakov Lind noch einmal sehr herzlich bedanken.

[3] Jakov Lind auf die Frage, was er 1938 bei der Ankunft in den Niederlanden am Beeindruckendsten fand. Interview Lind, 28. 9. 2002.

[4] Beim deutschen Kriegseinfall am 10. Mai 1940 halten sich ungefähr 20.000 Flüchtlinge aus „Großdeutschland" in den Niederlanden auf, zwischen 1933 und 1939 flüchten rund 8.400 ÖsterreicherInnen dorthin. Hans Würzner, Kitty Zijlmans, *Oostenrijkse emigrantenliteratuur in Nederland 1934–1940: catalogus van de tentoonstelling*, 's-Gravenhage: Koninklijke Bibliotheek, 1986, S. 43. Auch NiederländerInnen tragen, vor allem durch infrastrukturelle Hilfe, zur Ermordung von Verfolgten bei. Die *Nationaal Socialistische Beweging* (NSB) wird 1931 von Anton Adriaan Mussert gegründet. Anfangs von Mussolini inspiriert, orientiert sie sich später an Hitler. 1935 gewinnt die NSB 12 Prozent, 10,8 Prozent und 9 Prozent der Stimmen bei den Gemeinderatswahlen in Den Haag, Amsterdam und Rotterdam. Während des Kriegs kollaboriert die NSB mit den deutschen Okkupatoren, zwischen 1941 und 1945 ist sie die einzig legale Partei. Nach dem Krieg wird sie aufgelöst und verboten, Mussert hingerichtet. Vgl. Gerhard Hirschfeld, *Fremdherrschaft und Kollaboration: Die Niederlande unter deutscher Besatzung 1940–1945*, Stuttgart: Deutsche Verlagsanstalt, 1984; Jaap van Donselaar, *Fout na de oorlog: fascistische en racistische organisaties in Nederland 1950–1990*, Amsterdam: Bert Bakker, 1991.

[5] In Biographien zu Jakov Lind wird sein Geburtsdatum mit 10. 2. 1927 angegeben. Tatsächlich ist Lind am 13. 2. 1927 geboren, sein Vater läßt ihn aber mit Datum 10. 2. 1927 registrieren. Lind vermutet, sein Vater sei diesbezüglich abergläubisch gewesen. Interview Lind, 17. 10. 2002.

lautet Heinz Landwirth[6] – beschreibt in der „Schule für Politik", das ist das zweite Kapitel seiner Autobiographie *Selbstporträt*[7], ausführlich seinen Flüchtlingsaufenthalt in den Niederlanden. Er schildert ihn aus der Sichtweise des jüdisch-österreichischen Flüchtlings aus Wien, der glücklicherweise – allerdings ohne Eltern, die zu dieser Zeit bereits nach Israel emigrieren – mit Hilfe der „Kindertransporte" die Niederlande erreicht. Jakov Lind schreibt lapidar: „Im Dezember 1938 ging ein Zug nach Hoek van Holland ab"[8]. Ohne niederländische Hilfe allerdings wäre die Flucht aus Wien nicht gelungen, denn die engagierte Amsterdamerin Truus Wijsmuller-Meijer ermöglicht das schier Unmögliche: Sie kann Adolf Eichmann 600 Kinder für die Emigration abringen, 500 von ihnen für England, die übrigen für die Niederlande.[9] In diesem niederländischen Kontingent aufgenommen sind Jakov Lind und zwei seiner Schwestern.[10]

In den Niederlanden angekommen wird Jakov Lind – nach einer Quarantäne in Den Haag – im Flüchtlingslager „Ockenburgh" untergebracht. Von ihm erfährt man, er habe sich neun Monate „in Schulen und Schlössern in Den Haag und Umgebung herumgedrückt"[11], bevor er im Alter von zwölf Jahren an eine jüdisch-zionistische Familie in Bussum weitergereicht wird:

> Am 2. November 1939, zwei Monate nach Kriegsausbruch, hielt der von einer gütigen Dame des Komitees für jüdische Flüchtlinge gesteuerte alte Austin mit mir auf dem Notsitz vor einem Haus mit Garten in einer ruhigen Straße einer unweit von Amsterdam gelegenen kleinen Stadt. Eine Mevrouw Van Raalte übergab mich lächelnd einer Mevrouw Van Son. Es war später Vormittag, Zeit zum Kaffeetrinken.[12]

---

[6] Von 1945–1950 lebt er unter dem Namen Jakov Chaklan in Israel. Landwirth können die Briten schlecht aussprechen, daher nimmt er den Namen Lind an. Interview Lind, 17. 10. 2002.

[7] *Selbstporträt* ist neben *Nahaufnahme* und *Im Gegenwind* Teil der autobiographischen Trilogie Jakov Linds und erscheint deutsch (Übersetzung von Günther Danehl) erstmals 1970 beim S. Fischer-Verlag, Frankfurt/Main, die Neuausgabe 1997 im Picus Verlag, Wien (Übersetzung von Jakov Lind und Günther Danehl), englisch erstmals 1969 beim Verlag Macmillan, New York, mit dem Titel *Counting My Steps*.

[8] Jakov Lind, *Selbstporträt*, Wien: Picus, 1997.

[9] Johannes Houwink ten Cate, „Jewish Refugees in the Netherlands and the Art of Survival", in: Andrea Hammel, Silke Hassler, Edward Timms (eds.), *Writing after Hitler: The Work of Jakov Lind*, Cardiff: University of Wales Press, 2001, S. 29–40, S. 30.

[10] Jakov Lind, „John Brown and his little Indians", in: *Times Literary Supplement*, 25. Mai 1973, S. 589–590, S. 589.

[11] J. Lind, *Selbstporträt* ..., S. 53.

[12] Ibid.

Hier spürt man schon den Erzählton, den Jakov Lind in der Folge für seinen
(Über-)Lebensbericht wählt. Hier spricht kein „armes Hascherl", wie man in
Wien sagt, kein unbeholfener und zu Tode verängstigter Mensch, hier spricht
der Autor, der mit einer rebellischen Distanz dramatische und lebensbedro-
hende Umstände schildert – und das nicht ohne ironischen Humor: „Nun
ging es los. Die Deutschen verwandelten ein fettes, schläfriges Land in den
Schauplatz wunderbarer, aufregender Abenteuer"[13], schreibt Jakov Lind
beispielsweise anlässlich des deutschen Kriegseinfalls in die Niederlande am
10. Mai 1940. Lind wählt in der niederländischen Immigrationszeit nicht
die passive Opferschiene und berichtet 25 Jahre später in seiner Biographie
darüber nicht in einem Ergriffenheitspathos, das voller Selbstmitleid, Anklage und Trauer über den Verlust des Unwiederbringlichen ist. Jakov Lind
schafft sich – freilich gezwungenermaßen – in den Niederlanden seinen eigenen Überlebensraum, seine eigene Überlebensidentität, eben weil seine
Außenrealität immer mehr einer Apokalypse gleichkommt. Er schafft sich
aber auch in seiner Biographie eine eigene ironisch-distanzierte, manchmal
satirisch-groteske Betrachtungsweise und Sprache in der Reflexion über das
Erlebte. Ironie und Satire ermöglichen ihm Distanz vor dem Ertrinken in
Trauer über Grausamkeit und Schmerz. Denn wer wie Jakov Lind über den
Holocaust schreibt, stößt unausweichlich auf die Grenzen des Sagbaren.
Sarkastisches, Satirisches und Ironisches sind hierbei ein Weg zum Selbst-
schutz vor, aber auch zum Ausdruck hin von Unsagbarem.[14] Dass Humor
und Witz, die mit Satire verbunden sind, eine Möglichkeit sein können, ein
Übermaß an Leiden abzuwehren, hat Sigmund Freud grundlegend unter-
sucht.[15] Mit dem Satirischen bei Lind verbunden ist jedenfalls sein spezifischer Humor, der eine wichtige Rolle als Waffe zum Überleben ist.

Lind betont, dass die meisten NiederländerInnen – im Unterschied zu ihm
selbst – nach dem Einmarsch der Deutschen, dem Rat der Königin folgend,
Ruhe bewahren, abwarten und nicht die Initiative ergreifen. Daher liebt Lind
die niederländischen PatriotInnen, die wie er „den Kampf aufnahmen", und
er „haßte die Juden, die verhaftet wurden"[16]. Denn Lind weiß, was „die Holländer noch lernen mußten: Jeder Tag wird Gerichtstag sein. Jeden Tag und
jede Stunde wird man sich fürchten müssen, das zu sein, als was man geboren
wurde"[17]. Manchmal hat man als Leser der Autobiographie *Selbstporträt* das
Gefühl, einem eisernen Überlebenskämpfer zuzuhören, einem Meister des
Überlebens mit dem sicheren Instinkt, das Notwendige und für den Augen-

---

[13] Ibid., S. 61.
[14] Ibid., S. 191.
[15] Sigmund Freud, „Der Witz und seine Beziehung zum Unbewussten (1905)", in:
      ders., *Psychologische Schriften*, Frankfurt/Main: Fischer, 2000, S. 9–219.
[16] J. Lind, *Selbstporträt* ..., S. 72.
[17] Ibid., S. 61.

blick Richtige zu tun, so, als wäre es selbstverständlich, dass man die Nazis überlebt. Allerdings ist auch klar, dass dieses Selbstvertrauen und diese Selbständigkeit, dieser autonome Überlebenswille Jakov Linds nicht von ungefähr kommen. Denn Jakov Lind wurzelt in der Angst, „Angst ist das Mark seiner Knochen"[18]. Er ist kein Unzerbrechlicher: An der Art seines Schreibens und seiner biographischen Reflexion spürt man, welchen psychischen und seelischen Tiefgang dieser Autor hat, wie verzweifelt und wütend er sein kann. Seine Reflexionskraft hilft ihm aber, darin nicht zu ertrinken oder zu zerbröseln. Die Beschreibung seiner LSD-Erfahrungen beweisen eindrucksvoll: Lind kann tiefe seelische Vorgänge genau mit Worten begreifen.[19] Das heißt, Jakov Lind ist kein Schelm[20], der nur Glück hat, dass er vom Tod oder völligen Wahnsinn nach dem Holocaust verschont bleibt als einer, der durch sein Schicksal taumelt und dümpelt – welch kurzsichtige Einschätzung. Jakov Lind ist ein Mensch, der sich bei vollem Bewusstsein der Realität stellt, diese genau ansieht, darüber reflektiert und davon das Wesentliche erfasst und dann erzählt, ohne dass der Ernsthaftigkeit und Authentizität seiner Ausführungen Schaden zukommen. Im Gegenteil, seine ironische Distanz, seine manchmal lakonischen und lapidaren Ausführungen, sein Weglassen von allzu viel Anklage, Rechtfertigung, Selbstmitleid und pathetischer Ornamentik stellen den Blick frei für das Wesentliche. Daher nimmt Jakov Linds Beschreibung der gesellschaftlichen wie eigenen Situation in den Niederlanden zwischen Ende 1939 und November 1943 in seinem *Selbstporträt* nicht die Form einer dokumentarischen Abhandlung an, in der Fakten akribisch aufgefädelt sind. Im Gegenteil: Selektiv und gekonnt inszeniert Jakov Lind seine autobiographischen Erinnerungen mit Dramatik und Höhepunkten – dem Leser wird so gar nicht fad auf diesem niederländischen Wegabschnitt.

Jakov Lind, Jahrgang 1927, durchgeht in den Niederlanden eine „Schule der Politik", hier wird er erwachsen, wenn auch um den Preis einer sehr erschwerten Identitätsfindung, denn er nimmt nach außen und auch nach innen hin zwangshalber eine neue, eine zweite Identität an, um zu überleben. Er macht sich hier zum Niederländer Jan Gerrit Overbeek, geboren zu Aalten, Provinz Geldern, am 7. Januar 1926, denn „wer nicht durch besondere Bescheinigungen nachweisen konnte, dass er sein Leben der deutschen Kriegsanstrengung widmete, wurde (...) nach Westerbork geschickt, der nächsten Station auf dem Weg ins Nirwana"[21]. Weiters schreibt Lind:

---

[18] Ibid., S. 9.
[19] Jakov Lind, *Im Gegenwind*, Wien: Picus, 1997, S. 120ff.
[20] Marcel Reich-Ranicki liest Linds *Selbstporträt* streckenweise wie eine „Schelmengeschichte" (seine Rezension findet man auf dem Umschlag zur Picus-Ausgabe von 1997). Darauf angesprochen sagt Lind: „Der weiß überhaupt nicht, was er redet, ‚Schelmengeschichte' ist ein blödes Wort und es entspricht mir gar nicht." Interview Lind, 28.9.2002.
[21] J. Lind, *Selbstporträt* ..., S. 67.

Auf unserer stets mitzuführenden Kennkarte stand ein großes schwarzes J, ein Haken, an dem alle hängenblieben, die sich weigerten, den gelben Stern zu tragen. Zu Ladengeschäften, Straßenbahnen und Kinos war uns der Zutritt verwehrt. Man beraubte die Tiere im Zoo des Anblicks jüdischer Familien.[22]

Der Jude Jakov Lind, und das ist eine sehr schmerzliche Selbsterkenntnis in den Niederlanden, beginnt die Juden zu hassen, weil sie für ihn den Tod verkörpern. In Amsterdam muss Lind zusehen, wie Juden bei Razzien verhaftet und – aus seiner Sicht passiv wie Schafe – zu den Schlächtern nach Deutschland geführt werden:

Die Nichtjuden mußten raus aus dem alten Ghetto, die Juden mußten rein. Da das alte Ghetto nicht groß genug war, erklärten die Deutschen den jüdischen Teil des afrikanischen Viertels im Neuen Osten zum neuen Ghetto. Hier und da erschien eine Bekanntmachung, einige Rollen Stacheldraht taten das übrige. Das Ghetto war offen, nicht abgeriegelt wie die polnischen Ghettos (...). Ich wollte mit diesen Menschen nichts zu tun haben, mit dieser entfernten Verwandtschaft. Zu vertraut war mir die Art, wie sie zusammengedrängt auf den Holzbänken der Lkw hockten, sich an ihr Gepäck klammerten, zu Füßen die Kinder mit ihrem Spielzeug und den Puppen. Dieser Lärm, dieses Gewimmel – nicht einmal von Amsterdam nach Utrecht hätte ich im gleichen Abteil mit ihnen reisen wollen, und schon gar nicht den ganzen Weg nach Polen. Es sind langweilige, stumpfe Leute, man kann kein gescheites Wort mit ihnen reden. Typische Verwandte eben.[23]

Er, der sich von nun an Jan Gerrit Overbeek nennen wird, wirft in den Niederlanden viel von dem über Bord, was er in Wien in der „Schule für Metaphysik"[24] mit auf seine Lebensreise bekommen hat: All die politischen „Ismen", all die Hirngespinste, die Idealismen, den Zionismus, den Sozialismus, den orthodoxen Judaismus. Jakov Lind will überleben und vor allem die Nazis überleben. Deshalb hasst er die Juden und taucht in den niederländischen Untergrund ein, mit gefälschten Papieren, die Nazis trickst er gekonnt aus:

Ich wußte, daß ich die Deutschen leicht reinlegen kann mit meinem falschen Paß. Das wußte ich einfach. Die kamen mir nicht so gewieft vor, wie sie sich gemacht haben. Ich glaub', die sind ziemlich doof eigentlich. Und das hat sich auch erwiesen, die waren auch doof. (...) Der Hitlerismus war sicher nicht gescheit, das ist eine Blödheit aus Oberösterreich.[25]

---

[22] Ibid.
[23] Ibid., S. 76, S. 86.
[24] Titel des ersten Kapitels von *Selbstporträt*.
[25] Interview Lind, 28.9.2002.

Zuvor macht Lind in Bussum Bekanntschaft mit dem typisch niederländischen liberalen Bürgertum[26], welches sich vom Bürgertum in Wien sehr unterscheidet. Die Juden in Bussum sind, so wie in den Niederlanden ganz allgemein, weitgehend in die übrige Bevölkerung integriert oder darin assimiliert, antisemitische Auswüchse wie in Wien fehlen. In den Niederlanden macht Jakov Lind die wichtige Erfahrung, dass auf Naziokkupationen nicht nur Jubelveranstaltungen à la Wiener Heldenplatz folgen können, sondern, dass sich dagegen auch ein massenhafter Zivilprotest formieren kann, wie dies in Amsterdam im so genannten „Februarstreik" von 1941 in Reaktion auf Judenprogrome auch geschieht. Und das gibt dem verfolgten und diskriminierten Wiener Flüchtlingskind mit Sicherheit Hoffnung, dass die Welt überall so schlecht nicht sein kann.[27] Der Geist, der in den Niederlanden weht, ist ein frischer, vom „Atlantik her", ein im Vergleich mit dem Wiener Zeitgeist anderer: kein modriger Biedermeiergeist, verstaubt und hasserfüllt, der wenig Lust auf Zukunft macht, sondern ein protestantisch geprägter, humanistischer und nüchterner Zeitgeist.[28] Lind schreibt:

---

[26] J. Lind, „John Brown ...", S. 589.

[27] J. Lind, *Im Gegenwind* ..., S. 145.

[28] Bereits im 17. und 18. Jahrhundert sind die Niederlande ein Flüchtlingsland, wo Fremde leichter als anderswo in Europa ihre Existenz aufbauen können. Während des Ersten und Zweiten Weltkriegs flüchten religiös, politisch bzw. ethnisch Verfolgte in die Niederlande, nach dem „Februaraufstand" von 1934 und besonders nach dem „Anschluss" von 1938 kommt es zu großen österreichischen Immigrationswellen in die Niederlande. Man spricht in diesem Zusammenhang von einer Tradition der Gastfreundlichkeit und Toleranz, die sich in der Folge in mehrfacher Hinsicht – nicht nur in ökonomischer – für das Einwanderungsland ausgezahlt hat. Vgl. Jan Lucassen, Rinus Penninx, *Nieuwkomers, nakomelingen, Nederlanders: immigranten in Nederland 1550–1993*, Amsterdam: Meulenhoff, 1994; Daan Bronkhorst, *Een tijd van komen: De geschiedenis van vluchtelingen in Nederland*, Amsterdam: Jan Mets, 1990; Anne Frank Stichting, *Vreemd Gespuis*, Amsterdam: AMBO/NOVIB, 1987. Generell wird in diesem Land nach Konsens gestrebt, nach einer Form der friedlichen Koexistenz. Diese Art von politischem Pragmatismus ist die notwendige und kalkulierte Akkommodation an die vorhandene Religionspluralität in den Niederlanden. Das Gemeindearchiv der Stadt Haarlem weist etwa für das Jahr 1791 20.927 Einwohner aus, davon sind 12.109 Reformierte, 1.140 Mennonieten, 114 Juden und 225 ohne Bekenntnis. Christine van Boheemen-Saaf, „The Fiction of (National) Identity: Literature and Ideology in the Dutch Republic", in: Margaret C. Jacob, Wijnand W. Mijnhardt (eds.), *The Dutch Republic in the Eighteenth Century*, Ithaca, London: Cornell, 1992, S. 241–252, S. 245. Vgl. Heinz Schilling, „Religion und Gesellschaft in der calvinistischen Republik der Vereinigten Niederlande – ‚Öffentlichkeitskirche' und Säkularisation; Ehe und Hebammenwesen; Presbyterien und politische Partizipation", in: Franz Petri (Hg.), *Kirche und gesellschaftlicher Wandel in deutschen und niederländischen Städten der werdenden Neuzeit*, Köln, Wien: Böhlau, 1980, S. 197–250.

Jeder Holländer stand auf seiten der Juden. Holland war ein gutes, ein freundliches, ein reiches Land. Immer gab es Geld für Kinokarten und Eiswaffeln, und man durfte sagen, was man wollte.[29]

Lind sieht die NiederländerInnen „als tolerante und liberale Menschen"[30], in weniger als drei Monaten lernt er niederländisch sprechen und schreiben[31], das Niederländische – „eine Sprache, für die man sich nicht zu schämen brauchte"[32] – wie auch das Englische, helfen dem jungen Mann, sich selbst eine größere Welt zu schaffen und gleichzeitig gegenüber seiner Wiener und österreichischen Herkunft die für ihn nötige Distanz aufzubauen. Seine bemerkenswerte Sprachenbegabung – bis heute spricht er perfekt Niederländisch, auch mit einer seiner Schwestern; er hat regelmäßig Kontakt zu seinen niederländischen Freunden, die er mehrmals im Jahr in Amsterdam besucht[33] – ermöglicht ihm die überlebensnotwendige Tarnung als Jan Gerrit Overbeek. Sein Niederländisch muss dafür sehr authentisch wirken, einen etwaigen Akzent begründet Lind auf lästiges Nachfragen damit, dass seine österreichische Mutter nach dem Ersten Weltkrieg in die Niederlande ausgewandert sei und dort den Niederländer Overbeek geheiratet habe.[34]

2. „DAS GELOBTE LAND" IST ANDERSWO

Die NiederländerInnen sind bis heute ein religiös inspiriertes Volk geblieben.[35] Wie eng die ökonomische Wohlfahrt und Nationalstaatsbildung in den Niederlanden mit einem Getöse religiös inspirierter Ermahnungen verwoben sind, hat Simon Schama in *The Embarrasment of Riches*[36] überzeugend herausgearbeitet. An anderer Stelle schreibt Schama:

---

[29] J. Lind, *Selbstporträt* ..., S. 56.
[30] Interview Lind, 28.9.2002.
[31] J. Lind, „John Brown ..., S. 589.
[32] J. Lind, *Im Gegenwind* ..., S. 12.
[33] Ibid., S. 155: „(...) In London konnte ich mir nicht erklären, warum die Frauen gerade meinen österreichisch-holländischen Akzent so verführerisch fanden", wundert sich Lind.
[34] J. Lind, *Selbstporträt* ..., S. 93.
[35] Vgl. Ernest Zahn, *Das unbekannte Holland: Regenten, Rebellen und Reformatoren*, München: Goldmann, 1993.
[36] In dt. Übersetzung: Simon Schama, *Überfluß und schöner Schein: Zur Kultur der Niederlande im Goldenen Zeitalter*, München: Kindler, 1988.

> Dutch national identity had been shaped by the appropriated self-image of re-
> born and resworn Hebrews, destined to enjoy the favours of Providence just so
> long as they remained faithful to the Ark of the Covenant.[37]

Die NiederländerInnen haben sich selbst lange Zeit als diejenigen angesehen, welche in einem gelobten Land leben und dafür aus einem Ägypten
– in ihrem Fall das spanische Regime Philipps II. – ausgezogen sind. Für
Jakov Lind sind die Niederlande eine entscheidende Station auf seinem Exodus nach Israel. Und obwohl die Niederlande für ihn ein „neutrales, fettes,
schönes Land waren, wo es keine Diktatur gab, wo die Leute so nett waren
und uns herzlich aufgenommen haben"[38], bleibt er auch hier „fern von den
Fleischtöpfen Ägyptens und weit vom Gelobten Land"[39]. Denn „das Gelob-
te Land" sind die Niederlande für Jakov Lind nicht. Das „Land seiner Träu-
me"[40], um den Hass zu überleben, der konkrete Glaube und seine Kraftre-
serve ist Israel. Selbst glaubt er fest, sollte er „Dein Vergessen, Jerusalem,
möge meine rechte Hand verdorren"[41]. Und obwohl er als Vierzehnjähriger
in Gouda die zionistische „Jugendfarm" und Gartenbauschule „Catheri-
nahoeve" für „Palästinapioniere" besucht, diese aber nicht als eine Vorbereitung auf ein Leben in Israel begreift, sondern vielmehr als ein „stummes,
unsozialistisches, eigensüchtiges, unzionistisches, kollektives Onanieren"[42]
abtut, ist und bleibt es Linds Ziel, sein „Gelobtes Land Israel" zu erreichen,
es zu erleben und dafür die Nazis zu überleben. Nur der Gedanke an diese
Zukunft hilft ihm – dem vom Elternhaus her liberalen und unorthodoxen
Juden – das, was noch vor ihm liegt, nämlich den Holocaust zu überleben.
Und das, obwohl Lind selbst nur überlebt hat, indem er Juden hasst, das
heißt, sich selbst hasst, und sich dabei die Gefühle der Nazitäter zu eigen
macht bzw. sich mit ihnen identifiziert:

> Den größten Teil des Tages verbrachte ich mit der Betrachtung meines Gesichtes
> im Spiegel. Ich hatte die Kennkarte, die Lebensmittelkarten und eine Anschrift.
> Ich war Jan Overbeek. Aber ich sah nicht so aus. Noch nicht. Meine Nase ist ge-
> rade, so gerade wie Hitlers Nase, aber mit den Augen stimmte etwas nicht. Nicht
> mit dem Sehvermögen, sondern mit dem Ausdruck. Die Deutschen meinten, der
> Jude hängt an der Nase – doch der Jude steckt in den Augen, jedenfalls die Sorte
> Jude, die man auch ohne Davidstern erkannte. Dieser Jude hatte einen gewissen

---

[37] Simon Schama, „The Enlightenment in the Netherlands", in: Roy Porter, Mikuláš
   Teich (eds.), *The Enligthenment in National Context,* Cambridge, u.a.: Univ. Press,
   1981, S. 54–71, S. 66.
[38] Interview Lind, 28.9.2002.
[39] J. Lind, *Selbstporträt ...,* S. 66.
[40] J. Lind, *Im Gegenwind ...,* S. 132.
[41] J. Lind, *Selbstporträt ...,* S. 51.
[42] Ibid., S. 64.

weichen, nachdenklichen Blick. Einen Blick von Beschämtheit und Demut, einen weisen Blick, einen sinnenden Blick. Das alles mußte ich loswerden (...).[43]

Gut nachvollziehbar, wie befreiend es für Lind später wirkt, hautnah in
Deutschland, im „Rachen des Ungeheuers" selbst, mitzuerleben, wie die
Deutschen und Deutschland in die Luft fliegen, getroffen von Bomben der
Alliierten, die gleichzeitig auch Jakov Lind aus seiner unheilvollen Zwangsidentität befreien.[44]
    Ohne die maximal dreijährige agrarische Ausbildung in „Catherinahoeve" abzuschließen, verlässt Lind aber zunächst Gouda und lebt in einer jüdischen Familie in Hilversum, untergebracht bei der Familie De Haan, später
in zwei verschiedenen Familien in Amsterdam, u.a. bei der Familie Granaat.
Organisiert werden diese Aufenthalte wie schon zuvor vom „Komitee für jüdische Flüchtlinge" in den Niederlanden, welches später in den „Jüdischen
Rat" in Amsterdam inkorporiert wird.[45] Mit Einführung der Pflicht für alle
über vierzehnjährigen Juden in den Niederlanden, den Personalausweis mit
einem „J" für „Jude" jederzeit auf Befehl vorzuweisen, dann mit der Pflicht,
ab April 1942 den „Judenstern" deutlich sichtbar zu tragen, und mehr noch
mit dem Beginn der für jeden unübersehbaren systematischen Deportation
von Juden in so genannte deutsche „Arbeitslager" ab Juli 1942, wächst der
Hass und gleichzeitig der Überlebenswille Jakov Linds noch zusätzlich.[46]
    Um der Deportation zumindest zeitweise zuvorzukommen, versucht
Lind eine Ausnahmegenehmigung davon zu erlangen, was ihm auch gelingt
und ihm die nötige Zeit gibt, sich eine neue Identität mit den dafür nötigen
falschen Papieren und eine neue Unterkunft zu verschaffen, um schließlich ab Juni 1943 in den Untergrund zu gehen. Vom zionistischen „Jugendpionier"-Verband in Amsterdam mit falschen Papieren ausgestattet, verlässt
er Amsterdam dann in Richtung plattes Land, um in Zeist als Gartenarbeiter unterzukommen:

Kuperus, mein Arbeitgeber, der mit den Deutschen auf dem richtigen Fuß stand,
hielt zwei Juden und einen jungen Marineleutnant versteckt. Er selbst, Gartenarchitekt und wichtiger Mann in der örtlichen Resistance, versteckte sich vor
den neugierigen holländischen Nazis hinter Blumen.[47] (...) Mein tiefer und ehr-

---

[43] Ibid., S. 90.
[44] Ibid., S. 111f.: „Diese Therapie, die apokalyptische Therapie, kurierte viele Beschwerden. (...) In Ludwigshafen und Mannheim, in Heilbronn und Duisburg, in
Leverkusen und Herne und in weiteren zwei Dutzend Städten wurde ich mindestens zweimal die Woche geboren und wiedergeboren."
[45] J.H. ten Cate, „*Jewish Refugees* ...", S. 34.
[46] J. Lind, *Selbstporträt* ..., S. 100.
[47] Ibid., S. 94.

licher Glaube, daß die Holländer die menschlichsten aller Europäer sind, hängt
mit dem Krieg und dem protestantischen Landschaftsgärtner Jan Kuperus in
Zeist zusammen, dem ich mein Leben verdanke.[48]

Im Herbst 1943 verschärfen sich die Bedingungen in den Niederlanden noch
zunehmend, auch Nichtjuden werden zu Zwangsarbeiten nach Deutschland
verfrachtet:

> Um das Entstehen einer Untergrundarmee zu verhindern, gaben es die Deut-
> schen auf, abzuwarten, bis ihre ‚arischen Brüder' sich freiwillig zur Fahne mel-
> deten. Die Männer zwischen achtzehn und fünfunddreißig wollten einfach nicht,
> also mußte man sie holen.[49]

Da auch Jan Gerrit Overbeek auf der Liste derer steht, die man jederzeit zu
Zwangsarbeiten nach Deutschland holen kann, tritt er die Flucht nach vorne
an und verdingt sich als Schiffsjunge auf Rheinschleppern. Er überschreitet
„einen Meridian in ein neues Selbst"[50] – mitten hinein ins Nazideutschland.

3. Die Angst ist seine Wurzel: Satirisches von Jakov Lind

Man kann sich nicht zu ernst nehmen,
Und: Man kann sich auch nicht zu unernst nehmen. Das ist eine Waage.[51]

Alles Witz ist nicht wahr,
Alles Nicht-Witz ist auch nicht wahr.[52]

Jakov Lind hat die Angst zur Wurzel. *La Peur est ma racine* ist der Titel der
französischen Übersetzung von *Selbstporträt*, erschienen bei Gallimard in
Paris 1974. Lind benennt diese Tatsache offen – und das macht ihn stark und
authentisch. Er macht kein großes Geheimnis daraus. Er ist kein Meister
des Verdeckens und Retuschierens. Ihm ist das vordergründige Wortfassa-
denspiel zu wenig und auch zu unbefriedigend, in diesem Sinne ist für ihn
weniger mehr. Er ist kein Schwadroneur und kein Verleugner, Tabus liegen
ihm nicht. Das offene Wort schätzt er, die wahre Einsicht sucht er. Auch
das macht ihn stark. Jakov Lind ist auf seiner Spurensuche kein wehleidi-
ger Raunzer, kein strenger Oberlehrer, der mit erhobenem Zeigefinger vom

---

[48] J. Lind, *Im Gegenwind ...*, S. 143.
[49] J. Lind, *Selbstporträt ...*, S. 100.
[50] Ibid., S. 104.
[51] Interview Lind, 28.9.2002.
[52] Ibid.

Dämonischen und Miserablen kündet. Er ist vielmehr ein genauer Beschreiber der Realität, ein Geschichtenerzähler, der das Reale – wenn geboten – mit Hilfe des Phantastischen und Unrealen kontrastierend hervorhebt, so weit, dass sich das eine oder andere als grotesk, skurril oder albtraumhaft ausnimmt und zum Satirischen mit grausig-brutalem Humor wird. Aber es bleibt, was es im Grunde ist, die ernste Realität. Denn prinzipiell ist Jakov Lind immer ernst. Mit seinen eigenen Worten: „Für sehr Ernstes muß man Humor gebrauchen, sonst kann man damit nichts anfangen. (...) Ein alter jüdischer Witz lautet: Die Juden lachen schon wieder, es ist Zeit, daß wir verschwinden"[53].

Lind ist kein ewig nörgelnder Kritiker, der mit der Realität nicht auskommt, er ist ein Autor mit dem Gespür für satirische Pointen, die, wenn nötig, nachhelfen, das Wesentliche und Reale einer Situation herauszuholen. Die Erfahrungen, die Jakov Lind macht, würden für nicht Wenige ausreichen, um in Psychosen und Neurosen bis ans Ende ihrer Tage völlig gefangen zu bleiben, nicht so bei Lind: Er sucht immer den Weg zur Realität aus dem Wahnsinn, und hilft sich dabei mit Humor, mit Ironie, mit Lachen angesichts der Katastrophe. Hier steckt seine eigentliche satirische Kraft. Nach außen hin mag das an manchen Stellen wahnwitzig und grotesk wirken. Manchmal absurd. Aber Lind trotzt auf diese Weise dem Dämonischen, er lacht ihm entgegen und gibt hierbei seinen Humor nicht preis. In diesem Sinn ist er ein sperriger Trotzkopf. Ihn allerdings als einen Satiriker zu bezeichnen, würde über das Ziel schießen, auch aus der Sicht Jakov Linds selbst.[54]

Jakov Lind stellt auf diesem Weg vor allem unter Beweis, wie man durch Selbstreflexion – im Niederländischen spricht man von *bespiegeling* als einer „inneren Einkehr" – seine eigene Angst überwinden kann, denn:

> Wenn man umkommt vor Angst, dann kann man's nicht überleben. Dann ist es ,too bad'. Jedes Tier, jeder Mensch, jedes Blatt ist anders vom andern gebaut, und eines stirbt früher, das andere später, und die Starken bleiben, und die Optimisten, das sind die Starken. Keine Frage. Keine Frage, die überleben den Hitler, den Saddam und weiß der Teufel, was noch kommt.[55]

Jakov Lind denkt das Unerträgliche erträglich. Er ist kein hämischer Spötter, ihm liegt die intellektuelle Besserwisserei nicht, bei ihm findet man kein wehleidiges Klagen über das Scheitern großer Idealismen. Jakov Lind ist vielmehr der, der vorausgeht, der keine Angst vor Bewegung und Veränderung hat. Er hat von Kindheit an gelernt, sich Veränderungen anzupassen

---

[53] Ibid.
[54] Ibid.
[55] Ibid.

und dabei autonom zu sein. Seine Mutter hat ihm beigebracht, das „Nichts" auszuhalten, „seinen Augen und seinem Hirn zu vertrauen", das heißt, ein Realist zu sein.[56] Dem Allzuvertrauten bleibt Lind auch heute fremd, es ist ihm langweilig, vielleicht sogar unheimlich. Er sucht das Neue, er sucht die Herausforderung.

Dem Dämonischen trotzt er. Nicht weil er es nicht kennt. Er kennt es in sich selbst, er kennt den Judenhass aus eigener Hand. Was er über das Dämonische und Böse zu schreiben weiß, ist sehr authentisch. „Die Essenz der Geschichte, die ich zu erzählen hatte, ist ganz kurz: Die Inhumanität des Menschen gegen den Menschen, die Unmenschlichkeit im sogenannten Bürger – die ganze Lüge"[57]. Lind schreibt nicht wie das „jungfräuliche Opfer", das vom Täter keine Ahnung hat – er schreibt als Opfer und kennt die Täter. Die Einschätzung, dass Jakov Lind Berufe und Frauen wechselt, „um lediglich Bestätigung für seine Menschenverachtung zu suchen und zu finden"[58], ist eine Missinterpretation. Lind sucht zwar während seiner Odyssee Sex, viel Sex, um sich auch zu vergewissern, dass er noch am Leben ist. Was Lind aber vielmehr macht, ist sich mit Ironie und Witz über sich selbst lustig zu machen. Denn er kann das Hoffen nicht lassen, er ist und bleibt ein unverbesserlicher „Weltretter", der den Traum von Toleranz und Frieden nicht zynisch begraben hat. Gründe dafür gäbe es ja zuhauf. Jakov Lind ist aber mit Sicherheit eines nicht: Er ist kein Nihilist, er ist kein Menschenverächter. Lind bleibt Optimist, denn „Pessimisten haben ja nichts zu verlieren. Pessimisten haben immer Recht, Optimisten hoffen auf etwas anderes"[59]. Immer hat er das gewusst, dass er „den Hitler überlebt, die ganze Bande"[60].

---

[56] Ibid.: Zu Selbstvertrauen verhilft ihm auch sein Vater: „Mein Vater war auch nicht unklug in dem Sinne, denn er sagte, wenn du dir selbst nicht vertraust, wenn du nicht an dich selbst glaubst, wer soll denn an dich glauben. Das war ziemlich gut."

[57] Ibid.

[58] Joseph P. Strelka, *Des Odysseus Nachfahren: Österreichische Exilliteratur seit 1938*, Tübingen, Basel: Francke, 1999, S. 57.

[59] Interview Lind, 28.9.2002.

[60] Ibid.

4. Jakov Lind und Österreich

Die Nazis glaubten, daß sie die Juden loswürden, und umgekehrt war es nicht anders.
Wir wurden die Österreicher und die Nazis los.[61]

Jakov Lind schreibt zunächst in österreichisch-deutscher[62], in der Immigration auch in niederländischer, seit Ende der 1960er-Jahre ausschließlich in englischer Sprache. „I had to come out of my own inner self, and this inner self thinks and dreams in a mixture of Viennese, Dutch and Hebrew, besides English"[63]. Lind hat den Sinn für Humor in der deutschen Sprache aber verloren, seitdem er erlebt, wie die Nazis mit dieser Sprache Menschen vernichten.[64] Es ist allerdings der österreichisch-deutsch-jüdische Humor, der ihn zweifeln lässt, ob er sein österreichisches Deutsch würde vergessen können.[65] Lind hat inzwischen aber auch einen holländischen Humor, mittlerweile auch einen englischen.[66] In den Niederlanden schreibt Lind Gedichte, Bühnensketche, Essays und Erzählungen vor allem in deutscher Sprache.[67] Mit Cilly Levitus,

---

[61] Jakov Lind, „Jahrgang 1927", in: Manfred Delling, Karl-Heinz Janßen, Jakov Lind, *Jahr und Jahrgang 1927*, Hamburg: Hoffmann&Campe, 1967, S. 123–152, S. 134.

[62] J. Lind, *Selbstporträt ...*, S. 91: „Was mir an den Deutschen seit je und am meisten zuwider war, ist selbstverständlich ihre Sprache, die Art, wie sie unsere Sprache benutzen. Österreichisch, wie man es von Prag bis Triest spricht, von Bukarest bis Salzburg, wie es die Leute aus Krakau und Budapest, Zagreb und Czernowitz sprechen, war das wirkliche Deutsch."

[63] J. Lind, „John Brown ...", S. 589.

[64] Jakov Lind, Redebeitrag zum Thema „The Humanities and Culture Heroes", in: *Partisan Review* LIX(1992)4, S. 730–736, S. 734.

[65] J. Lind, *Im Gegenwind ...*, S. 61.

[66] Interview Lind, 28.9.2002.

[67] J. Lind, *Redebeitrag ...*, S. 733. Während seines Exils in den Niederlanden wird nichts davon veröffentlicht. In Übersetzung in das Niederländische erscheinen später Werke Linds u.a. bei der Uitgeverij de Bezige Bij, Amsterdam: *Een ziel van hout* (dt. *Eine Seele aus Holz*), 1962; *Landschap in beton* (dt. *Landschaft in Beton*), 1963; *Ergo* (dt. *Eine bessere Welt*), 1967; *Stap voor stap* (dt. *Selbstporträt*), 1970; *Close-up* (dt. *Nahaufnahme*), 1972; *Trip naar Jerusalem* (dt. *Israel. Rückkehr für 28 Tage*), 1973. Allgemein betrachtet ist der Anteil der österreichischen SchriftstellerInnen an der in den Niederlanden erscheinenden Exilliteratur groß. Die Bedeutung, welche die Niederlande für die österreichische Exilliteratur hat, liegt aber weniger darin, dass hier sehr viele österreichische SchriftstellerInnen einen neuen Aufenthaltsort gefunden hätten, sondern, dass sich hier die Verleger finden, die bereit sind, die von den Nazis verfemten Bücher zu drucken, wie etwa der Querido-Verlag und Verlag Allert de Lange in Amsterdam. In die Niederlande emigrieren neben Jakov Lind u.a. Herbert Stifter, Martha Tausk und Uriel Birnbaum. Vgl. Hans Würzner (Hg.), *Österreichische Exilliteratur in den Niederlanden 1934–1940*, Amsterdam: Rodopi, 1986; J.P. Strelka, *Des Odysseus Nachfahren ...*, S. 56.

seiner Geliebten, spricht er als Sechzehnjähriger niederländisch ebenso wie später mit seiner ersten Ehefrau Ida. Für Cilly schreibt er niederländische Briefe, im Exil verfasst Lind ein Tagebuch in niederländischer Sprache, das er später verliert, und ein Theaterstück in niederländischer Sprache, das allerdings nicht veröffentlicht wird.[68] Denn: „Even by writing unpublishable stuff, I felt that I was figthing the Nazis"[69]. Das Niederländische, das „über zweimal so kurz ist wie das Deutsche", dabei sehr konkret und pragmatisch, hilft Lind, „kurz und bündig und scharf, aber nicht unherzlich" zu formulieren, es verhilft ihm zu einem konkreten Schreibstil, der auf *gekheid*, Unsinn, und *flauwe kul*, nämlich dummes Zeug, verzichtet.[70] Lind geht noch weiter und bezeichnet das Niederländische als die „Sprache der Toleranz".[71]

In Jakov Lind steckt die Seele des Mitteleuropäers, „die gediegene Handarbeit aus dem neunzehnten Jahrhundert"[72]. Er ist darin allerdings nicht stecken geblieben, was von manchem daheimgebliebenen Wiener nicht behauptet werden kann. Lind ist weitergegangen, die Vertreibung hat ihn in Bewegung gesetzt, zu seiner Wiener Seele haben sich eine niederländische, eine britische, eine israelische dazugesellt, und Jakov Lind bezeichnet sich heute als Kosmopolit. Obwohl Lind in London zu Hause ist, ist er kein Londoner, er ist kein zum britischen Autor assimilierter Österreicher. Heimholungen nach Österreich unter dem Motto „österreichischer Exilschriftsteller" muten ihn sonderbar an. Diese vereinnahmende Umarmung braucht er nicht, vor allem, wenn man bedenkt, dass Linds Werke in Österreich bis Ende der 1990er-Jahre meist mit großem Ressentiment aufgenommen werden.[73] Lind bleibt demgegenüber autonom. Anbiederungen an Österreich hat er nicht nötig. 1983 erhält er den Preis der Literatur-Initiative der Girozentrale Wien, 1997 die Goldene Ehrenmedaille der Stadt Wien. Auch wenn er „Sicherheit und Zuhause" am ehesten mit Israel verbindet, möchte er nicht in Israel leben. Denn „auch wenn ich übermäßig katholisch wäre, würde ich nicht gerne in Rom leben"[74]. Lind lebt lieber unter Leuten, die ihm fremd sind, er braucht den Kontrast der Umgebung, die ihn inspiriert.

---

[68]	Interview Lind, 17. 10. 2002.
[69]	J. Lind, *Redebeitrag ...*, S. 734.
[70]	Interview Lind, 28. 9. 2002.
[71]	Interview Lind, 17. 10. 2002.
[72]	J. Lind, *Selbstporträt ...*, S. 22.
[73]	Silke Hassler, *Umwege zum Ehrenkreuz: Zur Rezeption von Jakov Lind im deutsch- und englischsprachigen Raum*, Wien: Dipl.-Arbeit, 1998, S. 98. *Eine Seele aus Holz* handelt von der Bosheit der ÖsterreicherInnen. Vielleicht ein Grund, warum man sich in Österreich, dass sich selbst zu lange als Opfer des Nationalsozialismus sieht, mit dem Buch schwer tut.
[74]	Interview Lind, 28. 9. 2002.

Jakov Lind ist kein österreichischer Autor. Österreich und Lind sind geschieden und die Scheidung ist „perfekt". Man hat zwar „gegenseitiges Besuchsrecht", in Österreich auf Dauer leben will Lind nicht: Österreich ist für ihn heute „geistig weit weg"[75]. Das vergangene Österreich ist für ihn vergangen, melancholische Rückkehr- oder Wiedervereinigungsphantasien sind nicht seine Sache. Zurück nach Wien will er schon in seinem niederländischen Exil nicht mehr, vielleicht schon eher in sein „geliebtes Land heimkehren, in eine Kindheit des Jungschen Unterbewußtseins"[76]. Obwohl Lind 1951 von Israel über Amsterdam kommend ins Nachkriegs-Wien zurückgekehrt und dort am Max-Reinhardt-Seminar Regie studiert, verlässt er Wien schon wenig später. Noch 1969 schreibt er, dass er „nach dreißig Jahren, da ich bei der geringsten Herausforderung Wien verfluche oder lächerlich mache"[77], in diese Stadt verliebt sei, sieht aber gleichzeitig, dass er eigentlich in seinen Hass verliebt ist.

Der schwierige Ablösungsprozess von Österreich ist heute abgeschlossen. Das heißt, die Wunden sind vernarbt. Jakov Lind wohnt und schreibt seit nunmehr 48 Jahren in London, er lebt dort, früher auch in New York, und in Deya, Mallorca, weil es ihm dort gefällt. Er ist dort nicht im Exil. 1954 ist Lind freiwillig von Wien weggegangen, um in London und später bis 1993 auch in New York zu leben. Er ist ein israelisch-niederländisch-wienerisch-britischer Schriftsteller, Schauspieler, Regisseur und Aquarellmaler. Er vertritt kein Land. Nicht verwunderlich also, wenn Jakov Lind schreibt, er werde zum Holländer, sobald er mit Freunden aus Amsterdam holländisch spricht: „Ich liebe ‚unsere' holländische Sprache, ‚unseren' Amsterdamer Humor"[78]. Denn erst die niederländische Identität hat ihm das Überleben im Nazideutschland ermöglicht.

LITERATUR

Anne Frank Stichting, *Vreemd Gespuis*, Amsterdam: AMBO/NOVIB, 1987.

Benay, Jeanne, Alfred Pfabigan, Anne Saint Sauveur (Hg.), *Österreichische Satire (1933–2000): Exil-Remigration-Assimilation*, Bern: Lang, 2003.

Berkvens-Stevelinck, C., J. Israel, G.H.M. Posthumus Meyjes (eds.), *The Emergence of Tolerance in the Dutch Republic*, Leiden, New York, Köln: Brill, 1997.

van Boheemen-Saaf, Christine, „The Fiction of (National) Identity: Literature and Ideology in the Dutch Republic", in: Margaret C. Jacob, Wijnand W. Mijnhardt (eds.), *The Dutch Republic in the Eighteenth Century*, Ithaca, London: Cornell, 1992, S. 241–252.

---

[75] Ibid.
[76] J. Lind, *Selbstporträt …*, S. 64.
[77] Ibid., S. 31.
[78] J. Lind, *Im Gegenwind …*, S. 143.

Bolbecher, Siglinde, Konstantin Kaiser, *Lexikon der österreichischen Exilliteratur*, Wien: Deuticke, 2000.

Brecheisen, Claudia, *Literatur des Holocaust: Identität und Judentum bei Jakov Lind, Edgar Hilsenrath und Jurek Becker*, Augsburg: Diss., 1993.

Bronkhorst, Daan, *Een tijd van komen: De geschiedenis van vluchtelingen in Nederland*, Amsterdam: Jan Mets, 1990.

ten Cate, Johannes Houwink, „Jewish Refugees in the Netherlands and the Art of Survival", in: Andrea Hammel, Silke Hassler, Edward Timms (eds.), *Writing after Hitler: The Work of Jakov Lind*, Cardiff: University of Wales Press, 2001, S. 29–40.

van Donselaar, Jaap, *Fout na de oorlog: fascistische en racistische organisaties in Nederland 1950–1990*, Amsterdam: Bert Bakker, 1991.

Dresden, Sem, „Erasmianische Humanitas und aufklärerische Humanität", in: Richard Toellner (Hg.), *Aufklärung und Humanismus*, Heidelberg: Lambert Schneider, 1980, S. 147–166.

Freud, Sigmund, „Der Witz und seine Beziehung zum Unbewußten (1905)", in: ders., *Psychologische Schriften*, Frankfurt/Main: Fischer, 2000, S. 9–219.

Gijswijt-Hofstra, Marijke (red.), *Een schijn van verdraagzaamheid: afwijking en tolerantie in Nederland van de zestiende eeuw tot heden*, Hilversum: Verloren, 1989.

Grinberg, León, Rebeca Grinberg, *Psychoanalyse der Migration und des Exils*, München, Wien: Verlag Internationale Psychoanalyse, 1990.

't Hart, Marjolein, Jan Lucassen, Henk Schmal (red.), *Nieuwe Nederlanders: vestiging van migranten door de eeuwen heen*, Amsterdam: SISWO, 1996.

Hassler, Silke, *Umwege zum Ehrenkreuz: Zur Rezeption von Jakov Lind im deutsch- und englischsprachigen Raum*, Wien: Dipl.-Arbeit, 1998.

Hirschfeld, Gerhard, *Fremdherrschaft und Kollaboration: Die Niederlande unter deutscher Besatzung 1940–1945*, Stuttgart: Deutsche Verlags-Anstalt, 1984.

Huizinga, Johan, *Holländische Kultur im siebzehnten Jahrhundert*, Frankfurt/Main: Suhrkamp, 1977.

Lind, Jakov, *Der Erfinder*, München: dtv, 1997.

Lind, Jakov, *Im Gegenwind*, Wien: Picus, 1997.

Lind, Jakov, *Landschaft in Beton*, Wien: Zsolnay, 1997.

Lind, Jakov, *Nahaufnahme*, Wien: Picus, 1997.

Lind, Jakov, *Selbstporträt*, Wien: Picus, 1997.

Lind, Jakov, Redebeitrag zum Thema „The Humanities and Culture Heroes", in: *Partisan Review* LIX(1992)4, S. 730–736.

Lind, Jakov, *Eine Seele aus Holz*, München, Wien: Hanser, 1984.

Lind, Jakov, *Selbstporträt*, Frankfurt/Main: Fischer, 1974.

Lind, Jakov, „John Brown and his little Indians", in: *Times Literary Supplement*, 25. Mai 1973, S. 589–590.

Lind, Jakov, *Der Ofen*, Salzburg: Residenz, 1973.

Lind, Jakov, *Close-up: autobiografie deel twee*, Amsterdam: De Bezige Bij, 1972.

Lind, Jakov, „Jahrgang 1927", in: Manfred Delling, Karl-Heinz Janßen, Jakov Lind, *Jahr und Jahrgang 1927*, Hamburg: Hoffmann&Campe, 1967, S. 123–152.

Lind, Jakov, *Eine bessere Welt*, Berlin: Wagenbach, 1966.

Lucassen, Jan, Rinus Penninx, *Nieuwkomers, nakomelingen, Nederlanders: immigranten in Nederland 1550–1993*, Amsterdam: Meulenhoff, 1994.

Mulder, Louise, *Minderheden als nieuwe bevolkingsgroepen: de verwezenlijking van gelijkheid en verscheidenheid*, Nijmegen: Ars Aequi Libri, 1993.

Schama, Simon, *Überfluß und schöner Schein: Zur Kultur der Niederlande im Goldenen Zeitalter*, München: Kindler, 1988.

Schama, Simon, „The Enlightenment in the Netherlands", in: Roy Porter, Mikuláš Teich (eds.), *The Enligthenment in National Context*, Cambridge, u.a.: Univ. Press, 1981, S. 54–71.

Schilling, Heinz, „Religion und Gesellschaft in der calvinistischen Republik der Vereinigten Niederlande – ‚Öffentlichkeitskirche' und Säkularisation; Ehe und Hebammenwesen; Presbyterien und politische Partizipation", in: Franz Petri (Hg.), *Kirche und gesellschaftlicher Wandel in deutschen und niederländischen Städten der werdenden Neuzeit*, Köln, Wien: Böhlau, 1980, S. 197–250.

Strelka, Joseph P., *Des Odysseus Nachfahren: Österreichische Exilliteratur seit 1938*, Tübingen, Basel: Francke, 1999.

Thijssen-Schouten, C. Louise, „La diffusion européenne des idées de Bayle", in: Paul Dibon (éd.), *Pierre Bayle: Le philosophe de Rotterdam*, Amsterdam, u.a.: Elsevier, 1959, S. 150–195.

Timms, Edward, „At War with Language: From The Diary of Hanan Malinek to Travels to the Enu", in: Andrea Hammel, Silke Hassler, Edward Timms (eds.), *Writing after Hitler: The Work of Jakov Lind*, Cardiff: University of Wales Press, 2001, S. 73–99.

de Voogd, Christophe, *Histoire des Pays-Bas*, Paris: Hatier, 1992.

Würzner, Hans (Hg.), *Österreichische Exilliteratur in den Niederlanden 1934–1940*, Amsterdam: Rodopi, 1986.

Würzner, Hans, Kitty Zijlmans, *Oostenrijkse emigrantenliteratuur in Nederland 1934–1940: catalogus van de tentoonstelling*, 's-Gravenhage: Koninklijke Bibliotheek, 1986.

Zahn, Ernest, *Das unbekannte Holland: Regenten, Rebellen und Reformatoren*, München: Goldmann, 1993.

Teil IV
Fallbeispiele nationalstaatlicher Integrationspolitiken

Haben die Niederlande ihre multikulturelle Unschuld verloren? Die Krise der Integration im Lande Pim Fortuyns

Patrick Duval

Selten hat eine Diskussion solche Leidenschaft und so viele Kontroversen entfacht wie die Debatte rund um die heiklen Fragen der Integration und des Multikulturalismus. Das einst so friedliche und konsensliebende Königreich der Niederlande ist seit der Wende zum 21. Jahrhundert aufgewühlt und stigmatisiert in den Augen internationaler Medien durch den Doppelmord an dem rechtspopulistischen Ikonoklasten Pim Fortuyn und dem islamkritischen Filmemacher Theo van Gogh. Ein beispielloser Tornado aus unbeantworteten Fragen, Unsicherheiten, verbalen Exzessen und Gewalttaten hat die alten Tabus und Denkverbote hinweggefegt, das politische Establishment malträtiert und die Heimat des „Poldermodells" und Sozialkompromisses sowie der Toleranz in eine der tiefsten Identitätskrisen ihrer Geschichte gestürzt.

Wie lässt sich dieser ebenso stürmische wie unerwartete Stimmungswechsel erklären, der alle Kritiken und bitteren Vorwürfe auf die – einst wegen ihren integrativen und pazifizierenden Leistungen von der ganzen Welt beneidete – multikulturelle Gesellschaft *à la néerlandaise* konzentriert? Kaschiert diese Krise der Integration in den Niederlanden – einseitig fokussiert auf die als gefährlich eingestufte Nicht-Integrationswilligkeit muslimischer Allochthonen – nicht den kollektiv geäußerten Wunsch nach einer Generalsanierung der außer Tritt gekommenen eigenen nationalen Identität, und dies vor dem Hintergrund einer breit angelegten Infragestellung des Wohlfahrtsstaates?

Für mögliche Antworten auf diese Fragen wird im Folgenden aus historischer Perspektive zunächst auf die Entwicklung von Migrationsphänomenen und Integrationspolitiken in den Niederlanden eingegangen, daran anschließend auf den politischen Fortuynismus, schließlich auf die „multiethnische" Konfrontation am Beginn des 21. Jahrhunderts.

Die Niederlande auf dem Weg zum modernen Immigrationsland

Zunächst ist es wichtig, sich ins Gedächtnis zu rufen, wie sehr die *Lage Landen* bereits vor der Gründung des niederländischen Staates ein Migrationsland bildeten, wobei unter „Migration" ein „Ortswechsel von Individuen oder ganzen Gemeinschaften" verstanden werden soll – von den Niederlanden weg, im Landesinneren selbst oder in niederländische Herrschaftsgebiete zur temporären oder auch permanenten Niederlassung. Generell kann die menschliche Entwicklungsgeschichte als Migrationsgeschichte aufgefasst werden, die niederländische Kultur im Speziellen als besonderes Produkt eines Wechselspiels zwischen Immigration und Emigration. Kein Überleben, keine individuelle oder soziale Evolution ist denkbar ohne diese aus unterschiedlichen Motivlagen heraus realisierten Migrationsbewegungen, da sie dem menschlichen Wesen zutiefst eigen sind.

Dies zu betonen, ist freilich eine Binsenweisheit und dennoch wichtig, da es nicht das Phänomen der Migration an und für sich ist, das Probleme und Krisen verursacht, sondern ihre jeweilige Funktionalität bzw. die hierbei unterstellte Legitimation. Die von SoziologInnen vorgetragenen quantitativen Kriterien für qualitative Zuwanderungsschwellen sind für HistorikerInnen im Grunde ohne Belang. Aus Sicht der Geschichtsschreibung kann es nicht sinnvoll sein, Immigrationen quantifizieren zu wollen, um einen Maßstab zur Integriertheitsbestimmung von ImmigrantInnen zu formen. Vor allem, wenn dies immer unter dem Eindruck zeitgebundener Ideologien geschieht (zu denken ist etwa an die Vision einer ethnisch-kulturellen „Reinheit" für das Aufnahmeland).

Die Geschichte der Niederlande hat sich aufgrund zahlreicher Migrationswellen vom Osten in den Westen, vom Süden in den Norden hin realisiert. Sie formen die einzelnen kulturellen Strati, die der niederländischen Gesellschaft ihre heutigen Konturen verleihen. Dass auch Individuen oder Kleinstgruppen ihren Anteil hieran haben, ist nicht zu leugnen. Einem qualitativen Diskurs über Migration einseitig nachzugehen, wäre geradewegs so, als würde man den Akkulturationsprozess im Römischen Reich zelebrieren, paradoxerweise ohne die germanischen Völkerwanderungen in positiver Weise zu honorieren; oder die Tatsache verkennen, dass die erste Christianisierung in den *Lage Landen* von nur einigen wenigen englischen Missionaren ausgeht; oder aber ignorieren, dass es einzelne deutsche Kaufleute und französischsprachige Handwerker sind, die die Reformation in die Niederlande tragen: Es ist genau diese Art der Konfusion oder kollektiven Blindheit, die mit Immigrationskrisen – und so auch der aktuellen – Hand in Hand gehen und an die wir uns gewöhnt zu haben scheinen. Menschliche Gesellschaften verfügen ja nur über jenes Maß an historischem Bewusstsein, das ihnen zuvor eingeträufelt wird, um sie anschließend zu dirigieren, orientieren oder zusammenzuschweißen: Man kann sich in diesen Krisentagen in den Niederlanden aber keine großen Lektionen in Sachen eigener Emigrations- oder Immigrationsgeschichte erwarten, noch weniger hinsichtlich der eigenen Kolonialisationsgeschichte, so wie sie Allochthonen asiatischer oder südamerikanischer Herkunft wachrufen.

Das ist so nicht immer der Fall gewesen: In diesem im Nordwesten Europas gelegenen, an Unwegsamkeiten reichen Landstrich – arm, was seine natürlichen Ressourcen angeht, ist Immigration lange Zeit über die Quelle für Wohlstand und Entwicklung: Tacitus und Plinius der Ältere erzählen von Wanderungen präniederländischer Stämme (von den „Belgiern", „Friesen" oder „Kanninefaten", etc.), Humanisten am Beginn des 16. Jahrhunderts verfassen erste historisch umfassende Abhandlungen, worin (unter leicht nationalistischen Tönen) die holländische oder geldrische Geschichte mit der Einwanderung eines kleinen, aus Hessen stammenden, batavischen Stammes begonnen wird.[1] Ähnliches gilt, als das politische Schicksal der Niederlande vor der Gründung der „Vereinigten Provinzen" in den Händen ausländischer Herrscher liegt, und es nur selbstverständlich ist, dass Ausländer als fürstliche Berater oder Kanzler fungieren. Der ökonomische Beitrag italienischer, englischer oder französischer Kaufleute, die sich im Süden der historischen *Nederlanden* bereits seit dem Mittelalter niederlassen, sei an dieser Stelle, wenn auch nur am Rande, ebenfalls erwähnt.

Diese Immigrationen bleiben mehr oder weniger punktuell. Dies ändert sich ab Ende des 16. Jahrhunderts im Sog des Achtzigjährigen Krieges (1568–1648) und der Religionskämpfe, welche die Realität und Vorstellung einer umfangreichen Flüchtlingsimmigration an Terrain gewinnen lassen, vor allem, als die verfolgten Glaubensvetter im katholischen Süden in die nördlich-kalvinistischen Niederlande einströmen.[2] Viele dieser flämischen Flüchtlinge tragen zur legendär ökonomisch-kulturellen Modernisierung der nördlichen Provinzen bei,[3] mehr noch: Ihrer Mitarbeit ist es zu verdanken, dass die „Vereinigten Provinzen" im 17. Jahrhundert ihr „Goldenes Zeitalter" erleben.[4] Dieser geglückten Integration durch Arbeitseinsatz (Anfang 1600 bilden ImmigrantInnen südniederländischer Herkunft in einigen nordniederländischen Städten die Mehrheit) folgt der Zuzug von diskriminierten Juden der iberischen Halbinsel (ab 1590) bzw. aus Mittel- und Osteuropa (ab 1635). Französische HugenottInnen (zwischen 50.000 und 60.000 Personen[5]), die nach der Widerrufung des Edikts von Nantes im Jahr 1685 einwandern, sind weitere, geglückte Integrationsbeispiele.

---

[1] Siehe P. Duval, „Constructions et stratégies identitaires dans les milieux humanistes hollandais de la 1ère moitié du XVIe siècle", in: Th. Beaufils/P. Duval (eds.), *Les identités néerlandaises. De l'intégration à la désintégration?* Villeneuve d'Ascq: Septentrion, 2006, p. 51–85.

[2] Dieser erste massenhafte Zustrom von Flüchtlingen in die nördlichen Niederlande geht auf den Fall Antwerpens im Jahr 1585 zurück.

[3] Erinnert sei an die herausragende Rolle protestantischer SüdniederländerInnen beim Aufbau der Leidener Textilindustrie. Ihr Exodus hat ökonomisch negative Auswirkungen auf die großen wirtschaftlichen Zentren des Südens wie z. B. Gent oder Antwerpen. Die Einwohnerzahl Antwerpens reduziert sich so von 1560 bis 1589 von 100.000 auf 42.000 Personen. Siehe J. Tanja, „Brabantsche Monsieurs, Vlaemsche Yveraers en Hollantsche Botticheyt: Het beeld van de Zuidnederlandse immigranten in de Noordelijke Nederlanden, 1580–1630", in: Anne Frank Stichting, *Vreemd Gespuis*, Amsterdam: AMBO/NOVIB, 1987, p. 20–28.

[4] Siehe J. Lucassen/R. Penninx, *Nieuwkomers, nakomelingen, Nederlanders. Immigratie in Nederland 1550–1993*, Amsterdam: Het Spinhuis, 1999.

[5] Allein 12.000 Personen in Amsterdam.

Immigrationen in die Niederlande sind bis in die unmittelbare Gegenwart geprägt vom Bild eines Aufnahmelandes für „alle Verfolgten dieser
Erde", diese *grande arche des fugitifs*, die Pierre Bayle[6] treffend zeichnet –
ein Vorzeigeaufnahmeland für religiös, politisch und von Krieg Verfolgte,[7]
wo es lokalen Autoritäten[8] zusteht, für Niederlassungsmöglichkeiten für
Neuzuwanderer zu sorgen und diesen im Bedarfsfall Rechte, Privilegien
und auch Pflichten[9] zu übertragen. Von einer Arbeitsimmigration im engeren Sinne ist hinsichtlich der aus Deutschland kommenden Zuwanderer
im 17. Jahrhundert zu sprechen, ebenfalls für die „Hollandgänger" im 19.
Jahrhundert. Diese Arbeitsimmigrationen bleiben generell quantitativ und
temporär limitiert, in Summe sind sie gleichauf mit der Emigration, für das
19. Jahrhundert bleibt erstere sogar deutlich hinter letzteren zurück. Im Industriezeitalter, das im Königreich relativ spät in Schwung kommt, wandern
niederländische ArbeiterInnen in die deutschen und belgischen Industriezonen ab, seit 1850 in die Vereinigten Staaten.[10] Zu erwähnen sind hier auch die
Emigrationswanderungen in niederländische Kolonien, beispielsweise nach
Indonesien (insgesamt 22.000 Personen in Ost-, 1.000 in Westindien).

Dieser Trend hält in der ersten Hälfte des 20. Jahrhunderts an. Die niederländische Gesellschaft wird zur MigrantInnengesellschaft, der Staat
stimuliert die Emigration zusätzlich in Richtung Australien, Neuseeland,
Südafrika, Kanada und Vereinigte Staaten, sodass in den 1950er-Jahren der
Migrationssaldo negativ ausfällt.[11] Die Migrationskurve steigt mit Einsetzen der Dekolonialisierung und massenhaften Ankunft von Expatriierten
wieder an,[12] der Wirtschaftsboom der 1960er-Jahre verstärkt diese Tendenz
und wandelt das Königreich vom Emigrations- zum Immigrationsland. Hier
lässt sich auch eine Zäsur festmachen, die für die Geschichte der Immigra-

---

[6] P. Bayle, *Dictionnaire historique et critique*, Article Kuchlin, Amsterdam: P. Brunel, 1740.
[7] Das herausragendste Beispiel hierfür sind die rund eine Million belgischer
     Flüchtlinge während des Ersten Weltkriegs, die nach 1918 fast vollständig nach
     Belgien remigrieren.
[8] Fragen zur Immigration bleiben bis ins 20. Jahrhundert (ausgenommen die *Franse Tijd*) primär Sache der Städte und Provinzen, nicht aber der Zentralautoritäten in Den Haag.
[9] Mit Ankunft (im Vergleich zur ersten Immigrationswelle) weniger gut ausgebildeter, ärmerer Flüchtlinge werden bestimmte Rechte und Privilegien im 17. Jahrhundert auch wieder entzogen. Die Steuerung und Verwaltung der Immigration
     entwickelt sich de facto dabei immer nach den konkreten ökonomischen Bedürfnissen lokaler Autoritäten.
[10] Am Ende des 19. Jahrhunderts zählt man über 90.000 NiederländerInnen in
     Deutschland, ca. 54.000 in Belgien und rund 100.000 in den Vereinigten Staaten.
     Siehe C. A. Oomens, *De loop van de bevolking in de negentiende eeuw. Statistische
     onderzoekingen*, Voorburg/Den Haag: CBS/SDU, 1989.
[11] 620.000 NiederländerInnen wählen in den 1950er-Jahren die Emigration.

tion in ganz Westeuropa allgemeine Gültigkeit hat: Einer Periode von Illusionen folgen Desillusionierungen, das Bild der MigrantInnen wandelt sich grundlegend, ein neues politisches Konfliktthema entsteht: die Integration.

Entsprechend werden aus ökonomisch nachgefragten ImmigrantInnen „ArbeitsmigrantInnen" (*arbeidsmigranten*) und nicht mehr wie früher meist AsylwerberInnen (*asielzoekers*) oder Flüchtlinge (*vluchtelingen*).[13] Die Bezeichnung „GastarbeiterInnen" (*gastarbeiders*) kommt mit der Vorstellung auf, MigrantInnen würden sich nur temporär im Land aufhalten und in ihre Herkunftsländer remigrieren, wenn sie ökonomisch entbehrlich sind: Aus Italien, Spanien, Griechenland, Jugoslawien, der Türkei oder Marokko geholt, werden „GastarbeiterInnen" in jenem Arbeitsmarktsektor eingesetzt, der bei wenig Ausbildung nur wenig Entlohnung bietet.

Als sich die niederländischen Verwaltungsbehörden in den 1970er-Jahren erstmals diesem Personenkreis widmen, gehen sie von dieser raschen Rückkehroption aus. Sie oszillieren zwischen einer an alltäglichen Problemen orientierten Ad-hoc-Politik, die einem sozialprovisorischen Einpassen ausländischer, nicht einzubürgernder „GastarbeiterInnen" gleichkommt, und einer Politik, welche Remigrationsmodalitäten fest im Auge behält. Demgemäß verfolgen die damaligen Regierungen keine langfristigen und umfassenden Integrationspolitiken, sondern teilen MigrantInnen gemäß ministeriellen Zuständigkeiten auf in „GastarbeiterInnen" für das Sozial- und Arbeitsministerium, „Flüchtlinge" für das Justiz- und Innenministerium, SurinamerInnen, AntillianerInnen und MolukkerInnen (d. i. niederländische StaatsbürgerInnen und/oder BürgerInnen aus ehemaligen Kolonien) unterstehen dem Ministerium für Kultur, Erholung und Soziale Fürsorge.[14] Der erste offizielle Bericht zur Arbeitsimmigration im Jahr 1970 (*Nota Buitenlandse Werknemers*) ist von diesem Geist getragen, die offiziellen Niederlande sehen keinen Grund, sich als „Einwanderungsland" zu deklarieren: „Die Nieder-

---

[12] Die Hauptimmigrationswellen im Zuge der Dekolonisation sind für Indonesien mit 1949 (Unabhängigkeit) und 1958 (Ausweisung aller im Land verbliebenen NiederländerInnen) zu datieren, für Neu-Guinea mit 1962 (politische Krise) und für Surinam mit 1975 (im Ganzen verlassen von 1975 bis 2002 ca. 300.000 SurinamerInnen ihr Geburtsland in Richtung Niederlande, mit dem Höhepunkt von 40.000 Personen anlässlich der Unabhängigkeitserklärung im Jahr 1975). Auch wenn die Antillen Teil des niederländischen Königreichs bleiben, ist in diesem Zusammenhang die Ausreise von ca. 170.000 AntillianerInnen in das Mutterland anzugeben.

[13] In den 1970er-Jahren stammen Flüchtlinge in der Hauptsache aus Chile und Uganda, seit 1980 aus Vietnam (6.000 Personen).

[14] Dem 1965 eingerichteten und 1982 in Einzelfunktionen aufgespalteten *Ministerie van Cultuur, Recreatie en Maatschappelijk Werk* obliegen politisch heterogene Zuständigkeiten: öffentlicher Rundfunk, Sozialwesen und soziokulturelle Arbeit.

lande sind mit Sicherheit kein Einwanderungsland. Mit aller Rücksicht auf
humane Fragen muss man feststellen, dass unser Land neuer Arbeitskräfte
bedarf, nicht aber der Familienzusammenführungen aus dem Ausland."[15]
    Die Illusion wird rasch platzen: Nicht nur, weil „GastarbeiterInnen"
nicht daran denken, sich nur temporär auf niederländischem Territorium
aufzuhalten. Nein, sie holen ihre Familien nach! Dieser Druck des Fakti-
schen bewirkt Anfang der 1970er-Jahre behördlich zugestandene Familienzusammenführungen,[16] das Bewusstsein, dass Immigration zur irre-
versiblen Tatsache wird und sich damit neue Integrationsprobleme auftun
werden, wächst. Dennoch: Es dauert bis 1979, bis im Bericht „Ethnische
Minderheiten" (etnische minderheden) des „Wissenschaftlichen Rates für die
Regierungspolitik" (W. R. R.) ein neues Kapitel in der Immigrationspolitik
aufgeschlagen und an die Regierung appelliert wird, eine auf „das Wohl von
GastarbeiterInnen" gerichtete Integrationspolitik einzuleiten.
    Unter diesen eher pragmatischen Vorzeichen stehen die gesamten 1980er-
Jahre: Im selbst ernannten „Einwanderungsland" kommt der niederländischen Regierung die Bringschuld zu, MigrantInnen nicht mehr nur als immigranten, sondern darüber hinaus als minderheden zu behandeln. Eine an
und für sich unauffällige Bezeichnung, deren Auswirkungen aber bedeu-
tungsvoll sind: Denn sie schreibt ausländischen MigrantInnen[17] nicht nur
die Opferrolle zu, sondern ermöglicht ihnen darüber hinaus den Status
einer benachteiligten Minderheit – keine Kleinigkeit in dem Land, wo bis
ans Ende der 1960er-Jahre die Versäulung und die friedliche Koexistenz von
Minderheiten, die vom Staat zu beschützen und in ihren Rechten zu bestär-
ken sind, herrschen.
    Konkret richtet der W. R. R. nun die Aufforderung an Behörden, spe-
zifische Integrationsmodi für den Arbeitsmarkt und die Bereiche Wohnen,
Gesundheit und Unterricht zu initiieren. ImmigrantInnen („Minderheiten")
sind angespornt, sich selbst engagiert in den demokratischen Prozess einzubringen, sei es im Wege von Einbürgerungsanträgen oder durch Wahl-
beteiligungen auf lokaler Ebene.[18] Der Hauptakzent liegt hierbei – im Un-

---

[15] *Nota Buitenlandse Werknemers* – Kamerstuk II 1969–1970, 10504 Nr. 1, p. 13.
Dieser Rapport zielt vor allem auf SurinamerInnen, AntillianerInnen, MolukkerInnen, Roma, Sinti, ausländische ArbeitnehmerInnen sowie indonesische NiederländerInnen.

[16] Sie wird zunehmend in bilateralen Abkommen mit den Hauptherkunftsländern
(Marokko, Jugoslawien, Tunesien, etc.) geregelt.

[17] Der W. R. R. greift diesen zwischenzeitlich als inadäquat eingestuften Begriff
1989 auf und substituiert ihn durch „Allochthonen". Siehe W. R. R., *Rapporten
aan de regering,* Allochtonenbeleid, Den Haag: Sdu, 1989.

[18] W. R. R., *Etnische minderheden*, Den Haag: Sdu, 1979, p. XXX. Das aktive und
passive Gemeindewahlrecht wird nicht-niederländischen StaatsbürgerInnen per
Parlamentsbeschluss vom 29. August 1985 zuerkannt (Staatsblad 1985, Nr. 487,
Actief en passief kiesrecht voor niet-Nederlanders, wijziging van enkele wetten).

terschied zum französischen Assimilationsmodell – in der Integration von MigrantInnen „unter Beibehalt der eigenen Identität" (*integratie met behoud van eigen identiteit*). Diese Integrationspolitik wird als wesentlicher Teil der allgemeinen Wohlfahrtspolitik[19] (*welzijn*) verstanden und ist an und für sich nicht neu: Sie ist de facto zu Beginn der 1970er-Jahre in der staatlichen Absicht zurückzufinden, MigrantInnen die Rückkehr in die Heimatländer zu erleichtern, indem sie keiner Assimilation unterworfen werden und damit ihre Herkunftswurzeln intakt bleiben. Dieser pragmatische, gleichzeitig riskante Ansatz ist Anstoß zur Einführung des „Unterrichts in eigener Sprache und Kultur" (*onderwijs in eigen taal en cultuur* (OECT)), und wenig später, des „Unterrichts in lebenden allochthonen Sprachen" (*onderwijs in allochtone levende talen* (OALT)). Dieses neue Paradigma reflektiert im Kern die niederländische Selbstdefinition als multikulturelle, in ihrem Funktionieren am historischen Vorbild der Versäulung ausgerichtete Gesellschaftsform. Mit nur einem, aber gewichtigen Haken: Schon Ende der 1960er-Jahre verabschiedete sich die Mehrheit der NiederländerInnen vom versäulten Gesellschaftsmodell. Jetzt wird ein Integrationsmodus ausgekramt, reaktiviert und implementiert, der sich an diesem ausrangierten Modell orientiert.

MULTIKULTURALITÄT UND *VERZUILING*

Ist es zutreffend, die 1980er-Jahre als die Geburtsstunde der „multikulturellen Gesellschaft" und des „Multikulturalismus" anzusehen? „Multikulturalität" bezeichnet bereits vor Einführung des Begriffs und dessen ideologischem Pendant, des „Multikulturalismus", eine historisch gewachsene Tradition, die sich tief in die niederländische Nationalgeschichte einprägte. Nicht nur als eine jahrhundertealte soziale Realität, sondern als ein historisch erprobtes Konfliktregelungsinstrumentarium, das uns in seiner Glanzzeit als Versäulung (*verzuiling*) vertraut ist und vom ausgehenden 19. Jahrhundert bis in die 1960er-Jahre das Leitbild zur Sozialemanzipation und Integration von Minderheitengemeinschaften darstellt. Sinnvoll ist es auch hier wiederum, eine historische Sichtweise einzunehmen, um den Kontext vieler Standpunkte begreifen zu können, die sich im Laufe der letzten Jahrzehnte um das Thema „Multikultur und Integration" gruppierten.

Die Tatsache, Multikulturalität als Integralbestandteil der eigenen Gesellschaftsform anzusehen, reicht an die politischen Wurzeln des niederländischen Staates zurück, als (hier als historischer Abriss dargestellt) die „niederen Landen" (*Lage Landen, Nederlanden*) einen lockeren Zusammenschluss unabhängiger und uneinheitlicher Territorien bilden, eingekeilt zwi-

---

[19] W. R. R., *Etnische minderheden*, Den Haag: Sdu, 1979, p. XVIII.

schen den geopolitischen Mächten Frankreich und Deutschland, widerwillig
vereint durch dynastische Vermählungen und militärische Erfolge auswärti-
ger Herrscher. Der machtvollste und geschickteste unter ihnen, der burgun-
disch-habsburgische Karl V., formt aus den 17 niederländischen Provinzen
ein erstes, konföderales Staatsgebilde, den *Cercle de Bourgogne* (1548), der
juristisch dem „Heiligen Römischen Reich Deutscher Nation" anhängt und
dessen lockere politisch-administrative Strukturen es weder vermögen, die
zahlreichen Lokalpartikularismen im Zaum zu halten, noch die tiefen Grä-
ben zwischen den sprachlichen und kulturellen Gruppierungen zu überbrü-
cken. Einige Jahre nach seiner Gründung zerfällt dieser Erstentwurf eines
niederländischen Staates (dessen Gebiet etwas größer als das der heutigen
Beneluxstaaten ist) im Sog von Religionskriegen und des Achtzigjährigen
Krieges (1568–1648): Dieser stellt einen nationalen Befreiungskrieg der protestantisch dominierten Provinzen im Norden gegen den spanischen Sou-
verän im Süden dar und ist gleichzeitig der Geburtsanlass für den heutigen
niederländischen Staat (*Nederland*). Die langfristigen Folgeerscheinungen:
Die Zersplitterung des niederländischen Kulturraumes und dessen religiöse
Fraktur in KalvinistInnen und KatholikInnen. Die regionalen, kulturellen,
sprachlichen und religiösen Brüche werden bleiben, Wiedervereinigungsver-
suche misslingen, so wie das künstlich und zentralistisch konzipierte „Vereinigte Königreich der Niederlande" (1815–1830).[20] Für die Zukunft wirksam
bleibt – von der „Republik der Vereinigten Sieben Provinzen" bis heute – die
tiefe Abscheu gegenüber ungerechtfertigten Autoritäten und uniformisie-
renden Zentralisierungsbestrebungen.

Diese Einstellungsgrundmuster finden sich in der letzten Hälfte des 19.
Jahrhunderts wieder, als die großen religiösen Strömungen (und hier vor
allem die katholische und die kalvinistisch-orthodoxe Minderheit) sich gemeinsam gegen die „Zeit des Liberalismus" samt ihren Säkularisierungsten-
denzen stemmen und für die Einrichtung der Versäulung kämpfen: Die Auf-
teilung und Parzellierung der niederländischen Gesellschaft in vier große
Anschauungswelten, bestehend aus ProtestantInnen, KatholikInnen, Sozi-
alistInnen und humanistischen Liberalen sind die Folge. Jede dieser Säulen
beansprucht für sich im eigenen Kreis[21] Souveränität und achtet darauf, den
versäulten Nachbarn an der Basis möglichst aus dem Weg zu gehen. Der
aus dieser Sicht schwache Staat behält lediglich die Schutzfunktion für die
„emanzipationswilligen Minderheiten".

---

[20] Diesem panniederländischen vereinigten Königreich wird de facto 1830 durch
       die Revolution ein Ende gesetzt, die den Beginn des heutigen Königreichs Belgien
       darstellt.
[21] Entsprechend der Theorie von der *soevereiniteit in eigen kring* des orthodoxen
       Kalvinisten Abraham Kuyper (1837–1920).

Positiv ist dieses soziale Apartheidsystem in Hinsicht auf die realisierte Unabhängigkeit und Handlungsfreiheit für die großen, die niederländische Gesellschaft konstituierenden Gemeinschaften: Sie sind keiner kulturellen Dominanz mehr unterworfen, als „tragende Säulen" bilden sie anerkannte Funktionsträger im niederländischen Staatsganzen. Positiv anzuführen ist auch die Kompromisskultur, die aufschäumende Konflikte zu vermeiden und zu kanalisieren weiß: eine strategische Vorgehensweise, die als „Akkomodations- und Pazifikationspolitik"[22] bezeichnet wird. Sie verhilft dem Königreich zu einem hohen Maß an soziopolitischer Stabilität, deren soziale Effizienz eine Jahrhunderte lang währende Lenkungskompetenz in traditionell multikulturellen Fragen ermöglicht.

Die negative Seite zeigt, dass der mit der Versäulung verzahnte Konsoziationalismus zur starren Machtverteilung zwischen Säuleneliten, die sich – einmal an die Macht gekommen – kaum um den demokratischen Volkswillen kümmern, tendiert, wie in allen versäulten Gesellschaften, u. a. in Belgien oder Österreich[23]. So lässt sich das Paradox erklären, dass Säuleneliten einerseits als Beschützer und Förderer von Minderheiten auftreten und diese zur Sozialemanzipation aufrufen, gleichzeitig aber die demokratische Emanzipation ihrer MitbürgerInnen hemmen.

Es ist auf diesen Widerspruch zurückzuführen, dass sich die junge Generation am Ende der 1960er-Jahre im gemeinsamen Protest zusammenfindet. Unter ihnen: Pim Fortuyn, Studentenanführer an der *Vrije Universiteit van Amsterdam*. In einer Periode rapider Säkularisierungsprozesse innerhalb westlicher Gesellschaften schaffen sie den *doorbraak* im Kampf gegen paternalistische Bevormundungen, den Durchbruch des sklerotischen Säulenkorsetts.[24] Was für die Zukunft aber erhalten bleiben wird, ist die geistige Nähe zum Konsoziationalismus und dem Modell der Integration, verstanden als Eigenemanzipation von benachteiligten, staatlich zu fördernden Minderheiten.[25]

In den Niederlanden, wo eine aktive Bürgerschaft auftritt, wenn ungerechtfertigte Bevormundungen drohen, außerdem die Multikulturalität tief verankert ist, ist die besondere Herangehensweise zur ImmigrantInnenintegration in den 1980er-Jahren anhand dieser beiden Gesichtspunkte gut erklärbar. Die „Integration unter Beibehalt der eigenen Identität" (*integratie*

---

[22] Siehe A. Lijphart, *Verzuiling, pacificatie en kentering in de Nederlandse politiek*, Haarlem: Becht, 1990 (Erstausgabe 1968).

[23] Siehe M. Oberlechner, „Les pilarisations structurelles aux Pays-Bas et en Autriche: similitudes, différences, évolutions", in: Th. Beaufils/P. Duval, *Ibid.*, p. 193–211.

[24] Das Phänomen der *ontzuiling* (Entsäulung) tritt ab 1965 ein.

[25] Siehe den Berichtentwurf (*Ontwerp-minderhedennota*) aus 1981, dessen Grundpositionen in Bezug auf die „Emanzipation ethnischer Minderheiten" von der *Minderhedennota* 1983 wieder aufgegriffen werden (Den Haag, *Ministerie van Binnenlandse Zaken*).

met behoud van eigen identiteit) heftet sich Multikulturalität als nationales Charakteristikum auf die eigenen Fahnen und fordert politische (lokales AusländerInnenwahlrecht bei Gemeinderatswahlen) wie zivile Teilhabe für „ethnische Minderheiten" zum Funktionieren des niederländischen Staatsgetriebes. Zwei Besonderheiten in Europa,[26] denen misstraut wird: Dass bis heute dieser multikulturelle, versäulte Hintergrund im Ausland zu wenig verstanden und aus historischer Unkenntnis heraus die niederländische Integrationspolitik nur allzu gerne mit dem Geist der Toleranz verwechselt wird, soll hier deutlich betont werden. Wie könnte auch ein Franzose, assimilationsfixiert und Anhänger des republikanischen Universalismus, eine Integration verstehen, welche die explizite Förderung ethnisch unterscheidbarer Gemeinschaften fordert? Wie sollte im Land Renans eine derartige Bedrohung für den staatlichen Zusammenhalt gebilligt werden? Genau hier liegt der Punkt: Die niederländische Staatsnation, auf soliden, multikulturellen Fundamenten stehend, weist den Gedanken einer nationalen Identität, die aus universalistischen Werten zusammengeschmiedet ist, zurück. Der einzige Nationalismus, den sich selbst NiederländerInnen gönnen, ist in der königlichen Familie und im Haus Oranien verkörpert. Der niederländische Staat hat keine Angst vor Minderheitengemeinschaften, auch nicht dem Kommunitarismus. Er bekräftigt beide im Kampf um Selbstbehauptung und Selbstentfaltung.

Der historische Hintergrund aller Integrationsdiskussionen in den 1980er-Jahren ist somit kurz umrissen. Damals schon äußern aber IntegrationsexpertInnen unter Hinweis auf einen Mangel realistischer Ansätze[27] Bedenken zum Slogan „Integration unter Beibehalt der eigenen Identität". Ihre Argumente werden allerdings von den maßgeblichen AkteurInnen vom Tisch gefegt. Denn wie die politischen VorgängerInnen aus der Blütezeit der Versäulung sind diese PolitikerInnen überzeugt, dass die auf Emanzipation zielende Integration zuallererst – und noch vor der Arbeitsmarktintegration – als kulturelle und religiöse Entfaltung aufzufassen und zu realisieren sei – eine Forderung, die etwa ChristdemokratInnen (CDA) mit der Vorstellung einer Integration im eigenen Weltanschauungskreis *(in eigen kring)* ver-

---

[26] Früher als in den Niederlanden tritt in Irland (1963) und Schweden (1975) ein Wahlrecht für Nicht-Staatsangehörige auf Gemeindeebene in Kraft.

[27] Oft vergessen wird in diesem Zusammenhang, dass Bedenken hinsichtlich der Begründetheit dieses Mottos sowohl in der *Ontwerp-minderhedennota* 1981 wie *Minderhedennota* 1982 geäußert werden (Den Haag, *Ministerie van Binnenlandse Zaken*). Siehe dazu den *rapport Blok* mit dem Titel *Bruggen bouwen*, welcher der Zweiten Parlamentskammer vorgelegt wird (*Onderzoek Integratiebeleid*, 28689, Vergaderjaar 2003–2004, Kap. 2, p. 37).

[28] Siehe A. M. E. Fermin, *Nederlandse politieke partijen over minderhedenbeleid 1977–1995*, Amsterdam: Thesis Publishers, 1997, hier insbesondere p. 121; p. 127.

binden.[28] Denn ein solches „gemeinschaftliches Aufblühen" würde positiv
zur gesellschaftlichen Gesamtentwicklung beitragen.

DIE WOHLFAHRTSSTAATSKRISE DER 1990ER-JAHRE UND DIE SCHWIERIGE INTEGRATION DER „ALLOCHTHONEN"

Von dieser prinzipiellen Grundhaltung her sind die gesamten 1990er-Jahre
geprägt. In der öffentlichen Debatte wird von „Emanzipation" (*emancipa-
tie*)[29], weniger von „Integration" (*integratie*) gesprochen, die niederländischen Autoritäten präferieren eine Integrationspolitik, die bei den Migrant-
Innen selbst und nicht bei ihren Gemeinschaften ansetzt. Drei essentielle,
vom W. R. R.-Bericht 1989 herausgestrichene Punkte stehen im Vordergrund:
Arbeit, Bildung bzw. Erwachsenenbildung.[30] MigrantInnen, ehemals „GastarbeiterInnen", dann „Minderheiten", im offiziellen Sprachgebrauch nun
„Allochthonen", werden aufgerufen (die Wohlfahrtsstaatskrise und hohen
Arbeitslosenraten von ImmigrantInnen (40%)[31] vor Augen), sich aktiver für
die Wirtschaft einzusetzen, anstatt systematisch staatliche Sozialleistungen
zu kassieren (*recht op zorg*): Sie sollen Eigenverantwortung übernehmen
(*plicht tot zelfverantwoordelijkheid*). Dieses neu verkündete Postulat könnte
also mit anderen Worten lauten: Aus den Opfern werden subventionierte
und emanzipationswillige Minderheiten, um anschließend individuelle Eigenverantwortung mit dem Ziel zu übernehmen, politisch-ökonomisch aktive BürgerInnen zu werden. (Der Begriff *burgerschap*, der diesbezüglich bereits seit 1991 lanciert wird, bleibt in Bezug auf staatliche Projekte allerdings
unrealisiert.[32])

Im W. R. R.-Bericht *Een werkend perspectief: arbeidsmarktparticiptie in
de jaren '90*, der diese wirtschaftliche Partizipation ausdrücklich einfordert,
spiegelt sich darüber hinaus eine beginnende und zusehends sich verkramp-
fende, nervöse Grundstimmung gegenüber MigrantInnen wider, die sich in
der Folge in eine medial gepushte Aggressivität wandelt: Erste Tabus fallen
vorsichtig und schüchtern, Infragestellungen der multikulturellen Gesellschaft, die sich durch die schwierige Integration der muslimischen Minderheit blockiert sieht, werden zaghaft formuliert. Das Bild der Allochthonen
verschlechtert sich in dem Maße, wie überzeichnete Berichte über anstei-

---

[29] *Ibid.*, p. 226.
[30] Siehe W. R. R., *Allochtonenbeleid*, Den Haag: Sdu, 1989.
[31] Die Entlassungswellen der 1980er-Jahre in der Schwerindustrie treffen vor allem
allochthone ArbeitnehmerInnen, und hier vor allem ältere Jahrgänge: Die Hälfte
der marokkanischen und türkischen MigrantInnen wird arbeitslos.
[32] Tatsächlich taucht der Begriff *burgerschap* früher, in der *Minderhedennota* 1983
auf, ohne jedoch Auswirkungen auf die Integrationspolitik zu haben.

gende Kriminalitätsraten und soziales Abdriften in jugendlichen MigrantInnenmilieus publik werden und JournalistInnen sich nicht mehr dazu veranlasst sehen, ihren LeserInnen (wie noch bis dato) die nationale oder ethnische Herkunft von Sozialfällen und Kriminellen[33] zu verschweigen: Undifferenziert wird eine brisante Verbindung von Kriminalität, sozialen Auffälligkeiten, hohen Arbeitslosenraten mit Allochthonen geknüpft.

Zunehmend ein Dorn im Auge sind angesichts massiver Einschnitte in Sozial- und Arbeitslosenversicherungen auch die „allochthonen Profiteure", die trotz chronischer Arbeitslosigkeit und mangelnden Sozialengagements soziale Transferleistungen beziehen und das nationale Budget belasten. Dem entgegenzusteuern lautet das Motto: „Reziprozität der Sozialleistungen" (*de wederkerigheid van prestaties*), demgemäß ImmigrantInnen keine bloßen PassivkundInnen des Wohlfahrtsstaates mehr sein sollen, sondern sich ihren Anteil am Staatssäckel verdienen müssen. Finanzielle Sanktionen blühen denen, die sich weigern, Integrationsanstrengungen am Arbeitsmarkt zu leisten, der W.R.R. spricht von *inspanningsverplichting*.[34] In Schulen mit MigrantInnenkindern, die Lernschwierigkeiten aufweisen, wird auf den Schwerpunkt „Integration durch Bildung" gesetzt, und Erwachsene werden zu Abendkursen aufgerufen (nur Allochthonen oder Neuzuwanderer, die der Allgemeinheit Probleme bereiten, sollen gezwungen werden, Basisniveaukursen zu folgen (*basiseducatieplicht*)).[35]

Zusammenfassend kann festgehalten werden, dass die 1990er-Jahre erste Anzeichen eines öffentlichen Meinungsumschwungs gegenüber MigrantInnen erkennen lassen: In einer Periode ökonomischer Krisenerscheinungen werden diese zunehmend als gesellschaftliche Belastung wahrgenommen. Dem entgegenzuwirken, sind auch Autochthone in die Integration von Allochthonen einzubeziehen, darüber hinaus sind antidiskriminierende Maßnahmen zu intensivieren und das Wahlrecht ist auszuweiten.[36] Parallel dazu dezentralisiert die Regierung ihre Integrationspolitik und fordert Kommu-

---

[33] Hingewiesen sei an dieser Stelle auf den in der *Krant op Zondag* am 23. Juni 1991 erschienenen Artikel des Schriftstellers Leon de Winter, in dem der Autor JournalistInnen dazu aufruft, die nationale Herkunft von MigrantInnen anzugeben, wenn diese in Strafdelikte involviert sind (abgedruckt in: *Meningen over medelanders – Integratie of assimilatie?* Weert: Uitgeverij M&P, 1992, p. 28).

[34] Siehe W.R.R., *Een werkend perspectief: arbeidsmarktparticipatie in de jaren '90*, Den Haag: Sdu, 1990, p. 58.

[35] *Ibid.* Präzisiert werden sollte, dass die „Integration durch Bildung" in den 1990er-Jahren missglückt ist, einerseits aufgrund des Mangels an entsprechenden Bildungseinrichtungen, andererseits wegen des fehlenden Interesses der Mehrheit der als problematisch erachteten allochthonen Bevölkerungsgruppe.

[36] *Ibid.*

nen auf, sich bei Integrationsmaßnahmen (*inburgeringstrajecten*[37]) aktiv zu beteiligen bzw. die Voraussetzungen für eine Integrationspolitik zu schaffen,[38] die auf die besonderen Gegebenheiten, Bedürfnisse und zunehmenden Probleme in großen Städten eingeht (*grotestedenbeleid*, ab 1995).[39] Mit dem *Grotesteden- en Integratiebeleid* wird 1998 ein eigens hierfür eingerichtetes Ministerium betraut.

Jenseits dieser nur mäßig innovativen Maßnahmen scheint sich das 20. Jahrhundert in punkto Integrationspolitik vor allem aber durch Verwirrung auszuzeichnen. Je mehr Rahmenmaßnahmen von Regierungsseite geschaffen werden, umso mehr multiplizieren sich die hiermit verbundenen Zweifel. Der Rechnungshofbericht (Evaluationen der im Zeitrahmen 1996 bis 1997 angekündigten Regierungsmaßnahmen) ist diesbezüglich sehr erhellend,[40] wenn von einer ineffizienten Integrationspolitik gesprochen und die Abwesenheit klar verfolgter Strategien kritisiert, das Fehlen begleitender Evaluierungen konstatiert, die mangelnde Koordination der mit Integration befassten Stellen bemängelt sowie die administrative Ineffizienz eines Mannes angekreidet wird, des Ministers für Großstadt- und Integrationspolitik, Roger van Boxtel. Es hagelt an Kritik, die paradoxerweise umgekehrt proportional zu den höheren Geldmitteln und Bemühungen ansteigt, die der Staat aufwendet, um Allochthonen einen vollwertigen Platz innerhalb der niederländischen Gesellschaft zu schaffen.

Was aber ist unter „Allochthonen" zu verstehen? In diesem Punkt herrscht eine noch größere Verwirrung, verbunden mit Scheinheiligkeit. Nach den vielen, oben erwähnten Euphemismen wird „Allochthonen" in offiziellen Texten zur Bezeichnung für ausländische MigrantInnen, in zunehmendem Widerspruch zur Alltagssprache. Bei diesen „Allochthonen" handelt es sich

---

[37] Sowohl der Entzinger- als auch Van-der-Zwan-Bericht (beide werden dem Innenministerium zur Kenntnisnahme vorgelegt) sprechen vom „Ernst der Lage" (*de ernst van de situatie*) für Allochthone auf dem niederländischen Arbeitsmarkt, gefolgt von der dringenden Empfehlung, eine ganze Serie verpflichtender Maßnahmen durchzuführen, beispielsweise ein auf drei Jahre angelegtes Integrationspaket (*inburgeringstraject*) mit Sprachkursen und einem Kultur- und Berufsunterricht mit dem Ziel, MigrantInnen autonom und fähig zu machen, tägliche Angelegenheiten selbst zu regeln, darüber hinaus Neuzuwanderer zu zwingen, sich in den Arbeitsmarkt zu integrieren.

[38] Siehe *Allochtonenbeleid: Kabinetsstandpunt*; Kamerstukken II 1989–1990, 21472, Nr. 1–3; siehe auch *Contourennota (Ministerie van Binnenlandse Zaken, Integratiebeleid etnische minderheden*; Tweede Kamer 1993–1994; 23684, Nr. 1–2, Den Haag: Sdu, 1994).

[39] Die Mehrheit der ersten und zweiten Allochthonengeneration (mehr als 15 % der Gesamtbevölkerung) konzentriert sich auf das Städtekonglomerat Amsterdam, Rotterdam, Den Haag und Arnheim.

[40] Siehe *Rapport Algemene Rekenkamer: Integratiebeleid 1996–1997* (1999).

im etymologischen Sinn um Individuen „aus einem anderen (*allos*) Land (*chtonos*)"? Ist das griechische Äquivalent zum germanischen *buitenlander* ein Terminus technicus, der dem Wort die pejorative Schärfe nehmen soll?[41]

Das statistische Zentralamt (*Central Bureau voor de Statistiek*, CBS) versteht unter „Allochthonen" „alle Personen, die nicht in den Niederlanden geboren sind, oder von denen mindestens ein Elternteil nicht in den Niederlanden geboren ist"[42]. DemografInnen bestimmen „AusländerInnen" als Personen, die außerhalb der Niederlande (erste Generation) geboren sind oder als in den Niederlanden geborene Personen, von denen zumindest ein Elternteil im Ausland geboren ist (zweite Allochthonengeneration). Wenn man diesen zweiten und erweiterten Begriffsumfang konsequent anwendet, bestünde die niederländische Königsfamilie zur Gänze aus Allochthonen (!). Wie soll man NiederländerInnen mit belgischen Eltern definieren, wie Deutsche, die in den Niederlanden wohnen; oder InländerInnen, von denen ein Elternteil im früheren „Niederländisch-Indien" (heutiges Indonesien) geboren ist? Man kann sich leicht vorstellen, dass derartig exzessive Begriffsinterpretationen zu kurz greifen, umso mehr, da sich bestimmte CBS-BerichterstatterInnen dafür einsetzen, diese nur noch auf *etnische minderheden* anzuwenden, jene „Gruppen, die von der Integrationspolitik ‚ethnische Minderheiten' der Regierung"[43] tatsächlich betroffen sind. Konfusionen sollen de facto auch reduziert werden, wenn „westliche" von „nicht-westlichen Allochthonen" getrennt werden, ohne dass man sich im Klaren darüber ist, was unter „westlich" bzw. „westlicher Kultur" zu verstehen ist: Unter diesem Blickwinkel ist die aus Argentinien stammende Prinzessin Máxima für das CBS wohl eine „westliche Allochthone"[44], wohingegen Indios, die Landsleute von Máxima, als „nicht-westliche Allochthonen" zu gelten haben.

Wie dem auch sei, dieser Definitionsk(r)ampf spielt sich ohnedies weit entfernt vom alltäglichen medialen Sprachgeschehen ab, wo „Allochthonen" noch „GastarbeiterInnen" (*gastarbeiders*) oder „AsylwerberInnen" (*asielzoekers*) sind, inklusive ihrer Kinder und Enkelkinder (dritte Generation), vor allem, wenn sie sich äußerlich oder in Verhaltensweisen vom Stereotyp „weiße(r) NiederländerIn" unterscheiden. Das Wort „allochthon" bleibt negativ konnotiert – nicht um farbige AusländerInnen zu bezeichnen (das

---

[41] Der Begriff *vreemdeling* ist dem juristischen Bereich vorbehalten.

[42] Dies ist die CBS-Umfragen und Statistiken zugrunde liegende Begriffsdefinition. Siehe *Allochtonen in Nederland*, Voorburg: CBS, 1998.

[43] *Ibid.*, p. 15: „De doelgroepen van het integratiebeleid etnische minderheden van de overheid."

[44] Symbolkräftig wird Prinzessin Máxima, Gemahlin des niederländischen Erbprinzen Willem-Alexander, der *Commissie Participatie van Vrouwen uit etnische minderheden* (PaVEM) beigezogen.

würde der Begriff „ethnische Minderheiten" denken lassen), sondern um
einen bestimmten Typ farbiger Fremder zu definieren, von denen (oder ihren
Kindern oder Enkelkindern) angenommen wird, dass sie das reibungslose
Funktionieren des niederländischen Gesellschaftssystems, so wie es sich
im Laufe der Geschichte durch Normen und Werte konstituierte, stören.
In der Alltagssprache bleibt dann trotz geglückter Integration ein Chinese
„ein Chinese", ein Antillianer, der Staatsbürger des Königreiches ist, hingegen ein „Allochthoner" – eben wenn seine Verhaltensweisen im Mutterland
stören. (Der CBS-Terminologie zufolge können beide als „Allochthone" im
Sinn „ethnischer Minderheiten" ohne Rücksicht auf ihre jeweilige Nationalität bezeichnet werden.)[45]

Diese offenkundige Diskrepanz zwischen Alltagssprache und offizieller, aber inadäquater Diktion kann uns in der Annahme bestätigen, dass
Fremde – egal welche Bezeichnungen sie erhalten – niemals nur Andere sind,
die als unzureichend integriert oder als in die „Wir"-Gemeinschaft schwer
integrierbar gelten: So wie sich die Integrationskriterien im Lauf der Zeit
ändern, so wechseln die Kriterien, die über Aufnahmekapazitäten und Auf-
nahmebereitschaften urteilen. Die MarokkanerInnen von heute sind die
ItalienerInnen von gestern, letztere sind die Deutschen des 19. Jahrhunderts
(die berühmt berüchtigten „Hollandgänger"). „Allochthon" ist als Begriff
legitim, wenn man daran zeitlich begrenzte Auswahl- und Qualitätskriterien
knüpft. Die restriktiven Qualitätskriterien „westlich" und „nicht-westlich"
sind dahingehend als eine erste Etappe zu sehen, die in einer demokratischen, europäischen und humanistischen Gesellschaft aber nur dann ange-
bracht sind, wenn die damit verbundenen Gefahren (Diskriminierungen und
Gettoisierungen) bewusst sind. Vorstellbar für den Arbeitsmarkt ist auch ein
Mittelweg, so wie ihn einige angelsächsische Länder einschlagen: die selek-
tive Zuwanderung. Die niederländische Gesellschaft ist diesbezüglich aber
skeptisch, sie ist nicht wirklich für Quotenregelungen zu gewinnen, auch hat
sich die amerikanische Praxis der Affirmative Action[46] in den 1990er-Jahren
auf dem niederländischen Arbeitsmarkt nicht durchgesetzt. Da es an der
Wende zum 21. Jahrhundert immer deutlicher wird, dass ImmigrantInnen
nicht aufgrund ihrer Person, sondern im Hinblick auf ihre Funktionen de-

---

[45] Nationalitätskriterien führen bei NiederländerInnen antillianischer oder aru-
    banischer Herkunft zu Problemen, da hier nicht der Staatsbürgerschaftsaspekt,
    sondern das Ursprungsgebiet (nicht zu verwechseln mit dem juristischen Ho-
    heitsgebiet) zur Beurteilung des Kriteriums „allochthon" herangezogen wird.
[46] Sowohl positive Diskriminierungsmaßnahmen (*positieve actie*) wie ethnische
    Quotensysteme innerhalb der Arbeitswelt werden von Gewerkschaften, aber
    auch Allochthonen selbst, heftig kritisiert und aufgrund dessen von den großen
    politischen Parteien der Niederlande verworfen.

finiert werden (mit der Erwartung, diese unabhängig von Herkunfts- oder
Zuwanderungsbedingungen auf möglichst effiziente und produktive Weise
in das ökonomische, soziale und politische System des Aufnahmelandes zu
integrieren), sind NiederländerInnen nicht bereit, diesem Weg zu folgen, der
alte Nazi-Dämonen oder das Unheil vergangener Bruderkämpfe in einer
multikulturellen Gesellschaft heraufbeschwören könnte.

VOM „MULTIKULTURELLEN DRAMA" ZUM POLITISCHEN FORTUYNISMUS

Bis zu Beginn des 21. Jahrhunderts sind Tabus bezüglich Integrationsfragen
eine zu umschiffende Klippe, nun werden sie schwächer. Unter dem politischen Druck Pim Fortuyns steht die heikle Frage der Integration von MuslimInnen endgültig auf der Tagesordnung.
      Als einschneidender Wendepunkt im niederländischen Politikansatz zur
Immigration (vor allem, was muslimische Allochthone angeht) werden häufig die mörderischen Blutattentate der muslimischen Terroristengruppe Al-
Quaïda in New York angegeben, wobei präzisiert werden muss, dass diese
im letzten Jahresviertel 2001 verübten Anschläge nur eine Diskussion an-
heizen, die im Grunde vorher initiiert ist: Der USA-„Schock der Kulturen"
ist nicht die Ursache, sondern der Auslöser, um tief sitzende Strömungen
innerhalb der niederländischen Gesellschaft ans Tageslicht zu fördern – eine
gewaltige Welle, auf der der Politiker Pim Fortuyn und Filmemacher Theo
van Gogh so lange surfen, bis sie brutal ermordet werden.
      Diese Grundstimmungen beschränken sich nicht nur auf eine Scha-
denskatalogisierung aller bis dahin durchgeführten Integrationspolitiken,
sondern evozieren eine breite, revoltierende, alte Legitimationen in Frage
stellende Haltung der niederländischen Gesellschaft. Wenn es auch verfrüht
ist, dieses neu aufgeschlagene Sozialkapitel auf seine historischen Auswirkungen hin zu hinterfragen, können wir heute feststellen, dass ein „zweiter
Tod" eintritt: für die Versäulung und ihre Nebenprodukte – den Konsoziationalismus, das Poldermodell und den die niederländische Multikulturalität
nach 1960 kennzeichnenden Kulturrelativismus. Mit einem Wort, man hat
es hierbei mit einem manifesten Kulturwandel und der schrittweisen De-
montage ehemals fundamental-identitätsstiftender Säulen der niederländischen Nation zu tun.
      Man könnte nun versucht sein, diese Wende mit einem Volksaufstand
gleichzusetzen, so sehr haben nach dem Tod Pim Fortuyns die Jahresbilder
2002 von Aufständen und Massendemonstrationen sowie Wählerfluten hin
zur *Lijst Pim Fortuyn* (LPF) die Gemüter erhitzt. Dieser Vergleich wäre verfrüht, denn die Wende lösen die liberalen Eliten schon früher mit ihrer politischen Offensivserie gegen die Integrationspolitik aus: hauptsächlich gegen die
islamische Immigration, deren Werte als wenig kompatibel mit denen westlicher Gesellschaften gesehen werden. An der Spitze dieser für das Kon-

sensland friedlicher Multikulturalität ungewohnt heftigen Attacken steht:
der liberale Parteiführer Frits Bolkestein (geb. 1933). Der Exvorsitzende der
VVD[47]-Fraktion der Zweiten Parlamentskammer weist in einem solide ar-
gumentierenden und nach vorne blickenden Artikel (*Volkskrant*, 12. September 1991) sowohl den Kulturrelativismus als auch die Vorstellung einer
Emanzipation der muslimischen Minderheit zurück, indem diese eine neue
und eigene Säule aufbaut. Diese Neuversäulung würde nur zusätzlich segre-
gierende und integrationshemmende Wirkungen ausüben.[48] Bolkestein verurteilt die Leichtgläubigkeit und das schuldhafte Wegsehen niederländischer
Eliten gegenüber dem ansteigenden Islamfundamentalismus. Er scheint sich
seiner Sache sicher zu sein, wenn er Tabus einreißt, die die multikulturelle
Gesellschaft bis dato beschützt haben, um einen breiten politischen Diskurs
zur „Integration von Minderheiten" zu starten. Seine für die 1990er-Jahre
kühnen, heute weitgehend unwidersprochenen Gedankengänge verhindern
in der Folge ein Regierungsvorhaben, das zum Erreichen optimaler Integrationsbereitschaft die Zulassung doppelter Staatsbürgerschaften[49] (*vreemde-
lingen*) einführen will. Bolkestein nähert sich in seiner Argumentation inhaltlich dem französisch-assimilatorischen Ansatz und erntet einen Sturm
der Entrüstung.[50] Als Politiker respektiert, sieht sich Bolkestein aber dem
schweren Vorwurf ausgesetzt, den toleranten und offenen Multikulturalismus *à la néerlandaise* zu untergraben und mit dem Grundübel schlechthin

---

[47] V. V. D.: *Volkspartij voor Vrijheid en Democratie.*
[48] F. Bolkestein, *Integratie van minderheden moet met lef worden aangepakt*, in: *De
      Volkskrant*, 12. September 1991. Dieser Artikel erscheint im Anschluss an einen
      Vortrag, den Bolkestein am 8. September 1991 im Rahmen einer Tagung der „Li-
      beralen Internationalen" in Luzern hält.
[49] Dieses von der damaligen Mitte-Rechts-Regierung vorgebrachte Argument be-
      steht im Kern darin, dass ein fehlender Rückgabezwang der Herkunftsstaatsbür-
      gerschaft bei Annahme der niederländischen Staatsbürgerschaft AusländerInnen
      mehr noch als in der Vergangenheit dazu motivieren würde, sich für einen nie-
      derländischen Pass zu entscheiden und sich optimaler zu integrieren. Im Grunde
      sieht dieses Vorhaben die rechtliche Anpassung zugunsten von Allochthonen vor,
      im Gegenzug werden von ihnen keine Pflichterfüllungen (mit Ausnahme des Mi-
      litärdienstes) verlangt, auch nicht die Beherrschung der niederländischen Spra-
      che. Diesen Gesetzesvorschlag lehnen vor allem die VVD (die Partei Bolkesteins,
      seit November 1989 in Opposition) und die christdemokratische CDA (der große
      Koalitionspartner innerhalb der CDA-PvdA-Regierungskoalition (Lubbers III,
      1989–1994)) ab.
[50] In seinem *Volkskrant*-Artikel begrüßt Bolkestein den ersten Bericht des franzö-
      sischen *Haut Conseil à l'Integration* vom Februar 1991, wo (zum Zeitpunkt der
      „Kopftuch-Affäre") zum Festhalten an der *logique de l'égalité* unter Zurückwei-
      sung der *logique des minorités* (so wie sie die Niederlande und Großbritannien
      praktizieren) aufgerufen wird.

– dem Rechtspopulismus – zu kokettieren.[51] Dieser Vorwurf richtet sich im
Kern weniger auf die Tatsache, die Debatte lanciert zu haben, sondern auf
den Umstand, eine Tabuserie verletzt zu haben – an erster Stelle die sakro-
sankte Multikulturalität des Königreichs. Mit Sicherheit kann für damals
behauptet werden: Wenn NiederländerInnen sich selbst rühmen, unter dem
Motto *alles is bespreekbaar*[52], alles zum Gegenstand einer Diskussion machen zu können, wird stillschweigend davon ausgegangen, bestimmte Grenzen hierbei nicht zu überschreiten. Nicht verwunderlich, wenn die in den
1990er-Jahren tonangebenden Medien und die Intelligenzija (Linke, die den
Inquisitorenaugen Amsterdamer SoziologieprofessorInnen unterliegen) es
nicht müde werden, Bolkestein dieser Missetat zu bezichtigen, wodurch sich
dieser angesichts heftiger Wogen an Vorwürfen auch gezwungen sieht, einige seiner Positionen zu revidieren bzw. kleinweise die Verbundenheit mit
dem Prinzip der *integratie met behoud van eigen identiteit* zu beschwören.[53]

Viel später, im Jänner 2000, wird diese Debatte um die Integration neu
entfacht, als der *NRC-Handelsblad*-Artikel *Het multiculturele drama* des
Publizisten Paul Scheffer (geb. 1954) für einen noch größeren Eklat sorgt.[54]
Dieses (im Vergleich zur Bolkesteinschen Anklagerede zunächst sozial ver-
söhnlichere Töne anstoßende) Pamphlet beschuldigt den niederländischen
Multikulturalismus der Segregation und Sozialfriedensstörung.[55] Auffallend
sind die darin enthaltenen Kritiken, die Härte und Pessimismus spüren lassen, sowie der besondere Umstand (Scheffer übernimmt einen Gutteil der
liberalen Bolkestein-Argumentation), dass dieses Pamphlet im Rahmen von
Scheffers ideologisch tonangebender Funktion für die sozialdemokratische
PvdA veröffentlicht wird. Jene Partei, die in den vorhergehenden zwanzig
Jahren Verteidigerin und Mitverantwortliche in Sachen Integrationspolitik
war.[56] Scheffers Anschuldigungen erschüttern das Land, sie sind eine über-
deutliche und längst fällige (auf diese Art und Weise aber noch nie so offen
angeprangerte) Aufzählung von Systemlücken und Dysfunktionen. Scheffer

---

[51] Das *Nederlands Centrum Buitenlanders* (NCB) verurteilt Bolkestein, das Xeno-
     phobenlager bzw. ImmigrationsgegnerInnen zu unterstützen. Die Mehrheit der
     Großparteien – inklusive Premierminister Ruud Lubbers (CDA) – zeigt sich
     ebenfalls (anders als die VVD) darüber empört.
[52] Die *bespreekbaarheid* aller das tägliche Leben betreffenden Fragen bedeutet in
     den Niederlanden auch eine gemeinsame autonome Konfliktkanalisierung und
     -regelung ohne Einschreiten „von oben".
[53] F. Bolkestein, „Minderheden hebben het recht op hun eigen identiteit en cultuur.
     Dat staat niet ter discussie.", in: *De Volkskrant*, 21. September 1991.
[54] P. Scheffer, *Het multiculturele drama*, in: *NRC-Handelsblad*, 29. Jänner 2000.
[55] *Ibid.*: „Het multiculturele drama dat zich voltrekt is dan ook de grootste bedrei-
     ging voor de maatschappelijke vrede."
[56] Der Politologe Paul Scheffer arbeitet von 1986 bis 1992 für die *Wiardi Beckman
     Stichting*, dem Think Tank der PvdA. Als ehemaliger Marxist wird er zum Par-
     teiideologen der PvdA, ohne jemals selbst ein Parteiamt auszuüben.

bricht Tabus, nicht, was die Integrationsthematik angeht, sondern, was die niederländische Identität als Ganzes betrifft. Seine Hauptkritikpunkte lassen sich als Anschauungs- und Belegmaterialien der sich in den Niederlanden abspielenden Revolte lesen:

1) Die niederländische Gesellschaft ist seit der zweiten Hälfte des 19. Jahrhunderts erfolgreich bemüht, soziale Ungleichheiten zu reduzieren. Sie scheint bis heute aber nicht sonderlich darüber entrüstet zu sein, dass Allochthonen der Sozialstatus einer ethnischen Unterklasse (*etnische onderklasse*) zugeschoben wird.

2) Die neue soziale Frage (*sociale kwestie*) manifestiert sich ab Schulbeginn in beträchtlichen Lernrückständen von Allochthonenkindern (vor allem marokkanischer und türkischer Herkunft), wodurch wertvolle Ressourcen und Talente ungenützt und ein Sozialaufstieg mittels Arbeitsmarkt verwehrt bleiben.

3) Die für Allochthonenmilieus (*etnische minderheden*) geltenden hohen Arbeitslosenraten, die zahlreichen NotstandsbezieherInnen und Kriminellen verursachen hohe Sozialkosten. Sie sollen in Relation zu demografischen Prognosen gesetzt werden (hier handelt es sich um positive Annahmen), welche für das Jahr 2015 einen 12%-igen Zuwachs des Allochthonenanteils an der Gesamtbevölkerung (das sind zwei Millionen Personen) angeben bzw. einen 50%-igen allochthonen Bevölkerungsanteil für die vier großen Städte der Niederlande.

4) Die Niederlande haben es verabsäumt, diese demografischen Umwälzungen zu antizipieren, insbesondere in den Sektoren Gesundheits- und Bildungswesen, Arbeitsmarkt und Justiz. Das Aufzeigen von Missständen in der Vergangenheit ist ohne wesentliche Folgen geblieben oder im Keim erstickt worden, teils durch naives Zutrauen auf das scheinbar erfolgreiche Poldermodell, teils durch den Mangel an wirksamen Sozialprogrammen (so wie sie in anderen Staaten durchgeführt werden).

5) Es ist ein Fehler, anzunehmen, dass die Rezepte der Versäulung und Pazifikationsdemokratie für die Integration „ethnischer Minderheiten" tauglich sind. Dass die Gemeinschaftseliten selbst Träger und Motoren dieser Integration sein können, ist postversäultes Wunschdenken und unzeitgemäße Illusion. Der Islam als Religion der Allochthonenmehrheit ist mit christlichen Strömungen, die am Aufbau und Erfolg der Versäulung beteiligt waren, nicht zu vergleichen. Weder hat sich der Islam bis heute modernisiert, noch akzeptiert er die Trennung zwischen Kirchen und Staat.

6) Bestimmte Kulturunterschiede zwischen Aufnahmegesellschaft und muslimischen ImmigrantInnen (unter ihnen sind viele Personen, die das islamische Recht dem niederländischen vorziehen) sind unüberbrückbar und ungeeignet, Gegenstand des Kompromisses zu sein.

7) Die heutige multikulturelle Gesellschaft ist ein Misserfolg, von Illusionen (darunter: „Integration ist eine Frage der Zeit") und mannigfaltigen Tabus

geleitet. Rückblickend betrachtet hat die niederländische Gesellschaft Unrecht, die eigene Identität hintanzustellen bzw. sich selbst zu negieren und den Schleier des Vergessens über ihr kollektives Gedankenerbe zu legen.

8) Der den Multikulturalismus kennzeichnende Kulturrelativismus hat die Grenzen der Toleranz in negativer Weise verschoben, was einem Rückschritt der niederländischen Gesellschaft aus historischer Sicht gleichkommt.

9) In unserer Zeit des Rückgangs des Wohlfahrtsstaates zeichnen sich politische Eliten durch Desorientierung, Ohnmacht und Wegschieben eigener Verantwortung angesichts der Integrationsproblematik aus. Immigrations- und Integrationspolitiken nicht neu zu verhandeln, kommt einer schweren Last für die Zukunft und den sozialen Frieden des Landes gleich.

Diese gewichtigen Einwände Paul Scheffers gegenüber der bisherigen multikulturellen Gesellschaft lösen eine Flut an medialen Reaktionen aus und bilden die argumentative Grundlage, auf der sich die gesamte Immigrationsdebatte zu Beginn des 21. Jahrhunderts abspielt – zu einer Zeit, in der ein politischer Komet aufgeht, der diese Kritiken in einer breiten Volksunzufriedenheit herauszukristallisieren weiß: Pim Fortuyn (1948–2002).

Beinahe alles ist über diese Persönlichkeit „außerhalb der Norm" gesagt und geschrieben, so wie dies bei faszinierenden Figuren der Fall ist, die für die Vernunft schwer fassbar sind: den Lauf der niederländischen Geschichte beschleunigt und die politische Debatte neu belebt zu haben, der Ära des politisch Korrekten ein Ende gesetzt und die lethargische, durch eigene Identitätskrisen verunsicherte, niederländische Gesellschaft wach gerüttelt zu haben. (Und wahrscheinlich stimmt das auch alles – zumindest im Nachhinein betrachtet.)

An den ehemaligen Rotterdamer Soziologieprofessor, Publizisten und Pamphletisten der rechtsliberalen Wochenzeitschrift *Elsevier*, der im Auftrag einer kleinen Protestpartei zufällig in die Politik kommt und diese posthum in eine Regierungspartei wandelt, sei hier in Verbindung mit seinem blitzartigen Aufstieg, seinen unerbittlichen Attacken gegen das politische Establishment und die multikulturelle Gesellschaft sowie in Verbindung mit seinem tragischen Tod am 6. Mai 2002 erinnert – ein paar Tage nur vor den Zweite Kammer-Wahlen.

Fortuyn, ursprünglich aus linken Kreisen stammend, der in seinen Publikationen die Unzulänglichkeiten und Modernisierungsmängel der öffentlichen Verwaltung anprangert,[57] macht sich durch Frontalangriffe gegen die

---

[57] Siehe das Thema seiner Antrittsrede an der Rotterdamer Erasmus Universität am 16. Februar 1990: „Starre overheidsstructuur dwarsboomt noodzakelijke modernisering". Siehe auch P. Fortuyn, *Zonder ambtenaren. De overheid als ondernemer*, Amsterdam: Veen, 1991; ders., *De verweesde samenleving*, Utrecht: Bruna, 1995.

politisch-intellektuellen Eliten seines Landes einen Namen. Seine bissigen
Sticheleien richten sich vor allem gegen die eigene Mitgeneration, die *Babyboomer*, der er vorwirft, die Niederlande durch exzessive Überideologisie-
rungen in verhängnisvolle Starrheit zu manövrieren.[58] In seinem Visier außerdem: der Kulturrelativismus.

Dieser selbstverliebte Dandy-Redner formuliert schärfer als Bolkestein
oder Scheffer. Im Gegensatz zu den von ihm so verabscheuten postversäulten Eliten kommt Fortuyn direkt zur Sache, so wie in der „Islamisierung
unserer Kultur" (*De islamisering van onze cultuur*, 1997), wo sich der Populist
mit Ängsten und Unzufriedenheiten der „kleinen Leute" (vor muslimischen
Allochthonen, die sich nicht integrieren wollen) profiliert. Ist es denn nicht
zutreffend, dass sie die großen modernen Errungenschaften der Niederlande in Frage stellen? Oder die Trennung von Staat und Kirchen, die Meinungsfreiheit, die Frauenemanzipation, also die Demokratie als Ganzes?
„Jetzt ist das Mittelalter in den Niederlanden ausgebrochen"[59] exklamiert
der emanzipierte Homosexuelle, der sich partout nichts vormachen lassen
will. Und dann fällt der Satz, der ihm den Ausschluss aus *Leefbaar Nederland* („Lebenswerte Niederlande") einbringt, einer kleinen Protestpartei, die
ihn zuvor noch zu ihrem Spitzenkandidaten für die Parlamentswahlen am
15. Mai 2002 machte:[60] „Der Islam ist eine rückständige Religion"[61]. Fortuyn
gründet nur zwei Tage später seine eigene Partei, die *Lijst Pim Fortuyn* (LPF)
und rühmt sich der Suspendierung. Viele sehen ihn als Märtyrer und Wort-
führer der „kleinen Leute" – zensuriert von den politischen Eliten des Landes, nur weil er ausspricht, was andere denken.

Dieser Mann verfügt über kein politisches Programm, abgesehen von einem auf Basis früherer Veröffentlichungen zusammengeschriebenen Pamphlet: *De Puinhopen van 8 jaar Paars* („Die Ruinen von acht Jahren violetter Regierung", 2002). Dieses Buch, das in allen Buchhandlungen für Furore sorgt,
attackiert die großen Misserfolge der „violetten" (von PvdA, VVD und D66
gebildeten) Regierungskoalition unter dem Sozialdemokraten Wim Kok: die
fehlende Modernisierung des Staatsapparates, den katastrophalen Zustand
des Gesundheitswesens und öffentlichen Verkehrs, die Entmenschlichung und

---

[58] Siehe P. Fortuyn, *Autobiografie van een babyboomer*, Rotterdam: Karakter Uitge-
    vers, 2002, Kap. 6, p. 381–389.
[59] „De Middeleeuwen zijn nu ook in Nederland gearriveerd", in: *Elsevier*, 1. Jänner
    2000.
[60] Pim Fortuyn wird am 24. November 2001 zum Spitzenkandidaten von *Leefbaar
    Nederland*.
[61] In: *De Volkskrant*, 9. Februar 2002: „Ik haat de islam niet. Ik vind het een ach-
    terlijke cultuur. (…) Al die dubbelzinnigheid. Het heeft wel iets weg van die oude
    gereformeerden. Gereformeerden liegen altijd. En hoe komt dat? Omdat ze een
    normen- en waardenstelsel hebben dat zo hoog ligt, dat je dat menselijkerwijs niet
    kunt handhaven. Dat zie je in die moslimcultuur ook."

schlechten Leistungen im Unterrichtswesen, die wachsenden Unsicherheiten und vor allem den schleichenden Realitätsverlust in der Integrationspolitik.

Konzentrieren wir uns auf diesen letzten Kritikpunkt, der Fortuyns Hauptvorschläge zur Beseitigung von Säumnissen und Defiziten in der bis dahin geführten Integrationspolitik inkludiert: Fortuyn fordert den sofortigen Immigrationsstopp („die Niederlande sind voll"); die Wiedereinführung strenger Grenzkontrollen zur Bekämpfung illegaler Zuwanderung; die effizientere Aufnahme von Flüchtlingen bei gleichzeitiger Begrenzung von Zuwanderungsmöglichkeiten und Einreisen aus Drittländern; restriktivere Bestimmungen bei Familienzusammenführungen; eine strengere Einbürgerungspolitik mit verpflichtenden Sprach- und Orientierungskursen; Sozialhilfekürzungen für die, die sich nicht integrieren wollen; eine spezifische Emanzipationspolitik für muslimische Frauen; und eine soziale Durchmischung zur Vermeidung von Wohn- und Schulgettos (das Ende „schwarzer Schulen").[62]

Inhaltlich lassen sich diese Forderungen von denen Bolkesteins oder Scheffers kaum unterscheiden. Stilistisch und formal – insbesondere bezüglich Asylpolitik – bringt der ehrgeizige LPF-Listenführer für die Parlamentswahlen 2002 das traditionelle Spiel des niederländischen Nationalkonsenses aber gewaltig durcheinander: Seine provozierend simplifizierenden Äußerungen drängen ihn ins politische Abseits. So sehr seine populistischen Parolen die etablierten Parteien erschrecken, so sehr ermutigen sie jene, die der muslimische Fundamentalismus ängstigt (das weltweite Trauma der tragischen Anschläge auf das World Trade Center vom 11. September 2001 ist noch deutlich spürbar), darüber hinaus alle Globalisierungsfrustrierten und Europaskeptiker. Deutlich fällt sein Bruch mit politischen Verantwortungsträgern aus (etwa mit Frits Bolkestein), denen er vorwirft, Reformprojekte in der Ausländerpolitik nicht zu Ende geführt zu haben bzw. dem einseitigen Druck von Medien- und Linkseliten vorschnell nachzugeben, wenn diese in Einwanderungsfragen das Schreckgespenst des Nationalsozialismus oder Rassismus reflex- und gebetsmühlenartig an die Wand malen.[63]

Wahr ist, dass sich Fortuyn von den Beleidigungen („holländischer Haider", „niederländischer Le Pen") bezüglich seiner Äußerungen weder beeindrucken noch einschüchtern lässt. Allen stigmatisierenden und ver-

---

[62] P. Fortuyn, *De puinhopen van acht jaar Paars*, Rotterdam: Karakter Uitgevers, 2002, Kap. VIII, p. 153–167.

[63] Siehe P. Fortuyn, *Ibid.*, p. 161: Wegen Bolkesteins nicht umgesetzten Integrationsvorschlägen kommt Fortuyn zum Schluss: „Bolkestein was dus een eloquente intellectueel, een uitstekend en volhardend debater, maar een slechte politicus." Diese schonungslose Kritik und Pauschalablehnung der violetten Regierungskoalition, der die VVD seit 1994 angehört, lässt sich durch den Wahlkampf erklären. Dafür verschont der Rotterdamer Populist die – linker stehende – CDA, denn mit ihr hofft er, nach den Wahlen am 15. Mai 2002 zu regieren.

letzenden Kritiken zum Trotz scheint die Richtigkeit seiner Thesen ja Tag
für Tag durch gewaltige TV-Einschaltquoten bestätigt zu werden.[64] Und alle
Meinungsforschungsinstitute sagen dem Medienstar den historischen Erd-
rutschsieg bei den Wahlen am 15. Mai 2002 voraus. Den unaufhaltsamen
Aufstieg dieses Rechtspopulisten karikiert auch Kolumnist Jan Blokker in
der *Volkskrant* vom 30. Jänner 2002, wenn er in Fortuyn den „Mussolini des
21. Jahrhunderts" sieht und den Artikel mit der makabren Pointe schließt:
„Beim vorigen Duce hat es 23 Jahre gedauert, bis er mit dem Kopf nach
unten an einer Benzinzapfsäule an der Schweizer Grenze aufgehängt wurde. Das wird Pim nicht passieren"[65]. Traurige Ironie: Pim Fortuyn wird am
6. Mai 2002 beim Verlassen eines Radiostudios in Hilversum von einem radikalen Umweltaktivisten erschossen.

Dieser politische Mord (der erste nach dem an den Gebrüdern De Witt
im Jahre 1672 begangene) versetzt das Land in einen Schockzustand. In der
Nähe des Haager Regierungssitzes brechen Unruhen und Krawalle aus, die
Volksrache richtet sich gegen politische Regierungseliten, denen vorgeworfen
wird, Fortuyn diabolisiert und damit zu seiner Ermordung beigetragen zu
haben. Erste Morddrohungen gegen politische Opponenten des Rotterdamer
Populisten werden laut. In diesem Klima aus Gewalt, Einschüchterungen
und allumfassendem Misstrauen wird rasch klar, dass ein neues Kapitel in
der Geschichte der Niederlande aufgeschlagen ist und (um es mit dem damaligen sozialdemokratischen Parteivorsitzenden Ad Melkert auszudrücken)
dass die niederländische Demokratie ihre Unschuld gerade verloren hat.[66]

Die Zeit der Konfrontation mit der muslimischen Kultur in einer „multiethnischen" Gesellschaft

Tatsächlich bildet dieser 6. Mai 2002 eine einschneidende Wende im politischen Leben des Königreiches. Durch den extremen Akt der Gewalt und
seine Auswirkungen auf die öffentliche Debatte, die revoltenhafte Stimmung
gegen Regierungsverantwortliche und die (so noch nie da gewesenen) massenhaften Sympathiebeweise der niederländischen Bevölkerung für den ver-
storbenen Pim Fortuyn (und das über alle Parteigrenzen hinweg!) werden

---

[64] Siehe P. Giesen, *Mediamagneet* (16.2.2002), in: De Volkskrant (ed.), *Het feno-
meen Fortuyn*, Amsterdam: De Volkskrant/Meulenhoff, 2002, p. 70–72.

[65] „Bij de vorige Duce duurde het drieëntwintig jaar vóór hij ondersteboven werd
opgehangen aan een benzinepomp aan de Zwitserse grens. Maar dat zal Pim niet
overkomen." – Jan Blokker, „De nieuwe Duce", in: *De Volkskrant*, 30. Jänner
2002.

[66] Diese Äußerung („Onze democratie heeft hiermee zijn onschuld verloren.") trifft
der PvdA-Spitzenkandidat Ad Melkert einige Stunden nach der Ermordung seines politischen Erzfeindes Pim Fortuyn.

ideologische Klüfte vertieft – die Extremen angespornt[67]. Das Land wird für lange Zeit in eine politisch-soziale Instabilität gestürzt. Die Fortuyn-Revolte lässt sich aufgrund der Folgen des kollektiven Traumas, das der tragische Tod Pim Fortuyns hervorgerufen hat, nur schwer beherrschen. Im Gegenteil: Dieses Trauma führt zur einschneidenden Fortuynisierung der niederländischen Gesellschaft und mit ihr zum Rechtsruck der politischen Landschaft.

Von einem ideologischen Erdbeben ist in diesem Zusammenhang die Rede, vor allem, wenn man die Ergebnisse und unmittelbaren Folgen der Parlamentswahlen vom 15. Mai 2002 analysiert: Nach nur einigen Lebenswochen wird die LPF trotz Fehlens ihres charismatischen Leaders zur zweitwichtigsten Partei im Land (26 Sitze/150 – 17% der Stimmen), noch hinter der CDA (43 Sitze/150 – 27,9% Stimmen), die in der Folge den Premierminister stellt (Jan Peter Balkenende); weit aber vor der nun um die Hälfte reduzierten PvdA (23 Sitze/150 – 15,1% Stimmen). Zum ersten Mal in der Geschichte der Niederlande kommt eine aus dem Nichts entstandene rechtspopulistische Partei an die Regierung, und zwar in eine sehr starke Position (22. Juli 2002).

Trotzdem bleibt das populistische Experiment, das sich die niederländische Wählerschaft zur Bestrafung der früheren, aus ihrer Sicht diskreditierten Mitte-Links-Koalition herbeiwählt, von kurzer Dauer. Nach nur 87 Tagen, am 16. Oktober 2002, stolpert das erste Balkenende-Kabinett (CDA-LPF-VVD) über den Dilettantismus, die Inkompetenz und die andauernden persönlichen Rivalitäten innerhalb der LPF-Regierenden.[68] Dieser auf Parlaments- und Regierungsebene inszenierte Populismus führt das Land in die Sackgasse, ohne zur Entwicklung der Integrationspolitik – des Steckenpferdes der LPF – beigetragen zu haben (abgesehen von der Gründung eines Ministeriums für Ausländerfragen und Integration (*vreemdelingenzaken en integratie*)). Die LPF erlebt bei den vorgezogenen Wahlen vom 22. Jänner 2003 ein übles Nachspiel: Sie verliert 18 der 26 Sitze (5,6% der Stimmen), der Beginn einer wahren Höllenfahrt ist markiert: Ein eindeutiges Signal, dass man in den offensichtlich immer noch toleranten und offenen Niederlanden mittel- oder langfristig keine Wählerstimmen ausschließlich mit der Integrationsfrage machen kann.

---

[67] Langfristig am meisten nützen die ideologischen Spannungen des Postfortuynismus den linken, nicht an der Regierung beteiligten Parteien. Dies trifft vor allem auf die Sozialistische Partei (SP) von Jan Marijnissen zu.

[68] Hier soll daran erinnert werden, dass sich die LPF aus einem Zusammenschluss politisch unerfahrener Freunde bzw. aus Bekannten und selbsternannten „Genies" rund um die Figur Pim Fortuyns formiert. Kaum an der Macht, wird diese Partei auch schon von Personenzwistigkeiten gespalten (darunter der erbitterte Streit zwischen Vize-Premier Bomhoff und Wirtschaftsminister Heinsbroek), was am 16. Oktober 2002 Premierminister Balkenende veranlasst, der LPF-Beteiligung an der Regierungskoalition ein Ende zu setzen.

Die etablierten Parteien verstehen schnell (weil es in ihrem ureigenen Interesse liegt): Das Protestwählen soll nicht weiter forciert werden. Die Fortuyn-Revolte mit ihrer massiven Zurückweisung des Poldermodells bzw. der von postversäulten Eliten auf Kosten der direkten Wählerpartizipation ausgehandelten Kompromisse – inklusive Absage an die realitätsferne Praxis des Multikulturalismus – wirkt wie ein Elektroschock und erzeugt eine Reihe von Reformen: etwa im Verwaltungsbereich (*bestuurlijke vernieuwing*) als Versuche, den BürgerInnen den politischen Entscheidungsprozess mittels Verfassungs- und institutioneller Modernisierungen näher zu bringen,[69] weiters im Gesundheits- und Sozialwesen[70] sowie in der Immigrationspolitik, wo die parlamentarische Arbeit auch voll einsetzt: Auf Initiative des Sozialisten Jan Marijnissen (SP) wird ein parlamentarischer Ausschuss gebildet, der die Gründe für das Scheitern der seit 30 Jahren geführten Integrationspolitiken (sic!) ausführlich erforschen und „Bausteine für eine neu zu formulierende Politik" liefern soll.[71] Der darauf folgende Bericht der „Blok-Kommission"[72] (2002–2004), der dem Parlament unter dem Titel *Bruggen bouwen* („Brücken bauen") am 19. Jänner 2004 überreicht wird, ist gleichzeitig die Gelegenheit, eine Neudefinition von „Integration" einzuführen:

> Eine Person oder Gruppe ist dann in die niederländische Gesellschaft integriert, wenn man von einer gleichberechtigten Rechtsstellung und Teilnahme auf sozio-ökonomischem Gebiet und der Kenntnis der niederländischen Sprache sprechen kann, weiters die üblichen Werte, Normen und Verhaltensmuster respektiert werden. Integration ist ein zweiseitiger Prozess: Einerseits wird von Neuankömmlingen erwartet, dass sie bereit sind, sich zu integrieren, andererseits muss die niederländische Gesellschaft die Integration ermöglichen.[73]

---

[69] Zu den Projekten der Minister für Verwaltungserneuerung (*bestuurlijke vernieuwing*), Thom de Graaf (2003–2005) und Alexander Pechtold (2005–), gehören: die Reformierung der Bürgermeisterwahl, des Senats (*Eerste Kamer*), der Zweiten Kammer sowie des Wahlsystems und Referendums.

[70] Die Strukturreform des Gesundheitswesens (ein Hauptthema der Wahlkampagne 2002) verursacht eine ganze Gesetzesreihe, die mit 1. Jänner 2006 in Kraft tritt.

[71] Jan Marijnissen, Vorsitzender der Sozialistischen Partei (die linker als die sozialdemokratische PvdA steht), veranlasst eine Parlamentsinitiative am 19. September 2002. Sie wird von allen großen Fraktionen begrüßt, ausgenommen der rechtspopulistischen LPF. Siehe Tweede Kamer der Staten-Generaal, Vergaderjaar 2002–2003, 28600, Nr. 24, *Motie van het lid Marijnissen* (19.9.2002).

[72] Dieser Ausschuss unter dem Namen seines liberalen Vorsitzenden, Stef Blok (VVD), beginnt seine Tätigkeit am 3. Dezember 2002.

[73] „Een persoon of groep is geïntegreerd in de Nederlandse samenleving wanneer er sprake is van gelijke juridische positie, gelijkwaardige deelname op sociaal-economisch terrein, kennis van de Nederlandse taal, en wanneer gangbare waarden, normen en gedragspatronen worden gerespecteerd. Integratie is een tweezijdig proces: enerzijds wordt van nieuwkomers verwacht dat zij bereid zijn te integre-

Anhand dieser Kriterien kommen die Zweite-Kammer-ReferentInnen zum
Schluss: Die Integration vieler Allochthonen sei „ganz oder teilweise ge-
glückt", obwohl „der wirtschaftliche Ertrag der Immigration" wegen „einer Kombination bestehend aus unzureichender Integration und Weiter-
migration für die gesamte niederländische Gesellschaft unerheblich"[74] sei.
Sie empfehlen die Intensivierung von Einbürgerungsmaßnahmen (insbesondere durch Sprachkurse „Niederländisch als Fremdsprache", da die
Sprachbeherrschung als Bedingung für die Integration angesehen wird), die
wirkungsvollere Bekämpfung der Segregation im Schulwesen und die Förderung einer sozialen Durchmischung im Wohnungssektor.[75]

Bruggen bouwen wird jedoch mit viel Skepsis und Sarkasmus von der
Zweiten Kammer aufgenommen, da es den darin enthaltenen, relativ opti-
mistischen Schlussfolgerungen sowie „dürftigen" Empfehlungen an Realis-
mus fehlen würde. Sie würden vor allem und paradoxerweise nur Konklusio-
nen rezitieren, die frühere und weniger anspruchsvolle Integrationsberichte
vor mehr als zehn Jahren anführten. Nur noch ein Schritt zur Behauptung
(den wir hier gerne machen): Diese Empfehlungen würden den Sozialautis-
mus von ExpertInnen widerspiegeln.

Als Antwort auf die wachsende Verstimmtheit ihrer BürgerInnen be-
schließt die niederländische Regierung dann eine restriktive Immigrationspolitik. Unter dem Taktstock der dynamisch-populären Integrations-
ministerin Rita Verdonk (VVD) wird ohne viel Zaudern und Zögern von
Schnellprozeduren in der Abschiebepraxis, Importbräuten oder der Notwendigkeit von Zwangsmitteln für die Integration gesprochen, wobei das
Erlernen der niederländischen Sprache und Kultur nachdrücklich gefordert
wird. Direkt angesprochen wird die Achtung von Normen und Werten der
niederländischen Empfängergesellschaft, landesweit wird zur Neudefinition von *normen en waarden* für neu ankommende MigrantInnen wie für Alt-
migrantInnen (*oudkomers*) aufgerufen.

Diese Entschlossenheit der Haager Regierung scheint eine Reihe von Gewalttaten und Intoleranzbekundungen, in die muslimische Allochthone involviert sind (insbesondere schlecht integrierte Imams) noch weiter zu rechtfertigen, sie widersprechen zusätzlich dem Optimismus der als volksfern und
mehrheitlich links-konformistisch geltenden IntegrationssoziologInnen.[76]

---

ren, anderzijds moet de Nederlandse samenleving de integratie mogelijk maken",
in: Tweede Kamer, verjaderjaar 2003–2004, 28689, Nr. 8–9, *Bruggen bouwen*, Eind-
rapport Tijdelijke Commissie Onderzoek Integratiebeleid, p. 521.

[74] *Ibid.*, p. 520; p. 528.

[75] *Ibid.*, p. 534; p. 542.

[76] Erinnert sei an den Hauptvorwurf des Amsterdamer Oberbürgermeisters Job Cohen (PvdA), der sich selbst sehr in die nationale Debatte um die Ausländerintegrati-
on einbringt, an die Adresse von IntegrationswissenschaftlerInnen und der „Blok-

Zu den einschneidendsten Zwischenfällen, die ein immer schlechter werdendes Licht auf den Islam als Säule des multikulturellen Staatsgebildes werfen, gehört zweifellos die Hinrichtung des islamkritischen Filmregisseurs Theo van Gogh. Diese fast rituelle Ermordung[77] durch einen radikalen Islamisten betont das heikle Problem der Nicht-Integriertheit von Allochthonen in einer inzwischen ziellos gewordenen multikulturellen Gesellschaft deutlich. Der Täter (im Gegensatz zu den arabischen Attentätern vom 11. September 2001) ist kein Ausländer, sondern ein junger binationaler Niederländer marokkanischer Herkunft, in Amsterdam geboren. Seine vorsätzliche Tat ist als Antwort eines Muslims auf die Feinde des Islams gemeint, als Hassbotschaft an die westliche Gesellschaft. Das geht zumindest aus dem langen Brief hervor, den er auf der Leiche Van Goghs zurücklässt, wobei er ihn nicht direkt an den umstrittenen Regisseur von „Submission" adressiert, sondern an die Co-Regisseurin des provozierenden Kurzfilms über die Unterdrückung der Frau im Islam: die VVD-Abgeordnete somalischer Herkunft, Ayaan Hirsi Ali.

Der Brief, der sich als Aufruf zum Jihad und zur Ermordung der jungen liberalen Frauenrechtlerin liest, wird in der niederländischen Presse publiziert und verursacht (so wie die Hinrichtung Van Goghs) einen gewaltigen Schock. Bis dahin hat man ja ungeachtet vieler Morddrohungen gegen Hirsi Ali im Zusammenhang mit ihren polemischen Stellungnahmen und Publikationen über den Islam nicht wirklich an die Möglichkeit eines Verbrechens gedacht – auch nicht nach der „meinungstötenden" Gewalttat an Pim Fortuyn. Diese todbringende Warnung vom 2. November 2004 macht den noch verbliebenen OptimistInnen aber endgültig klar, wie sehr die Meinungsfreiheit und die Demokratie in den Niederlanden bedroht sind.

Zu den Auswirkungen dieses Anschlages zählen neben dem erzwungenen Untertauchen Ayaan Hirsi Alis im Ausland (sie wird zur mit Mord bedrohten niederländischen Volksvertreterin) das Auffliegen allochthoner Terroristennetzwerke islamitischen Hintergrunds und (ab 2004) die einseitige Fokussierung der niederländischen Integrationspolitik auf das „neue muslimische Problem". Die multikulturelle Gesellschaft ist ab sofort nicht mehr nur ein „Drama", um Paul Scheffer zu zitieren, sondern eine echte Tragödie. Sie ist nicht mehr nur von der abwartenden Haltung bzw. typisch

---

Kommission", dass MigrantInnen selbst nie genug zu Wort kommen: „Ik zou zo graag meer (...) over horen van migranten dan over migranten. Weten we nu méér hoe Marokkanen leven, wat ze vinden, wat ze willen, wat ze wel bereikt hebben en wat ze niet bereikt hebben dan ongeveer 5 jaar geleden?" – J. Cohen, „Persvrijheidlezing 2004", in: http://www.villamedia.nl/n/nvj/nieuws/2004mei3_cohen.shtm

[77] Mohammed Bouyeri (geb. 1978) feuert sieben Kugeln auf Van Gogh, schneidet ihm die Kehle durch und rammt ihm ein Messer mit einem Zettel zum Jihad-Aufruf in den Bauch.

postversäulten Indifferenz „ethnischen Minderheiten" gegenüber geprägt, sondern von der direkten Konfrontation zwischen der „westlichen Welt" und der „muslimischen Kultur".

Nicht erstaunlich, wenn in jüngsten Integrationsberichten von einer „multiethnischen" Gesellschaft die Rede ist, geradewegs so, als wolle man den früheren Kulturrelativismus zurückweisen bzw. den Glauben daran mit der von der Realität nun widerlegten Gleichstellung aller Kulturen konterkarieren. Diese tragischen Ereignisse zu Beginn des 21. Jahrhunderts und der Aufstieg des antidemokratischen Islamfundamentalismus im Herzen der Niederlande scheinen die „monokulturelle" Neuausrichtung des Landes zu rechtfertigen – hin zu einer maßgeschneidert „dominanten Kultur" (*de dominante cultuur*) als eine Abkehr vom alten Ideal der versäulten multikulturellen Pazifikation: Im Königreich soll ein neues kulturelles Selbstbewusstsein entstehen (*nieuw cultureel zelfbewustzijn*), unkonfessionell, humanistisch, „aufgeklärt"[78], auf latenten Verfassungspatriotismus bauend.

Allmählich zeichnen sich die Konturen dieser neuen niederländischen Nationalidentität ab, die nicht mehr wie früher in zerstörerischer Auseinandersetzung mit dem großen Nachbarn Deutschland entsteht, sondern sich im Laufe einer internen und schmerzhaften Konfrontation mit muslimischen ImmigrantInnen entwickelt.

SCHLUSSFOLGERUNGEN

Soll man hieraus schließen, die Krise der Integration habe den Multikulturalismus in den Niederlanden vernichtend geschlagen? Dies zu behaupten, wäre naiv und unhistorisch. Wohl erleben die Niederlande seit ihrem Wandel zum Immigrationsland in den 1960er-Jahren erneut eine interkulturelle und interne Konfrontation, die jener ähnelt, die mehrere Jahrhunderte hindurch KalvinistInnen und KatholikInnen gegenüberstellte. Die Tatsache, dass der heutige Schock der Kulturen nicht mehr nur ChristInnen miteinander konfrontiert, sondern stark säkularisierte ChristInnen einerseits und immigrierte MuslimInnen andererseits, die einer starken religiösen Gemeinschaftsidentität bedürfen (unabhängig von ihrem individuellreligiösen Praktizieren), bleibt dabei von geringer Bedeutung. Selbst wenn die Integration eines allochthonen Muslims, gemessen an einem Menschenleben, schwierig erscheint, verspricht sie doch, sich aus historisch langfristiger Sicht und unter der Obhut eines demokratischen Systems, das seit dem 19. Jahrhundert reichlich integrativ-emanzipatorische Tugenden bewies,

---

[78] Siehe A. Hirsi Ali, „Laat ons niet in de steek. Gun ons een Voltaire", in: dies., *De zoontjesfabriek*, Amsterdam: Uitgeverij Augustus, 2003, p. 31–37.

viel schneller zu realisieren als die der katholischen Autochthonen, die ebenfalls um ihren gleichberechtigten Platz in der niederländischen Gesellschaft kämpften – innerhalb einer Nationalgemeinschaft, an der allerdings bereits ihre eigenen Eltern und Großeltern mitgebaut hatten. In Bezug auf die Mentalitätsunterschiede zwischen sehr verwestlichten Autochthonen einerseits und sehr orientalisierten (meist mediterranen) Allochthonen andererseits, sollte also keinesfalls überreagiert werden. Es ist mit gutem Grund davon auszugehen, dass die problematische Immigration, die in der Hauptsache ein großstädtisches Sozialphänomen ist, weniger Zeit brauchen wird, um sich in die niederländische Landschaft einzufügen als etwa FriesInnen oder LimburgerInnen dafür benötigten, sich in Holland das Vorrecht der Indifferenz – zu Unrecht „Toleranz" genannt – zu verschaffen. In unserem Jahrhundert der Menschenmobilität und Kommunikationsglobalisierung ist auf lange Sicht daher kein Grund zum Pessimismus vorhanden.

Letztlich scheint die Krise der Integration, so wie sie der holländische Ikonoklast Pim Fortuyn zeichnete, eher Ausdruck eines generationsspezifischen Unbehagens und Ohnmachtsgefühls gegenüber den vielen noch zu bewältigenden Herausforderungen der Zeit zu sein, weniger jedoch eine objektiv feststellbare Realität (wohl daher auch die relativ optimistische Einstellung der „Blok-Kommission"). Vielleicht fehlt es der niederländischen Gesellschaft in ihrer Gesamtheit am nötigen (Wieder)Aufbaudrang zur Erfüllung dieser Aufgabe. Vielleicht fühlt sie sich (ebenso wie die französische Gesellschaft) von der Jahrhundertwende außer Atem gesetzt und projiziert ihr eigenes Unvermögen auf die schlecht integrierten Allochthonen.

Es ist kein Zufall, wenn die niederländische Gesellschaft verzweifelt nach einer neuen nationalen Identität sucht: als Ausdruck eigenen Unbehagens und eigener Orientierungslosigkeit. Dieser Prozess wird neue Solidaritäten und neue Spaltungen hervorrufen, nicht verwunderlich, wenn seit 2003 viele NiederländerInnen den Schritt in die Auswanderung wagen. Diesen künftigen „westlichen Allochthonen" sei für das neue Aufnahmeland eine geglückte Integration zu wünschen – ebenso wie den in den Niederlanden niedergelassenen MigrantInnen!

(übersetzt von Manfred Oberlechner)

Wie können MigrantInnen integriert werden? [1]

Bassam Tibi

Integration gehört zu den zentralen Themen, die mit Migration in Verbindung stehen. Wirtschaftliche Integration durch einen festen Arbeitsplatz ist eine zentrale Voraussetzung. Ebenso wichtig ist die kulturelle und politische Dimension der Integration, die hier im Mittelpunkt steht. Einbürgerung und Beherrschung der deutschen Sprache sind kein Garant für eine gelungene Eingliederung der MigrantInnen in das Gemeinwesen. Einige der irregulären Krieger vom 11. September kamen aus Hamburg und sprachen fließend Deutsch. Zwei der islamistischen Attentäter hatten sogar die deutsche Staatsangehörigkeit. Die Diskussion muss neu beginnen.

Im Fall der klassischen Einwanderungsländer kamen die MigrantInnen früher aus Ländern der westlichen Zivilisation, weshalb deren Integration leichter fiel; dies hat sich geändert. Saskia Sassen[2] spricht von veränderter „Geopolitik der Migration" und führt an, dass zum Beispiel in Großbritannien 60% der Zuwanderer aus Asien und Afrika stammen. Natürlich kamen auch früher Commonwealth-Angehörige aus Asien und Afrika in das britische Mutterland, aber niemals in dem Ausmaß, wie es heute der Fall ist. Anders als die früheren MigrantInnen aus dem Süden und Osten Europas stammen die heutigen Zuwanderer nach Europa größtenteils aus anderen „überseeischen" Zivilisationen. Als einer von ihnen weiß ich, wovon ich spreche, wenn ich die Schwierigkeiten in diesem Zusammenhang problematisiere. Menschen aus nicht-westlichen Zivilisationen sind deshalb schwieriger zu integrieren, weil sie andere Wert- und Ordnungsvorstellungen haben. Es gibt Lösungen. Aber wie sehen diese aus?

MultikulturalistInnen bieten als Alternative zur Integration kulturelle Kollektivrechte inklusive der Berechtigung zum „Freiraum der Diaspora" an. An dieser Stelle beschränke ich mich auf die Aussage, dass kultureller Pluralismus kulturelle Vielfalt gewährt, die Wertebeliebigkeit des Multikulturalismus aber entschieden zurückweist. Die Diskussion über Integration, welche im Lichte der Tragödie von New York und Washington am 11. September geführt werden muss, unterstreicht die Notwendigkeit, die MigrantInnen als vollwertige BürgerInnen mit allen Rechten in das Gemeinwesen einzugliedern. Zum Recht auf ihre kulturelle Identität im Rahmen eines Kulturpluralismus, nicht aber als *„free space/* Freiraum", gehört jedoch

---

[1] Auszug aus: Bassam Tibi, *Islamische Zuwanderung. Die gescheiterte Integration*, Stuttgart, München 2002, abgedruckt mit dankenswerter Genehmigung von Bassam Tibi und der Deutschen Verlags-Anstalt.
[2] Saskia Sassen, *Guests and Aliens*, New York 1999.

auch die Pflicht seitens der MigrantInnen aus Asien und Afrika, die zivilisatorische Identität der Aufnahmeländer, also hier Europas beziehungsweise Amerikas, eindeutig zu akzeptieren. Vom Multikulturalismus unterscheidet sich dieser so verstandene Kulturpluralismus durch verbindliche Werte wie säkulare Demokratie, Menschenrechte, Zivilgesellschaft und Toleranz der Aufklärung. Diese Integrationspolitik bedeutet Abschied von der Vorstellung des(r) Fremden als GastarbeiterIn aus zwei Gründen: 1. weil sie auf Dauer bleiben und 2. weil sie dieselben Rechte und, nach dem 11. September müssen wir hinzufügen, auch dieselben Pflichten gegenüber dem Gemeinwesen haben.

In diesem Beitrag trete ich für europäische Toleranz ein, die zum Beispiel der islamischen Toleranz gegenüber Juden und Christen als *Dhimmi* (Schutzbefohlene, also Gläubige zweiten Ranges) weit voraus ist. Die europäische Toleranz der Aufklärung begreift die Angehörigen aller Religionen sowie Andersdenkende als gleichberechtigt, verweist den Glauben aber in die private Sphäre; der öffentliche Raum ist säkular. Wenn MultikulturalistInnen gegen eine umfassende Integration dadurch eintreten, dass sie die kulturelle Identität der Einwanderer als universell gültiges Gruppenrecht anerkennen, verraten sie ihren eigenen Universalismus, der in ihrem Relativismus verborgen ist. Parallel aber stellen sie die Universalität der europäischen Werte, ja selbst ihre Geltung für Europa in Frage und geben damit die zivilisatorische Identität Europas preis. Hier verfangen sie sich nicht nur in Widersprüchen, sondern kehren den Universalismus einfach nur um. David Gress schreibt hierzu:

> Obwohl es den Eindruck erwecken mag, dass Multikulturalismus dem Universalismus widerspricht, sind beide Denktraditionen tatsächlich miteinander vereinbar, zumal der Multikulturalismus nichts anderes ist als ein auf kulturelle Politik angewandter Universalismus ... Der Universalismus hat niemals sein zentrales Dilemma gelöst, das darin besteht, zugleich eine westliche Idee – die Idee, dass Verwestlichung global und unaufhaltsam war – und eine antiwestliche Idee – die Idee, dass die westliche Identität glücklicherweise ihr Ende gefunden hatte – zu sein ... Das Dilemma des Universalismus ist ein Produkt der Zweideutigkeit, die dem Neuen Westen zu eigen ist: War er eine neue Zivilisation, die sich durch ihr Abweichen von der eigenen und sämtlichen anderen Vergangenheiten definierte, oder war er das Ergebnis einer historischen Identität? ... Dieses Dilemma wirft die Frage nach der westlichen Identität für das dritte Jahrtausend auf.[3]

Der renommierte Kulturanthropologe Ernest Gellner weiß zwar, dass Multi-Kulti-RelativistInnen keine FundamentalistInnen sind, kennt aber ihre

---

[3]   David Gress, *From Plato to NATO: The Idea of the West and its Opponents*, New York 1998, S. 21.

Probleme sehr gut. Er kann das Geheimnis der scheinbaren Konfrontation zwischen dem Relativismus der Multi-Kulti-Ideologie und dem Absolutismus der FundamentalistInnen lüften:

> In der Realität kommt diese Konfrontation nicht augenscheinlich zum Ausdruck. Denn die Fundamentalisten erkennen und verachten zugleich die Unverbindlichkeit und den Relativismus im Allgemeinen, von denen die westlichen Gesellschaften derart durchdrungen sind. Doch interessieren sie sich wenig für die philosophischen Grundprinzipien des Relativismus (und versuchen ihn für ihre Zwecke zu instrumentalisieren; B.T.). Die Relativisten wiederum richten ihre Angriffe allein gegen diejenigen, die sie als „Positivisten", das heißt als Nicht-Relativisten verfemen, beschränken ihre Attacken jedoch auf ihre Gegner innerhalb ihrer eigenen aufgeklärten Tradition. Die Unstimmigkeiten, die sie logischerweise vom religiösen Fundamentalismus trennen, spielen sie herunter. Ihre Einstellung lässt grob gesagt zu, dass Absolutismus zu tolerieren sei, solange dieser kulturell nur ausreichend fremd daherkäme.[4]

In diesem Beitrag plädiere ich, wie die MultikulturalistInnen, für die Öffnung Europas für Fremde, verbinde dies jedoch mit dem Appell zur Bewahrung der zivilisatorischen Identität Europas. Es ist an der Zeit, das von manchen bewusst gesäte Missverständnis auszuräumen: Kritik am Multikulturalismus bedeutet nicht Ablehnung der Einwanderung, sondern der Wertebeliebigkeit und Verneinung des Anspruchs auf Freiraum, sprich auf Enklaven für Diaspora-Kulturen. Das ist eines der Tabus, die in diesem Beitrag gebrochen werden. In den USA ist dies nach dem 11. September geschehen und dem Multikulturalismus abgeschworen worden. In der „verspäteten Nation" (Helmuth Plessner) Deutschland steht dies noch bevor.[5]

MIGRATION REGULIEREN!

Im Umgang mit der Migration bietet kein europäisches Land, mit Ausnahme von Frankreich, ein Modell für die Integration von heutigen MigrantInnen. Migration ist kein Novum, wenngleich Unterschiede im Ausmaß der Erfahrung mit ihr, zum Beispiel zwischen Deutschland und Frankreich, bestehen. MigrantInnen, die heute nach Europa kommen, stammen vorwiegend aus Asien und Afrika, weshalb sie neue Herausforderungen an die zivilisatorische Identität westlicher Gesellschaften stellen. Daraus folgt ein Bedarf an Integration, die nicht mit Assimilation zu verwechseln ist. Ebenso wie ich

---

[4]   Ernest Gellner, *Postmodernism: Reason and Religion*, London 1992, S. 85. Vgl. den Nachruf auf Gellner von Jan Ross, in: *F.A.Z.*, 8. November 1995, S. 37.
[5]   Helmuth Plessner, *Die verspätete Nation*, Neuauflage, Frankfurt/M. 1982.

Assimilation ablehne, weise ich die in Segregation resultierende Integrationsunwilligkeit islamischer Zuwanderer zurück. Diese nimmt in radikalen Fällen stark antiwestliche Züge an, welche die Aufnahmegesellschaft, wenn sie zu ihrer Zivilisation steht, nicht hinnehmen kann.

Der wichtigste Unterschied zu früheren Migrationsformen ist jedoch, dass die heutigen Wanderungsbewegungen im Kontext von Globalisierung und Entgrenzung stehen. Zu den negativen Erscheinungen in diesem neuen Zusammenhang gehört sowohl der Missbrauch von Asyl als auch die illegale, von Schleuserbanden getragene Zuwanderung: Es wird heute offen von demokratischen PolitikerInnen, wie zum Beispiel Otto Schily, eingeräumt, dass die illegale Migration eindeutig Bestandteil der organisierten Kriminalität geworden ist. Nach bekannten Recherchen – zum Beispiel vom *Wall Street Journal* und Europol – handelt es sich sogar um ein gewinnbringenderes Geschäft als der Drogenhandel.

Das Ausnutzen der illegalen Migration durch Schleuserbanden beinhaltet, ein schmutziges Geschäft mit den Migrationssehnsüchten von Menschen zu machen. Für Europa wird in diesem Zusammenhang deutlich, dass die Migrationspolitik nur transnational erfolgreich zu regeln ist. Auf der Ebene der Europäischen Union redet man viel darüber, aber von politischem Handeln fehlt bislang jede Spur. Durch die Teilnahme an einem Europol-Projekt über diesen Gegenstand erfuhr ich, dass die Institutionen der EU lediglich Informationen sammeln und Empfehlungen abgeben, die allerdings kein(e) PolitikerIn befolgt. Ob dies auch vor dem Hintergrund der Geschehnisse am 11. September so weitergeht? Das Vorurteil von der EU als einem bürokratischen *Talking Club* wird dadurch nur gestärkt. Die aus der Globalisierung resultierende Entgrenzung der Welt und der Rückgriff, den illegale Zuwanderer auf den Rechtsformalismus der Gerichtsbarkeit nehmen, setzen den einzelnen europäischen Staaten deutlich Grenzen für ihr Handeln gegenüber ungesteuerter Zuwanderung.

Eine Einflussnahme ist nur auf der transnationalen Ebene denk- und umsetzbar. Am Ende dieses Beitrages werde ich die Diskussion über die Kontrollierbarkeit der Migration[6] wieder aufnehmen. Für mich existiert ein Zusammenhang zwischen der Integration der MigrantInnen und der Kontrolle der Migration, zu der die nach dem 11. September 2001 veränderte Sicherheitspolitik zwingt. Würde die Migration nach Europa kontrolliert als Einwanderung und eben nicht als ungesteuerte Zuwanderung erfolgen, dann würden die Zahl und das Qualifikationsprofil der MigrantInnen mit dem Bedürfnis des Landes übereinstimmen. Dies hätte zur Folge, dass MigrantInnen eher das Gefühl hätten, willkommen zu sein, und die Menschen der Aufnahme-

---

[6]   Wayne A. Cornelius, u.a. (Hg.), *Controlling Immigration: A Global Perspective*, Stanford 1994; dies ist ein Reader mit repräsentativer Textauswahl aus der amerikanischen Einwanderungsdebatte.

gesellschaften eher gewillt wären, sie zu integrieren. Es handelt sich hierbei also um einen reziproken Prozess. Das Aussortieren der IslamistInnen als potenzielle TerroristInnen würde auch die Islamgemeinde vor jedem Generalverdacht schützen. Anders formuliert: Es liegt auch im Interesse der in Europa lebenden MuslimInnen, Migration stärker zu regulieren.

Die Turbulenzen und die sinnstiftende Identität

Angesichts des Fehlens von erforderlichen transnationalen Regelungen im Zeitalter der Globalisierung scheint in Bezug auf Migration die Metapher von der Turbulenz, die Nikos Papastergiadis verwendet, zutreffend zu sein. Ihm zufolge fliegen wir um die Erde ohne einen Flugkapitän, der in der Lage wäre, vorauszuschauen und im richtigen Moment aufzurufen: „*Fasten your seat belts.*" Entsprechend gefahrvoll ist die Reise in dieser an Turbulenzen reichen Welt.[7] Die wichtigsten darunter sind die „Turbulenzen der modernen Migration", die alles destabilisieren können, wenn sie außer Kontrolle geraten.

Papastergiadis spricht in diesem Zusammenhang von einem „*Twin Process*/Zwillingsprozess" von Globalisierung und Migration. Die zeitgenössische Migration ist in jeder Hinsicht anders als frühere Formen, die auf Eroberung und Herrschaft gerichtet waren. Gewollte Wanderungsbewegungen wie etwa der Siedlungskolonialismus (einschließlich der islamischen *Djihad-Eroberungen*) der HerrscherInnen sowie unfreiwillige Migration, beispielsweise die erzwungene Umsiedlung durch Vertreibung (PalästinenserInnen aus ihrer Heimat) oder der Sklavenhandel (10 Millionen AfrikanerInnen nach Nordamerika), gehören in den Bereich der Geschichtswissenschaft. In der Forschung wird der Ortswechsel von Menschen – gleich aus welchen Gründen – als Migration bezeichnet. Im 21. Jahrhundert stellt sich daher die Frage, ob die Turbulenzen der Migration wirklich unkontrollierbar sind. Ist die Globalisierung gleich einem Naturphänomen nicht steuerbar? Ist der Terrorismus, wie er in den Anschlägen von New York und Washington zum Ausdruck kam, das unentrinnbare Schicksal des Westens im 21. Jahrhundert?

Die moderne Migration entsteht durch die politisch unkontrollierte freie Bewegung von Menschen in einer globalisierten und entgrenzten Welt. Sie ist nicht mehr nur ein Forschungsgegenstand exklusiv für SoziologInnen, sondern die Migration betrifft vor allem auch die internationale Politik und findet mittlerweile Berücksichtigung in einem Forschungszweig, den man „kulturelle Analyse"[8] nennt. Trotz oder vielleicht gerade aufgrund unserer

---

[7]　Nikos Papastergiadis, *The Turbulence of Migration*, Cambridge/UK 2000, S. I.

[8]　Ein wichtiges Werk der „cultural analysis" ist Robert Wuthnow, *Meaning and Moral Order: Explorations in Cultural Analysis*, Berkeley 1987. Vgl. auch Robert Wuthnow/James D. Hunter, u.a., *Cultural Analysis*, London 1984.

von Entgrenzung gekennzeichneten Welt ist die Problematik der kulturellen Identität von zentraler Bedeutung. Eine adäquate Auseinandersetzung mit ihr ist allerdings im Rahmen eines kulturrelativistischen und daher wertebeliebigen Multikulturalismus, der mit der Ersetzung des Individuums durch das Kollektiv in die Vormoderne zurückfällt, nicht möglich. Natürlich gibt es viele Schulen des Multikulturalismus, aber alle sind nach dem 11. September verstärkter Kritik ausgesetzt. Zumindest der Zweig der multikulturellen Ausrichtung, der Freiraum für Diaspora-Kulturen der MigrantInnen fordert, hat durch die Terroranschläge in den USA seine Berechtigung eingebüßt.

Multikulturalistinnen und die Identität Europas

Nach dem 11. September 2001 ist die westliche Zivilisation nicht mehr dieselbe. Nun werden die in der gesamten Literatur des Multikulturalismus vorherrschenden Fehlperspektiven über Migration in Bezug auf Kollektive korrigiert. Es ist berechtigt, für die kulturelle Identität der Einwanderer einzutreten. Es ist aber einseitig, wenn bei den MultikulturalistInnen die zivilisatorische Identität des Aufnahmelandes oder -kontinents, hier Europas, auf der Strecke bleibt. Die Kritik an der ethnischen Exklusivität des Aufnahmelandes ist ebenfalls berechtigt; genauso negativ ist es allerdings, wenn sich Einwanderer als Volksgruppe, also ethnisch definieren und eine Parallelgesellschaft aufbauen, die exklusiv ist und Ansprüche auf Freiraum stellt. Als ein Beispiel kann ich türkische oder kurdische Gettos anführen. Auf diese Weise gibt es nur Öffnung auf Seiten des Aufnahmelandes, aber exklusive Parallelgesellschaften gedeihen auf der anderen. In einem anderen Buch verwies ich auf diese besorgniserregende Entwicklung mit dem Ausdruck Gleichzeitigkeit von Kulturrelativismus und Neo-Absolutismus.[9]

Der bereits angeführte Migrationsforscher Papastergiadis argumentiert zu Recht gegen universalistische Multi-Kulti-Ideologien und bietet als Ersatz einen kritischen Multikulturalismus. Auch wenn dieser ebenso zu beanstanden ist, unterstütze ich Papastergiadis in seiner Bestimmung der Identität als *„an ongoing process of negotiating differences/*fortwährender Prozess der Verhandlung von Unterschieden". Auch teile ich sein Eintreten für *„a dialogical approach/*einen dialogischen Ansatz".[10] Dieser Dialog hat aber nur Sinn, wenn er in Richtung Wertekonsens gestaltet wird, also einer Wertebeliebigkeit abschwört. Wir müssen der Erkenntnis, dass sich kulturelle Identität durch Migration stets wandelt, also nicht statisch ist, Rechnung

---

[9]   Bassam Tibi, *Europa ohne Identität? Die Krise der multikulturellen Gesellschaft*, München 1998, Kapitel 2.
[10] N. Papastergiadis, *Turbulence of Migration* (wie FN. 7), S. 14 und S. 20.

tragen. Kulturelle Identität als ein fortwährender Prozess der Verhandlung von Unterschieden ist steuerbar, zum Beispiel in Richtung multiple Identität, die Integration zulässt. Diese flexible Identität können wir gegen die Verweigerer der Integration anführen, die uns eine essentialisierte Identität als Vorwand vorhalten.

MultikulturalistInnen verfahren ebenso wie IslamistInnen und Ethno-nationalistInnen, wenn sie die Identität der Einwanderer essentialisieren. Sie bestimmen Identität damit zu etwas Unveränderlichem und verleugnen außerdem die westliche zivilisatorische Identität. Wird die Gestaltung der Migration mit dem Ziel, die Fremdheit des(r) Migranten(in) zu verringern, ernst genommen, und gilt es parallel dazu, kulturelle Identität in ihrem Wandel zu beachten, müssen wir für einen kulturellen Pluralismus eintreten.

Gesetztes Ziel muss es also sein, MigrantInnen und Einheimische in einem Gemeinwesen zu vereinigen, um ein vielfältiges Miteinander, statt eines multikulturellen Nebeneinanders zu erreichen. Gelingt dies nicht, dann obsiegt die multikulturelle Rhetorik, die einer Essentialisierung der Kultur zum Opfer fällt. Kultureller Essentialismus bedeutet, Stereotype zu haben, etwas als statisch in Bezug auf Kultur darzustellen. Man essentialisiert zum Beispiel die Deutschen, wenn man sie als „Volk der Täter" abstempelt, die SüdländerInnen, wenn sie als „heißblütig" beschrieben werden, oder die AmerikanerInnen, wenn man sie als „dollarsüchtige Business-Leute" bezeichnet. IslamistInnen, die den Islam essentiell verherrlichen und traditionelle OrientalistInnen, die im Gegenteil den Islam orientalisieren, verfahren ähnlich, insofern sie den Islam kulturell konstant bestimmen, wenngleich in entgegengesetzter Richtung. Also kurz: Es gibt keine einheitliche, nicht wandelbare islamische Identität. Dies ist ein Märchen oder wissenschaftlich ausgedrückt, eine Konstruktion. Islamische Einwanderer aus unterschiedlichen Teilen der islamischen Zivilisation können ein konstruiertes Kollektiv bilden und doch bestehen sie aus sehr verschiedenen Individuen. Die Gefahr der Entstehung eines solchen Kollektivs unter den Bedingungen der Diaspora-Kultur ist allerdings konkret gegeben. Diaspora-Kultur ist stets ethnisch bestimmt, gegen Integration gerichtet, anfällig für den Fundamentalismus und bildet daher auch ein Sicherheitsrisiko!

MIGRATION UND ETHNIZITÄT

Gegen GlobalistInnen und MultikulturalistInnen argumentiere ich, dass es möglich ist, politisch Einfluss im Sinne von Steuerung auf die Migration auszuüben. Dazu gehört die Politik der Integration, die eine Festlegung der Zahl der MigrantInnen einschließt. Die Folge fehlender Integration ist die Bindung von Kultur an Ethnizität in der Diaspora, wobei ein Wir-Gefühl verstärkt auftritt. Die ethnische Kultur wird zur konstruierten Diaspora-Kultur. Der Weg zu einer kulturübergreifenden Verständigung oder gar zur

Integration der MigrantInnen im Zeitalter der Globalisierung wird somit
völlig versperrt. Die kulturelle Differenz ist anzuerkennen, ohne dass daraus eine Ontologie der unveränderbaren Kulturen entwickelt wird. Auch ist
besonders vor dem Hintergrund der Geschehnisse am 11. September 2001
jede kulturelle Differenz der MigrantInnen in Europa den Werten westlicher
Verfassungen unterzuordnen. MigrantInnen können eine multiple nicht-eth-
nische Identität entfalten und ihre Kultur mit westlichen Werten harmoni-
sieren. Die MultikulturalistInnen zeigen wenig Verständnis für diese Problematik, weil sie in ihrem Drang nach Verteidigung der „kulturellen Identität"
der MigrantInnen als Kollektive diese in einem Maße essentialisieren, dass
eine Anpassung undenkbar wird. Mit Recht schreibt Papastergiadis:

> Die Spannung zwischen dem Status der kulturellen Differenz innerhalb einer Na-
> tion und dem Druck, der von der Globalisierung ausgeht, wird evident bei der
> Bemühung, diasporisierte Kulturen zu redefinieren. ... Wo können wir kultur-
> übergreifende Kommunikation platzieren? ... Es gibt wenig Achtung hierfür bei
> den Multikulturalisten ..., weshalb sie den dynamischen Wandel aller kulturellen
> Identitäten nicht beachten. Stattdessen neigen sie dazu, essentialistische Ansich-
> ten im Rahmen ihres multikulturellen Bezugsrahmens zu pflegen ..., wobei sie
> einer Zusammenfassung zwischen Ethnizität und Kultur zum Opfer fallen.[11]

Die Schlussfolgerung der MultikulturalistInnen in der Diskussion über die
neue Form der Migration aus Asien und Afrika nach Europa, die sie als
„Postkolonialismus" vernebeln, ist ein Plädoyer für die Geltung afrikanischer und asiatischer Kulturen in der Diaspora auf Kosten der Identität
Europas. An der Bestimmung des Menschen als Individuum sowie an der
Ablehnung des Anspruches auf Freiraum für Kollektive halte ich fest und
definiere Rechte daher als solche des Individuums, nicht als Rechte von
kulturellen und/oder ethnischen Gemeinschaften der Diaspora. Auch ein
kritischer Multikulturalismus wie der von Papastergiadis bietet keine Alternative zur einseitigen Diskussion über kulturelle Identitäten, die in eine
Sackgasse führt. Papastergiadis, der bemüht ist, Migration und kulturelle
Vielfalt unter den Bedingungen der Globalisierung in einem Konzept des
kritischen Multikulturalismus in Einklang zu bringen, ist klug genug, um
die lauernde Gefahr zu erkennen. Ihm entgeht nicht, dass Migration in einer
Ansiedlung von ethnischen Gruppen in den Aufnahmegesellschaften resultieren würde, falls die Vision der MultikulturalistInnen zur Realität wird.
Freiraum für Kollektive der Diaspora-Kulturen ist dann ein Euphemismus
für Siedlungen der MigrantInnen. Papastergiadis schreibt deutlich: „Eine
genauere Untersuchung des dominierenden Verständnisses von Multikulturalismus zeigt, wie sehr dieser dem klassischen Denken der Siedler-Mig-

---

[11] Ebd., S. 113.

ration sowie der politischen Mobilisierung von ethnischen Gemeinschaften ähnelt. Das entspricht nicht dem für globale Migration erforderlichen Muster."[12] Wir müssen uns vergegenwärtigen, dass die klassische Siedler-Migration (zum Beispiel *Hidjra* der MuslimInnen) ein Zurückdrängen der eroberten Kulturen bedeutet: Siedlung ist eine Form des Kolonialismus. Dies ist kein Vorbild für die moderne Migration. Kurz: Das Ergebnis von Kollektiv-Identitäten sind Parallelgesellschaften. Sie dürfen bei der modernen Migration nicht Alternative zur Integration werden. Deshalb warne ich vor einem solchen Multikulturalismus in Europa, weil er in eine Balkanisierung und Zerstörung der europäischen Identität und des entsprechenden Gemeinwesens mündet. Für die Vereinigten Staaten nennt Schlesinger diesen Prozess: *Disuniting of America.*[13] Die Schlussfolgerung lautet also: Ja zur Migration, nein zu ethnischen Parallelgesellschaften und Siedler-Migration. Kultureller Pluralismus der Individuen ist die Alternative zum multikulturellen Nebeneinander essentialisierter Kollektive, die in einer Demokratie westlichen Musters keine Existenzberechtigung haben dürfen.

GLOBALISIERUNG UND MIGRATION ALS NATUREREIGNIS?
VON APOLITISCHEN ANSICHTEN ZUR POLITIK DER STEUERUNG

In den Beiträgen der SoziologInnen zur Migration ebenso wie in den populären Arbeiten über dieses Thema spürt man die Tendenz der AutorInnen, die unaufhaltsame Globalisierung als ein unsteuerbares Naturereignis wahrzunehmen. Zu dieser Erkenntnis gelangen sie in Anbetracht der Tatsache, dass die moderne Migration in einer entgrenzten Welt als Begleiterscheinung der Globalisierung erfolgt. James Hollifield kritisiert deshalb zu Recht die „apolitischen Ansichten" als das zentrale Charakteristikum der westlichen Veröffentlichungen über Migration.[14]

Ich argumentiere, dass trotz Globalisierung der Staat noch immer existent sei und politischen Einfluss auf die Migration nehmen müsse, weil mit dieser Problematik Gefahren verbunden sind, die in den Bereich der Sicherheitspolitik gehören. Anders als die meisten Deutschen sieht Myron Weiner diese Probleme und erblickt nicht nur Engel unter den Fremden. Im Einklang mit Weiner und Hollifield bin ich der Auffassung, dass es nur auf einer sachlich-wissenschaftlichen Ebene möglich ist, gleichermaßen die Vorzüge wie auch die Risiken und Gefahren der Migration zu erkennen. Am 11. Sep-

---

[12] Ebd., S. 205.
[13] Arthur M. Schlesinger, *The Disuniting of America: Reflections on a Multicultural Society*, erweiterte Neuausgabe, New York 1998.
[14] James Hollifield, The Politics of International Migration, in: Caroline Brettell/ James Hollifield (Hg.), *Migration Theory*, New York 2000, S. 137 ff.

tember mussten wir schmerzlich erfahren, dass Terrorismus auch aus der Migration erwachsen kann. Dies schrieb Weiner schon 1995.

Der Staat kann auf die Entwicklung und den Verlauf der Migration Einfluss nehmen, indem er eine Auswahl der MigrantInnen trifft und so politisch die Vorzüge der Migration erhöht und die Risiken minimiert. In Deutschland lehnt man diese unter anderem in den USA und Frankreich vertretene Position mit der Begründung ab, dass man nicht zwischen den für das Gemeinwesen „nützlichen" und „unnützen" AusländerInnen (SozialhilfeempfängerInnen oder AusländerInnen, die zur organisierten Kriminalität gehören) unterscheiden dürfe. Myron Weiner, der bis zu seinem Tod am MIT (Massachusetts Institute of Technology) gelehrt hat, war dagegen der Auffassung, dass eine politisch nicht gesteuerte Migration große Destabilisierungseffekte auf jedes politische System und jede Gesellschaft haben würde[15] und ordnete Migrationsfragen daher dem Bereich der Sicherheitsstudien zu.

In der Wissenschaft scheint eine nicht abgesprochene Arbeitsteilung zwischen ÖkonomInnen und SoziologInnen als ProphetInnen der Globalisierung und KulturanthropologInnen als AnwältInnen der kulturellen Identität zu bestehen. Die ersteren freuen sich über den Verlust der Souveränität der Staaten durch die Globalisierung, und die letzteren wollen – in der Regel essentialisierte – kulturelle Identitäten bewahren, gleichsam den Schutz bedrohter Völker. Beide genannten Parteien sehen in der Migration einen Segen und verleugnen die Möglichkeiten der politischen Einflussnahme. Politik bedeutet aber Steuerung, und wer sich dieser verweigert, wird apolitisch. Der/Die PolitikwissenschaftlerIn hat in dieser Hinsicht eine Sonderstellung, eben weil die Beschäftigung mit Politik seine/ihre Profession ist.

In diese Richtung argumentiert Hollifield, der in einem inhaltlich reichen Band Beiträge zum Thema Migration von VertreterInnen aller Wissenschaftsdisziplinen im Rahmen eines Dialoges „across the disciplines" gesammelt hat. Ich fasse im Folgenden die Positionen dieser Dialogparteien zusammen:[16]

Der/Die Kulturanthropologe(in) fragt, wie Migration den Kulturwandel beeinflusst und wie sie die kulturelle Identität aus der Perspektive der kulturellen Differenz bestimmt.
Der/Die DemografIn interessiert sich dagegen nur für die Größe der Bevölkerung eines Landes und vermutet einen positiven Einfluss der Migration insofern, als sie die Geburtenrate erhöht.

---

[15]   Myron Weiner, *The Global Migration Crisis: Challenge to States and to Human Rights*, New York 1995, vgl. ferner die Beiträge in dem von Weiner herausgegeben Band, *International Migration and Security*, Boulder, Col. 1993.
[16]   Zu jeder der folgenden disziplin-bezogenen Positionen ist jeweils ein Kapitel in dem Band von C. Brettell / J. Hollifield, *Migration Theory* (wie FN. 14) enthalten.

Nun folgt der/die ÖkonomIn, der/die primär am wirtschaftlichen Wohlstand interessiert ist und die MigrantInnen nicht so sehr als Menschen,
sondern als das menschliche Kapital (Arbeitskraft) sieht.

Der/Die HistorikerIn greift auf die geschichtlichen Erfahrungen mit der
Migration zurück und hat keinen Sinn für nützliche oder operative Empfehlungen, weil er nur auf Zurückliegendes schaut.

Anders der/die RechtswissenschaftlerIn, der/die an die rechtliche Regelung der Migration denkt und vermutet, dass die Gewährung von Rechten die Migration fördert; seine Sicht bleibt stets formalistisch und pro-
zedural.

Der/Die Soziologe(in) ist mehr inhaltlich interessiert, bemüht sich, das
Leben der MigrantInnen in einer ihnen fremden Welt zu verstehen, und
fragt, wie diese inkorporiert werden können. Ebenso wie die KulturanthropologInnen setzen sich die neueren SoziologInnen für den Multikulturalismus ein.

Allein der/die PolitikwissenschaftlerIn, der/die unter Politik nicht nur
leeres Gerede versteht, wie dies leider bei VertreterInnen dieses Faches
in Deutschland häufig der Fall ist (als Professor für dieses Fach weiß
ich dies im internationalen Vergleich), sondern nüchternes Nachdenken
und Forschen über die Möglichkeiten der Steuerung von Prozessen und
Erscheinungen, bringt den Staat als Träger der Politik in die Diskussion
über MigrantInnen ein.

Hollifield ist – wie Weiner – einer dieser wenigen WissenschaftlerInnen, die
so arbeiten, und seine Annahme lautet nüchtern, unzensiert und schlicht:
Die Aufnahmestaaten seien bisher wenig aktiv bei der Politik der Steuerung
der Migration, weil sie von den „Pro-Immigranten-Interessen" oft „captu-
red/gefangen genommen" seien. In den Fußstapfen der Harvard-Professo-
rin Theda Skocpol plädiert er dafür, „den Staat (als Politikmacher/B.T.)
zurückzubringen/bring back the State". Es versteht sich von selbst, dass der
Amerikaner James Hollifield den „demokratischen und an die Verfassung
gebundenen Staat" meint. Diese Klarstellung ist nicht überflüssig, sondern
nötig, damit keine Missverständnisse entstehen. Der Ruf nach dem Staat ist
in Deutschland oft von Misstrauen begleitet.

Hollifield schließt sich der Forschung von Weiner an, der für staatliche Regulierung der Migration als demokratischer Politiker eintritt und
schreibt: „Im Anschluss an dieses Denken lässt sich feststellen, dass die Nationalstaaten unserer Welt einerseits durch die Globalisierung von oben und
den Multikulturalismus von unten bedroht werden."[17]

---

[17]   J. Hollifield, The Politics of International Migration (wie FN. 14), S. 141.

Es ist wichtig – für die Sache – darauf aufmerksam zu machen, dass man
in den USA und auch international etwas anderes unter Nationalstaat versteht als in Deutschland, nämlich ausschließlich einen Staat, der nach außen
und innen Souveränität besitzt. Diese interne und externe Souveränität wird
von der Bevölkerung des entsprechenden Territoriums durch demokratische
Prozeduren erlangt beziehungsweise legitimiert. In diesem Sinne bedeutet die politische Bindung von Staat und Migration, dass Aufnahmestaaten Einfluss auf die Migration ausüben. Das ist die Position von Hollifield,
welche auch den Inhalt dieses Beitrages prägt. Einerseits erkenne ich wie
SoziologInnen und DemografInnen, dass in Europa ein großer Bedarf an
Migration besteht, und gleich einem Kulturanthropologen habe ich – besonders als Migrant – Sinn für die Frage der kulturellen Identität der Zuwanderer, allerdings weder in einer essentialisierten Ausprägung noch exklusiven
Praxis (Selbstabschottung). Das gleiche Recht auf Bewahrung gilt auch für
die Identität Europas. Andererseits sehe ich als Politikwissenschaftler und
Angehöriger des Faches Internationale Beziehungen die Migration nicht
als unsteuerbares Naturereignis, sondern als einen Prozess, der politisch
gesteuert und beeinflusst werden kann und muss. Die Migrationsforscher
Michael Teitelbaum und Jay Winter nennen diesen Prozess „Migration und
die Politik der nationalen Identität"[18]. Mögen Deutsche für sich eine nationale Identität verleugnen[19], andere westliche und vor allem nicht-westliche
Nationen tun dies nicht.

Seit dem Ende der Bipolarität spricht man international von „*the cultural
turn*/der kulturellen Wende"[20]. Dies allerdings nicht, um vom Ökonomismus zum Kulturalismus überzuwechseln, wie es oft aus Mangel an Fach-
wissen unterstellt wird. Vielmehr geht es darum, der zunehmenden Bedeutung der Kultur – nicht aber ihrer Exklusivität – Rechnung zu tragen. Dies
gilt in einem besonderen Maße für Fragen, welche die Migration betreffen.
Menschen aus verschiedenen Kulturen haben stets unterschiedliche, für
sie sinnstiftende Werte. Daher entstehen Wertekonflikte, wenn sie in einer
Gesellschaft zusammenleben. Werden unterschiedliche Wertvorstellungen
politisiert, kann von ihnen eine Gefahr ausgehen. Diese Konfliktpotenziale
habe ich in friedenspolitischer Absicht in meinem Buch *Krieg der Zivilisa-*

---

[18] Michael S. Teitelbaum/Jay Winter, *A Question of Numbers: High Migration, Low
Fertility and the Politics of National Identity*, New York 1998.

[19] Vgl. das Streitgespräch zwischen Daniel Cohn-Bendit und Bassam Tibi unter
dem Titel: Es gibt keine deutsche Identität, in: *Die Woche*, 10. November 2000.
Die Überschrift wählte die Redaktion. Ich hatte darauf keinen Einfluss.

[20] Vgl. George Steinmetz (Hg.), *State/Culture: State-Formation after the Cultural
Turn*, Ithaca 1999. Darin wird gezeigt, dass es „passé" ist, die Kultur als zentralen
Bestimmungsfaktor bei der politischen Analyse zu übergehen und so wie früher
alles aus der Ökonomie „abzuleiten". Unsere Welt ist kulturell vielfältig, und dies
kommt auf allen Ebenen, besonders durch Migration, zum Ausdruck.

tionen untersucht. In seinem Vorwort zu der nach dem 11. September 2001 erschienenen Neuausgabe habe ich die Kriegserklärung der IslamistInnen an den Westen als Ausdruck eines Zivilisationskonfliktes gedeutet.[21] Es gibt Deutsche, die diese Sicht ablehnen. Aber wer die Realität des Krieges nicht erkennt, der kann nicht erfolgreich für den Frieden eintreten.

---

[21] Bassam Tibi, *Krieg der Zivilisationen. Politik und Religion zwischen Vernunft und Fundamentalismus* (zuerst 1995), erweiterte Heyne-Ausgabe, München 1998 mit Kapitel 7 über Huntington. Die neueste 2001-Ausgabe enthält ein neues Vorwort mit einer Deutung des Anschlags vom 11. September 2001 als Ausdruck eines militarisierten Zivilisationskonfliktes.

Integration *à la française* oder wie der laizistische Staat die religiösen Minderheiten betrachtet: Das Beispiel der MuslimInnen

Nadine E. B. Weibel

DER FRANZÖSISCHE MINDERHEITEN-BEGRIFF

Aus rechtlicher Sicht sollte eine Diskussion um Minderheiten in Frankreich gar nicht stattfinden: Das französische Recht ignoriert den Begriff der Minderheiten (*minorités*), und das auch in religiöser Hinsicht, selbst wenn dieses Vorgehen der französischen Realität nicht entspricht. Demgemäß hat die französische Regierung gegenüber Artikel 27[1] des *International Covenant on Civil and Political Rights* der Vereinten Nationen Bedenken geäußert, als es darum ging, ethnische, religiöse und linguistische Minderheiten zu schützen. Die Begründung: Der Artikel wäre aus französischer Sicht in Bezug auf Artikel 2 der eigenen Verfassung hierfür ungeeignet, wo festgeschrieben ist, dass Frankreich Minderheiten nicht anerkennen kann, da die Republik die Gleichberechtigung aller BürgerInnen sichert – ohne Ansicht auf Herkunft, Rasse oder Religion. Mit anderen Worten: Der UN-Begriff von Minderheiten sei aus französischer Verfassungssicht nicht kompatibel mit der *Unité, Indivisibilité de la République* und damit der Einheit und Unteilbarkeit des französischen Volkes. Das Konzept von Minderheitenrechten, so wie es die Vereinten Nationen vorsehen, sei überflüssig angesichts der von der französischen Republik bereits eingeräumten Garantie individuell-persönlicher Freiheitsrechte – darin inkludiert: die individuelle Gewissens- und Religionsfreiheit von Mitgliedern so genannter Minderheitengruppen.[2]

Die Nichtanerkennung von Minderheiten liegt in der grundsätzlich neutralen Haltung des französischen Staates begründet, worauf die Theorie der Neutralhaltung des öffentlichen Raumes (*espace public*) aufbaut. Religionen haben in sozialen Relationen des öffentlichen Raumes keine Rolle zu spielen, Glaubensäußerungen sind im Privaten zu belassen. Der öffentliche Raum

---

[1] „In those States in which ethnic, religious or linguistic minorities exist, persons belonging to such minorities shall not be denied the right, in community with the other members of their group, to enjoy their own culture, to profess and practise their own religion, or to use their own language."

[2] Diese Argumentationsweise verweist auf eine besondere ideengeschichtliche Tradition Frankreichs, sie leitet sich her von Jean-Jacques Rousseau und ist aufgebaut auf einem abstrakt-universalistischen Menschheits- und Wertebegriff, der jeglicher separatistischen Kulturauffassung im Grunde zuwider läuft.

bleibt so neutral für die Verbreitung universalistischer Werte. Individuelle kulturelle und religiöse Ausdrucksformen in diesem laizistisch konzipierten öffentlichen Raum – so wie es etwa der Multikulturalismus vorsieht – widersprechen dieser verordneten Neutralität. Die soziale Wirklichkeit der französischen Gesellschaft sieht heute allerdings anders aus, Frankreich ist aber paradoxerweise ein Land, in dem Religionsfreiheit herrscht: Denn die Religionsfreiheit ist Teil individueller Freiheitsrechte, die eine – nicht zu unterschätzende – kollektive Dimension aufweisen. Individuell-religiöses Praktizieren geschieht im Allgemeinen in Form kollektiv-religiösen Praktizierens. Auch im französischen Recht fokalisieren sich daher die verschiedenen Definitionen des Religionsbegriffs auf diese kollektive Dimension. Demgemäß erlaubt das Gesetz französischen BürgerInnen, sich in Vereinen, Parteien oder Gewerkschaften zu formieren. Wie in den meisten europäischen Staaten ist das Vereinsrecht in Frankreich ein Verfassungsrecht. Allen Minderheiten – somit auch den religiösen – ist es aus diesem Grund erlaubt, sich innerhalb dieses Gesetzesrahmens zu organisieren.

DER HISTORISCHE HINTERGRUND: DIE GENESE DER LAIZITÄT

Im Zusammenhang mit dem historischen Hintergrund dieser heutigen Situation zeigt sich, dass die jeweilige Stellung der Religionsgemeinschaften in Frankreich stark von der historischen Entwicklung geprägt ist: Im August 1789 verkündete die *Déclaration des Droits de l'Homme et du Citoyen* die Gewissensfreiheit. Zwei Jahre später garantierte die Verfassung von 1791[3] die freie Religionsausübung. Unter der Schreckensherrschaft (*La Terreur*) von 1793/1794 wurde eine Politik der Entchristianisierung betrieben: Das Dekret vom 18. September 1794 bestimmte ausdrücklich, dass die Nation jegliche Bezahlung für Geistliche einstellt. Am 21. Februar 1795 konstituierte das *Décret de la Convention Nationale sur l'exercice du culte* die Trennung zwischen Kirchen und Staat in Frankreich. Am 15. Juli 1801 unterzeichnete Napoléon Bonaparte mit Papst Pius VII. ein – der römisch-katholischen Kirche gegenüber kompromissorientiertes – Konkordat, welches die römisch-katholische Kirche zur *religion de la grande majorité des Français* machte. Es wurde anlässlich seiner Inkraftsetzung am 8. April 1802 von Bonaparte noch einseitig durch weitere rechtliche Vereinbarungen (*Articles organiques du 18 germinal an X*) komplettiert, die allerdings von Rom nicht anerkannt wurden. Diese gesetzlichen Bestimmungen ermöglichten den staatlichen Behörden eine weit gehende Kontrolle über das religiöse Leben in Frankreich. Weitere 44 Artikel über die

---

[3] „La liberté à tout homme de parler, d'écrire, d'imprimer et publier ses pensées, sans que les écrits puissent être soumis à aucune censure ni inspection avant leur publication, et d'exercer le culte religieux auquel il est attaché."

evangelischen Kirchen wurden dem Konkordat zugefügt.[4] Die jüdische Religion ihrerseits wurde durch drei Dekrete aus dem Jahr 1808 organisiert.

Während des 19. Jahrhunderts besaßen diese vier Religionsgemeinschaften den Status „anerkannter Religionsgemeinschaften" mit Vorteilen vor allem finanzieller Natur, gleichzeitig waren sie strengen staatlichen Kontrollen unterworfen. Dazu kommt, dass sich im 19. Jahrhundert zwei Gruppen in einer Art Kulturkampf gegenüberstanden: auf der einen Seite die AnhängerInnen der traditionellen Ordnung, die VerteidigerInnen der klerikalen Kräfte, auf der anderen Seite die Antiklerikalen, die die Werte von 1789 hoch hielten. In diesem Kontext musste sich der Rechtsstatus von Religionsgemeinschaften zu einer politischen Frage auswachsen, besonders, als sich ab 1880 der Republikanismus im Staat konsolidierte.[5] Nach dem Abbruch der diplomatischen Beziehungen mit dem Vatikan im Jahr 1904 implementierte das Gesetz vom 9. Dezember 1905 (*Loi sur la séparation des Églises et de l'État*) eine strikte Trennung von Kirchen und Staat, ein juristischer Maßstab, der heute mehr denn je Kern der Debatte ist.[6] Die Grundprinzipien des hiermit neu festgelegten Status von Religionsgemeinschaften werden in den ersten beiden Artikeln dieses Gesetzes definiert: Von nun an ist es Aufgabe der französischen Republik, die individuelle Gewissensfreiheit und die freie Religionsausübung des/der Einzelnen zu gewährleisten, gleichzeitig anerkennt die Republik keine Religionsgemeinschaften mehr, sodass diese aufhören, öffentliche Institutionen zu sein: Die Religionsgemeinschaften verlieren ihre rechtsstaatliche Legitimierung.[7]

---

[4] Es handelt sich hierbei um die Evangelische Kirche Augsburger Bekenntnisses und die Reformierte Kirche.

[5] Ab 1880 wurden exemplarische Maßnahmen statuiert, wie etwa die Beseitigung von Kruzifixen in Schulklassen, die Streichung des Religionsunterrichtes aus dem Curriculum oder die Aufhebung der sonntäglichen Ruhepflicht.

[6] Dieses Gesetz von 1905 ist auf drei Départements Ostfrankreichs (d.i. die Départements Bas-Rhin, Haut-Rhin und Moselle) nicht anwendbar, da diese Regionen 1905 unter deutscher Herrschaft standen. Hier ist ein regionales Recht in Kraft.

[7] Artikel 1 (Die Republik garantiert die Gewissensfreiheit und die freie Religionsausübung): „La République assure la liberté de conscience. Elle garantit le libre exercice des cultes sous les seules restrictions édictées ci-après dans l'intérêt de l'ordre public." Artikel 2 (Die Republik anerkennt und subventioniert weder Religionen noch bezahlt sie Geistliche): „La République ne reconnaît, ne salarie ni ne subventionne aucun culte. En conséquence, à partir du 1er janvier qui suivra la promulgation de la présente loi, seront supprimées des budgets de l'État, des départements et des communes, toutes dépenses relatives à l'exercice des cultes. Pourront toutefois être inscrites auxdits budgets les dépenses relatives à des services d'aumônerie et destinées à assurer le libre exercice des cultes dans les établissements publics tels que lycées, collèges, écoles, hospices, asiles et prisons. Les établissements publics du culte sont supprimés, sous réserve des dispositions énoncées à l'article 3."

Dieses Gesetz, dessen 100-jähriges Bestehen 2005 von unzähligen Symposien und Kongressen gefeiert wurde, gilt als Gründungsakt der Laizität in Frankreich, eines französischen Begriffs, der im Wesen nur schwer übertragbar ist: Denn die Laizität ist die französische Art Säkularität zu definieren. Schematisch bedeutet Laizität die strikte Trennung von Kirchen und Staat, die Neutral-Haltung des öffentlichen Raumes sowie die Zurückdrängung der Religionsausübung in die Privatsphäre. Dieses Prinzip findet Eingang in die Verfassungen von 1946 und 1958 und zählt zu den Grundwerten der Republik.

Das Prinzip der freien Religionsausübung übergibt dem Staat einige positive Pflichten im strengen Rahmen laizistischer Trennung: Er muss jedem(r) Einzelnen die Möglichkeit geben, an Zeremonien der eigenen Religionsgemeinschaft teilzunehmen bzw. sich hinsichtlich des eigenen Glaubens zu informieren. Diese Rolle des Staates wird als *laïcité positive* definiert. Die Gleichheit zwischen den verschiedenen Religionsgemeinschaften impliziert, dass es weder eine Staatsreligion, noch eine dominant-hegemoniale Religion im Staatsverband gibt, auch keine staatlich anerkannte Religionsgemeinschaft. Theoretisch gesehen besitzt keine Religion öffentlichen Status. Sie sind Privatangelegenheiten und dementsprechend dem Privatrecht unterworfen.

Von der Theorie zur Praxis

Schwierigkeiten treten auf, wenn dieses theoretische Prinzip der Laizität in die Praxis umgesetzt werden soll. Denn was eine Religion in Wirklichkeit ist, ist hinterfragbar. Vor allem, da das französische Rechtssystem hierfür keinerlei Definitionen liefert. Es ist aus gesetzlicher Sicht erlaubt, Religionsgemeinschaften (*associations cultuelles*) steuerlicher Vorteile wegen zu gründen.[8] Es handelt sich hierbei um angemeldete Vereine[9], die einige ergänzende Regelungen beachten müssen: Z. B. dürfen sie keine Subventionen vom Staat, von Départements oder Kommunen erhalten, was im Gegensatz nicht-re-

---

[8] Siehe Artikel 4 des Gesetzes vom 9. Dezember 1905: „Dans le délai d'un an, à partir de la promulgation de la présente loi, les biens mobiliers et immobiliers des menses, fabriques, conseils presbytéraux, consistoires et autres établissements publics du culte seront, avec toutes les charges et obligations qui les grèvent et avec leur affectation spéciale, transférés par les représentants légaux de ces établissements aux associations qui, en se conformant aux règles d'organisation générale du culte dont elles se proposent d'assurer l'exercice, se seront légalement formées, suivant les prescriptions de l'article 19, pour l'exercice de ce culte dans les anciennes circonscriptions desdits établissements."

[9] Gemäß dem Gesetz von 1901 (*Loi sur les associations*), welches das allgemeine Vereinsrecht regelt.

ligiösen Vereinen erlaubt ist. Auch müssen diese Religionsgemeinschaften dem ausschließlichen Zweck der Religionsausübung dienen.

Theoretisch können solche Vereine von jeder religiösen Gruppierung gegründet werden, ihr jeweiliger Status als Verein wird aber entsprechend dem Gesetz von 1901 überprüft: Es ist ein(e) RichterIn, der/die von Fall zu Fall darüber entscheidet.[10] Es finden sich demgemäß von ProtestantInnen und jüdischen GlaubensanhängerInnen gegründete religiöse Vereine, in einem geringeren Maße solche von Orthodoxen, MuslimInnen und BuddhistInnen.[11] Gefördert wurde diese Entwicklung noch durch das Gesetz von 1981, das ausländischen Staatsangehörigen erlaubt, Vereine zu gründen. Darüber hinaus werden heute Kongregationen durch Dekrete anerkannt. Seit 1987 trifft diese Regelung auch für nicht-katholische Orden zu: Im Jahr 1987 wurde die erste buddhistische Gemeinde Karme Dharma Charka in der Dordogne als Kongregation anerkannt, 1994 die Heilsarmee. Aber nicht jede religiöse Gruppierung wird von Gerichten, vor allem vom *Conseil d'État*, als *association culturelle* qualifiziert. Diese Qualifikation wird nur zurückhaltend gewährt, vor allem bei neuen religiösen Bewegungen. Zwar haben – angesichts der vom Staat verbürgten individuellen Gewissens- und Vereinigungsfreiheit – Gruppen das Recht, diese Vereine zu gründen. Allerdings dürfen diese keinem unerlaubten Zweck dienen bzw. nicht gegen andere gesetzliche Bestimmungen oder die guten Sitten verstoßen.[12] Sollte der *Conseil d'État* im Einzelfall zur Auffassung gelangen, dass der Zweck des betroffenen Vereins neben der Religionsausübung auch anderen – etwa kulturellen, geschäftlichen oder medizinischen – Tätigkeiten dient oder dieser gegen die Aufrechterhaltung der öffentlichen Ordnung und Sicherheit verstößt, wird das entsprechende Ansuchen abgelehnt.

An dieser Stelle sei festgehalten: In Frankreich wird der Kampf gegen neue religiöse Bewegungen und Sekten heftiger als in anderen europäischen Staaten geführt – ein Phänomen, das eng mit seiner antiklerikalen Tradition verbunden ist. Dass manche religiöse Minderheiten als Sekten definiert werden, obwohl das Gesetz die Existenz religiöser Minderheiten gar nicht vorsieht, diese aber als solche in Parlamentsberichten genannt werden, ist

---

[10] D.i. der *Conseil d'Etat* bzw. auch der *Cour de Cassation*.
[11] Dazu ausführlich Basdevant-Gaudemet, Brigitte (2000): „Staat und Kirche in Frankreich", in: Gerhard Robbers (Hrsg.), *Staat und Kirche in der Europäischen Union*, Nomos Verlagsgesellschaft: Baden-Baden, S. 127–158; Woerling, Jean-Marie (1998): „Réflexions sur le principe de neutralité de l'État en matière religieuse et sa mise en oeuvre en droit français", in: *Archives des Sciences Sociales des Religions*, Paris, S. 31–52.
[12] Siehe Artikel 3 des Gesetzes von 1901: „Toute association fondée sur une cause ou en vue d'un objet illicite, contraire aux lois, aux bonnes moeurs, ou qui aurait pour but de porter atteinte à l'intégrité du territoire national et à la forme républicaine du gouvernement, est nulle et de nul effet."

eines der Paradoxa französischer juristischer Regelungen. Ein anderes Pa-
radoxon liegt darin, dass den Repräsentativorganen der größten Religionsgemeinschaften gegenüber staatlichen Behörden ein quasi offizieller Status
eingeräumt wird. Dies trifft zu auf die *Fédération Protestante de France*, das
Consistoire Central de France, die *Union Bouddhiste de France* und den *Conseil Français du Culte Musulman* (CFCM), den französischen Rat für muslimische Religionsausübung. Diese vier Religionen – der Protestantismus,
das Judentum, der Islam und der Buddhismus (die Orthodoxen vervollständigen diese Liste noch) – bilden die großen sozio-religiösen Minderheiten
in einem Land tiefkatholischer Tradition – selbst wenn die entsprechenden
Riten, Bräuche und Sitten heute nur noch wenig verankert sind. Die *laïcité
à la française* hat in den letzten 50 Jahren eine Art Entchristianisierung her-
vorgebracht, die der modernen französischen Gesellschaft ein kulturell-reli-
giöses Vakuum hinterlässt – eine kulturell-religiöse Lücke, die der Rückkehr
des Religiösen auf neuen, anderen Wegen harrt.

DIE GRÜNDUNG EINES ISLAMRATS ALS STAATLICHE INITIATIVE

Aus laizistischen Gründen werden in Frankreich keine Daten zur Religion
und Herkunft mittels staatlicher Statistiken erhoben. Die annähernd ge-
schätzten Zahlen bleiben variabel. *Libération* (24. Oktober 2005) spricht von
45 Millionen katholisch getauften Französinnen und Franzosen, die Zahl
der MuslimInnen wird mit drei bis fünf Millionen Personen angegeben, die
der ProtestantInnen mit ca. einer Million. AnhängerInnen jüdischen Glaubens werden mit 500.000 Personen beziffert. Andere Quellen sprechen von
750.000 ProtestantInnen und 650.000 AnhängerInnen jüdischen Glaubens,
wissenschaftlichen Quellen zufolge ist von ungefähr 3,7 Millionen MuslimInnen auszugehen. Geschätzt wird die Anzahl von MuslimInnen aufgrund der
nationalen Herkunft – etwa bei MaghrebinerInnen oder TürkInnen (inklusive zweiter oder dritter Generation), dazugerechnet werden AsylwerberInnen
und Illegale ebenso wie AlgerierInnen, die während des Algerienkrieges auf
der Seite Frankreichs kämpften (*harkis*) und nunmehr französische StaatsbürgerInnen sind (inklusive Nachfahren), sowie die Konvertiten, die zum
muslimischen Glauben übergetreten sind. Fest steht mit Sicherheit: MuslimInnen bilden heute die zweitgrößte Religionsgemeinschaft in Frankreich.

Die Idee, einen Islamrat zu gründen, um als privilegierter Gesprächs-
partner gegenüber dem Staat zu fungieren, stammte 1990 von Innenminister Pierre Joxe, er betrieb auch die Gründung des *Conseil de Réflexion sur
l'Islam en France* (CORIF), der 1992 in Folge heftiger Kritiken seine Arbeit
einstellte. 2003 vollendete die amtierende Regierung die Gründung eines
Conseil Français du Culte Musulman (CFCM) – eine Konstruktion, die an
die Organisation der jüdischen Religionsgemeinschaft unter Napoléon denken lässt: Denn nach dem den römischen Katholizismus privilegierenden

Konkordat wollte der Staat 1806 auch die jüdische Religionsausübung re-
organisieren. Dafür stellte man einer Versammlung jüdischer Notabeln, zu-
sammengesetzt aus Rabbinern und Laien, zwölf Fragen, um im Anschluss
daran festzustellen, ob deren religiöse Gesetze auch mit denen Frankreichs
bzw. der herrschenden Kultur in Frankreich vereinbar wären. Dieser Befragung gemäß wurden Konsistorien gegründet, um den „idealen französischen jüdischen Bürger" bzw. die „ideale französische jüdische Bürgerin" zu
erziehen – durch Bildung und Aufrechterhaltung von Recht und Ordnung
innerhalb der Gemeinschaft. Nach der erfolgten Trennung von Kirchen und
Staat wurden diese Konsistorien allerdings zu bloßen religiösen Vereinigungen. Man muss sich heute fragen, ob das Ziel des CFCMs ebenfalls die Erzie-
hung des „idealen französischen muslimischen Bürgers" bzw. der „idealen
französischen muslimischen Bürgerin" ist.

Der CFCM – zuständig für „praktische Fragen der muslimischen Religion" – soll in verschiedenen Bereichen wirken, unter anderem bezüglich

- des Errichtens von Moscheen,
- der Reservierung von Grabstätten auf Friedhöfen,
- der Organisation von religiösen Festen,
- der Ernennung muslimischer Seelsorger in Gefängnissen und Kran-
  kenhäusern sowie
- der Ausbildung von Imamen.

Bei einer näheren Analyse der ideologischen Orientierungen der den CFCM
konstituierenden Vereine zeigt sich, dass dieser Islamrat den in Frankreich
praktizierten Islam nicht repräsentiert: Der Islam in Frankreich ist hete-
rogen, ethnische, nationale und religiöse Streitigkeiten bis hin zu Glau-
bensabspaltungen unter islamischen Gruppen sind keine Seltenheit. Ironi-
scherweise entwickelte sich dieser vom Staat gewünschte CFCM zu einem
Politik- und Agitationsfeld radikal-islamischer Ratsmitglieder. Die Frage
ist legitim, ob der CFCM prädestiniert ist, als Sprecher und Repräsentant
aller MuslimInnen in Frankreich aufzutreten, da sich die Mehrheit unter ihnen zur staatlichen Laizität bekennt und sich dementsprechend zivilgesell-
schaftlich organisiert. Und: Kennen französische Behörden das von ihnen
zu bearbeitende Feld ausreichend? Auch wenn der Vorsitzende des CFCM,
Dalil Boubaker, als Rektor der Pariser Moschee ein moderater Muslim ist,
bleibt festzustellen, dass sich zwischen seiner öffentlichen Präsenz und seiner wirklichen Repräsentativität ein Fragezeichen angesichts der beträchtlichen Zahl radikaler Organisationen innerhalb des CFCM auftut. Ist dieser
Sachverhalt der Integration von MuslimInnen in Frankreich dienlich oder
vielmehr Auslöser zur Bildung muslimische Subkulturen?

DIE FRANZÖSISCHE KOPFTUCH-PROBLEMATIK

Was die Beziehung der Republik zu seinen Minderheiten anbelangt, nahm die Diskussion um das Tragen muslimischer Kopftücher in den letzten 15 Jahren seismografische Züge an. Mit dem Gesetz vom 15. März 2004 (*Loi sur le port des signes religieux ostensibles dans les établissements d'enseignement publics*) hat diese Debatte einen (allerdings nur) vorläufigen Abschluss gefunden: Das Tragen ostentativ-religiöser Symbole wurde in staatlichen Schulen verboten. Wurde hiermit in erster Linie auf das Tragen muslimischer Kopftücher gezielt, fühlen sich aber hierdurch auch die kleine Minderheit der Sikhs und die assyro-chaldäischen Christen (die große Kreuze tragen) betroffen. (Juden mit Kipa besuchen zumeist Privatschulen.)

Für viele Franzosen und Französinnen versinnbildlicht das Tragen muslimischer Kopftücher eine arrogante Provokation einer sich missachtet fühlenden Minderheit, denn sie werden dort getragen, wo der omnipotente laizistische Staat und die Chancengleichberechtigung zu regieren haben: in der Schule. Die Schule gilt als idealer Ort der Reproduktion französischer republikanischer universalistischer Werte. Sie ist für die RepublikanerInnen etwas Heiliges. So wird das Kopftuch zum Symbol der Konfrontation zweier „sakraler" Positionen: auf der einen Seite die Laizität, die sich – wie zuvor die französische Aufklärung – zur exklusiven und dogmatischen Religion wandelt; auf der anderen Seite der Islam, der für eine ebenso dogmatische Weltanschauung plädiert. Das Kopftuch wird darüber hinaus zur doppelten Provokation, wenn Kopftuchträgerinnen als Frauen angesehen werden, die das in Frankreich gängige Bild der Emanzipation aufgegeben haben.

In Wirklichkeit wird das Tragen des Kopftuches zunehmend auch zum Symbol der Rebellion: Wer es trägt, signalisiert seinen kommunitaristischen Rückzug, den Rückzug in die eigene Gemeinschaft. Versinnbildlicht wird so die Konfrontation mit einer Welt, deren Strukturen nicht in das eigene Mentalbild passen, was zur Angst vor dem eigenen Identitätsverlust und einem versteckten, kulturell-religiösen Bewusstsein führen kann. Es ist, als ob die Religion hier eine identitätsstabilisierende Funktion übernimmt. Diese Art der Ablehnung der Außenwelt befestigt soziale Bindungen der Innenwelt und die Kultur des „Untereinanderseins", die *culture de l'entre-soi*. Dieses Phänomen wurde ebenfalls bei jüdischen GlaubensanhängerInnen beobachtet – parallel mit dem Anstieg antisemitischer Straftaten. Auch hier konnte ein beträchtlich gesteigertes Interesse vor allem der jüngeren Generation an der eigenen Religion festgestellt werden.

DIE FURCHT VOR DEM ANDEREN

Die „Kopftuch-Problematik" wirft weitere Fragen auf: Warum ziehen es Behörden vor, generelle gesetzliche Tatsachen zu schaffen und nicht im Einzelfall für die jeweilige Schule kompromissorientiert zu verhandeln? Diese Frage ist mit dem Begriff des Kommunitarismus verbunden, ein Wort, das erst seit kurzem in den französischen Sprachgebrauch Eingang gefunden hat – als Synonym des anglosächsischen Multikulturalismusbegriffs. In Frankreich stößt man hiermit auf Angst und Ablehnung, weil es Assoziationen an das nordamerikanische – und von Frankreich im Grunde abgelehnte – Gesellschaftsmodell weckt.

Für das zentralistisch-jakobinische Staatsmodell klingt die multikulturelle Gesellschaft wie eine *fausse note*, die, besonders wenn sie eine religiöse Begründung erfährt, im antiklerikalen Frankreich fast einer Sünde gleichkommt. Man vergisst hier allerdings, dass Religionen ein integraler Bestandteil von Zivilisationen sind und bei der Begründung von Kulturen mitwirken. Selten haben Minderheiten die Kultur der Mehrheit dominiert. Nach der in Frankreich vorherrschenden Meinung kristallisiert sich aber nun im Islam ein gravierendes Problem heraus, wenn ihm vorgeworfen wird, eine Theokratie errichten zu wollen. Sind ca. 3,7 Millionen MuslimInnen in Frankreich tatsächlich imstande, eine Theokratie in Frankreich zu errichten?

Gemäß einer auf diesem Gebiet leider zu seltenen Untersuchung[13] besuchten 1995 nur ein Drittel der in Frankreich lebenden MuslimInnen die Moschee. Auch wenn zehn Jahre später die Soziallage viele Jugendliche dazu bringt, sich dem Islam stärker zu nähern, ist man doch weit davon entfernt, Angst vor dieser Entwicklung haben zu müssen. Projiziert man ähnliche Ängste auf den Islam, die man in der Vergangenheit auf den Einfluss der römisch-katholischen Kirche projiziert hat, obwohl deren historischer Einfluss nicht der gleiche ist wie der von MuslimInnen auf die französische Öffentlichkeit von heute? Diese Projektion stellt sicher eine grobe Übertreibung dar. Der islamische Einfluss ist in Frankreich viel geringer als vermutet.

Der Kampf gegen den Islam kann aber auch zu verstecktem Rassismus führen: Im Rahmen der internationalen Terrorbekämpfung wird dessen Bekämpfung zunehmend akzeptiert: Der Kampf für eine noch stärkere Laizität im Sinne der französischen Republik wird hiermit zusätzlich legitimiert. Die Frage dieser Laizität bleibt dadurch unverhandelbar, sie bleibt eine fundamentale Glaubensfrage, eine französische, „hexagonale" Obsession. Im Oktober 2005 hat Innenminister Nicolas Sarkozy die Einberufung einer Kommission angekündigt, um juristische Fragen bezüglich der Beziehung zwischen Behörden und Religionsgemeinschaften zu klären und gegebenenfalls das Gesetz von 1905 dahingehend in Frage zu stellen. Der Staat sollte

---

[13] Quelle: INED (*Institut National d'Etudes Démographiques*)

die Möglichkeit erhalten, Neuerrichtungen von Moscheen mitzufinanzieren, denn so könne man auf die Finanzierung seitens islamischer Länder verzichten. Sarkozy ist einer der wenigen PolitikerInnen, die sich auf dieses Gebiet wagen: Präsident Jacques Chirac proklamiert dagegen, dass das Gesetz von 1905 als „Säule des republikanischen Tempels" unberührbar zu bleiben hat. Ob Sarkozys politische Äußerungen in dieser Frage bloßes Taktieren sind, sei angesichts erhoffter muslimischer WählerInnenstimmen für die Präsidentschaftswahl 2007 dahingestellt.

Klar vorauszusehen ist jedenfalls: Frankreich wird ein großes Problem mit dem sichtbaren Auftreten von Minderheiten in der Öffentlichkeit bzw. der Akzeptanz der Anderen haben. Gemäß der jakobinischen Interpretation von Nation wird ja jeglicher Anspruch auf Herkunftsidentität(en) eines(r) französischen Staatsbürger(s)in als Landesverrat gescholten. Frankreich ist nicht daran gewöhnt, sich mit den Facetten seiner multikulturellen und multikonfessionellen Realität auseinanderzusetzen. Für die Zukunft dieses Landes ist zu hoffen, dass es in der Lage sein wird, die eigene Utopie von der Uniformisierung der Gesellschaft auf positive Weise zu überwinden, um den ebenfalls eigenen und der französischen Gesellschaft des 21. Jahrhunderts inhärenten Pluralismus akzeptieren zu können.

(übersetzt und überarbeitet von Manfred Oberlechner)

Sprachliche Integration von erwachsenen Zuwanderern – Frankreich und europäische Staaten im Vergleich [1]

Claire Extramiana

Begriffserörterung von sprachlicher Integration am Beispiel Frankreichs

In den letzten drei Jahren wurde in Frankreich die Sprache oft als das Alpha und Omega einer geglückten Integration hingestellt. Unter Sprache versteht man hierbei die Sprache des Aufnahmelandes, wo sich AusländerInnen niederlassen. Lange Zeit war der Erwerb der Sprache des Aufnahmelandes Sache der MigrantInnen selbst. Zwar wurden Sprachkurse mit öffentlichen Geldern – oft im ehrenamtlichen Rahmen – organisiert, aber die Initiative beruhte im Wesentlichen auf der Bereitschaft der Zivilgesellschaft und selbstverständlich des/der Migranten/in selbst. Für die MigrantInnen aus frankophonen, sprich französischsprachigen Ländern (wie etwa dem Maghreb, West- und Mittelafrika) wurden daher Alphabetisierungskurse organisiert. Spracherwerb wurde und wird hier generell als eine wichtige Voraussetzung der Chancengleichheit für Zuwanderer gesehen. Anders als bei den MigrantInnenkindern, die in das Schulsystem aufgenommen werden, vermisst man aber hier ein professionelles und effizientes Bildungsangebot für Erwachsene. Mittlerweile ist die politische Anerkennung des Sprachbedarfs bei MigrantInnen in Frankreich zur Wirklichkeit geworden, was dazu führte, dass der Staat für die *sprachliche Integration* von Zuwanderern (bzw. für bestimmte Zielgruppen von Zuwanderern) zuständig ist. So nimmt der Spracherwerb einen wichtigen Platz im Konzept der *Aufnahme- und Integrationsvereinbarung* (*contrat d'accueil et d'intégration*) ein. Es ist nun die Rede von *sprachlicher Integration*. Im politischen Diskurs wird der Erwerb der französischen Sprache als Mittel definiert, das Zugewanderten zur sozialen Integration verhelfen soll.

Zur Aufnahme- und Integrationsvereinbarung in Frankreich

Diese neue Regelung wurde ab 2003 in einigen Départements eingeführt und trat Anfang 2006 in ganz Frankreich in Kraft. Sie bestimmt, dass Neuzuwanderern, die ungenügende französische Sprachkenntnisse aufweisen, 200 bis 500 Kursstunden angeboten werden. Anfang 2006 wird als Abschluss

---

[1] Dieser Beitrag ist vor 2006 zu datieren, da die Entwicklung nach 2006 nicht untersucht, sondern nur angekündigt wird.

des Integrationskurses das *DILF*-Sprachzertifikat (*Diplôme initial de langue française*, d.i. das Zertifikat für Grundwissen Französisch) eingeführt. Es entspricht der Niveaustufe A1.1, einer Niveaustufe, die unterhalb von A1 des *Gemeinsamen Europäischen Referenzrahmens für Sprachen* (siehe 6-stufige Skala unten) liegt.

Das *DILF*-Sprachzertifikat für Grundfranzösisch wird als wichtige Voraussetzung der Integration in die französische Republik betrachtet und unter Umständen auch zur Erhaltung der Aufenthaltsgenehmigung eingefordert. Zugleich wird es zur wichtigen Voraussetzung der Verleihung der französischen Staatsbürgerschaft. Darüber hinaus eignet sich das *DILF*-Sprachzertifikat für Grundfranzösisch auch für all jene, die mangelnde Sprachkenntnisse aufweisen, wie u.a. Altzuwanderer.

SPRACHERWERB ALS WICHTIGER FAKTOR DER SOZIALEN KOHÄSION

Die Generaldelegation für französische Sprache und Sprachen Frankreichs, die *Délégation générale à la langue française et aux langues de France* (DGLFLF), welche dem französischen Kultur- und Kommunikationsministerium untersteht, ist mit der überministeriellen Betreuung dieser Sprachpolitik beauftragt. Neben anderen Aspekten, die für die so genannte Sprachpolitik des französischen Staates maßgebend sind, wird die Sprache nun als Faktor für soziale Kohäsion betrachtet. Die Beherrschung der französischen Sprache erscheint in dieser Hinsicht als eine Voraussetzung für die persönliche Entfaltung, die soziale und berufliche Integration und den Zugang zu Wissen und Kultur.

Die Generaldelegation unterstützt Förderaktionen für den Erwerb des Französischen als Zweitsprache als Mittel gegen sprachliche Ausgrenzung. Unter anderem wirkte die Generaldelegation an der Gestaltung des Zertifikats für Grundwissen Französisch (*DILF*) mit, das die Integration von Zuwanderern in Frankreich erleichtern soll. Zusammen mit der Sektion für Bevölkerung und Migration (Ministerium für Arbeit, Soziale Kohäsion und Wohnen) organisierte die Generaldelegation im Juni 2004 sowie September 2005 ein Seminar über „Sprachliche Integration von MigrantInnen in verschiedenen europäischen Ländern"[2].

Der Vergleich von verschiedenen Modellen in Sachen „Integrationskurse, Sprachtests und Integrationsmodelle" bildet nun den zweiten Teil des

---

[2] Die Seminarberichte sind in Französisch, Deutsch und Englisch per Internet unter http://www.dglflf.culture.gouv.fr verfügbar: Auf der Homepage „Études et recherche" anklicken, dann Seminarberichte unter „La maîtrise de la langue": „L'intégration linguistique des migrants adultes en Europe, synthèse des séminaires de Sèvres de juin 2004 et septembre 2005".

vorliegenden Beitrags und wird wie folgt zusammengefasst[3] (eine Tabelle der angeführten Länder findet sich am Ende des Beitrags):

Sprachliche Voraussetzungen in Westeuropa

Aus der Perspektive staatlich gelenkter Integrationspolitik steht die sprachliche Kompetenz im Mittelpunkt. Dies entspricht einer relativ neuen Entwicklung in Westeuropa, wo die Integration von Zuwanderern an ihrer Fähigkeit, die Sprache des Aufnahmelandes zu beherrschen, gemessen wird. Anders als in der Vergangenheit wird in zunehmendem Maß von Zuwanderern erwartet, jeweilige sprachliche Voraussetzungen zu erfüllen. Dieses Phänomen sollte man im Kontext einer zunehmend problematischeren Integration in westeuropäischen Staaten betrachten. Die Tatsache, dass die Integration von MigrantInnen in die jeweilige Gesellschaft als problematisch angesehen wird, kann sowohl auf den zunehmenden Einwanderungsdruck als auch auf missglückte Integrationsmodelle zurückgeführt werden. Dies besagt natürlich nicht, dass als missglückt angesehene Integrationsmodelle auch wirklich missglückt sind.

Im Verlauf der letzten Jahre wurden neue Gesetze erarbeitet, neue Regelungen eingeführt bzw. die geltende Gesetzgebung angepasst. In Deutschland trat das Zuwanderungsgesetz vom 30. Juli 2004 am 1. Jänner 2005 in Kraft. Ab 1. Jänner 2006 trat in Österreich eine neue Integrationsvereinbarung in Kraft, die die seit 2003 geltende Integrationsvereinbarung ersetzt. Für 2006 wird in den Niederlanden eine neue Regelung erwartet, während in Dänemark laut Regelung von Juni 2005 die Aufenthaltsgenehmigung im Rahmen der Familienzusammenführung nur erhältlich ist, wenn die dort niedergelassenen AusländerInnen sich schriftlich dazu verpflichten, dass ihr(e) PartnerIn auch Dänisch lernen wird.

---

[3] Zwei weitere Quellen für den Vergleich einiger westeuropäischer Länder sind derzeit: eine Studie von Oktober 2003: „An overview on introduction programmes for immigrants in 7 European Member States" by Ines Michalowski, Universität Osnabrück, Institut für Migrationsforschung und Interkulturelle Studien, http://www.imis.uni-osnabrueck.de; sowie eine Studie des französischen Senats in französischer Sprache von September 2005 zum Spracherwerb der AusländerInnen im Aufnahmeland bzw. ein Vergleich der jeweiligen Gesetzgebungen in verschiedenen EU-Staaten (http://www.senat.fr/lc/lc150/lc150.html): „Étude de législation comparée n° 150 – septembre 2005 – La formation des étrangers à la langue du pays d'accueil".

Wozu sprachliche Voraussetzungen?

Vorausgesetzt wird, dass Zuwanderer ein bestimmtes Sprachniveau besitzen oder erreichen, sei es, um sich dauerhaft niederzulassen, sei es, um sich einbürgern zu lassen. Um diese Voraussetzung zu erfüllen, können Sprachkurse vom Staat organisiert werden, was dazu führen kann, dass der Besuch von Sprachkursen auch verpflichtend gemacht wird bzw. dass Zuwanderer einen Sprachtest erfolgreich ablegen müssen. Bei Nicht-Erfüllung dieser Voraussetzungen sind in der Regel Sanktionen vorgesehen, die vom Entzug der Sozialhilfe bis hin zu einer Verweigerung der Aufenthaltsgenehmigung oder Einbürgerung reichen.

Sprachkurse und Sprachtests werden vom Staat oder vom Zuwanderer, sei es zum Teil oder ganz, finanziert, was eine starke psychologische Auswirkung hat. Sprachrequisiten haben demnach von nun an administrativen Wert.

Sprachniveaus, Sprachtests, Kursstunden

Sprachkenntnisse werden seit Mitte der 1980er-Jahre auf der 6-stufigen Skala des *Gemeinsamen Europäischen Referenzrahmens*[4] gemessen. Für Laien wird diese Skala wie folgt definiert:

Stufe A1 – Elementare Sprachverwendung	**Stufe A2 –** Elementare Sprachverwendung
Stufe B1 – Selbstständige Sprachverwendung	**Stufe B2 –** Selbstständige Sprachverwendung
Stufe C1 – Kompetente Sprachverwendung	**Stufe C2 –** Kompetente Sprachverwendung

Dass Erwartungen von einem Land zum anderen sehr verschieden sein können, zeigen die folgenden Beispiele:

In **Frankreich** müssen Zuwanderer voraussichtlich ab 2006 das Niveau A1.1 (Niveau A1 minus) nachweisen. Ein Niveau, das eigens für die Zuwanderergruppe geschaffen wurde und unterhalb der Niveaustufe A1 liegt. Ein Sprachzertifikat wird dieses A1.1-Niveau abtesten, das für die 10-jährige

---

[4]   Siehe die Webseite des Europarates, Abteilung für Sprachpolitik (Division des politiques linguistiques/Language Policy Division): *Gemeinsamer Europäischer Rahmen (Cadre européen commun de référence pour les langues/Common European Framework of Reference for Languages)*, http://www.coe.int/T/F/Coopération_culturelle/education/Langues/Politiques_linguistiques/Cadre_commun_de_référence/

Aufenthaltsgenehmigung und die Einbürgerung gilt. Entscheidend ist hier das Sprachzertifikat für Grundwissen Französisch *DILF* (*Diplôme initial de langue française*), das, wie gesagt, elementaren Sprachkenntnissen entspricht. Der französische Staat finanziert zwischen 200 und 500 Kursstunden pro KursteilnehmerIn.

Umgekehrt wird in **Deutschland** das Niveau B1 in 600 Kursstunden als Ziel definiert. Zwei Drittel der Kurskosten übernimmt der Staat. Das kursunabhängige *Zertifikat Deutsch* (Niveau B1) wird zwar angeboten, ist aber nicht obligatorisch, was unter anderem zur Folge hat, dass das Nicht-Erreichen der Niveaustufe B1 auch nicht mit Sanktionen verbunden ist. Hier reicht die Teilnahme am Integrationskurs für den Aufenthalt, egal ob der Kursberechtigte nun das Niveau A2 oder B1 in der Tat jedenfalls erreicht hat. Allerdings muss für die Einbürgerung das nach wie vor als ausreichend angesehene Sprachniveau B1 nachgewiesen werden.

Österreich steht nun in seinen Erwartungen dazwischen: Ab 2006 ist das Niveau A2 (statt A1) im Rahmen der Integrationsvereinbarung in 300 Kursstunden zu erreichen. Ein Teil der Kursgebühren gehen zu Lasten der Kursberechtigten.

Dänemark bietet das ehrgeizigste Kursprogramm unter den hier angeführten Ländern. Dort rechnet man bis zu 2.000 Kursstunden für ein Niveau, das je nach dem Lernprofil des/der Kursteilnehmers(in) von A2 bis B2 reicht. Ist aber die Abschlussprüfung obligatorisch, wird die Aufenthaltsgenehmigung nicht vom Sprachtest abhängig gemacht. Anders verhält es sich bei der Einbürgerung, wo das Niveau B1/B2 im Mündlichen und B1 im Schriftlichen gefordert werden.

In **Großbritannien** muss man bei der Einbürgerung einen *Citizenship Test* ablegen und die Beherrschung des Niveaus B1 im Mündlichen nachweisen. Vom Staat geförderte Sprachkurse gibt es nur für AnwärterInnen auf die britische Staatsbürgerschaft.

Die Niederlande sind zurzeit die Ausnahme: Nicht die Integrationskurse, sondern einzig und allein der *Integrationstest* (Sprachtest zusammen mit einem Test über das niederländische Gesellschaftssystem) wird vom bereits niedergelassenen Zuwanderer im Inland (A2-Niveau) oder vom/von der ZuwanderungsanwärterIn im Ausland (A1 minus) erwartet. Abgesehen von so genannten spezifischen Gruppen (Arbeitslose, Eltern von Kleinkindern) müssen AusländerInnen den Sprachkurs aber selbst finanzieren.

Irland und **Quebec** stellen keine sprachlichen Forderungen an ihre Zuwanderer: Zwar gibt es ein vom Staat gelenktes Kurssystem (kostenlose Sprachkurse für diese Zielgruppe), aber es steht jedem Zuwanderer frei, ob er von dieser Möglichkeit Gebrauch machen will oder nicht.

Bildungsangebote und Lernprofile

Vom Lernprofil der KursteilnehmerInnen sollte die Gestaltung der Kurspro-
gramme abhängig gemacht werden. Es ist ein Unterschied, ob ein Sprachkurs für einen Ingenieur aus Tschetschenien oder für eine analphabetische
Familienmutter aus Mali gestaltet wird. Schulbildungen und Lerngewohn-
heiten stehen hier im Mittelpunkt – neben Sprachkenntnissen, die der Zuwanderer oft mitbringt.

So hat sich **Frankreich** für ein elementares Niveau entschieden, das sowohl für schriftkundige KursteilnehmerInnen als auch für AnalphabetInnen erreichbar sein soll. Damit auch AnalphabetInnen den Sprachtest erfolgreich absolvieren, soll beim Sprachzertifikat Grundfranzösisch *DILF* ab
2006 nur der mündliche Teil eingefordert werden. Hier sieht man, dass die
Frage der Lernprofile gelöst wird, indem ein elementares Niveau für praktisch *alle* Lernprofile gesetzt wird.

Ein 75-stündiges Alphabetisierungsmodul ist auch in **Österreich** vor dem
Sprachkurs vorgesehen, wobei die Sprachprüfung das Niveau A2 für alle
Lernprofile abtestet.

In **Quebec** gibt es zwar kein Alphabetisierungsmodul, aber für KursteilnehmerInnen, deren Schulbildung unter 8 Jahren liegt, ist der Unterricht
allein auf das Mündliche ausgerichtet.

In **Dänemark** sind drei verschiedene – an das Lernprofil der KursteilnehmerInnen angepasste – Curricula eingerichtet: KursteilnehmerInnen
ohne Schulbildung: A2-Niveau schriftlich, B1-Niveau mündlich; mit kurzer
Schulbildung: schriftlich B1, mündlich B1/B2; mit langer Schulbildung: B2.

In **Deutschland** sind drei Curricula festzustellen: langsames Lerntempo
(Niveau A2 nach 600 Stunden), durchschnittliches Lerntempo (B1 nach 600
Stunden) und schnelles Lerntempo (B1 nach 500 Stunden).

In den **Niederlanden** unterscheidet man bei Sprachfertigkeiten zwischen
mündlichen und schriftlichen Kompetenzen. So müssen Einwanderungswil-
lige beim Integrationstest in den niederländischen Botschaften einen Test
für Hörverstehen und mündlichen Ausdruck ablegen. Für Altzuwanderer ist
beim Mündlichen das Niveau A2, beim Schriftlichen aber das A1-Niveau erforderlich, während Neuzuwanderer das A2-Niveau beim Mündlichen *und*
Schriftlichen nachweisen müssen.

Wie man sieht, ist Schulbildung hier eine sensible Frage. Altzuwanderer mit weniger als 8-jähriger Schulbildung sowie arbeitslose Altzuwanderer
müssen den Integrationstest jedenfalls ablegen.

SCHLUSSBEMERKUNGEN

Diese Gegenüberstellung verschiedener Modelle ergibt aus französischer
Sicht folgende Schlussbemerkungen, die Empfehlungswert haben:

Ein effizientes Kursangebot aufbauen

Für den Lernerfolg ist die Berücksichtigung des Lernprofils unumgänglich.
Das deutsche und dänische Modell bieten ein modulares Kursangebot an,
das den verschiedenen Lernprofilen gerecht ist. Schulbildung und Lernziele,
dazu die Kursstundenanzahl, sind eng miteinander verbunden und sollten
bei der Gestaltung des Kursprogramms nicht separat betrachtet werden.
Dazu kommt: Für Zuwanderer mit kurzer Schulbildung sollten die mündliche und schriftliche Kompetenz getrennt vermittelt und evaluiert werden.

Sprachliche Kompetenz für den Arbeitsmarkt

Wenn die Voraussetzungen für den Aufenthalt oder die Einbürgerung einem
elementaren Sprachniveau entsprechen (siehe die Skala des *Gemeinsamen
Europäischen Rahmens*), sollte man einen Fortsetzungskurs ins Auge fassen,
der auf den Zugang zum Arbeitsmarkt abzielt.

Standards setzen bei der Sprachauswertung

Da die Sprachauswertung nicht nur einen sprachlichen Wert, sondern auch
administrative Folgen für die KursteilnehmerInnen mit sich zieht, sollte die
Qualität der Sprachtests gesichert werden, und zwar in Anlehnung an die
Arbeit der *Vereinigung Europäischer Institutionen für Testentwicklung und
-durchführung*: ALTE (*Association of Language Testers in Europe*)[5]. So wird
auf gewisse Standards geachtet, welche die Qualität der Sprachtests sichern.
Diese Standards werden als „Validity – Reliability – Impact – Practicality"
definiert. Es kommt darauf an, dass Zuwanderer wissen, was beim Sprachtest erwartet wird und welche Voraussetzungen hierfür zu erfüllen sind.
Neben Sprachtests bietet das *Europäische Portfolio für Fremdsprachen* eine
Möglichkeit, die sprachliche Kompetenz aus mehrsprachiger Perspektive zu
dokumentieren.

---

[5]   http://www.alte.org

Die Politik zur sprachlichen Integration erwachsener Einwanderer – September 2005

	Einwohnerzahl (Anteil der AusländerInnen in %)	Sprachprogramme zur Integration der Neuzuwanderer	Zielgruppen	Zuständige Institution / Kosten	Ausbildung für die MigrantInnen kostenlos	Dauer der Maßnahme / Dauer der Ausbildung	Sprachliches Ziel / Prüfung	Sanktionen	Verknüpfung Sprache / Einbürgerung
Frankreich	59,9 Mio. (5,6 %)	Neuzuwanderer: Aufnahme und Integrationsvertrag, nicht obligatorisch (bis heute): Sprachkurs + Unterweisung in Staatsbürgerkunde (1 Tag). Altzuwanderer: Sprachkurs möglich.	Einwanderer, die sich legal und dauerhaft in Frankreich niederlassen (Familienzusammenführung, EhepartnerInnen von Franzosen, StammarbeiterInnen, Flüchtlinge und deren Familien) 100.000 bis 110.000 Personen/Jahr. Altzuwanderer.	Ministerium für Beschäftigung, Soziale Kohäsion und Wohnung. Träger: Nationale Agentur für Migration u. Aufnahme von AusländerInnen (ANAEM) + Unterstützungsfonds für Integration und den Kampf gegen Diskriminierung (FASILD). 2004: 27 Mio. €.	Ja. + Entlohnung in bestimmten Fällen.	Neuzuwanderer: Aufnahme- und Integrationsvertrag: 1 Jahr, einmal verlängerbar. Sprachkurs: max. 500 Std. Altzuwanderer: max. 200 Std.	Niveau A1.1. mündlich Zurzeit: Evaluation am Ende und Ausstellung einer Bescheinigung ("AMCL"). Ab 2006 Prüfung und Ausstellung eines Sprachdiploms : *DILF*. Altzuwanderer: nichts.	Hinsichtlich der Bewilligung der Daueraufenthaltsgenehmigung.	Ja. Niveau A1.1. mündlich = Sprachdiplom *DILF* mündlich.
Dänemark	5,4 Mio. (5,0 %)	Neuzuwanderer: Obligatorisches Einführungsprogramm mit Unterzeichnung eines Individualvertrages. Sprachkurs + verschiedene Ausbildungen. Zugang zum Arbeitsmarkt als Ziel des Sprachkurses.	MigrantInnen, die im Rahmen der Familienzusammenführung ins Land kommen, Flüchtlinge, AsylwerberInnen. 2004: 45.000 Pers.	Ministerium für Flüchtlinge, Einwanderer und Integration. Träger: Kommunen Kosten: 120 Mio. €.	Nur für Flüchtlinge. Für jedes der 6 Module muss gezahlt werden. AnwärterInnen auf Aufenthaltsgenehmigung zahlen zw. 430 und 860 €. StudentInnen 4300 €.	Programm: 3 Jahre max. Kurs beginnt ein Monat nach Ankunft. Sprachkurs: 30 Std./ Woche über max. 6 Monate. Max. 2.000 Std. inkl. persönl. Arbeit.	Von A2 bis B2 je nach Lernprofil, mündl. und schriftl. getrennt. Abschlusstest obligatorisch. Sprachniveau noch nicht festgelegt für Aufenthalt.	Sozialleistungen Daueraufenthaltsgenehmigung.	Ja (Niveau B1/B2, mündlich und B1, schriftlich)
Groß-Britannien	59,3 Mio. (4,1 %)	Umsetzung eines Programms zum Erwerb der britischen Staatsbürgerschaft (*Crick-Report*). Sonst Sprachkurse im Rahmen entweder von Bildungs- oder Arbeitssuchprogrammen.	AnwärterInnen auf die Staatsbürgerschaft (120.000/Jahr).	Innenministerium zuständig f. das Programm zum Erwerb der britischen Staatsbürgerschaft. 2003/4 257 Mio. £. Kursbesuchspflicht für AnwärterInnen auf Einbürgerung, deren Sprachniveau unterhalb vom B1 liegt, und ArbeitslosengeldempfängerInnen.	Unterhalb vom Niveau A2 zurzeit kostenlos.	Noch nicht festgelegt. 3 bis 6 Monate im Rahmen der Arbeitssuche.	Seit 20.6.2005 wird das B1-Niveau für den Staatsbürgerschaftstest benötigt (der allerdings keine Sprachfertigkeiten abtestet). Der Sprachkurs, der auf das B1-Niveau abzielt, endet mit einer mündl. Prüfung.	Zugang zur britischen Staatsbürgerschaft.	Ja.

Quelle: Délégation générale à la langue française et aux langues de France (DGLFLF)

Die Politik zur sprachlichen Integration erwachsener Einwanderer – September 2005

	Einwohnerzahl (Anteil der AusländerInnen in %)	Sprachprogramme zur Integration der Neuzuwanderer	Zielgruppen	Zuständige Institution / Kosten	Ausbildung für die MigrantInnen kostenlos	Dauer der Maßnahme / Dauer der Ausbildung	Sprachliches Ziel / Prüfung	Sanktionen	Verknüpfung Sprache / Einbürgerung
Deutschland	82,5 Mio. (8,9 %)	Integrationsprogramm seit 1.1.2005. Sprachkurs + Unterweisung in Sozial- und Staatsbürgerkunde (30 Std.). Obligatorisch, wenn Sprachniveau unter B1.	Neuzuwanderer: ArbeitsmigrantInnen (ohne SaisonarbeiterInnen) Flüchtlinge. Familienzusammenführung. AussiedlerInnen, russische Juden. Altzuwanderer: im Rahmen der verfügbaren Plätze (keine Pflicht). 80.000 KursteilnehmerInnen im Jahr 2005.	Innenministerium über das Bundesamt für Migration und Flüchtlinge. Kosten: 208 Mio. €.	Nein. Selbstbeteiligung der MigrantInnen: max. 1€/Std. Kostenlos für EmpfängerInnen von Sozialleistungen.	Maximal 2 Jahre Sprachausbildung: max. 630 Std.	Niveau B1. mündlich + schriftlich. Prüfung: Zertifikat Deutsch.	Sozialhilfe. Verlängerung der Aufenthaltsgenehmigung. Möglichkeit, einen Antrag auf Einbürgerung bereits nach 7 anstatt 8 Jahren zu stellen.	Ja: Niveau B1.
Niederlande	16,3 Mio. (10,4 % nicht westlicher Herkunft)	Neues Integrationsprogramm ab 2006: obligatorische Integrationsprüfung. Sprachausbildung ist dem freien Markt überlassen + der Zuwanderer ist für die eigene Sprachausbildung zuständig. ausgenommen sind sog. spezifische Gruppen (Arbeitslose, Eltern von Kleinkindern, für die von den Gemeinden Sprachkurse organisiert werden.	Für AnwärterInnen auf Einwanderung auf niederl. Integrationstest (Sprachtest + Test über niederl. Gesellschaft) in dem niederl. Botschaften. In den Niederlanden: Neuzuwanderer (Familienzusammenführung, Flüchtlinge). AltmigrantInnen ohne niederl. Staatsbürgerschaft + Arbeitslose und Eltern von Kleinkindern. 500.000 Neu- u. Altzuwanderer müssen Integrationstest ablegen. 85.000 Pers./Jahre, davon 47.000 Pers. in sog. spezifischer Zielgruppe.	Justizministerium unter Mitwirkung der Gemeinden (Information über Integrationstest. Verpflichtungen u. Sanktionen + Liste von Sprachkursträgern). 2006-Budget: 270 Mio. €. 2007-Budget: 257 Mio. €, davon 75 Mio. € vom Bildungsministerium.	Nein. Integrationstest im Ausland: € 350; in d. Niederl.: € 270. Der Staat kann bei einer erfolgreichen Teilnahme bis zu 50 % der Kosten erstatten. Möglichkeit einer Unterstützung von spezifischen Gruppen durch die kommunalen Körperschaften.	Integrationstest innerhalb von 5 Jahren f. Altzuwanderer, von 3.5 Jahren f. Neuzuwanderer. Kursstundenanzahl für spezifische Gruppen: ca. 600 Std.	Im Ausland: Niveau A1 Minus mündl. In d. Niederl.: Niveau A2.	Im Ausland: Daueraufenthaltsgenehmigung. Im Inland: ständige Aufenthaltsgenehmigung.	Ja. Niveau A2 = Sprachtest kann erst abgelegt werden, nachdem der Test zur Einführung in die niederländische Gesellschaft erfolgreich abgelegt wurde.
Österreich	8,2 Mio (9,4 %)	Obligatorische Integrationsvereinbarung: Sprachausbildung + Unterweisung in Staatsbürger- und Landeskunde seit 1.1.2003. Ab 2006 neue Bestimmungen.	Personen aus Drittländern, die seit 1.1.2003 legal nach Österreich gekommen sind, um sich dort dauerhaft niederzulassen. Nach 2006 alle EU-BürgerInnen. ausgenommen Familienangehörige.	Innenministerium, über den Österreichischen Integrationsfonds.	Nein. Beteiligung des(r) KursteilnehmerIn(n) zw. € 80 und € 100. Ab 2006 Subvention für das Alphabetisierungsmodul. wenn es im 1. Jahr gemacht wird. und für das Modul 2, wenn der Integrationskurs aufgrund einer Familienzusammenführung gemacht wird. Gesamtkosten (zw. € 1.500 und € 2.000) werden von KursteilnehmerInnen getragen.	Integrationsvereinbarung: 1 Jahr. Sprachtests 75 Std. (100 UE à 45 Min.). Ab 2006: 45 Std. für Modul 1 (Alphabetisierung) + 300 Std. für Modul 2. Flüchtlinge: 600 Std.	Niveau A1. Keine Abschlussprüfung (Evaluation während der gesamten Ausbildungszeit). Ausstellung einer Kursbestätigung. Ab 2006 Abschlussprüfung Niveau A2.	Arbeitslosengeldzahlungen Erstattung der Kosten für die Kurse durch den Staat Finanzielle Sanktionen. Aufenthaltsgenehmigung + event. Ausweisung.	Ja. Anforderungsniveau abhängig vom sozialen Niveau und vom Bildungsniveau.

Quelle: Délégation générale à la langue française et aux langues de France (DGLFLF)

Die Politik zur sprachlichen Integration erwachsener Einwanderer – September 2005

	Einwohnerzahl (Anteil der AusländerInnen in %)	Sprachprogramme zur Integration der Neuzuwanderer	Zielgruppen	Zuständige Institution/ Kosten	Ausbildung für die MigrantInnen kostenlos	Dauer der Maßnahme/ Dauer der Ausbildung	Sprachliches Ziel/ Prüfung	Sanktionen	Verknüpfung Sprache/ Einbürgerung
Kanada (Quebec)	7,4 Mio. (?%)	Freiwillige Sprachkurse.	Alle Neuzuwanderer (Familienzusammenführung, ArbeitsmigrantInnen Flüchtlinge), die sich seit weniger als 5 Jahren dort legal aufhalten und über nicht genügend Französischkenntnisse verfügen. AsylwerberInnen: Teilzeitkurse. 10.000 Pers. pro Jahr für Vollzeitkurse, 9.000 Pers. f. Teilzeitkurse.	Ministerium für Kulturgemeinschaften und Migration. Jährlich 30 Mio. €	Ja + Subvention für Vollzeitkurse : € 79 pro Woche f. ArbeitsmigrantInnen, € 20 pro Woche f. Familienzusammenführung. Kindergeld.	Max. 1.800 Std. Vollzeitkurse: 990 Std.: 30 Std. pro Woche x 3 Module. Teilzeitkurse: 4–12 Std. pro Woche.	Je nach Lernprofil. Das zu erreichende Niveau entspricht B1–B2. Keine Abschlussprüfung sondern Kusbestätigung.	??	??
Irland	4.13 Mio. (11.2%)	Keine Regelung. Freiwillige Sprachkurse für Flüchtlinge und AsylwerberInnen. Obligatorische und kostenpflichtige Sprachkurse für EU-StaatsbürgerInnen mit 1-jähriger Arbeitserlaubnis: Niveaustufe B2 erforderlich für den Arbeitsmarkt.	Flüchtlinge: 50 Kurswochen; AsylwerberInnen: Sprachkurs für Grundlegendes Englisch. 5.000 Pers. pro Jahr.	*Department of Education and Science.* Träger: *Integrate Ireland Language and Training.* Öffentliche Kursträger. € 4.125 pro Person.	Flüchtlinge (20 Std. pro Woche) und AsylwerberInnen (2–6 Std.): ja. Für Zuwanderer mit 1-jähriger Arbeiterlaubnis: nein.	1 Jahr.	Lernziel hängt von Lernkompetenz des(r) Kursteilnehmers(in) ab: von A2 bis B2. Sprachtests für Einheimische können angeboten werden.	Arbeitslosengeld für Flüchtlinge.	Nein.

Quelle: Délégation générale à la langue française et aux langues de France (DGLFLF)

Die Politik zur sprachlichen Integration erwachsener Einwanderer – September 2005

	Einstufung und Betreuung	Curricula	Teilnahmepflicht und -kontrolle	Sprachdidaktische Ausbildung von Lehrkräften	Sprachzertifizierung	Organisation der Prüfungen	Ausbildung der PrüferInnen	Pädagogische Auswertung
Frankreich	Einstufung und Orientierung von einem lizensierten Zentrum f. Evaluation durchgeführt.	Neuzuwanderer (Aufnahme und Integrationsvertrag): A1.1-Niveau nach 200–500 Std. Altzuwanderer: 200 Std. Von der Region Groß-Paris finanzierte Sprachkurse: max. 600 Std.	Nein.	Möglich und kostenlos im Angebot des Unterstützungsfonds für Integration und den Kampf gegen Diskriminierung (FASILD): 1–2-tägige Module.	Prüfungsgebühren für das *DILF*. Lizensierte Prüfungszentren außerhalb vom Kursort.	Testerstellung und administrative Datenverarbeitung beim CIEP (Mitglied der ALTE). Häufige Prüfungstermine.	Prüferzertifizierung beim CIEP.	Nur kursträgerinterne Evaluation.
Dänemark	Kursträger u. Zuwanderer einigen sich auf individuelles Kursprogramm, das Lernziele der Integrationsvereinbarung oder des Arbeitssuchprogramms enthält. Abschlusstest f. jedes Modul (6 Module insgesamt).	3 verschiedene Curricula von jeweils 6 Modulen (KursteilnehmerInnen ohne Schulbildung, mit kurzer Schulbildung, mit langer Schulbildung).	Ja. 25 % Abwesenheitsrate. Sollte der/die KursteilnehmerIn die Prüfung nicht bestehen, wird er/sie trotzdem als erfolgreich betrachtet, wenn er/sie den Kurs zu 85 % besucht hat.	Einjährige Weiterbildung.	KursteilnehmerInnen ohne Schulbildung: A2-Niveau schriftlich, B1-Niveau mündlich; mit kurzer Schulbildung: schriftlich, B1, mündlich B1/B2; mit langer Schulbildung: B2; Zulassungsprüfung zur Universität: C1.	Prüfung wird 2 x pro Jahr von zentraler Stelle aus (Ministerium für Flüchtlinge, Einwanderer und Integration) organisiert.	?	?
Groß-Britannien	Je nach Kursträgern.	Curricula, die jeweils auf das B1-, B2- und C1-Niveau hinzielen.	Je nach Kursträgern.	Das *National Curriculum for English Language* wurde den Lehrkräften so oft wie möglich übermittelt.	*Citizenship Test* ab September 2005.	?	?	InspektorInnen für Erwachsenenbildung. Kursträger alle 3 Jahre evaluiert.

Quelle: Délégation générale à la langue française et aux langues de France (DGLFLF)

Die Politik zur sprachlichen Integration erwachsener Einwanderer – September 2005

	Einstufung und Betreuung	Curricula	Teilnahmepflicht und -kontrolle	Sprachdidaktische Ausbildung von Lehrkräften	Sprachzertifizierung	Organisation der Prüfungen	Ausbildung der PrüferInnen	Pädagogische Auswertung
Deutschland	Einstufung und Orientierung vom Kursträger durchgeführt. Einstufungstest des Goethe-Instituts: mündl. und schriftl. Teil: Prüfung im Anschluss an den Orientierungskurs. Prüfungsteilnahme ist freiwillig.	Grundkurs (300 Std.) und Aufbausprachkurs (300 Std.), jeweils 3 Curricula: langsames Lerntempo (Niveau A2 nach 600 Std.), durchschnittliches Lerntempo (B1 nach 600 Std.) oder schnelles Lerntempo (B1 nach 500 Std.). Orientierungskurs: 30 Std.	Ja.	140 Std. Ausbildung für Lehrkräfte.	Zertifikat Deutsch: B1-Niveau + Test zum Orientierungskurs.	Zertifizierte PrüferInnen: Sprachkursträger muss nachweisen, dass er mit zertifizierten PrüferInnen arbeitet.	Keine formelle Ausbildung, sondern Zertifizierung.	Wissenschaftliche Begleitung und Qualitätskontrolle der Kursträger durch das Bundesamt für Migration und Flüchtlinge. Evaluationsstudie durch das Innenministerium 2006.
Niederlande	Nichts.	Im Ausland: Vorbereitung auf Sprachtest (A1 minus): 100 Std. für KursteilnehmerInnen mit langer Schulbildung; 200–300 Std. für KursteilnehmerInnen mit kurzer Schulbildung. Vorbereitung auf Test über niederl. Gesellschaft: 30–50 Std. Im Inland: A2-Niveau nach ca. 600 Std.	Obliegt den Kursträgern.	??	AnwärterInnen auf Einwanderung: Integrationsprüfung in den Botschaften. Mündlicher Teil (ausgenommen sind Personen ohne Schulbildung) + Test über niederl. Gesellschaft (Kurs auf Niederländisch und 13 weiteren Sprachen). Im Inland: Neuzuwanderer müssen das A2-Niveau mündlich und schriftlich nachweisen, Altzuwanderer das A2-Niveau mündlich und A1-Niveau schriftlich. Kosten: 350 € im Ausland, 230 € im Inland, 225 € für den Einbürgerungstest.	??		??

Quelle: Délégation générale à la langue française et aux langues de France (DGLFLF)

Die Politik zur sprachlichen Integration erwachsener Einwanderer – September 2005

	Einstufung und Betreuung	Curricula	Teilnahmepflicht und -kontrolle	Sprachdidaktische Ausbildung von Lehrkräften	Sprachzertifizierung	Organisation der Prüfungen	Ausbildung der PrüferInnen	Pädagogische Auswertung
Österreich	Einstufungsberatung obliegt dem Kursträger.	**Bis Ende 2005:** 100 Std. zum Niveau A1; ab 2006: 300 Std. zum Niveau A2 und 75 Std. für Alphabetisierung.	Ja.	Anerkannt werden Lehrerausbildungen. DaF-Ausbildungen der Uni Graz. Uni Wien und des Verbandes Wiener Volkshochschulen; anerkannt werden auch Praxiserfahrungen.	Bis Ende 2005: anstelle eines Kursbesuches kann in Form eines „Sprachkenntnisnachweises" (SKN) die Sprachkompetenz auf A1-Niveau nachgewiesen werden; die Bestätigung des Kursbesuches erfüllt die „Integrationsvereinbarung"; kein Zertifikat. Ab 2006: Spachtest obligatorisch.	Obliegt dem Kursträger.	Bisher durch das Büro des Österreichischen Sprachdiploms (das den SKN entwickelt hat).	??
Canada (Quebec)	Einstufung obliegt dem/der SprachlehrerIn. Auswertung nach jedem 11 Wochen-Kurs.	Vollzeitkurs zur Alltagskommunikation: 990 Std., 30 Std./Woche x 3 Kursabschnitten zu jeweils 11 Wochen; Teilzeitkurs zur Alltagskommunikation: 4–12 Std./Woche; Kurse nach Maß mit spezifischen Schwerpunkten: spezielle Kurse für Personen, die weniger als 9 Jahre Schulbildung haben.	??	Weiterbildung und pädagogische Beratung.	Keine Zertifizierung, sondern Kursbestätigung.	Nichts.	Nichts.	Kursträger werden evaluiert.
Irland	??	20 Std./Woche x 50 Wochen. Lernziel: Niveau B2.	Teilnahmepflicht: 85 %.	??	Keine Sprachzertifizierung.			Universität Dublin zuständig für Evaluation der Kursträger.

Quelle: Délégation générale à la langue française et aux langues de France (DGLFLF)

Teil V
Demographie- und demokratietheoretische, migrationssoziologische und sozialphilosophische Perspektiven

Migration und politische Beteiligung:
Wahlrechte jenseits von Staatsgebiet und Staatsangehörigkeit[1]

Rainer Bauböck

Wahlrechte bilden den Kern demokratischer Staatsbürgerschaft. Der britische Soziologe T.H. Marshall beschrieb Staatsbürgerschaft in einem berühmten Aufsatz als ein Bündel von staatlich garantierten zivilen, politischen und sozialen Rechten (Marshall 1965). Politische Philosophen von Aristoteles über Rousseau bis Michael Walzer verstehen dagegen unter Staatsbürgerschaft vor allem einen Status der gleichberechtigten Mitgliedschaft in einem selbstregierenden politischen Gemeinwesen. Diese „republikanische" Konzeption macht den zentralen Stellenwert der Wahlrechte verständlich: BürgerInnen sind jene, die an der kollektiven Selbstregierung beteiligt sind, sei es durch direkte Demokratie oder indem sie Delegierte wählen bzw. sich als KandidatInnen für öffentliche Ämter bewerben, die durch Wahlen besetzt werden.

In liberalen Demokratien sind seit dem Ende des Zweiten Weltkrieges die zivilen und sozialen BürgerInnenrechte vom Rechtsstatus der Staatsangehörigkeit weit gehend entkoppelt worden. Bürgerliche Freiheitsrechte wie die Rede-, Versammlungs- und Organisationsfreiheit werden als allgemeine Menschenrechte und nicht mehr als besondere Rechte der StaatsbürgerInnen aufgefasst. Auch der Zugang zu öffentlichen Bildungseinrichtungen, Gesundheitssystemen und Sozialversicherungsleistungen hängt meist nicht von der Staatsangehörigkeit ab, sondern von Wohnsitz und Beschäftigungsverhältnissen. Als Beschreibung der Rechtsstellung lange ansässiger AusländerInnen, welche die meisten staatsbürgerlichen Rechte genießen, hat der schwedische Politikwissenschaftler Tomas Hammar den Begriff „denizenship" vorgeschlagen (Hammar 1990), den ich als „Wohnbürgerschaft" übersetzt habe (Bauböck 1992: 8). Dieser Status der Wohnbürgerschaft hat die früher klare Trennlinie zwischen Fremden und BürgerInnen verwischt und in eine Übergangszone verwandelt. Das Recht auf Teilnahme an nationalen Wahlen ist jedoch überwiegend ein Staatsbürgerschaftsprivileg geblieben.

Ein Wohnsitz im Inland ist in der traditionellen republikanischen Auffassung zwar keine hinreichende Bedingung für politische Beteiligungsrechte, aber doch eine notwendige. Die Vorstellung, dass die BürgerInnen sich selbst die Gesetze geben, unter denen sie leben, ist kaum damit vereinbar, StaatsbürgerInnen im Ausland das Wahlrecht einzuräumen. Jene Emigran-

---

[1] Dieser Beitrag beruht auf einem vom Autor übersetzten und überarbeiteten Artikel, der im Oktober 2005 erschien (Bauböck 2005). Ich bin Harald Waldrauch für seine umfassenden Recherchen zum AusländerInnenwahlrecht zu Dank verpflichtet.

tInnen, die auf Dauer im Ausland leben, sind ja nicht den Entscheidungen jener Parlamente oder Regierungseinrichtungen unterworfen, deren Zusammensetzung sie durch ihre Stimme beeinflussen würden.

Die doppelte Beschränkung von Wahlrechten auf BürgerInnen mit festem Wohnsitz im Inland ist allerdings in einer stark wachsenden Zahl demokratischer Staaten aufgeweicht oder gänzlich aufgegeben worden. Dieser Trend ist symptomatisch für eine breitere Transformation jener territorialen und Mitgliedschaftsgrenzen, welche demokratische Staatsbürgerschaft umschreiben. Im vorliegenden Beitrag werde ich zunächst das Phänomen zunehmend expansiver Wahlrechte beschreiben und Gründe für diese Entwicklung angeben, um anschließend aus normativer Perspektive zu fragen, wie sie zu bewerten ist.

STAATSBÜRGERINNEN OHNE WOHNSITZ

Wahlrechte für AuslandsbürgerInnen sind weiter verbreitet als jene für WohnbürgerInnen mit ausländischem Pass. Nohlen und Grötz (2000: 1122) nennen insgesamt 63 Staaten, in denen externe Wahlrechte existieren.[2] Unter den 15 „alten" Mitgliedsstaaten der Europäischen Union vor 2004 kennen lediglich Irland und Griechenland keinerlei Rechte dieser Art. Die praktische Bedeutung eines Auslandswahlrechts hängt jedoch von den formalen und praktischen Voraussetzungen für die Ausübung, dem Anteil der AuslandsbürgerInnen an allen Wahlberechtigten und ihrer Beteiligungsrate ab. Einige Staaten wie Israel, Nicaragua oder die Türkei verlangen, dass die Stimmabgabe im Staatsgebiet erfolgt und bürden daher jenen, die sich beteiligen wollen, teils erhebliche Reisekosten auf. Die meisten lateinamerikanischen Staaten mit Wahlrecht für AuslandsbürgerInnen (Argentinien, Brasilien, Honduras, Kolumbien, Peru und Venezuela) verlangen dagegen den Besuch einer Botschaft oder eines Konsulats im Aufenthaltsland. Die USA, Kanada und einige europäische Staaten (z. B. Deutschland, Italien, Luxemburg und Österreich) haben stattdessen den Zugang durch die Einführung der Briefwahl erheblich erleichtert. Ein weiteres Hindernis ist, dass AuslandsbürgerInnen auch in jenen Staaten, in denen automatische Wählerregister erstellt werden, einige Zeit vor der Wahl ihre Eintragung beantragen müssen. Sogar ein leicht zugängliches Wahlrecht wird jedoch nur von geringer Bedeutung für Wahlkampagnen und -ergebnisse sein, wenn die Zahl der Auswanderer gering ist oder wenn diese nur schwache Bindungen an ihr Herkunftsland haben und sich daher in diesem nicht politisch engagieren wollen.

---

[2] Eine umfassende Analyse von Wahlrechten für AuslandsbürgerInnen in Lateinamerika, den USA, Kanada, Portugal und Spanien findet sich in Calderón Chelius (2003).

Stimmrechte für AuslandsbürgerInnen sind oft an die Bedingung früheren Aufenthalts im Land der Staatsbürgerschaft gebunden oder erlöschen einige Zeit nach der Auswanderung. Eine erhebliche Zahl von Staaten (z. B. Belgien, Finnland, Frankreich, Italien, Luxemburg, Österreich, Portugal und Spanien) räumen aber sogar jenen das Wahlrecht ein, die im Ausland geboren wurden und niemals im Inland gelebt haben.

Eher ungewöhnlich ist im internationalen Vergleich eine besondere Vertretung von AuslandsbürgerInnen durch reservierte Sitze im Parlament. Unter den 15 alten EU-Staaten gibt es dieses Arrangement in Frankreich, Italien und Portugal. In Kolumbien werden AuslandsbürgerInnen als eine von fünf Minderheiten definiert, die durch eine fixe Zahl von Abgeordneten vertreten werden.

Was bewegt Regierungen und Parlamente, das Wahlrecht auf BürgerInnen auszudehnen, die im Ausland leben? Der offensichtlichste Grund ist das Bestreben, politische Bindungen unter jenen zu fördern, die das Land verlassen, aber ihre Staatsangehörigkeit beibehalten haben. Fallende Preise für Flugreisen, Satellitenfernsehen und das Internet haben es für MigrantInnen viel einfacher gemacht, mit ihrem Herkunftsland in Verbindung zu bleiben und auch politisch gut informiert zu sein. Seit den 1970er-Jahren haben mehrere wichtige Auswanderungsländer ihre ursprünglich negative Haltung gegenüber EmigrantInnen deutlich geändert und sehen diese jetzt als Quelle von Rücküberweisungen oder auch als politische Lobby im Aufnahmeland (Itzigsohn 2000, Bauböck 2003). Diese Kehrtwende ist besonders dramatisch in Mexiko, wo zunächst 1998 die Erlaubnis zur Beibehaltung der mexikanischen Nationalität bei Einbürgerung im Ausland erteilt wurde und im Juni 2005 schließlich mit großer Mehrheit ein Gesetz in der Abgeordnetenkammer verabschiedet wurde, welches bei den kommenden Präsidentschaftswahlen die Beteiligung von EmigrantInnen in den USA möglich macht. Allerdings wurden gleichzeitig Kampagnen und Spendenbeschaffung im Ausland verboten, wodurch die Zahl der registrierten AuslandswählerInnen gering gehalten wurde.

Ein ethnisches Selbstverständnis der Nation liefert ein offenkundiges Argument für die Inklusion von AuslandsbürgerInnen. Die politische Gemeinschaft wird in dieser Sicht nicht als deckungsgleich mit dem Staat und seiner Wohnbevölkerung aufgefasst, sondern als eine Personengemeinschaft, die durch gemeinsame Abstammung oder Kultur abgegrenzt ist und sich über das Territorium mehrerer Staaten verteilen kann, ohne ihre Identität zu verlieren. Der Test dafür, ob ein Auslandswahlrecht implizit auf eine solche Begründung angewiesen ist, ist die Frage, ob es nicht nur von EmigrantInnen ausgeübt werden kann, sondern auch von deren im Ausland geborenen Nachkommen, die keine persönliche Bindung an das Herkunftsland ihrer Vorfahren haben.

In Zentralosteuropa gibt es mehrere Regierungen, die das Wahlrecht auch auf jene ethnischen Minderheiten ausdehnen wollen, die nicht durch Migration, sondern durch die Verschiebung staatlicher Grenzen entstanden sind. Rumänien hat zum Beispiel der Mehrheitsbevölkerung Moldawiens, die es als ethnische RumänInnen betrachtet, die Doppelstaatsbürgerschaft und das Wahlrecht angeboten (Iordachi 2004). Im Dezember 2004 scheiterte in Ungarn eine Volksabstimmung zur Einführung der Doppelstaatsbürgerschaft für ungarische Minderheiten in den Nachbarstaaten an zu geringer Beteiligung. Einheimische GegnerInnen argumentierten, dass (wie im Fall Mexikos) die Ausdehnung des Wahlrechts der nächste Schritt gewesen wäre. Im Gegensatz zu Mexiko würde dies jedoch den rechten und nationalistischen Parteien in Ungarn eine deutliche Stimmenmehrheit sichern (Kovács 2005).

Obwohl bei der Stärkung externer BürgerInnenrechte eine nichtterritoriale Auffassung der Nation praktisch immer eine Rolle spielt, gibt es auch andere Gründe, die ergänzende Rechtfertigungen liefern. In einigen lateinamerikanischen Staaten, in Portugal und in Spanien kam es zur Ausdehnung des Wahlrechts im Kontext des Übergangs zur Demokratie. Autoritäre Regime in diesen Staaten hatten einen beträchtlichen Exodus von BürgerInnen ausgelöst, von denen sich viele auch in der Emigration für die Demokratisierung in ihren Heimatländern engagierten. Wenn das Exil mehrere Jahrzehnte gedauert hatte, so war es unrealistisch zu erwarten, dass diese Auswanderer einfach zurückkehren. Wo daher die Regeln der politischen Beteiligung neu definiert wurden, schien es selbstverständlich, diese Personengruppen durch das Wahlrecht für erlittenes Unrecht zu entschädigen oder auf diese Weise ihren Beitrag zur Demokratisierung anzuerkennen.

Ein drittes Argument leitet das Wahlrecht von BürgerInnenpflichten ab, die auch EmigrantInnen auferlegt werden können. Es ist allgemein bekannt, dass Wahlrechte, soziale BürgerInnenrechte und die rechtliche Gleichstellung von Frauen oft im Kontext oder in der Folge von größeren Kriegen eingeführt wurden. Erweiterte Rechte sollen BürgerInnen motivieren, Opfer für ihr Land zu erbringen, oder dienen als nachträgliche Anerkennung solcher Opfer. In Kanada und den USA wurde das Auslandswahlrecht zunächst für Soldaten im Ersten bzw. Zweiten Weltkrieg eingeführt.

Die international unübliche Politik der USA, jedes im Ausland erwirtschaftete Einkommen ihrer BürgerInnen zu besteuern, schuf eine zweite Verknüpfung zwischen BürgerInnenpflichten und dem Wahlrecht. Der Overseas Voting Rights Act des Jahres 1975, welcher das Wahlrecht auf Zivilisten im Ausland ausdehnte, wurde nach einer Kampagne verabschiedet, die dazu aufrief, den Kongressabgeordneten Teebeutel zu senden, um sie so an den Slogan der amerikanischen Revolution von 1776 zu erinnern: „no taxation without representation".[3]

---

[3] Siehe www.fawco.org/us_concerns/voting_overseas/struggle.html, zuletzt geöffnet am 20. Juni 2005.

Natürlich ist die Ausdehnung des Wahlrechts auf AuslandsbürgerInnen – ebenso wie auf WohnbürgerInnen – auch oft durch die Interessen bestimmter politischer Parteien motiviert, die sich von diesen neuen WählerInnen mehr Stimmen erwarten als ihre politischen GegnerInnen. In Österreich
wurde z. B. die Einführung des Auslandswahlrechts im Jahr 1990 primär
von der konservativen Volkspartei gefordert, während die sozialdemokratische Mehrheit im Bundesland Wien ihrerseits ein Wahlrecht für Nicht-EU-
BürgerInnen auf Bezirksebene beschloss, welches jedoch vom Verfassungs-
gerichtshof im Juni 2004 aufgehoben wurde (Valchars 2006).

WohnbürgerInnen ohne Staatsbürgerschaft

Das komplementäre Phänomen von Wahlrechten für AusländerInnen ist
weniger verbreitet und wird häufiger als Irregularität wahrgenommen. Es
war jedoch in der Geschichte der USA gang und gebe (Raskin 1993). Ron
Hayduk (2005) dokumentiert, dass insgesamt vierzig US-Staaten über längere Perioden ihrer Geschichte Nichtstaatsangehörigen das Wahlrecht im
jeweiligen Gliedstaat oder in Bundeswahlen einräumten. In den USA wurde diese Praxis in der Zwischenkriegszeit des vergangenen Jahrhunderts
gestoppt. Heute gibt es jedoch wieder politische Kampagnen in mehreren
größeren Städten (u.a. in New York und San Francisco) für ein kommunales
AusländerInnenwahlrecht, und sechs Gemeinden in Maryland haben dieses
bereits eingeführt.

Eine Bilanz aus mehreren international vergleichenden Untersuchungen
bringt mich zum Schluss, dass gegenwärtig in zumindest 45 demokratischen
Staaten AusländerInnenwahlrechte existieren oder in der Verfassung explizit vorgesehen, aber noch nicht implementiert sind (Blais et al. 2001, Earnest
2004, Waldrauch 2005). Diese Zahl enthält einige eher marginale Fälle wie
Kanada, wo britische StaatsbürgerInnen in Provinzwahlen in Nova Scotia
und Sasketchewan wahlberechtigt sind, und Australien, wo sie in nationalen
Wahlen mitstimmen können, wenn sie schon vor 1984 registriert waren. In
Israel haben ImmigrantInnen, die unter dem Law of Return eingereist sind,
aber nicht die israelische Staatsbürgerschaft angenommen haben, das Wahlrecht bei Kommunalwahlen.

Am anderen Ende des Spektrums finden wir nur vier Staaten mit einem
nationalen Wahlrecht, das nur am Wohnsitz und an der Aufenthaltsdauer
anknüpft. Neuseeland hat das inklusivste Wahlrecht dieser Art mit einem
Aufenthaltskriterium von nur einem Jahr, verlangt aber, dass KandidatInnen
die Staatsbürgerschaft besitzen. Malawi, ebenfalls ein Mitglied des Britischen
Commonwealth, gestattet das Wahlrecht nach sieben Jahren. In Chile beträgt
die Frist fünf Jahre und in Uruguay vergleichsweise lange fünfzehn Jahre.

Die größte Staatengruppe mit einem spezifischen Wahlrecht für Nicht-
staatsangehörige ist die Europäische Union. Der Vertrag von Maastricht,

der 1993 in Kraft trat, führte die Unionsbürgerschaft ein, welche ein Wahlrecht auf kommunaler Ebene und zum Europaparlament für EU-BürgerInnen beinhaltet, die in anderen Mitgliedsstaaten leben. Die Mitglieder der
Nordischen Union hatten bereits einige Zeit davor ein wechselseitiges kommunales Wahlrecht eingeführt. Dieses wurde zunächst in Schweden im Jahr
1975 und dann sukzessive in den anderen Mitgliedsländern auch auf WohnbürgerInnen aus Drittstaaten ausgedehnt. Die Republik Irland hat schon
seit 1963 ein staatsangehörigkeitsneutrales Wahlrecht auf Gemeindeebene
und die Niederlande folgten 1985 dem schwedischen Beispiel. Einige der
2004 beigetretenen neuen EU-Staaten (Estland, Litauen, Slowakei, Slowe-
nien und Ungarn) taten dies im Zuge der Beitrittsverhandlungen oder schon
davor. Zuletzt haben in Westeuropa noch Luxemburg (2003) und Belgien
(2004) das allgemeine kommunale AusländerInnenwahlrecht eingeführt.
Außerhalb der Europäischen Union gibt es dieses Arrangement in Norwe-
gen, Island, Belize und Venezuela. Die bolivianische und kolumbianische
Verfassung sehen es ebenfalls vor, aber in diesen Staaten scheint die Umsetzung vorläufig blockiert.

In einigen Fällen bleibt das Wahlrecht bestimmten Angehörigen fremder
Staaten vorbehalten. So genießen in Großbritannien irische und Common-
wealth-BürgerInnen nicht nur ein aktives Wahlrecht in Parlamentswahlen,
sondern können auch als Abgeordnete gewählt werden. Die Republik Irland
berücksichtigte dies im Jahr 1984, als sie britischen Staatsangehörigen das
nationale Wahlrecht zugestand. In Spanien und Portugal werden lokale (im
Fall von BrasilianerInnen in Portugal auch nationale) Stimmrechte auf der
Basis von Reziprozität und Sprachgemeinschaft zuerkannt. Die Schweiz ist
ein Beispiel für regional beschränkte AusländerInnenwahlrechte, die zwar
unabhängig von der Staatsangehörigkeit sind, aber nur in sechs von 26 Kan-
tonen existieren.

In einer Reihe europäischer Staaten (unter ihnen Frankreich, Deutschland, Italien und Österreich) wurden AusländerInnenwahlrechte zwar durch
gesetzgebende Organe beschlossen, aber mangels Zustimmung in anderen
Gremien blockiert oder als unvereinbar mit der Verfassung aufgehoben.

Das Europäische Parlament und die EU-Kommission haben sich mehrfach für die Ausdehnung von Wahlrechten auf Drittstaatsangehörige ausge-
sprochen, allerdings unter dem Vorbehalt, dass dies auf Basis der EU-Ver-
träge nur mit Zustimmung der Mitgliedsstaaten möglich sei (Day and Shaw
2002). Ein Abkommen des Europarats aus dem Jahr 1992 über politische
Beteiligung von Fremden auf lokaler Ebene trat 1997 in Kraft. Es enthält ein
kommunales AusländerInnenwahlrecht nach fünf Jahren Aufenthalt, wurde
aber bisher nur von fünf Staaten ratifiziert und blieb ohne starke Wirkung.
Dies trifft auch auf die Empfehlung 1500 zu, die 2001 von der Parlamenta-
rischen Versammlung des Europarats angenommen wurde. Dennoch zeigt
diese Unterstützung durch internationale Organisationen, dass die Praxis
der Ausdehnung von Wahlrechten auf Nichtstaatsangehörige nicht mehr

länger als Irregularität abgetan werden kann, die mit der völkerrechtlichen
Auffassung von Staatsbürgerschaft unvereinbar sei.

Tabelle 1: Wahlrechte für Nichtstaatsangehörige

	nur in Teilgebiet	nur bestimmte Staatsangehörige	allgemeines Wahlrecht
nationale Wahlen		Australien Barbados	Neuseeland Malawi
		Belize Guyana St. Lucia St. Vincent & Grenadines Trinidad & Tobago Großbritannien Irland	Chile
			Uruguay
		Portugal	
lokale oder regionale Wahlen	Schweiz		Irland
			Dänemark Finnland Island Norwegen Schweden
		Europäische Union (25 Mitgliedsstaaten)	Belgien Luxemburg Niederlande
			Estland Litauen Slowakei Slowenien Ungarn
	USA		Belize Venezuela (Bolivien) (Kolumbien)
	Kanada Israel		

*Quellen: Blais et al. (2001), Earnest (2004), Waldrauch (2005), unterschiedliche In-
ternetquellen. Die Tabelle ist eine aktualisierte und neu konzipierte Version von Grafik
2.6 in Earnest (2004: 27). Klammern bezeichnen Verfassungsbestimmungen, die noch
nicht implementiert wurden.*

Wie beim Auslandswahlrecht, so sind auch beim AusländerInnenwahlrecht
die Gründe für seine Einführung durchaus unterschiedlich. In Skandinavi-
en und den Niederlanden stand im Vordergrund die politische Integration
von ImmigrantInnen, welche entweder noch nicht die Voraussetzungen für
Einbürgerung erfüllen oder an dieser nicht interessiert sind. Die Bestimmungen des Vertrags von Maastricht vertieften dagegen die Statusdiskre-
panz zwischen MigrantInnen aus EU-Mitgliedsländern und Drittstaaten.
EU-Wahlrechte wurden als Motor für das Projekt eines supranationalen
europäischen Gemeinwesens mit gemeinsamer Bürgerschaft konzipiert. Im
Gegensatz dazu beziehen sich die Wahlrechte für BritInnen, IrInnen oder
CommonwealthbürgerInnen auf den Britischen Inseln und einigen Kari-
bikstaaten nicht auf zukünftige politische Integration, sondern auf eine gemeinsame imperiale Vergangenheit. In postkolonialen Kontexten oder nach
einer territorialen Teilung sind Staaten manchmal willens, historische Bindungen durch Wahlrechte für jene zu berücksichtigen, die zuvor unter einer
gemeinsamen politischen Autorität gelebt hatten. Eine etwas anders gelagerte Begründung, die im Fall Spaniens und Portugals ebenfalls an imperia-
ler Vergangenheit anknüpft, leitet politische Beteiligungsrechte bestimmter
Gruppen von AusländerInnen aus deren kultureller und sprachlicher Nähe
zur Bevölkerung des Aufnahmelandes ab.

Abgesehen von diesen vier Motiven, die aus unterschiedlichen Auffas-
sungen der politischen Gemeinschaft hervorgehen, gibt es zwei Argumente,
die an Gebote der Fairness appellieren. Das erste beruft sich auf ein Prinzip
der Wechselseitigkeit. Beispiele dafür sind das ursprünglich auf nordische
BürgerInnen eingeschränkte kommunale Wahlrecht in der Nordischen Union, das gegenwärtige kommunale Wahlrecht für UnionsbürgerInnen in der
EU und die besonderen Wahlrechte lateinamerikanischer BürgerInnen in
Spanien und Portugal.

Bei näherer Betrachtung erweist sich dieses Argument als normativ
schlecht begründet. Reziprozität ist ein wichtiger Grundsatz beim Schutz
der internationalen Rechte von Nichtstaatsangehörigen (z.B. auf diplomatischen Schutz oder Schutz vor Enteignung). Die Klärung der Frage, welche
Gruppen der Wohnbevölkerung in den politischen Institutionen eines Gemeinwesens repräsentiert sein sollen, ist aber eine Frage der Innenpolitik.
Reziprozität mit anderen Staaten ist hier kein relevanter Gesichtspunkt.
Sie verletzt außerdem demokratische Gleichheitsgebote, weil sie eine Differenzierung des Wahlrechts je nach den Gegebenheiten in den jeweiligen
Herkunftsländern bewirken würde. Warum sollten die wenigen Norwege-
rInnen, die in Portugal das kommunale Wahlrecht aufgrund von Reziprozität genießen, einen stärkeren Anspruch darauf haben als die viel größeren
Gruppen afrikanischer ImmigrantInnen?

Das zweite Argument sieht die Erweiterung des Wahlrechts als Kompen-
sation für blockierten Zugang zur Staatsbürgerschaft. Dies war das zentrale
Motiv für die Einführung des kommunalen Wahlrechts in Estland im Jahr

1996, wo nach der Wiedererlangung der Unabhängigkeit eine große Zahl
ethnischer RussInnen staatenlos wurde, weil ihre Vorfahren bis zum Jahr
1940 nicht BürgerInnen der Republik Estland waren. Hier stellt sich die Frage der Priorität. Ist es gerechtfertigt, eine Gruppe durch hohe Hürden für die
Einbürgerung vom Zugang zur Staatsbürgerschaft auszuschließen, solange
ihr im Gegenzug bestimmte politische Rechte eingeräumt werden? Dies sollte abgelehnt werden, weil damit eine liberal-demokratische Auffassung der
Staatsbürgerschaft, die ich im folgenden Abschnitt skizzieren möchte, zugunsten ethnonationalistischer Interpretationen entwertet wird (siehe auch
Bauböck 2003).

Argumente für und gegen expansive Wahlrechte

Welche allgemeinen Ideen über politische Gemeinschaft stehen hinter den
Argumenten für und gegen die Ausdehnung von Wahlrechten über die
Grenzen des Territoriums und der Staatsangehörigkeit? Ich werde zunächst
vier idealtypische Positionen skizzieren, die aus einer Kombination der negativen und positiven Antworten auf die jeweilige Frage hervorgehen, will
jedoch am Ende für eine fünfte Alternative argumentieren, welche die normativen Defizite der vier Grundpositionen überwinden könnte.

Tabelle 2: Vier Perspektiven zur Ausdehnung des Wahlrechts

Wahlrechte für		AuslandsbürgerInnen	
		nein	ja
WohnbürgerInnen nein		(1) klassischer Republikanismus	(2) ethnischer Nationalismus
ja		(3) territoriale Inklusion	(4) betroffene Interessen

(1) Wie eingangs dargestellt, muss eine Auffassung republikanischer Prinzipien in der Tradition Machiavellis, Rousseaus oder Kants beide Erweite-
rungen des Wahlrechts ablehnen. Aus dieser Sicht braucht ein politisches
Gemeinwesen – sowohl hinsichtlich des Staatsgebiets als auch der Mitgliedschaft – eindeutige Grenzen. Erstens ist die Präsenz der BürgerInnen innerhalb des Gemeinwesens eine entscheidende Voraussetzung dafür, dass sie
sich selbst regieren können, indem sie an der Gesetzgebung partizipieren.

Zweitens muss politische Beteiligung ein Privileg der BürgerInnen bleiben,
weil das Wahlrecht den Kern der Staatsbürgerschaft bildet und eine Ent-
koppelung die republikanische Identität der BürgerInnen durch eine rein
ethnisch geprägte ersetzen würde. Drittens sind Republiken zwar grundsätzlich offen für Flüchtlinge und Einwanderer, da sie allen Menschen unabhängig von ihrer Herkunft die Fähigkeit zur politischen Selbstbestimmung
zuerkennen, das politische Gemeinwesen hat jedoch ebenso ein kollektives
Recht, selbst zu bestimmen, wer Zugang zum Territorium und zur Staatsbürgerschaft erhält.

(2) Ethnischer Nationalismus unterstützt die demokratische Inklusion
von EmigrantInnen, die als Angehörige der Nation wahrgenommen werden,
nicht jedoch von inländischen WohnbürgerInnen, für die das nicht zutrifft.
Aus dieser Sicht ist es die Nation als Gemeinschaft der Kultur, der imagi-
nierten Abstammung und des historischen Schicksals, die ein grundlegendes
Recht auf Selbstbestimmung hat, welches von der politischen Autonomie
der BürgerInnen unabhängig oder ihr zumindest vorgeordnet ist. Die Zugehörigkeit zu einer Nation ist daher keine Frage des individuellen Willens.
Nationen haben zwar durchwegs das Bestreben, innerhalb eines bestimmten
Territoriums Selbstbestimmung zu erlangen, die individuelle Mitgliedschaft
ist jedoch nicht an den Aufenthalt in diesem Gebiet geknüpft. Wenn die
Grenzen der nationalen Gemeinschaft und des Staatsgebietes nicht übereinstimmen, so ist es geboten, externe Nationsangehörige am politischen
Prozess zu beteiligen, und legitim, jene inländischen Fremden davon auszu-
schließen, die sich nicht in die nationale Gemeinschaft assimiliert haben.

(3) Die dritte und vierte Kombination von Antworten lässt sich jeweils
mit liberalen Prinzipien demokratischer Inklusion begründen. Das eine
kann man als territoriales Inklusionsprinzip bezeichnen. Das demokratische Gemeinwesen wird hier als Gemeinschaft von Individuen aufgefasst,
die derselben politischen Autorität und ihren Gesetzen unterworfen sind
und die daher gleiche Rechte auf Repräsentation und Partizipation in der
Gesetzgebung haben. Alle WohnbürgerInnen, die sich über längere Zeit innerhalb eines Hoheitsgebietes aufhalten, haben daher Anspruch auf Wahlrechte. Dieser kann in zweierlei Weise eingelöst werden: durch automatische Einbürgerung nach einer bestimmten Aufenthaltsdauer[4] oder durch die
Abkoppelung des Wahlrechts von der formellen Staatsangehörigkeit. Aus
dieser Sicht sind Wahlrechte für AuslandsbürgerInnen jedenfalls nicht de-
mokratisch geboten. Sie könnten auch als illegitim gesehen werden, weil die
Beeinflussung der Gesetzgebung durch Personen, die diesen Gesetzen nicht

---

[4] Ruth Rubio-Marín (2001) befürwortet automatische Einbürgerung auch ohne
     Einverständnis der Betroffenen unter der Bedingung, dass eine frühere Staatsan-
     gehörigkeit beibehalten werden kann.

unterworfen sind, die Integrität der demokratischen Selbstbestimmung der Wohnbevölkerung gefährdet (López-Guerra 2005).

(4) Das alternative liberale Prinzip lautet „quod omnes tangit ab omnibus approbetur". („Was alle betrifft, soll von allen gebilligt werden.") Ian Shapiro hat argumentiert, dass dieser Grundsatz der „betroffenen Interessen" verlangt, Wahlberechtigung je nach der anstehenden Entscheidung zu variieren (Shapiro 2003: 222).[5] Diese Auffassung begründet auf jeden Fall ein AusländerInnenwahlrecht innerhalb des Staatsgebiets. Aber auch EmigrantInnen können sich in vielen Fällen darauf berufen, dass sie von politischen Entscheidungen in ihrem Herkunftsland betroffen sind. Ein Betroffenheitsprinzip kann sogar Wahlrechte für AusländerInnen im Ausland rechtfertigen, wenn die Entscheidungen einer Regierung die Interessen der Bevölkerung anderer Staaten in einschneidender Weise berühren. Eine offenkundige Schwierigkeit bei dieser Konzeption ist, dass die meisten Wahlen in repräsentativen Demokratien keine Plebiszite über bestimmte Gesetzesvorhaben sind, deren Reichweite unterschiedliche Personenkreise betrifft, sondern Entscheidungen darüber, wer innerhalb eines Gemeinwesens mit vorgegebenen Grenzen allgemeine Gesetzgebungskompetenz haben soll. Das Prinzip der betroffenen Interessen bietet daher keine Antwort auf die Frage, wie im Fall eines Konflikts die territorialen und personalen Außengrenzen des Demos bestimmt werden sollen.

Als Alternative schlage ich einen fünften Grundsatz vor, den ich als „Bürgerschaft für Stakeholder" bezeichne. Dieser kombiniert Einsichten der republikanischen und liberalen Sichtweisen. Von der ersteren übernimmt er die Idee der Staatsbürgerschaft als Status der gleichberechtigten Mitgliedschaft in einem selbstregierenden Gemeinwesen und die Auffassung, dass Wahlrechte im Allgemeinen an diesen Status geknüpft sein sollten. Von den letzteren leitet er ein Inklusionsprinzip ab, welches Stakeholdern einen subjektiven Anspruch auf Mitgliedschaft und politische Beteiligung einräumt. Stakeholding sollte jedoch im Gegensatz zu „betroffenen Interessen" weniger vage und überinklusiv interpretiert werden. Es lässt sich am besten als eine soziale Relation zu einem Gemeinwesen beschreiben, in der Individuen ein Interesse an Mitgliedschaft haben (und nicht nur an Beteiligung in konkreten Entscheidungen), weil ihre fundamentalen Rechte vom Schutz durch diese besondere Gemeinschaft abhängen und weil ihr individuelles Wohlergehen mit dem Gedeihen des Gemeinwesens strukturell verknüpft ist.

Dieses Prinzip verlangt die politische Inklusion von Einwanderern, könnte aber – im Gegensatz zur Ableitung von der bloßen territorialen Unterwerfung unter die Gesetze – für den Zugang zu Staatsbürgerschaft und Wahlrecht auch ein Kriterium der langfristigen Niederlassung begründen sowie das gängige Erfordernis, dass Einbürgerung beantragt werden muss

---

[5] wörtlich: „defining the demos decision by decision rather than people by people."

und nicht automatisch erfolgt. Es würde auch gestatten (allerdings nicht
zwingend erfordern), dass das Wahlrecht auf EmigrantInnen erstreckt wird.
Dabei müssten jedoch Personen ausgeschlossen bleiben, die niemals im Land
ihrer Staatsbürgerschaft gelebt haben. Ebenso wäre eine demokratische
Auffassung von Stakeholding unvereinbar mit einer neoliberalen Konzeption des Shareholding, nach der Staatsbürgerschaft und BürgerInnenrechte
jenen angeboten werden sollten, die bereit sind, dafür den besten Preis zu
zahlen oder am meisten in das jeweilige Gemeinwesen zu investieren, ohne
dass sie selbst dort einen Wohnsitz begründen.

Die Idee einer Stakeholder-Bürgerschaft lässt sich noch deutlicher von
den vier anderen Positionen unterscheiden, wenn wir sie innerhalb einer pluralistischen Konzeption politischer Gemeinwesen artikulieren. In der traditionellen republikanischen und in der ethnonationalistischen Auffassung
lassen die Loyalitätspflichten der BürgerInnen nicht zu, dass sie gleichzeitig
mehreren Staaten angehören. Auch die liberale Perspektive der territorialen
Inklusion neigt dazu, externe Bindungen an andere Staaten zu ignorieren.
Doch die heutigen Wanderungsbewegungen erzeugen in der Regel gerade
solche multiplen Bindungen. Diese können ihre rechtliche Anerkennung
durch Zulassung von Doppelstaatsbürgerschaften finden oder durch die
Kombination von WohnbürgerInnenrechten mit Rechten im Herkunftsland
aufgrund einer ausländischen Staatsbürgerschaft.

Ein erweitertes Prinzip der Stakeholdership kann nicht nur auf solche Phänomene überlappender Mitgliedschaften zwischen unabhängigen
Staaten angewendet werden, sondern auch innerhalb einer Mehrebenen-
konzeption politischer Gemeinwesen, in der kleinere Einheiten wie Ma-
trioschka-Puppen jeweils in größeren enthalten sind. Aus dieser Sicht sind
das klassisch-republikanische, das ethnonationalistische und das territori-
ale Inklusionsprinzip zu stark einem Modell souveräner Staaten verhaftet.
Eine revidierte republikanische Sicht könnte auch autonome Kommunen,
Provinzen und die suprastaatliche Europäische Union als selbstregieren-
de politische Gemeinwesen – mit jeweils eigenen Kriterien – für politische
Mitgliedschaft und Wahlrechte anerkennen. Natürlich müssen in einem solchen Mehrebenenmodell ineinander verschachtelter Gemeinwesen die politischen Kompetenzen und die Regeln für die Zuerkennung der Mitgliedschaft zwischen den einzelnen Einheiten aufeinander abgestimmt sein. Aber
daraus folgt nicht, dass Wahlrechte auf sub- und suprastaatlichen Ebenen
vom Wahlrecht auf staatlicher Ebene abgeleitet sein oder dessen Inklusions-
und Exklusionslogik übernehmen müssen. Dies scheint mir eine plausible
Interpretation der Unionsbürgerschaft, welche einerseits das Wahlrecht
zum Europäischen Parlament nur an den Aufenthalt in einem der Mitgliedsstaaten knüpft, andererseits – im Gegensatz zu demokratischen Bundes-
staaten – nicht das Recht auf Beteiligung an nationalen Wahlen in einem
anderen Mitgliedstaat beinhaltet. Wenn dieses Arrangement als angemessene Berücksichtigung der spezifisch suprastaatlichen Architektur der

Europäischen Union anerkannt wird, dann könnte man in analoger Weise auch für eine Eigenlogik der regionalen und kommunalen Bürgerschaft eintreten, welche das Wahlrecht in solchen Gemeinwesen ausschließlich an den Wohnsitz knüpft und damit von der Staatsangehörigkeit entkoppelt. Das wäre keineswegs eine Aufgabe des Mitgliedschaftskriteriums für die Ausübung des Wahlrechts, sondern ein Insistieren auf lokaler politischer Autonomie, die sich auch in eigenständigen Kriterien für die Zuerkennung der Bürgerschaft niederschlägt. Für lokale Bürgerschaft scheint Wohnbürgerschaft abgeleitet vom Prinzip der territorialen Inklusion das einzig angemessene Kriterium, während die Zuerkennung der Staatsbürgerschaft in einer Welt unabhängiger Staaten aufgrund der Geburt oder der freiwilligen Entscheidung für die Einbürgerung erfolgt.

DREI DEUTUNGEN

Wie HistorikerInnen bestätigen, ist zwischenstaatliche Migration keineswegs ein neuartiges Phänomen. In der Epoche vor dem Ersten Weltkrieg gab es pro Kopf der Weltbevölkerung wesentliche größere Migrationsströme als heute. Aber erst in unserem Zeitalter hat die Herausforderung durch Wanderungsbewegungen traditionelle Ideen über die Verknüpfung von Staatsbürgerschaft, Wohnsitz und Wahlrechten nachhaltig verändert. Das ist weniger eine Folge der Globalisierung, als der Durchsetzung neuer Normen für die Legitimität politischer Herrschaft im liberalen und demokratischen Rechtsstaat.

Das Phänomen erweiterter Wahlrechte jenseits der Grenzen von Territorium und Staatsangehörigkeit kann in unterschiedlichen Deutungsmustern verarbeitet werden. Eines dieser Muster wäre eine postmoderne Auffassung, welche darin ein Symptom der allgemeinen Auflösung staatlicher Grenzen, des Endes der Demokratie oder des Politischen schlechthin erblickt (Guéhenno 1994). Eine zweite, neoliberale Deutung stellt das westfälische Staatensystem mit seinen klaren Grenzen nicht grundlegend in Frage, sondern revidiert stattdessen die traditionelle Konzeption von Staatsbürgerschaft. Staaten werden als Klubs aufgefasst, die jeweils spezifische Bündel von Leistungen für ihre Mitglieder anbieten. Sie suchen sich also ihre BürgerInnen danach aus, wer am meisten zur Produktion der Klubgüter beitragen kann und umgekehrt suchen mobile WeltbürgerInnen sich Staaten danach aus, welcher unter ihnen das für sie attraktivste Bündel an Leistungen bietet (Straubhaar 2003). In einem solchen Modell könnten Staaten zunehmend flexible, überlappende und konkurrierende Jurisdiktionen bilden, die nicht mehr zwangsläufig territorial gebunden sind (Frey und Eichenberger 1999).

Der hier formulierte Ansatz beruht auf einer dritten Interpretation, welche die republikanische Auffassung der Staatsbürgerschaft nicht über Bord wirft, sondern für eine Welt mit zunehmend überlappenden oder ineinander verschachtelten politischen Grenzen adaptiert. Diese Deutung scheint mir nicht nur plausibler, wenn es darum geht, zu erklären, warum so viele Demokratien Wahlrechte für AuslandsbürgerInnen und WohnbürgerInnen eingeführt haben, sondern auch produktiver für die Entwicklung normativer Grundsätze, wie Staatsbürgerschaft und politische Beteiligung in unserer Welt verteilt werden *sollten.*

LITERATUR

Bauböck, Rainer (1992) *Immigration and the Boundaries of Citizenship.* Monographs in Ethnic Relations No. 4, Centre for Research in Ethnic Relations, University of Warwick, Coventry.

Bauböck, Rainer (2003) „Towards a Political Theory of Migrant Transnationalism." *International Migration Review* 37 (3): 700–723.

Bauböck, Rainer (2003) „Wessen Stimme zählt? Thesen über demokratische Beteiligung in der Einwanderungsgesellschaft." *Wiener Hefte – Migration und Integration in Theorie und Praxis,* No.1: 26–44.

Bauböck, Rainer (2005) „Expansive Citizenship – Voting beyond Territory and Membership", *PS (Politics and Society),* October 2005: 763–767.

Blais, André, Louis Massicote, and Antoine Yoshinka (2001) „Deciding who has the right to vote; a comparative analysis of elections laws." *Electoral Studies* 20: 41–62.

Calderón Chelius, Leticia (Hg.) (2003) *Votar en la Distancia. La extension de los derechos políticos a migrantes, experiencias comparadas.* México, D.F.: Instituto Mora.

Day, Stephen, and Jo Shaw (2002) „European Union Electoral Rights and the Political Participation of Migrants in Host Polities." *International Journal of Population Geography* 8: 183–199.

Earnest, David C. (2004) *Voting Rights for Resident Aliens: Nationalism, Postnationalism and Sovereignty in an Era of Mass Migration.* Ph.D. Dissertation at the Columbian College of Arts and Sciences, George Washington University, Washington, D.C.

Frey, Bruno S. und Eichenberger, Reiner (1999) *The new democratic federalism for Europe: functional, overlapping, and competing jurisdictions,* Edward Elgar, Cheltenham.

Guéhenno, Jean-Marie (1994) *Das Ende der Demokratie,* Artemis & Winkler, München.

Hammar, Tomas (1990) *Democracy and the Nation State: Aliens, Denizens and Citizens in a World of International Migration.* Aldershot: Avebury.

Hayduk, Ron (2005) *Democracy for All: Restoring Immigrant Voting in the United States.* New York: Routledge.

Iordachi, Constantin (2004) „Dual Citizenship and Policies toward Kin-Minorities in East-Central Europe: A Comparison between Hungary, Romania and the Republic of Moldova." *The Hungarian Status Law: Nation Building and/or Minority Protection.* Zoltán Kántor, Balázs Majtényi, Osamu Ieda, Balázs Vizi, Iván Halász, eds., 239–269, at: http://src-h.slav.hokudai.ac.jp/coe21/publish/no4_ses/contents.html, zuletzt aufgerufen am 21. Juni 2005.

Itzigsohn, José (2000) „Immigration and the Boundaries of Citizenship: The Institutions of Immigrants' Political Transnationalism." *International Migration Review* 36 (4): 1126–1154.

Kovács, Mária (2005) „The Politics of Dual Citizenship in Hungary." Paper presented at the conference on *Dual Citizenship: Rights and Security in an Age of Terror.* Munk Center for International Studies, University of Toronto. March 17–19, 2005.

López-Guerra, Claudio (2005) „Should Expatriates Vote?" *Journal of Political Philosophy* 13 (2): 216–234.

Marshall, Thomas H. (1965) *Class, Citizenship, and Social Development.* New York: Anchor Books.

Nohlen, Dieter and Florian Grötz (2000) „External Voting: Legal Framework and Overview of Electoral Legislation", *Boletín Mexicano de Dereche Comparado,* 33 (99): 115–145.

Raskin, Jamie (1993) „Legal Aliens, Local Citizens: The Historical, Constitutional and Theoretical Meanings of Alien Suffrage." *University of Pennsylvania Law Review* 141 (April): 1391–1470.

Rubio-Marín, Ruth (2000) *Immigration as a Democratic Challenge: Citizenship and Inclusion in Germany and the United States.* Cambridge, UK: Cambridge University Press.

Shapiro, Ian (2003) *The Moral Foundations of Politics.* New Haven: Yale University Press.

Straubhaar, Thomas (2003) „Wird die Staatsangehörigkeit zu einer Klubmitgliedschaft?", In: Dietrich Thränhardt, Uwe Hunger (Hg.), *Migration im Spannungsfeld von Globalisierung und Nationalstaat, Leviathan* Sonderheft 22/2003, Westdeutscher Verlag: 76–89.

Valchars, Gerd (2006) *Defizitäre Demokratie. Staatsbürgerschaft und Wahlrecht im Einwanderungsland Österreich,* Braumüller, Wien.

Waldrauch, Harald (2005) „Electoral Rights for Foreign Nationals: A Comparative Overview." Presented at the Workshop on *Citizens, Non-citizens and Voting Rights in Europe,* Edinburgh, June 2005, available at: www.euro.centre.org/EdinburghPaperWaldrauch.pdf, zuletzt aufgerufen am 21. Juni 2005.

Der Integrationsbegriff:
missverständlich und allgegenwärtig – eine Erläuterung

Heinz Fassmann

1. Vorbemerkung

Im wissenschaftlichen und im alltäglichen Sprachgebrauch finden sich immer wieder Begriffe, die aufgrund ihrer Unschärfe den „Nimbus uneingeschränkter Gültigkeit und allumfassenden Erklärungspotenzials" für sich in Anspruch nehmen können (vgl. Richter 2005). Innovation, Modernität oder auch Integration zählen dazu. Diese Begriffe und die damit verknüpften Konzepte sind inhaltlich dehnbar und anpassungsfähig und im gängigen Sprachgebrauch bis zur Unkenntlichkeit verwaschen. Jeder spricht beispielsweise von Integration und jeder meint etwas anderes damit. Darin liegt vielleicht aber auch der besondere politische Reiz, denn rasch verständigen sich Opinionleader und politische Entscheidungsträger auf die Notwendigkeit der Integration von Zuwanderern, ohne genau sagen zu müssen, was sie eigentlich wollen.

2. Integration und das Missverständnis

Integration wird häufig mit einem spezifischen Integrationskonzept gleichgesetzt oder es wird so getan, als ob der Inhalt von Integration präzise definierbar sei. Beides ist jedoch verkürzt und damit in einem gewissen Sinn auch unrichtig. Integration ist nämlich ein Dachbegriff für unterschiedliche analytische und normative Eingliederungskonzepte und kann daher sehr Unterschiedliches bedeuten. Integration kann für eine perfekte Anpassung genauso stehen wie für eine lose Eingliederung von gesellschaftlichen Gruppen. Integration ist klarerweise auch nicht auf die Eingliederung von Zuwanderern beschränkt, sondern gilt generell für alle Personen und Personengruppen in einer Gesellschaft. Integration ist schließlich nicht auf die sozialwissenschaftliche Forschung beschränkt, sondern tritt in sehr unterschiedlichen, inhaltlichen, disziplinären Kontexten auf (die Europäische Integration, die Integration von Behinderten im Regelunterricht, Integration als eine Methode zur Flächenberechnung, die Integration neuer Hardwarekomponenten und anderes mehr).

Mit gutem Grund kann und muss man daher in der sozialwissenschaftlichen Diskussion den präzisen Gebrauch dieses Begriffs einfordern. Intensiver als es bisher geschah, sollte darüber reflektiert werden, was damit gemeint ist, um die impliziten Mehrdeutigkeiten zu vermeiden. Eine sinnvolle Übung ist in diesem Zusammenhang die sprachliche Rückführung des Begriffes auf seine etymologische Bedeutung.

Integration stammt aus dem Lateinischen und bedeutet soviel wie Herstellung oder Bildung des Ganzen, Vervollständigung, Eingliederung in ein größeres Ganzes oder auch der Zustand, in dem sich etwas befindet, nachdem es integriert worden ist. Integration ist im Gegensatz zur Desintegration zu denken, als ein Zustand und ein Prozess der Spaltung und Auflösung eines Ganzen. Über den Modus und auch über das Ausmaß an Eingliederung und Einbindung sagt der Begriff zunächst nichts aus. Das wird nachträglich – implizit und leider auch unscharf – hineininterpretiert.

„Unter Integration wird – ganz allgemein – der Zusammenhalt von Teilen in einem systemischen Ganzen verstanden, gleichgültig zunächst, worauf dieser Zusammenhalt beruht." (Esser 2001, S. 1) Das „systemische Ganze" bildet sich aus einzelnen Einheiten (Personen, Personengruppen) und ist vom Ausmaß der wechselseitigen Relation abhängig. „Die Integration eines Systems ist somit über die Existenz von bestimmten Relationen der wechselseitigen Abhängigkeit zwischen den Einheiten und der Abgrenzung zur jeweiligen Umwelt definiert, durch ihre Interdependenz." (Esser 2001, S. 1) Weil diese wechselseitigen Relationen, gegenseitigen Abhängigkeiten und Interaktionen von Einheiten (Personen, Personengruppen) unterschiedlich stark ausgeprägt sein können, ergibt sich zwangsläufig eine Abstufung und Differenzierung von Integration. Das systemische Ganze kann perfekt integriert sein, wenn das Ausmaß an wechselseitigen Relationen sowohl sehr hoch als auch zufallsverteilt ist und alle Einheiten des Systems erfasst und es ist schwächer integriert, wenn die wechselseitigen Relationen nur mäßig ausgeprägt sind, oder nur bestimmte Einheiten des größeren Ganzen erfassen.

Im Klartext und als Beispiel: Wenn bestimmte soziale Gruppen in einer Gesellschaft, die Reichen oder die Armen, die KatholikInnen oder die ProtestantInnen, die Zuwanderer oder die vermeintlich Einheimischen, nur Relationen – im Sinne von Beziehungen, Verbindungen oder Verhältnissen – untereinander aufrecht erhalten, dann ist zwar die Gruppe der KatholikInnen, der Reichen oder der Zuwanderer gut „integriert", ein systemisches Ganzes ist aber nicht gegeben. Im Gegenteil: Wenn nur die KatholikInnen miteinander interagieren und sämtliche Relationen zu den ProtestantInnen kappen, dann gliedert sich das systemische Ganze in zumindest zwei Teilsysteme. Wenn das perfekt geschieht und das Ausmaß an Relation so gering ist, dass die Teilsysteme als unabhängig zu betrachten sind, dann ist der Integrationsbegriff obsolet.

Eine weitere Klarstellung erscheint auch sinnvoll: Integration – im Sinne der Herstellung oder Bildung des Ganzen – kann von zwei unterschiedlichen Ebenen aus betrachtet werden. Auf der Ebene der Gesellschaft kann analysiert und beurteilt werden, in welchem Ausmaß Personen oder Personengruppen in das institutionelle Grundgefüge eingebunden sind. Diese Perspektive von oben auf den Arbeits- und Wohnungsmarkt sowie auf die Partizipation im politischen System kann als Systemintegration bezeichnet werden, während die Perspektive von unten bei der individuellen Eingliederung in gesamtgesellschaftliche Bezüge als Sozialintegration benannt werden kann. „Die Systemintegration ist damit, ganz allgemein gesagt, dann jene Form des Zusammenhalts der Teile eines sozialen Systems, die sich unabhängig von den speziellen Motiven und Beziehungen der individuellen Akteure und oft genug sogar auch gegen ihre Absichten und Interessen, sozusagen anonym und hinter ihrem Rücken, ergibt und durchsetzt, während die soziale Integration unmittelbar mit den Motiven, Orientierungen, Absichten und – insbesondere – den Beziehungen der Akteure zu tun hat.“[1]

Das bisher Gesagte hat noch nichts mit Zuwanderung zu tun, sondern ist allgemein aufzufassen. System- und Sozialintegration gilt eben auch für KatholikInnen und ProtestantInnen sowie für die schon einmal zitierten Reichen und Armen einer Gesellschaft. Spezifisch für die Zuwanderung ist die doppelte Perspektive, denn Zuwanderer sind aufgrund der Verlagerung ihres Wohnsitzes immer Teil einer aufnehmenden Gesellschaft, aber auch, noch oder noch immer auch der Herkunftsgesellschaft. Beim Wanderungsprozess sind also nicht nur die Wandernden selbst, sondern immer zwei Gesellschaften betroffen: „The migrant is a vehicle of change encapsulating the experience of two societies.“[2]

Die Herkunftsgesellschaft muss räumlich nicht unbedingt im Herkunftsgebiet lokalisiert sein, sondern kann sich auch als eine Ethnic Community im Zielland konstituieren. Zuwanderer unterhalten auf alle Fälle und für einen bestimmten Zeitraum immer Relationen zu zwei unterschiedlichen Referenzgruppen: zur Herkunfts- und zur Zielgesellschaft. Bei Zuwanderung geht es daher nicht mehr nur um die Relation von Personen zu einer Gesellschaft als dem systemischen Ganzen, sondern um die Beziehung zu zwei unterschiedlichen gesellschaftlichen Subeinheiten. Das Ausmaß an Relationen zu der einen Referenzgruppe und zur anderen kann systematisiert werden.

Werden die Relationen vereinfacht betrachtet und dichotomisiert in „gegeben“ und „nicht gegeben“, was selbstverständlich eine starke Vereinfachung darstellt, dann gelangt man zu einer Vierfeldertafel. Sie stellt dar, ob die Relationen der Zuwanderer mit dem Herkunftskontext bzw. mit dem Aufnahmekontext „gegeben“ oder „nicht gegeben“ sind. Aus dieser Vierfeldertafel ergeben sich vier unterschiedliche Möglichkeiten, die gleichzeitig unterschiedliche Konzepte von Integration kennzeichnen.

---

[1] Esser, Hartmut (2001): Integration und ethnische Schichtung. Arbeitspapiere des Mannheimer Zentrum für Europäische Sozialforschung 40. Mannheim, S. 3.
[2] Jackson 1986, S. 48, zitiert in Treibel, Anette (1990): Migration in modernen Gesellschaften. Soziale Folgen von Einwanderung und Gastarbeit. Weinheim, München: Juventa, S. 32.

Tabelle 1: Typen der Sozialintegration

| | | Sozialintegration in die Aufnahmegesellschaft | |
		ja	nein
Sozialintegration in die Herkunftsgesellschaft/ ethnische Gemeinde	ja	Mehrfachintegration (multiple Integration, „Multikultur", „salad bowl")	Segmentation (Spaltung, Parallelgesellschaft)
	nein	Assimilation („melting pot")	Marginalität (Randständigkeit, Desintegration)

Quelle: verändert nach Esser (2001), S. 19.

Die vier analytischen Integrationskonzepte sind:

1. Die Marginalität ergibt sich aus der nicht vorhandenen Sozialintegration von Zuwanderern in die Aufnahmegesellschaft, aber auch aus der nicht vorhandenen Relation zur Herkunftsgesellschaft. Die Relationen, sowohl zum Herkunfts- als auch Aufnahmekontext, sind gekappt. Die alte Heimat ist – um dies bildhaft auszudrücken – verlassen und eine neue gibt es noch nicht. Der Zuwanderer bleibt der „marginal man" am Rande der Gesellschaft, entwurzelt, keiner Gruppe zugehörig, desorientiert und entfremdet.

2. Segmentation definiert sich durch Sozialintegration in den Herkunftskontext auf der einen Seite und durch eine nicht oder noch nicht erfolgte Sozialintegration in die Aufnahmegesellschaft auf der anderen Seite. Die Gesellschaft zerteilt sich in unterschiedliche Subgruppen, deren Relationen zueinander minimal sind. Die Zugewanderten leben nicht am Rande der Gesellschaft und sind auch nicht marginalisiert, ihre „Welt" ist die der Ethnic Community. Sie sind damit im Unterschied zur Randständigkeit auch nicht entwurzelt, desorientiert und entfremdet, sondern – ganz im Gegenteil – sehr stark verwurzelt und mit einer klaren Orientierung ausgestattet, aber eben nur auf den Herkunftskontext konzentriert.

3. Mehrfachintegration ergibt sich durch eine erfolgte Sozialintegration in die Aufnahmegesellschaft und gleichzeitig eine weiterhin funktionierende Sozialintegration in die Herkunftsgesellschaft. Manifestationen der Mehrfachintegration sind die Mehrsprachigkeit, die Mischung der sozialen Bezugssysteme und eine multiple Identität. Mehrfachintegration bedeutet nicht Desorientierung oder einseitige Orientierung, sondern eine mehrfache Orientierung, die wie ein Lichtschalter in Abhängigkeit vom sozialen Kontext aktivierbar ist.

4. Assimilation schließlich setzt die Kappung der Verbindung zum Herkunftskontext auf der einen Seite voraus und die Sozialintegration in die Aufnahmegesellschaft auf der anderen Seite. Aus den Zuwanderern sind „Einheimische" geworden, die mitgebrachte ethnische Strukturierung ist bedeutungslos geworden. „Diese Anpassung kann zwar langwierig sein, führt dann aber zum Verschwinden ethnischer Minderheiten als solchen. Die ethnische Dimension löst sich auf, die Einwanderer assimilieren sich, werden (in der Parkschen Perspektive) Amerikaner. ... Sie passen sich nicht nur an, sondern sie gleichen sich an."[3] Dabei ist die Frage nebensächlich, ob die Zuwanderer diesen Aufnahmekontext verändert haben, oder ob sie die ausschließliche Anpassung vornehmen mussten. Assimilation ist mit einer Form der interaktiven Sozialintegration, wo sich Aufnahme- und Zuwanderungskontext gegenseitig beeinflussen, durchaus vereinbar.

3. HANDLUNGSEBENEN UND DIMENSIONEN DER SOZIALINTEGRATION

In der dargestellten Vierfeldertafel wurden die Relationen der Zuwanderer mit der Herkunfts- und Zielgesellschaft in Summe betrachtet und nicht weiter unterschieden, in welchen Bereichen und auf welchen Ebenen sich diese Relationen vollziehen. Es geht zwar bei der Sozialintegration immer um die individuelle Perspektive des Herstellens oder Behaltens von Relationen, welche Bereiche und welche Handlungsebenen damit aber angesprochen sind, bedarf einer Erläuterung.

Die Sozialintegration und damit die Beziehung des Individuums zur Referenzgruppe – sei es die Aufnahmegesellschaft, die Herkunftsgesellschaft oder die Ethnic Community – kann sich auf drei unterschiedlichen Handlungsebenen abspielen und manifestieren. Diese Ebenen stehen inhaltlich in einem kausalen und wechselseitigen Verhältnis zueinander, wobei aber unklar ist, ob das eine Voraussetzung des anderen ist oder umgekehrt. Auf diesen drei Ebenen werden die klassischen Dimensionen der Assimilation verortet: die kognitive Assimilation (Wissen und Kenntnisse, insbesondere Sprachkompetenz), die strukturelle Assimilation (berufliche Platzierung, Wohnversorgung), die soziale Assimilation (innerethnische und interethnische Kontakte) sowie die identifikative Assimilation (emotionale Zugehörigkeit).[4] Die drei Handlungsebenen sind im Detail:

---

[3]   Treibel (1990), S. 61.
[4]   vgl.: Esser, Hartmut (1980): Aspekte der Wanderungssoziologie. Assimilation und Integration von Wanderern, ethnischen Gruppen und Minderheiten. Eine handlungstheoretische Analyse. Darmstadt: Neuwied.

1. Individuum und gesellschaftliche Institutionen (in Kurzform „I2Inst"[5]):
   Zugewanderte Personen müssen sich mit gesellschaftlichen Institutionen wie dem Wohnungs- oder dem Arbeitsmarkt, aber auch mit dem
   Staat insgesamt auseinandersetzen und dort eine „Relation" herstellen. Märkte sind dabei als die institutionellen Orte der Gesellschaft zu
   verstehen, auf denen Wohnraum, Einkommen und gesellschaftlicher
   Status verteilt werden. Zuwanderer bieten ihre Arbeitskraft an und erhalten dafür Einkommen, Berufsprestige und sozialen Status oder sie
   mieten oder kaufen Wohnraum und erhalten damit Zugang zu einem
   spezifischen sozialen Raum. Oder Zuwanderer bieten den staatlichen
   Institutionen ihre Verbundenheit und Loyalität an – auch eine Form
   von Relation – und erhalten dafür bestimmte Rechte (Staatsbürgerschaft, politische Partizipationsmöglichkeiten). Insgesamt wird über
   die Relation zwischen dem Individuum und den gesellschaftlichen Institutionen so etwas wie eine strukturelle Dimension der Sozialintegration festgelegt.
2. Individuum und soziales Verhalten: Zugewanderte Personen verhalten sich in der Gesellschaft und interagieren mit anderen Personen der
   Herkunfts- oder der Zielgesellschaft auf vielfältige Art und Weise. Sie
   unterhalten Kontakte, sie streiten mit anderen oder leben konsensual
   miteinander, sie bauen Netzwerke auf, gehen Freundschaften ein und
   schließen vielleicht eine Ehe (endogamische oder exogamische Heirat).
   Die Relationen beziehen sich auf der Ebene von Individuen zu Individuen (abgekürzt: „I2I"). Sie können hauptsächlich intraethnisch gestaltet sein oder auch interethnisch, also aus der eigenen Gruppe heraus.
   Auf alle Fälle wird damit eine soziale Dimension von Sozialintegration
   festgelegt.
3. Individuum und Kognition: Die dritte Ebene der Sozialintegration betrifft nicht die Relation des Individuums mit Institutionen und nicht mit
   anderen Individuen, sondern mit „sich selbst". Zuwanderer setzen sich
   mit der Außenwelt auseinander, sammeln darüber Erkenntnisse und
   reagieren durch den eigenen Verstand. Sie lernen Sprache, Verhaltenssicherheit, Regelkompetenz für die nichtverbale Kommunikation, sie eignen sich Werte und Normen an, und sie entwickeln neue Identifikationen. Diese kognitive und identifikative Dimension von Sozialintegration
   ist das Ergebnis vielfältiger Lernprozesse, die in der Literatur auch mit
   anderen Begriffen belegt werden, die aber im Prinzip das Gleiche meinen: Kulturation, Adaption, Akkulturation, Resozialisation oder auch
   zweite Sozialisation beschreiben diese Lernprozesse, die der Zuwanderer, aber auch jede heranwachsende Person, durchzumachen hat.

---

[5]   „2" steht für „to", diese Ebene umfasst die Beziehung Individuum mit („to")
      Institutionen.

Tabelle 2: Dimensionen und Ebenen der Sozialintegration

	Ebenen		
	intrapersonell (I)	interpersonell (I2I)	Person-Institution (I2Inst)
Dimension von Sozialintegration	kognitiv und identifikativ	sozial	strukturell
Dominante Vermittlungs-form	Kulturation und Identifikation	Interaktion	Platzierung
Messbare Variablen	Sprache, Fertigkeiten, Werte- und Normen-kenntnisse, Identifikation	Innerethnische und interethnische Kontakte, Netzwerke, Heiratsbeziehung	Einkommen, Berufsprestige, Wohnraum, Wohnort, Status, Staats-bürgerschaft

Quelle: eigener Entwurf

Wie schon erwähnt, sind die einzelnen Dimensionen und Handlungsebenen der Sozialintegration nicht voneinander unabhängig, sondern beeinflussen sich gegenseitig. So sind die Sprachbeherrschung, die Kenntnis von
Werten und Normen und die Verhaltenssicherheit im gesellschaftlichen
Leben eine Voraussetzung für die soziale und strukturelle Dimension der
Sozialintegration. Wer die dominante Verkehrssprache einer Gesellschaft
nicht beherrscht, der oder die wird Schwierigkeiten haben, sich auf dem Arbeitsmarkt zu platzieren oder ein Netzwerk aufzubauen, welches über die
eigene ethnische Gemeinschaft hinausreicht. Umgekehrt vermitteln die gesellschaftlichen Institutionen eine spezifische kulturelle Orientierung (z. B.:
Arbeitsethos, Nachbarschaftsverhalten, Verhältnis zum Rechtssystem), welche auf der intrapersonellen Ebene spezifische Lernprozesse erfordert (Kulturation). Der Markt und die institutionellen Regeln „von oben" lehren, vermitteln Werte und Normen und verlangen ihrerseits die Beherrschung und
Einhaltung derselben.

4. SOZIALINTEGRATION ALS PROZESS

Sozialintegration ist ein Zustand und ein komplexer Vorgang zugleich. Er
kann nicht von heute auf morgen abgeschlossen sein, sondern erfordert Zeit,
und die Erläuterung des Integrationsbegriffes ist daher zu erweitern und die
Zeitdimension zu berücksichtigen.

Die klassische Denkfigur in diesem Zusammenhang ist jene der Sozialökologie. Andere bekannte Stufenmodelle stammen von Alain Richardson
(1957) mit einer Abfolge von Isolation, Akkomodation und Identifikation,
oder von Samuel Eisenstadt (1954) mit dem Wechsel von Desozialisierung
und Resozialisierung bis hin zur Absorption, oder das bekannte Modell
von Milton Gordon (1964) über zumindest fünf Stadien der Assimilation
(Wandel kultureller Verhaltensmuster, Aufnahme von Primärbeziehungen,
interethnische Heiratsbeziehungen, Identifikation mit der Aufnahmegesellschaft, Fehlen von Vorurteilen, Diskriminierung und Wertkonflikten).[6]

Alle Modelle der zeitlichen Entwicklung von Sozialintegration – so auch
das Modell der Chicagoer Schule – beschreiben, wie Zuwanderer sich mit
dem Aufnahmekontext auseinandersetzen und sich schrittweise anpassen.
Veränderungen der Aufnahmegesellschaft selbst, die in einem interaktiven
Prozess auch stattfinden, bleiben leider ausgespart.

Die Chicagoer Schule nannte ihr Modell „Race-Relation Cycle" und pos-
tulierte vier typische, aber hinsichtlich der zeitlichen Dauer nicht näher defi-
nierte Phasen der Aufnahme und Eingliederung zugewanderter Personen.

1. Zuwanderung und Kontakt: In der ersten Phase erfolgt die Zuwanderung und es beginnt eine distanzierte Kontaktaufnahme. Die Zuwanderer leben extrem konzentriert in „ihren" Ethnic Communities. Diese
   garantieren „soziale Stallwärme", Geborgenheit, aber auch moralische
   Kontrolle, und sie schaffen einen neuen Raum der sozialen Ordnung.
   Die ethnischen Gemeinschaften offerieren darüber hinaus Wohnraum, Arbeit, Informationen und ein Stück Heimat in der Fremde.
   Little Italy, Chinatown oder Kreuzberg sind typische Erscheinungen
   dieser frühen Phase der Zuwanderung.

2. Wettbewerb und Konflikt um Ressourcen: Nach und nach treten die
   Zuwanderer aus den ethnischen Vierteln heraus und nehmen „Kontakt" mit der Mehrheitsgesellschaft auf. In der zweiten Phase setzt
   diese Kontaktphase ein, die im Wesentlichen über die Arbeits- und
   Wohnungsmärkte erfolgt. Den Konkurrenzkampf um knappe Ar-
   beitsplätze, aber auch um günstigen Wohnraum, bestehen Zuwanderer
   nur dann, wenn sie die Sprache der Mehrheitsgesellschaft beherrschen
   und die kulturelle Symbolik richtig deuten können. Der Wohnstand-
   ort bleibt jedoch noch immer das ethnische Viertel, die ethnische Segregation ist unverändert hoch, aber Kulturation setzt in der folgenden
   Phase ein.

3. Anpassung an die Mehrheitsgesellschaft: In der dritten Phase des
   „Race-Relation Cycle" beginnt nun der eigentliche Lernprozess (Kulturation). Der Wettbewerb verlangt die Anpassung an die Gesellschaft
   des Aufnahmekontexts und ihrer Institutionen. Die Zuwanderer erler-

---

[6]   vgl.: Treibel (1990).

nen die Sprache und die Verhaltensweisen der Mehrheitsgesellschaft, sie beginnen sich zu akkomodieren, zu kulturalisieren, sich anzupassen. Die angepassten und deshalb auch „erfolgreichen" Angehörigen der ethnischen Minderheit erlangen höheren Status, erleben soziale Aufwärtsmobilität und verlassen ihre ethnischen Viertel.

4. Auflösung von Ethnizität als gesellschaftliches Strukturierungsprinzip: Am Ende des „Race-Relation Cycle" kann die perfekte Anpassung (im Sinne von Assimilation) stehen. Wenn das der Fall ist, dann haben die MigrantInnen die kulturelle Ordnung der Aufnahmegesellschaft, vielleicht auch eine durch sie veränderte Ordnung, perfekt übernommen. Aus den Zugewanderten wurden „Einheimische" und damit verliert die Ethnizität als ein gesellschaftliches Strukturelement an Bedeutung. Mit der Assimilation lösen sich die ethnischen Viertel auf, denn sie sind bedeutungslos geworden. Alle Angehörigen der ethnischen Minderheit wohnen dort, wo es ihren ökonomischen Möglichkeiten entspricht. ArbeiterInnen leben in den ArbeiterInnenvierteln und Reiche in den Wohngebieten der Oberschicht – egal ob sie einen Migrationshintergrund haben oder nicht.

Der „Race-Relation Cycle" beansprucht, die empirische Realität modellhaft zu beschreiben. Die lineare Abfolge der einzelnen Phasen impliziert dabei eine Regelhaftigkeit, die in der postulierten Form aber nicht oder nicht immer auftritt. Der Anpassungsprozess bleibt möglicherweise „stecken" oder Zuwanderer verweigern sich, sind nicht bereit oder werden auch aufgrund von Benachteiligungen davon abgehalten, eine Anpassung erfolgreich zu absolvieren. Neben einer Phase 3 ist daher auch eine Phase 3a vorzusehen, welche jene Integrationsbiografien berücksichtigt, die erfolglos bleiben und nicht zur Assimilation, sondern zur Randständigkeit führen.

Auch ist die empirische Beobachtung zu berücksichtigen, dass auch perfekt angepasste Zuwanderer, die erfolgreich den „Race-Relation Cycle" absolviert haben, ihre Sozialintegration mit der Herkunftsgesellschaft bzw. mit der ethnischen Gemeinschaft im Zielland aufrechterhalten. Eine Phase 4a, eine Beibehaltung der Sozialintegration mit der Herkunftsgesellschaft, manchmal auch eine ethnische Rückbesinnung, ist zu beobachten und muss modellhaft berücksichtigt werden, denn soziale Rollen und Identitäten sind nicht ausschließlich und nicht exklusiv. Individuen können je nach Kontext einmal diese und einmal jene soziale Rolle und Identität annehmen, ein in die Aufnahmegesellschaft sozialintegrierter Zuwanderer kann gleichzeitig auch im Herkunftskontext verankert bleiben.

Der „Race-Relation Cycle" stellt einen interessanten und modellhaften Ansatz dar, um die Phasen der Sozialintegration zu erfassen, aber er muss erweitert werden. Die strikte sequentielle Linearität eines voranschreitenden Assimilationsprozesses, der keine Verzweigungen und Rückschritte kennt, erscheint nicht mehr den ausdifferenzierten und pluralistischen Eingliede-

rungsbiografien gerecht zu werden. Auch ist die Vorstellung, dass eine Sozialintegration im Zuge des „Race-Relation Cycle" abgeschlossen ist, nicht
zutreffend, denn Veränderungs- und Anpassungsprozesse vollziehen sich
immer wieder und sind niemals abgeschlossen. Dennoch bleibt dem „Race-
Relation Cycle" das Verdienst, die Zeitdimension in einen Integrationsprozess eingeführt zu haben, entsprechend zu berücksichtigen, denn Sozialintegration ist eben immer auch ein Prozess.

Tabelle 3: Phasen der Sozialintegration

Race-Relation Cycle			Verzweigungen		
Phase	Inhaltliche Beschreibung	Typus der Sozialintegration			
1	Zuwanderung und Kontakt-aufnahme	Segmentation			
2	Wettbewerb und Konflikt	Segmentation			
3	Anpassung an die Mehrheits-gesellschaft	abnehmende Segmentation	3a	Verweigerung von Anpassung oder erfolglose Anpassung	Segmentation Randständig-keit
4	Auflösung von Ethnizität	Assimilation	4a	Beibehaltung von Ethnizität/ ethnic revival	Mehrfach-integration

Quelle: eigene Zusammenstellung

5. DAS ANALYTISCHE UND DAS NORMATIVE

Die bisherigen Erläuterungen des Integrationsbegriffs und des damit verbundenen Konzepts enthalten keine Wertung, was gut oder schlecht ist.
Das Normative ist säuberlich vom analytischen Erkenntnisprozess getrennt.
In der Diskussion über den Integrationsbegriff wird jedoch für jede(n)
aufmerksame(n) BeobachterIn unübersehbar mit normativen Aussagen
operiert. Assimilation ist gut und die Mehrfachintegration schlecht – oder
genau umgekehrt, dies wird offen oder durch wissenschaftliche Phrasierung
verdeckt immer wieder behauptet.

Dieses Muster ist nicht neu. Auch schon die Vertreter der Sozialökologie
haben den „Race-Relation Cycle" nicht nur als eine analytische Denkfigur
verstanden, sondern auch als normatives Konzept. Die Erfahrungen wäh-

rend des Ersten Weltkrieges, als es darum ging, die Zuwanderer aus Europa und deren Nachfahren nach Europa zu schicken, mit dem Auftrag, gegen die Angehörigen der gleichen ethnischen Gruppe zu kämpfen, waren dabei entscheidend. Sie führten zu einer Abkehr von der liberalen und multikulturellen Einstellung den Zuwanderern gegenüber und zu einem Amerikanisierungsprozess. Die Assimilation der Zuwanderer und ihrer Nachkommen wurde zum eindeutigen Ziel des gesellschaftspolitischen Denkens und Handelns.

Im Unterschied dazu sind gegenwärtig die gesellschaftspolitischen Ziele der Migrations- und Integrationspolitik in Österreich, aber auch in Deutschland und anderen europäischen Staaten, unklar und vieldeutig. Das hängt auch damit zusammen, dass die Zuwanderung über unterschiedliche rechtliche Kanäle erfolgt, die jeweils durch unterschiedliche Logiken gesteuert werden (Flüchtlinge, ArbeitsmigrantInnen, Familienzusammenführung). Explizite Ziele einer Integration sind aber unabdingbar, um die Brauchbarkeit von Integrationskonzepten bewerten zu können. Ohne Ziele – und damit ohne Referenzmaßstab – bleibt nämlich die Bewertung dem(r) jeweiligen BetrachterIn und seinem/ihrem persönlichen Weltbild weitgehend frei überlassen. Und das ist nicht unproblematisch, insbesondere dann, wenn die Bewertung zu einer allgemeinen Aussage mit wissenschaftlichem Anstrich hochstilisiert wird.

Wenn dennoch etwas über die Wertigkeit der unterschiedlichen Integrationskonzepte ausgesagt wird, dann erfolgt dies vor dem Hintergrund von zwei grundsätzlichen Zielperspektiven. Auf der Ebene der Systemintegration und damit auf der gesamtgesellschaftlichen Ebene kann als das wichtigste Ziel das Herstellen von sozialer Kohäsion betrachtet werden. Es sind auch andere Ziele einer Integrationspolitik denkbar wie die Maximierung der kulturellen Autonomie der Zuwanderer oder die Minimierung der Eingliederung, um Zuwanderung auch wieder rasch zu exportieren, aber das Ziel der sozialen Kohäsion, die in weiterer Folge für ein gewisses Ausmaß an sozialem Frieden sorgt, ist sicherlich konsensfähig.

Auf der individuellen Ebene der Sozialintegration könnte die strukturelle Dimension als Gradmesser herangezogen werden. Kann eine integrative Politik dafür sorgen, dass Einkommen, Berufsprestige und Status, Wohnraum und Wohnort sowie politische Partizipation „leistungsgerecht" und ohne Diskriminierung verteilt werden? Die Tatsache, welche Platzierung auf dem Wohnungs- und Arbeitsmarkt sowie im politischen System erfolgt, soll im Sinne dieser Zielperspektive nicht von der Zuwanderungsbiografie abhängig sein, sondern vom humanen und sozialen Kapital. Das Ziel lautet Chancengleichheit.

Die anderen Dimensionen der Sozialintegration (soziale, kognitive und identifikative Dimension) werden nicht zum Ziel erklärt, denn es wäre mit einer pluralistischen Gesellschaftskonzeption auch nicht vereinbar, zwingend vorzuschreiben, welche Sozialkontakte Zuwanderer haben dürfen.

Aber es ist abermals notwendig, darauf hinzuweisen, dass zwischen den einzelnen Dimensionen der Sozialintegration positive Korrelationen existieren. Die strukturelle Integration ist von der Beherrschung der Verkehrssprache ebenso abhängig wie vom „richtigen" Netzwerk und der sozialen Verhaltenssicherheit.

Tabelle 4: Integrationsziele und Integrationstypen

		Chancengleichheit	
		möglich	definitorisch ausgeschlossen
Soziale Kohäsion	möglich	Assimilation	—
	erschwert	Mehrfachintegration	Segmentation, Marginalität

Quelle: eigene Zusammenstellung

Die vier Integrationstypen verorten sich in einer Matrix, die von den beiden vom Autor festgelegten Integrationszielen aufgespannt werden, sehr unterschiedlich: Segmentation und Marginalität von Zuwanderern fördern sicherlich nicht die soziale Kohäsion. Zuwanderer, die am Rand der Gesellschaft stehen, sind genau das Gegenteil von dem, was soziale Kohäsion anstrebt. Segmentation und Marginalität sorgen auch dafür, dass Zuwanderer nicht zu den zentralen gesellschaftlichen Institutionen vordringen. Der Arbeitsmarkt ist für sie nur randlich geöffnet, auf dem Wohnungsmarkt werden sie schlecht „bedient" und von der politischen Partizipation bleiben Zuwanderer ausgeschlossen. Strukturelle Chancengleichheit ist bei segmentierten und marginalisierten Zuwanderern nicht gegeben. Dass Segmentation und Marginalität von der Mehrheit der politischen Öffentlichkeit als wenig anstrebenswert erscheinen, darf als gegeben angenommen werden.

Diametral gegenüberzustellen ist der Typus Assimilation. Assimilation schafft eine Gesellschaft, die starke Bindungskräfte enthält, denn sie gliedert sich nicht in ethnische Teilgesellschaften. Soziale Kohäsion wird damit erleichtert, nicht garantiert, denn soziale Unterschiede bleiben weiterhin existent, aber eben keine, die sich an der Kategorie „Ethnizität" festmachen lassen. Damit im Zusammenhang steht auch die strukturelle Sozialintegration, denn auf den Wohnungs- und Arbeitsmärkten und im politischen Bereich werden die assimilierten Zuwanderer genauso behandelt wie „Einheimische" und sie agieren genauso. Aus den Zuwanderern von gestern wurden durch Assimilation eben die „Einheimischen" von heute. Die ethnische Kategorie ist damit weggefallen. Zugegeben: der Wegfall der kulturellen und sprachlichen Kompetenz als Ressource erscheint nachteilig, aber – um das zu berücksichtigen – müssten andere Ziele einer Integrationspolitik formuliert werden, die auch andere Konsequenzen mit sich bringen.

Gegen das sozialökologische Assimilationskonzept haben viele opponiert. Das aus der Ökologie entlehnte Vokabular und die Akzeptanz der damit verbundenen Bilder und Vorgänge aus der Pflanzen- und Tierwelt passen nicht mehr in eine sozialwissenschaftliche Gesellschaftsanalyse. Die Idee der Mehrfachintegration erscheint daher als ein optimistischer Rettungsanker. Das kulturelle und sprachliche Potenzial der Zugewanderten wird nicht ausgelöscht und Zuwanderer unterhalten weiterhin ihre Relationen zum Herkunftskontext. Die Bewertung aufgrund der gewählten Ziele fällt jedoch differenziert aus.

Mehrfachintegration sichert die Chancengleichheit der ehemals Zugewanderten, denn sie haben alle kulturellen und sprachlichen Kompetenzen der Aufnahmegesellschaft erworben.[7] Die soziale Kohäsion wird durch Mehrfachintegration aber nicht gefördert. Wenn in einer Gesellschaft unterschiedliche Wert- und Normenvorstellungen herrschen, auch ausgedrückt in differenten Rechtsauffassungen, wenn jede Zuwanderungsgruppe ein eigenes kulturelles und soziales Institutionengerüst aufbaut und schließlich auch unterschiedliche kollektive Identitäten entwickelt, dann wird der gemeinsame soziale Zusammenhalt dünner. Bei aller Sympathie für die liberale und pluralistische Grundkonzeption der Mehrfachintegration darf nicht übersehen werden, dass die Systemintegration das zentrale und immer wieder konfliktträchtige Problem aller ethnisch differenzierten Gesellschaften ist.

6. AUSBLICK

Die europäischen Gesellschaften von morgen werden zunehmend durch Zuwanderung gekennzeichnet sein. Dafür sorgen negative Geburtenbilanzen und eine wachsende Wirtschaft, die auch ein Mehr an Arbeitskräften und KonsumentInnen benötigt. An der Aufnahme von Menschen mit einem „fremdethnischen" Hintergrund wird kein Weg vorbeiführen. Das ist weder Wunschvorstellung noch Schreckensvision, sondern eine mit großer Sicherheit vorhersehbare Tatsache.

---

[7] Ob Mehrsprachigkeit und kulturelle Verhaltenssicherheit für zumindest zwei unterschiedliche Gesellschaftskontexte in der Realität für die Majorität der Zuwanderer erlern- und beherrschbar sind, soll hier nicht weiter diskutiert werden. Einfach ist es jedenfalls nicht und es hat den Anschein, dass eigentlich immer nur ausgesuchte gesellschaftliche Eliten diese mehrfachen Kompetenzen aufgewiesen haben.

Umso überraschender ist das geringe Ausmaß an konzeptioneller und langfristiger Auseinandersetzung durch die nationale und kommunale Politik. Zuwanderung wird vielfach noch immer als Ausnahme gesehen, als Krisensymptom oder als kurzfristige Erscheinung einer konjunkturellen Entwicklung. Und wer nach den Konzeptionen der Eingliederung fragt, der wird überhaupt enttäuscht. Lehrformeln und haltlose Wunschvorstellungen dominieren, ernsthafte und überzeugende Auseinandersetzungen finden selten statt. Zwischen einer politischen Position, die sofortige und radikale Assimilation oder Rückwanderung fordert, und einer (Diversitäts)Politik, die zur gesellschaftspolitischen Konzeption von Sozialintegration gar nichts mehr aussagt, sondern nur die interkulturellen Transformationsprozesse der Verwaltung fordert, muss es doch Mittelwege geben.

LITERATUR

Bommes Michael/Halfmann Jost (1998) (Hrsg.): Migration in nationalen Wohlfahrtsstaaten. Theoretische und vergleichende Untersuchungen. Osnabrück.

Eisenstadt, Samuel (1954): The Absorption of Immigrants. A comparative study based mainly on the Jewish community in Palestine and the State of Israel. London.

Esser, Hartmut (1980): Aspekte der Wanderungssoziologie. Assimilation und Integration von Wanderern, ethnischen Gruppen und Minderheiten. Eine handlungstheoretische Analyse. Darmstadt: Neuwied.

Esser, Hartmut (2001): Integration und ethnische Schichtung. Arbeitspapiere des Mannheimer Zentrum für Europäische Sozialforschung 40. Mannheim.

Fassmann, Heinz (2001): The City (Hrsg.: Park, R. E., Burgess, E. W. und McKenzie, R.). In: Papcke, S./Oesterdiekhoff, G. W. (Hrsg.): Schlüsselwerke der Soziologie. Wiesbaden, S. 382–384.

Gordon, Milton (1964): Assimilation in American Life. The Role of Race, Religion and National Origins. New York.

Heckmann, Friedrich (1993): Ethnische Minderheit, Volk und Nation. Stuttgart.

Richardson, Alain (1957): The Assimilation of British Immigrants in Australia. In: Human Relations, 10, S. 157–166.

Richter, Marina (2005): Integration, Identität, Differenz. Der Integrationsprozess aus der Sicht spanischer Migrantinnen und Migranten. Bern: Dissertation an der Universität Bern.

Treibel, Anette (1990): Migration in modernen Gesellschaften. Soziale Folgen von Einwanderung und Gastarbeit. Weinheim, München: Juventa.

Transnationale Migration als Entgrenzungsphänomen

Brunhilde Scheuringer

1. Einleitung

In der Soziologie wird in jüngster Zeit sehr intensiv über den Europabezug dieser Disziplin diskutiert. Dies gilt auch für die Migrationssoziologie, die sich zunehmend mit innereuropäischen Wanderungsbewegungen beschäftigt, insbesondere mit der bereits erfolgten bzw. in Aussicht genommenen Ost- und Südosterweiterung der Europäischen Union. Derzeit aktuelle Fragen sind beispielsweise, inwieweit durch diese Migrationsprozesse die nationalen Sozialstrukturen verändert werden und ein neues europäisches Gesellschaftsmodell im Entstehen begriffen ist, inwieweit nationale Grenzziehungen, aber auch nationale Identitäten, an Bedeutung verlieren oder inwieweit neue hybride oder plurale Identitäten den „europäischen Menschen" kennzeichnen werden.

Im Folgenden werden nach einem kurzen Rückblick auf ältere Paradigmen der Migrationsforschung neuere Ansätze näher beleuchtet, die für das Rahmenthema des Sammelbandes „Die missglückte Integration?" interessante Perspektiven eröffnen dürften. Diese neueren Paradigmen werden zunehmend hinsichtlich ihrer Relevanz für die Analyse von Wanderungsbewegungen aus Ost- und Südosteuropa in die „alten" EU-Länder diskutiert. Das soll ein weiterer Schwerpunkt dieses Beitrages sein, indem der aktuelle theoretisch-empirische Forschungsstand zu dieser Thematik genauer analysiert und einem kritischen Diskurs unterzogen wird. Abschließend werden einige daraus resultierende, künftige Forschungsperspektiven aufgezeigt.

2. Paradigmenwechsel in der Migrationsforschung

In der sozialwissenschaftlichen Migrationsforschung zeichnet sich schon seit längerem ein „Paradigmenwechsel" ab.

Die älteren, mit Push- und Pull-Faktoren operierenden Modelle gehen davon aus, dass die MigrantInnen einen längeren Aufenthalt im Zielland der Wanderung anstreben. Die Frage, ob es Push-Faktoren im Herkunftsland sind, die eine Migration auslösen, oder Pull-Faktoren, die von den potenziellen Zielstaaten ausgehen, ist meist schwierig zu beantworten. In der Regel ist es ein komplexes Ursachenbündel, wobei ökonomische Motive eine dominante Rolle spielen. Die Annahme eines längeren Aufenthaltes rückte die damit verbundenen Integrationsprobleme in den Zielländern (Akkulturation respektive Assimilation durch relativ dauerhaften „Container-Wechsel") in den Mittelpunkt der Forschung. Es wurden dazu verschiedene Modelle entwickelt, die in einschlägigen Monographien gut dokumentiert sind.[1] Ein Großteil der Modelle wurde in den Vereinigten Staaten – als dem klassischen Einwanderungsland – entwickelt. Sie wurden teils von der deutschsprachigen Forschung rezipiert, erfuhren zum Teil aber auch eine Neuausrichtung bzw. Erweiterung.

2.1. Klassische Migrationsforschung

Die Migrationsforschung konzentriert sich im Wesentlichen auf Wanderungsströme über nationalstaatliche Grenzen hinweg. Zwar gab und gibt es auch innerhalb von Staaten so genannte Binnenwanderungen, die häufig mit krisenhaften gesellschaftlichen Entwicklungen verbunden waren und sind, so etwa die Land-Stadt-Wanderungen im Zuge des im 19. Jahrhundert einsetzenden Industrialisierungsprozesses, die Ost-West-Wanderungen in Österreich nach 1945 von der sowjetischen Besatzungszone in die Zonen der Westmächte oder die nach der Wende 1989 in Deutschland einsetzende Abwanderung aus den so genannten „neuen" in die „alten" Bundesländer. Das Forschungsinteresse dieses Beitrages ist jedoch auf Wanderungen zwischen Nationalstaaten ausgerichtet, die auch als internationale Migration bezeichnet und nach Subtypen wie Emigration/Immigration, Rückkehrer-Wanderung und Diaspora-Wanderung differenziert werden.[2] Wie schon angemerkt, war und ist eine zentrale Frage diejenige nach den Ursachen grenzüberschreitender Wanderungen, die auf das Zusammenwirken von Push- und Pull-Faktoren zurückgeführt werden. Zu ersteren zählen negativ besetzte Faktoren, die im Herkunftsland Migrationsdruck ausüben, wie wirtschaftliche Krisen, Kriege oder Katastrophen verschiedenster Art, zu letzteren positiv besetzte Faktoren des Ziellandes, wie wirtschaftliche Prosperität oder politische Stabilität, die einen gewissen Sog ausüben, da sie Hoffnung geben, als defizitär empfundene Lebenslagen im Herkunftsland durch Migration überwinden zu können.

Ein zweiter Schwerpunkt der Migrationssoziologie bezieht sich auf die aus den Wanderungsprozessen resultierenden Probleme für die Aufnahmegesellschaften. Diese werden in den soziologischen Migrationstheorien, etwa von Eisenstadt, Gordon, Hoffmann-Nowotny oder Esser, ausführlich diskutiert.[3] Häufig werden verschiedene idealtypische Phasen oder Stufen von Anpassungsprozessen an die Aufnahmegesellschaft unterschieden. Exemplarisch sei hier das Assimilationsmodell des US-Amerikaners Milton

---

[1]   z. B. Han, Petrus (2005): Soziologie der Migration. Erklärungsmodelle, Fakten, Politische Konsequenzen, Perspektiven. 2. überarbeitete und erweiterte Auflage. Stuttgart: Lucius & Lucius. S. 41 ff.; oder Pries, Ludger (2001): Internationale Migration. Bielefeld: transcript. S. 12 ff.

[2]   Pries (2001), S. 8

[3]   Han (2005), S. 49 ff.

Gordon aus den 1960er-Jahren angeführt, auf das in der Folgezeit häufig zurückgegriffen wurde. Sein Modell geht aus von einer ersten Phase der Angleichung der MigrantInnen an die soziokulturellen Verhaltensmuster der Aufnahmegesellschaft, häufig als Akkulturation bezeichnet; eine nächste, als strukturelle Assimilation gekennzeichnete, umfasst den Eintritt der MigrantInnen in Freundeskreise und Vereine des Ziellandes; ein weiterer wichtiger Indikator der Einbindung in das Aufnahmeland sind Heiraten zwischen Zugewanderten und Einheimischen; die Entwicklung eines Zugehörigkeitsgefühls zum Aufnahmeland, das Verschwinden von Diskriminierungen, Vorurteilen und Wertkonflikten vervollständigen schließlich den Assimilationsprozess. Es ist wichtig hervorzuheben, dass Gordon diesen Prozess nicht als einen sich mechanisch vollziehenden erachtet, der mit der vollständigen Assimilation der MigrantInnen endet; vielmehr betont er die Möglichkeit von Brüchen und Rückschlägen.

Die Ursachen einer verzögerten oder gar missglückten Integration sind ein zentrales Thema geblieben. Aus der Perspektive der MigrantInnen wären hier Erfahrungen von Fremdheit, Entwurzelung oder Statusverlust zu nennen, die ihren Niederschlag in verschiedenen Variationen des „marginal man"-Konzeptes (Georg Simmel, Robert E. Park, Alfred Schütz) finden; symbolisiert werden Menschen, die sich am Rande bzw. im Grenzbereich zweier Gesellschaften bzw. Kulturen befinden, an diesen teilhaben, ohne einer wirklich anzugehören.[4] Problematisiert werden aber auch Marginalisierungen der MigrantInnen auf Gruppenebene durch Segregation in räumlicher, wirtschaftlicher oder sozialstruktureller Hinsicht.

2.2. Transmigration als Entgrenzungsphänomen

Die neueren Modelle bedienen sich erkenntnistheoretischer Konstruktionen, bei denen das Wort „trans" von zentraler Bedeutung ist, wie etwa transnationale Migration, transstaatliche Räume, transnationale Sozialräume, transnationale Lebenswirklichkeit, transnationale Familien, transnationale Gemeinschaften oder Transnationalismus. Hinter diesen Konstruktionen steht die Vorstellung von einem neuen MigrantInnentypus (TransmigrantIn), der zwischen Herkunfts- und Zielland pendelt und neue soziale Felder (social fields) erschließt, die das Herkunfts- mit dem Aufnahmeland verbinden. Im Zentrum stehen dabei die herkömmlich als ArbeitsmigrantInnen bezeichneten Personen. Die TransmigrantInnen entwickeln – so die weitere These – mehrfache Beziehungen (multiple relations) familialer, wirtschaftli-

---

[4] Scheuringer, Brunhilde (1996): Bewahrung von Identität in der Fremde. In: AWR-Bulletin. Vierteljahresschrift für Flüchtlingsfragen, Jg. 34 (43) Heft 4/1996. S. 194

cher, sozialer, religiöser, politischer und organisatorischer Art, die die nationalstaatlichen Grenzen überspannen.[5]

Diese Konstruktionen kommen aus dem angloamerikanischen Raum und wurden in den letzten Jahren zunehmend auch von der Migrationsforschung in Deutschland und Österreich rezipiert, dies insbesondere mit Bezug auf die Ost- und Südostöffnung der Europäischen Union.[6] Der Entstehungs- und Rezeptionsprozess wird im Folgenden genauer skizziert.

Migration als transnationales Phänomen wurde von der amerikanischen Kulturanthropologie und Soziologie seit Beginn der 1990er-Jahre erforscht. Als Begründerinnen des Paradigmas gelten Linda Basch, Nina Glick-Schiller und Cristina Szanton Blanc. Ausgangspunkt ihrer Überlegungen war eine kritische Auseinandersetzung mit der bis weit in die 1980er-Jahre hinein dominanten Ausrichtung der Migrationsforschung an Push- und Pull-Faktoren, an einseitig fließenden Migrationsströmen von den Sende- zu den Empfängerländern, dem Bruch der MigrantInnen mit ihren Herkunftsländern und ihrer schwierigen und mühevollen Niederlassung, Akkulturation, Integration und Assimilation/Absorption in den Aufnahmeländern.[7]

Im transnationalen Paradigma geht es um einen neuen MigrantInnentypus, der abweichend vom traditionellen Bild **ein(e) zirkulierende(r) MigrantIn** ist und sich mehr oder minder kontinuierlich zwischen Residenz- und Herkunftsgesellschaft hin und her bewegt. Er/Sie ist weder temporärer noch permanenter Einwanderer, noch eine „Verweilperson", die nur für einige Jahre das Glück im Ausland sucht und dann als RemigrantIn in die Heimat zurückkehrt. Der neue MigrantInnentypus entwickelt vielfältige Aktivitäten und baut **multilokale soziale Beziehungen** über die **nationalstaatlichen Grenzen hinweg** auf. Basch, Glick-Schiller und Szanton Blanc definieren Transnationalität

> (...) as the process by which immigrants forge and sustain multi-stranded social relations that link together their societies of origin and settlement. We call these processes transnationalism to emphasize that many immigrants today build social fields that cross geographic, cultural and political borders.[8]

---

[5] Han (2005), S. 70

[6] Fassmann, Heinz (2002): EU-Erweiterung und Arbeitsmigration nach Österreich und Deutschland. Quantitative Vorhersagen und aktuelle Entwicklungstendenzen. In: IMIS-Beiträge, Heft 19/2002. S. 57–77; Fürstenberg, Friedrich (2006): Soziale Aspekte der transnationalen Pendelwanderung. In: Sterbling, Anton (Hrsg.): Migrationsprozesse. Probleme von Abwanderungsregionen und Identitätsfragen. Hamburg: Krämer. S. 19–31; Hess, Sabine (2005): Globalisierte Hausarbeit. Au-Pair als Migrationsstrategie von Frauen aus Osteuropa. Geschlecht und Gesellschaft Bd. 38. Wiesbaden: VS Verlag für Sozialwissenschaften

[7] Basch, Linda/Glick-Schiller, Nina/Szanton Blanc, Cristina (1994): Nations Unbound. Transnational Projects, Postcolonial Predicaments, and Deterritorialized Nation-States. Gordon and Breach Publishers Group. S. 3 ff.

[8] Basch, u. a. (1994), S. 7

Und sie fahren fort: „Immigrants who develop and maintain multiple relationships – familial, economic, social, organizational, religious, and political – that span borders we call ‚transmigrants‘."

Der empirische Ansatz dieser Forscherinnen ist ein qualitativ orientierter. Die gewonnenen Erkenntnisse beruhen auf Feldforschungen in den 1980er-Jahren. Anhand ethnographischer Studien mit ImmigrantInnen aus der Karibik und den Philippinen in den Vereinigten Staaten entwickelten sie ihr Konzept des „transnationalism". Es verbreitete sich rasch im angloamerikanischen Raum und hat eine Reihe weiterer Forschungen zu dieser Thematik initiiert. Dabei ging es häufig darum, das Konzept inhaltlich weiter zu spezifizieren und verschiedene Analyseebenen zu differenzieren. Portes etwa resümiert, dass „transnationalism" sich beziehen kann auf Individuen, ihre Netzwerke und sozialen Beziehungen, ihre Gemeinschaften, aber auch auf weiter gefasste institutionalisierte Strukturen wie etwa lokale und nationale Regierungen. In der einschlägigen Forschung würden diese Ebenen oft nicht hinreichend differenziert und damit auch nicht klargelegt, welche Mechanismen hinter den jeweiligen transnationalen Beziehungsnetzen operieren.[9]

Im Verlauf der 1990er-Jahre wurden die neuen Paradigmen zunehmend im deutschsprachigen Raum rezipiert. Ein Sonderband der Zeitschrift „Soziale Welt" von 1997 ist ausschließlich neueren Ansätzen der transnationalen Migration gewidmet. Auch Ludger Pries, Herausgeber des Bandes und Wegbereiter der neuen Paradigmen in der deutschen Migrationsforschung, kritisiert die älteren Ansätze der internationalen Migrationsforschung mit weitgehend ähnlichen Argumenten wie die amerikanischen ForscherInnen: Fokussierung der Problemlagen dahingehend, dass grenzüberschreitende Wanderungsbewegungen in erster Linie als einmalige, unidirektionale und dauerhafte Ortswechsel zwischen (National-)„Gesellschaften" angesehen wurden, deren Dynamik durch das Wechselspiel von Push- und Pull-Faktoren bestimmt war; dementsprechende Hauptaufmerksamkeit auf soziale Probleme und Prozesse bei der Integration der MigrantInnen in die Ankunftsgesellschaft und die Folgewirkungen für die Herkunftsregionen. Eine bedeutsame neue Qualität internationaler Migration im ausgehenden 20. Jahrhundert sieht er darin,

> (…) dass der Anteil von mehrfacher, mehrdirektionaler, erwerbs- und lebensphasenbezogener und etappenweiser flächenräumlicher Wanderung zunimmt und sich jenseits der (national-)gesellschaftlichen Grenzziehungen neue Migrationsnetzwerke und transnationale Lebenswirklichkeiten aufspannen, wodurch das schon seit Jahrhunderten bestehende Gerüst von Weltwirtschaft(en) mit neuen sozialen Verflechtungszusammenhängen gefüllt wird. Es entstehen neue multi-

---

[9] Portes, Alejandro/Guarnizo, Luis E./Landolt, Patricia (1999): The study of transnationalism: pitfalls and promise of an emergent research field. In: Ethnic and Racial Studies, Volume 22 Number 2/1999. pp. 217–237

lokale Transnationale Soziale Räume, innerhalb derer sich Lebensverläufe und Lebensprojekte in sozialen Beziehungen und Institutionen strukturieren.[10]

Auch Han widmet in seiner „Soziologie der Migration", die 2005 in 2. Auflage erschienen ist, der Transmigration als neuem Thema ein eigenes Kapitel, das vor allem den amerikanischen Diskussionsstand komprimiert wiedergibt. Han leitet daraus als zentrales Konstrukt den transnationalen sozialen Raum ab, der ihm dazu dient, die Aktivitäten der TransmigrantInnen und die daraus resultierenden Lebensentwürfe zu systematisieren.[11] Dieser Raum ist als ein von geographischen Territorien unabhängiger und über nationale Grenzen hinausreichender Lebenskontext der TransmigrantInnen konzipiert, in dem sich transnationale Familien, Netzwerke, Gemeinschaften, Organisationen, usw. herausbilden. Auf personaler Ebene ist diese Entwicklung von der Entstehung transnationaler (multipler) Identitäten begleitet. Han hebt besonders den Perspektivenwechsel in der Migrationsforschung hervor: Wurde traditionell der Blickwinkel der Empfängerländer und hier insbesondere die Integrationsproblematik thematisiert, so rückt der neue analytische Bezugsrahmen mehr die vielschichtigen kulturellen, wirtschaftlichen und politischen Verbindungen zwischen den Sende- und Empfängerländern, hergestellt durch die MigrantInnen, ins Zentrum der Forschung.

Um Grenzüberschreitungen geht es auch im Konzept der „**Transstaatlichen Räume**", das von Thomas Faist entwickelt wurde. Er versteht darunter

> (...) verdichtete ökonomische, politische und kulturelle Beziehungen zwischen Personen und Kollektiven, die Grenzen von souveränen Staaten überschreiten. Sie verbinden Menschen, Netzwerke und Organisationen in mehreren Orten über die jeweiligen Staatsgrenzen hinweg. Eine hohe Dichte, Häufigkeit, eine gewisse Stabilität und Langlebigkeit kennzeichnen diese Beziehungen unterhalb bzw. neben der Regierungsebene.[12]

Zwar verweist er darauf, dass transstaatliche soziale Beziehungsgeflechte gerade im Zusammenhang mit Flucht und Migration auch in früheren Epochen bedeutsam waren, sieht das Neue in den letzten zwei bis drei Jahrzehnten jedoch darin, dass die Dichte der grenzüberschreitenden Beziehungen, wenn man Kommunikation, Verkehr oder Reisen betrachtet, dramatisch gestiegen ist. Der Schwerpunkt seiner Analysen liegt auf den transstaatlichen Bindungen und Strukturen, die aus und im Zusammenhang mit interstaatlicher Migration am Beispiel Türkei–Deutschland hervorgegangen sind.

---

[10] Pries, Ludger (1997): Neue Migration im transnationalen Raum. In: ders. (Hrsg.): Transnationale Migration. Soziale Welt: Sonderband 12. Baden-Baden: Nomos-Verlagsgesellschaft. S. 35
[11] Han (2005), S. 79 ff.
[12] Faist, Thomas (2000) (Hrsg.): Transstaatliche Räume. Politik, Wirtschaft und Kultur in und zwischen Deutschland und der Türkei. Bielefeld: Transcript. S. 10

Faist spricht von transstaatlichen, nicht von transnationalen Räumen und begründet dies vornehmlich damit, dass es multinationale Staaten wie etwa Kanada oder Belgien gibt, und dass es ihm im Kern um grenzüberschreitend tätige Personen, Netzwerke und Nichtregierungsorganisationen unterhalb und neben der Regierungsebene geht.

Bei den neuen Transparadigmen verlagert sich das Forschungsinteresse von dem/der zu integrierenden Migranten(in) zu dem des/der zirkulierenden. Dies verdeutlicht Faist anhand der vier Modelle Assimilation, ethnischer Pluralismus, Postnationalismus und grenzübergreifende Expansion Sozialer Räume. Das letztgenannte Modell stellt einen neuen Zugang dar und erhält bei anderen AutorInnen auch die Bezeichnung Expansion transnationaler sozialer Räume. Nachstehende Abbildung beschreibt die einzelnen Modelle genauer.

Modell der Integration	Assimilation	Ethnischer Pluralismus	Postnationalismus	Grenzübergreifende Expansion Sozialer Räume
Vorhersage Sphären der Integration	Verschmelzen mit der Mehrheitsgesellschaft	Diversität von Gruppen	Globalisierung	Transstaatliche Räume
Wirtschaftliche Integration	*Sozioökonomische Parität:* sozioökonomische Gleichheit mit der autochthonen Bevölkerung	*Nischen und Enklavenökonomien:* Mittelsmänner etablieren separate Bereiche des Wirtschaftens	*Globales Unternehmertum:* auch kleine Firmen erhalten zunehmend Chancen, weltumspannend zu operieren	*Grenzüberschreitendes Unternehmertum:* transstaatliche, verwandtschafts- und austauschgestützte Netzwerke und Kollektive
Politische Integration	*Nationale Staatsbürgerschaft:* einheitliche nationale politische Kultur	*Multikulturelle Gesellschaft:* Anerkennung kultureller Differenzen: polyethnische Rechte	*Kosmopolitane Mitgliedschaft:* Menschen- und Staatsbürgerrechte werden einander immer ähnlicher	*Doppelte (Mehrfache) Staatsbürgerschaft:* Bindungen von Bürgern zu mehreren Staaten können komplementär wirken
Kulturelle Integration	*Akkulturation:* Übernahme der Werte und der Verhaltensmuster der Mehrheitsgesellschaft	*Kulturelle Verpflanzung:* Transplantierung von Praktiken und Identitäten aus den Emigrations- in die Immigrationsländer	*Hybridisierung:* »Mélange« als grundlegendes Kulturmuster	*Grenzübergreifender Synkretismus:* Diffusion von Kultur und Emergenz neuer Typen und pluraler Identitäten

Abbildung 1: Vier Modelle für die Analyse der Integration von ImmigrantInnen nach Faist (2000), S. 349

Für die Migrationsforschung ist der „Neuzugang" des vierten Modells von
besonderer Relevanz, da auf politischer Ebene die komplementäre Wirkung
von Mehrfachstaatsbürgerschaft und auf kultureller Ebene die Emergenz
neuer Typen und pluraler Identitäten thematisiert werden, was für die Entstehung eines neuen europäischen Gesellschaftsmodells von Bedeutung sein
dürfte. Die transstaatliche Perspektive ist über den Container-Raum einzel-
staatlicher Analysen hinausgehend auf ein multiples Geflecht von sozialen
und symbolischen Bindungen ausgerichtet, das sowohl inner- als auch trans-
staatlich bestimmt ist. Es geht darum, wie die Integration von MigrantInnen
im Spannungsfeld von einzelstaatlichen und grenzübergreifenden Bindungen verläuft. Faist lässt jedoch, wohl auch mangels empirischer Studien, die
„identitären Zukünfte" offen.[13] Weder wird vorschnell gefolgt, dass Binde-
strich-Identitäten aus Elementen der Immigrations- und Emigrationsländer
nur eine Übergangsstufe zu einer ganzheitlichen nationalen Mono-Identität
sind, noch müsse es sein, dass postmodernistische hybride Identitäten eine
permanente Ausbildung erfahren.

2.3. Faktoren der Formation und Weiterentwicklung von Transparadigmen

Welche Faktoren sprechen für das neue Paradigma als forschungsleitenden
Bezugsrahmen? Viele Faktoren werden hier genannt, die von den einzelnen
AutorInnen zudem noch unterschiedlich systematisiert und gewichtet wer-
den.

Wie für viele andere Phänomene werden die Globalisierung der Wirtschaft und der damit verbundene Wandel von Wirtschaftsstrukturen als entscheidend für Veränderungen in den Lebensbedingungen angesehen. Diese
Veränderungen würden sich dadurch auszeichnen, dass die Arbeitskräfte
kaum noch auf eine sichere wirtschaftliche, soziale und kulturelle Lebens-
grundlage zurückgreifen können und sich so auf eine transnationale Existenz einstellen müssten.[14] Des Weiteren werde im Zuge der Globalisierung
tendenziell die Nachfrage nach Arbeitskräften immer grenzüberschreitender, und zwar nicht nur nach billigen und willigen Arbeitskräften, sondern
insbesondere auch nach hoch ausgebildeten Fachkräften.

Übereinstimmend werden in der Literatur die rasanten Entwicklungen
der modernen Informations-, Kommunikations- und Transporttechnologi-
en genannt, die weltweit die Mobilität und die Kontaktmöglichkeiten von
Menschen wesentlich erleichtert und vergrößert haben. Die neuen Technologien waren und sind wesentliche Voraussetzungen des Entstehens von transnationalen sozialen Netzwerken, weil Menschen schnell und relativ unab-

---

[13] Faist (2000), S. 357
[14] Han (2005), S. 71 ff.

hängig von der geographischen Entfernung notwendige Informationen und nützliche Erfahrungen austauschen können. Ferner können sie sich nach Bedarf kostengünstig und mit einem relativ geringen zeitlichen Aufwand hin und her bewegen.[15]

In der anglo-amerikanischen Literatur werden neben den neuen Technologien auch noch die Dominanz spezifischer Integrationsmodelle im wissenschaftlichen Diskurs, nationalistische Strömungen in den Heimatländern der MigrantInnen, aber auch postnationalistische Strömungen als begünstigende Faktoren des Paradigmenwechsels genannt und wie folgt spezifiziert:

1. technological change has reduced the costs and time entailed in communication and travel;
2. the shift from melting pot to multiculturalism has legitimated the expression of and organization around home-country loyalties;
3. the nationalization of home-country societies has increased the salience of the national identities with which immigrants arrived; and
4. the advent of a new international human rights regime (labeled „postnationalism") has diminished the difference between nationals and foreigners by circumscribing the power of receiving states.[16]

Die Entstehung und Ausgestaltung von Transparadigmen diskutiert auch Friedrich Fürstenberg, wobei seine Ausführungen stärker an konkreten gesellschaftlichen Rahmenbedingungen ausgerichtet sind, bei denen er eine sozialstrukturelle und eine sozialkulturelle Dimension unterscheidet. Die Einbeziehung dieser – in der Transmigrationsforschung oft etwas vernachlässigten – Faktoren ist sehr wesentlich. Seine Ausführungen beziehen sich insbesondere auf die mit der Osterweiterung der EU stattfindende grenzüberschreitende Pendelwanderung.

Sozialstrukturell relevante Einflussfaktoren, die die Erscheinungsweise und das Ausmaß transnationaler/transstaatlicher Wanderung beeinflussen, sind migrationspolitische und rechtswirksame staatliche Rahmenbedingungen.[17] Diese betreffen die Regelungen für legale Erwerbsarbeit von MigrantInnen im Zielland, aber auch informelle Formen des „Erwerbstourismus" sowie den Familiennachzug. Hieraus ergibt sich eine soziale Schichtung der pendelnden Personen, zunächst nach dem Ausmaß der legalen Absicherung ihres Aufenthaltes und in der Folge nach den Chancen, diesen Aufenthalt zu verlängern oder zu erneuern. Der Einreisestatus verleiht somit dem Träger ein unterschiedliches Ausmaß an „sozialem Kapital" im Sinne Bourdieus,

---

[15] a.a.O., S. 77
[16] Waldinger, Roger/Fitzgerald, David (2004): Transnationalism in Question. In: American Journal of Sociology, Volume 109 Number 5/2004. p. 1187
[17] Fürstenberg (2006), S. 19

das zum Ausbau beschäftigungssichernder Netzwerkbeziehungen genutzt werden kann.

Diese politischen und juristischen Vorgaben wurden offensichtlich in den von AnthropologInnen und SoziologInnen durchgeführten Forschungen im anglo-amerikanischen Raum bislang zu wenig berücksichtigt. Dies wird zumindest in einem jüngst erschienenen, speziell das „**immigrant transnationalism**"-Konzept kritisch analysierenden Aufsatz festgestellt. Bei diesem Konzept hätte es oft den Anschein, als würden die MigrantInnen ihre transnationalen Gemeinschaften einfach aus sich selbst heraus in einem kaum eingeschränkten Bewegungsspielraum erschaffen. Aber „(...) migrants do not make their communities alone: states and state politics shape the options for migrant and ethnic trans-state social action."[18]

Ein zentraler Faktor der transnationalen Wanderung sind auch die sich aus der Wirtschaftsstruktur und Wirtschaftslage ergebenden Erwerbschancen. Hier kommen die aus den älteren Migrationsansätzen bekannten Push- und Pull-Faktoren zum Tragen. Die Aussicht auf eine wesentliche Einkommenssteigerung ist ein wichtiger Pull-Faktor und Einkommensrückgang ein Push-Faktor für potenzielle ImmigrantInnen.[19]

Als weiterer Bestimmungsgrund der transnationalen Pendelwanderung nennt Fürstenberg die sozialräumlichen Strukturen, insbesondere die Erreichbarkeit des Arbeitsortes. Hier ist jedoch anzumerken, dass die modernen Transport- und Kommunikationstechnologien die Bedeutung von Raum und Zeit relativiert haben und transnationale Wanderungen, je nach Art, zeitlicher Dauer, sozioökonomischen Gegebenheiten, persönlichen Lebensumständen, usw. sehr variabel geworden sind.

Während die sozialstrukturelle Dimension eher systemische Faktoren berücksichtigt, geht es bei der sozialkulturellen eher um die lebensweltliche Verankerung transnationaler/transstaatlicher Beziehungen. Die sozialkulturellen Rahmenbedingungen, die zur Formation und Weiterentwicklung von Transparadigmen für wesentlich erachtet werden, erfahren jedoch je nach Konzept eine unterschiedliche Benennung, Systematisierung und Konkretisierung.

Allgemein ist davon auszugehen, dass transnationale Wanderungen häufig mit der Überwindung sozialkultureller Distanzen aufgrund von Sprachbarrieren sowie unterschiedlichen Lebensstilen und Wertorientierungen verbunden sind. Fürstenberg spezifiziert diesbezüglich vier fördernde respektive hemmende Voraussetzungen, nämlich:

---

[18] Waldinger/Fitzgerald (2004), p. 1177
[19] Fassmann (2002), S. 79

- die im Bildungsprozess erworbene Kommunikationskompetenz,
- die vornehmlich im Heimatbewusstsein sichtbare ethnische Traditionsbindung
- die weltanschaulich-kirchliche Prägung und
- die Zugehörigkeit zu personalen Netzwerken, vor allem in der Form von Familienbindungen und Freundeskreisen.[20]

Auch der schon erwähnte Thomas Faist betont die Bedeutung sozialer und symbolischer Bindungen an die jeweiligen Herkunfts- und Immigrationsländer für die Formation und Weiterentwicklung transstaatlicher Räume und formuliert folgende ceteris paribus-Hypothese: „Je stärker die vielfältigen sozialen und symbolischen Bindungen interstaatlicher Migranten zwischen zwei oder mehr Orten, desto zahlreicher die Verbindungen, die über bloße Migrationsbeziehungen hinausgehen."[21] Hier wäre es notwendig, noch genauer zu spezifizieren, was bloße Migrationsbeziehungen sind und was unter den darüber hinausgehenden Beziehungen zu verstehen ist. Ohne Zweifel können die Vereinbarkeit und der Fortbestand zweier oder gar mehrerer Sozialwelten zu einer anspruchsvollen persönlichen Eigenleistung der MigrantInnen werden.

3. Empirische Befunde zu den Transparadigmen im Ost-West-Kontext

Die **transnationale Ost-West-Mobilität** wird von Fassmann in einem Beitrag thematisiert, der auf einer umfassenderen, bereits 1996 durchgeführten Erhebung über die Mobilitätsbereitschaft der Bevölkerung in Polen, der Slowakei, Tschechien und Ungarn beruht. Dabei wurden insgesamt 4.300 Personen in Form von face-to-face-Interviews von den nationalen Gallup-Instituten dieser Länder befragt. Es war eine one-issue-Erhebung, konzentrierte sich also ausschließlich auf die Mobilitätsbereitschaft der Menschen und sollte der Frage, ob insbesondere Deutschland und Österreich nach einem EU-Beitritt dieser Länder mit billigen Arbeitskräften überschwemmt werden oder nicht, eine fundierte Basis geben.[22]

Es ist meist problematisch, von geäußerten Meinungen auf das tatsächliche Verhalten zu schließen, in diesem Fall von einer geäußerten potenziellen Verweildauer im Gastland auf transnational Mobile. In der Tat war es so, dass die Befragten dieser Studie mehrheitlich kurz- bis mittelfristige Arbeitsaufenthalte in Deutschland oder Österreich anstrebten, um das tägliche Leben für die nächste Zeit zu sichern oder bestimmte Konsumwünsche befriedigen zu können.

---

[20] Fürstenberg (2006), S. 21
[21] Faist (2000), S. 41
[22] Fassmann (2002), S. 65 ff.

Die These, dass die zukünftige Arbeitsmigration aus dem östlichen Europa zunehmend in Form einer transnationalen Pendelwanderung erfolgen wird, mit einer realen Existenz in zwei Gesellschaften und einer damit verknüpften Hybridität der kulturellen Identifikation, kann aufgrund der Anlage dieser Studie allenfalls theoretisch diskutiert werden, wie es Fassmann auch versucht. Es werden eine Reihe von Bedingungen analysiert, die einer transnationalen Mobilität aus Osteuropa förderlich oder hinderlich sein können, nämlich: Ausmaß der Durchlässigkeit von Grenzen, Ausmaß der Einkommensunterschiede zwischen Herkunfts- und Zielland, räumliche Nähe oder Ferne, Dichte des grenzübergreifenden ethnischen Netzes sowie Anpassungsbereitschaft und Flexibilität der MigrantInnen.[23]

Diese Faktoren bilden den Bezugsrahmen einer weiteren empirischen Studie von Fassmann. Im Mai 2002 hat er mit standardisierten Fragebögen rund 250 polnische StaatsbürgerInnen oder in Polen geborene Personen an typischen Treffpunkten in Wien befragt. Laut Fassmann lebten nach der Mikrozensus-Arbeitskräfteerhebung 2001 rund 37.000 polnische StaatsbürgerInnen in Wien. Auch hier ging es darum, die Lebensperspektiven und -orientierungen im Hinblick auf das Konzept der transnationalen Mobilität zu untersuchen. Es sollte der Frage nachgegangen werden, inwieweit transnationale Pendelwanderung zu geteilten Haushalten und doppelten Identitäten (was darunter zu verstehen ist, wird leider nicht genau definiert [Anmerkung Scheuringer]) führt.[24]

Die Existenz zweier Haushalte, also in Wien und im polnischen Heimatort, konnte bestätigt werden. Häufig lebte der Mann mit einem Bekannten oder Verwandten in Wien, während Frau und Kinder in Polen verblieben waren. Hauptmotiv war die Minimierung der Lebenshaltungskosten. Interaktionen mit der alten Heimat werden jedoch durch häufige Heimatbesuche (im Durchschnitt 6 bis 7 Mal pro Jahr) und Telefongespräche (im Durchschnitt einmal wöchentlich) aufrechterhalten. Erfragt wurde schließlich auch die Verbundenheit mit Polen einerseits und Österreich andererseits, was eine geteilte Sympathie und Wertschätzung auf beide Länder zutage förderte. Aufgrund dieser Ambivalenz zwischen Österreich und Polen stellt Fassman die These auf, dass transnationale Pendelmobilität eine hybride Lebensform bzw. hybride Identität fördere. Hier wäre jedoch noch näher zu untersuchen, was **Hybridität** sozialstrukturell und sozialkulturell im 21. Jahrhundert bedeutet und bewirkt, und wie ein diesbezügliches empirisches Untersuchungsinstrument zu konstruieren wäre.

---

[23] a.a.O., S. 83 ff.
[24] Fassmann, Heinz (2003): Transnationale Pendelwanderung. Polen in Wien. In: Acham, Karl/Scherke, Katharina (Hrsg.): Kontinuitäten und Brüche in der Mitte Europas. Studien Zur Moderne Bd.18. Wien: Passagen. S. 57 ff.

Friedrich Fürstenberg hat in seiner bereits erwähnten Abhandlung über transnationale Migration in grenznahen Räumen ebenfalls vorliegende empirische Studien analysiert.[25] Über den Arbeitseinsatz von PendlerInnen aus der tschechischen Republik in Bayern und Sachsen wurde 2002 vom Forschungsinstitut für Arbeit und Soziales in Prag eine Untersuchung durchgeführt. Sie stützt sich auf eine empirische Feldstudie, bei der 2.277 BewohnerInnen von 14 grenznahen Landkreisen (Stichprobe gebildet durch Quotenauswahl) befragt und des Weiteren ExpertInnengespräche mit VertreterInnen von Arbeitsämtern und Behörden geführt wurden. Man erhielt Aufschluss über die sozialstrukturelle Zusammensetzung der MigrantInnen. Auffallend war die Dominanz von besser gebildeten Personen, die jedoch in Deutschland Tätigkeiten unter diesem Niveau ausübten. Als positive Effekte für die MigrantInnen wurden die Erhöhung des Lebensstandards und die Verbesserung der Sprachkenntnisse genannt; es wurden aber auch negative Effekte betont, wie etwa die Verschlechterung der zwischenmenschlichen Beziehungen in den tschechischen Wohngemeinden durch Neid und Missgunst seitens der „Nicht-MigrantInnen". Die Studie war nicht so konzipiert, dass sie direkte Ergebnisse über die Herausbildung transnationaler sozialer Räume, transnationalen Lebenswirklichkeiten u.ä. erbracht hätte. Allerdings blieb die Bereitschaft zum Pendeln bei Personen mit solchen Auslandserfahrungen hoch, angesichts der hierdurch möglichen, erheblichen Einkommenssteigerung. Die Annahme ist nahe liegend, dass der erreichte Mehrverdienst auch für Investitionen zur Steigerung der Lebensqualität (Hausrenovierung und Hausbau) oder zur Geschäftsgründung und -modernisierung verwendet wird. Fürstenberg hält daher die These für vertretbar, dass im tschechischen Beispiel die grenzüberschreitende Pendelwanderung zu einem Modernisierungs- und Individualisierungsschub der Beteiligten führt, der insbesondere in der Wirtschaftsmentalität ihren Niederschlag findet.[26] Daran anschließend wären sicher Forschungen zur Frage interessant, inwieweit es dadurch auch zu pluralen, die nationale Dimension übergreifenden, Identitäten kommt.

Fürstenberg bezieht auch einige empirische Studien über polnische transnationale MigrantInnen mit ein, auch jene von Heinz Fassmann. Sie fördern eine große Vielgestaltigkeit und auch Vieldeutigkeit dieser transnationalen Pendelwanderungen zutage. Erste Ergebnisse, die aber noch fundierter empirisch zu überprüfen wären, lassen sich wie folgt zusammenfassen: Die Erwerbstätigkeit im westlichen Ausland und der Lerneffekt von Kulturkontakten führen im Heimatland zur Herausbildung einer lokalen Schicht von privilegierten Modernisierungsträgern. Der Auslandsaufenthalt ist allerdings häufig mit Statusverlust durch gering qualifizierte Tätigkeiten

---

[25] Fürstenberg (2006), S. 22 ff.
[26] a.a.O., S. 23

und schlechte Arbeitsbedingungen verbunden. In manchen Fällen führt das
Fehlen regulärer Aufenthalts- und Arbeitserlaubnisse zu sozialen Netzwerken in einer devianten Subkultur. Die Wahl dieser Beschäftigungsform setzt
das Überschreiten traditionsgebundener Verhaltensweisen im familiären
und beruflichen Bereich und eine Anpassung an neue Herausforderungen
voraus. Sozialkulturell kann dies mit einem Individualisierungsschub bei
den MigrantInnen verbunden sein. Wie die multilokalen sozialen Beziehungen dieser zirkulierenden MigrantInnen tatsächlich beschaffen sind und wie
sie ihre transnationalen Lebenswirklichkeiten ausgestalten, dazu sind noch
vertiefende empirische Forschungen nötig.

Eine speziell auf **Migrantinnen** ausgerichtete, jüngst erschienene Studie
von Sabine Hess mit dem Titel „Globalisierte Hausarbeit. Au-pair als Migrationsstrategie von Frauen aus Osteuropa" ist ein wichtiger Baustein für
die Verbreiterung der empirischen Basis. Ihr Forschungsdesign ist qualitativ
ausgerichtet. Im Zentrum steht eine Gruppe von sechs Au-pair-Frauen aus
der Slowakei, die von der Verfasserin zwei Jahre lang begleitet wurden, ausgehend von ihren Herkunftskontexten in der Slowakei über ihre Migrationswege nach und Aufenthaltsverläufe in Deutschland bis hin zu ihren Nach-
folgestrategien nach Ablauf des Au-pair-Visums. Mit diesen Frauen wurden
in regelmäßigen Abständen Gespräche geführt. Ergänzend besuchte Sabine
Hess Au-pair-Treffs in Deutschland, unternahm Busreisen in die Slowakei,
besuchte slowakische Dörfer und Städte, sprach auch dort mit Frauen und
setzte das Instrument der teilnehmenden Beobachtung ein.[27] Diese Methode
der ethnografischen Wissensgenerierung kann hier nicht im Detail geschil-
dert werden, ermöglicht jedoch eine dichte, vornehmlich mikroanalytisch
ausgerichtete und die subjektiven Dimensionen der Akteurinnen ins Zentrum rückende Beschreibung und Analyse transnationaler Migrationsprozesse. Die Ergebnisse ihrer Studie resümierend geht Sabine Hess der Frage
nach, ob das im amerikanischen Raum entwickelte Konzept der Transmigration anhand ihrer empirischen Befunde für den europäischen Wande-
rungsraum konkretisiert werden kann.

Sie konnte feststellen, dass die Frauen eine „Lebenspraxis der zwei Stand-
beine"[28] entwickelt hatten, die es ihnen gestattete, den transnationalen Raum
in seiner Breite taktisch auszunutzen und jeweils abzuwägen, wo die Chancen
gerade am günstigsten waren. Im Prozess des Aufenthaltes und Abgleichens
der Chancen in der Slowakei und in Deutschland veränderten sich aber auch
die Frauen selbst. Zunehmend wurden Selbständigkeit und Autonomie wichtige Wertorientierungen, denen ein breites und heterogenes Motivspektrum
zugrunde lag. Aus kultureller Perspektive spielte dabei auch die „Freiheit
zum Konsum" von Freizeitmöglichkeiten, Bilderwelten und Waren, die von

---

[27] Hess (2005), S. 14 ff.
[28] a.a.O., S. 226

den Frauen auch als visueller Konsum und als soziale Räume genossen wurden, eine wichtige Rolle. Diese Orientierungen stellen eine Art Gegenwelt
zum heimatlichen Kontext eines eng integrierten Familienlebens dar, dessen
Beengtheit durch sozioökonomische Deprivationen oft noch verschärft wurde. Dies könnte auch so gedeutet werden, dass der Lebenszusammenhang
der Frauen einen Modernisierungsschub erfahren hat.

Hess konnte auch nachweisen, dass die jungen Frauen bei vorrückendem
Aufenthalt in Deutschland mit den europäischen Migrationsregimen immer
vertrauter wurden und die sich aus Arbeitsmarkt und rechtlichen Bedingungen ergebenden restriktiven Beschäftigungschancen immer realistischer
einzuschätzen wussten. Die damit oft einhergehende soziale Deklassierung
wurde zumindest temporär in Kauf genommen.[29]

Hess beobachtet so die Entstehung feminisierter transnationaler Räume
als kreative Reaktion auf die Lebensverhältnisse in Osteuropa und die Ein-
wanderungspolitiken Westeuropas. Vom Idealtypus eines(r) erfolgreichen
Transmigranten(in), der/die in beiden Kontexten über dauerhafte und institutionelle Verankerungen verfügt und gleichermaßen zu Hause ist, weichen die Praktiken jedoch ab, vielmehr sind die Frauen eher der Kategorie
der „permanenten TransmigrantInnen"[30] zuzurechnen, die eine Pendel- und
Zirkelmigration praktizieren. Hess zieht daraus folgenden Schluss:

> Dieser Aspekt des Gehaltenseins zu permanenten „cross-border-movements"
> scheint mir eine viel zentralere Beschreibungskategorie für die neuen, mobilen
> Migrationsbewegungen nach 1989 in Europa abzugeben, als die Perspektive, den
> Integrationsgrad zur zentralen Meßlatte zu erheben.[31]

Die „permanenten TransmigrantInnen" richten ihr Handeln, ihre Entscheidungen und Selbstidentifikationen je nach „Thema" und „Situation"
an beiden Kontexten aus und machen sie somit zum Referenzpunkt ihrer
Lebensplanungen. Es kommt zu transnationalen Existenzweisen, welche die
nationalstaatliche Souveränität „unterwandern" und neue, post-nationale
alltagskulturelle Lebenszusammenhänge hervorbringen.

4. RESÜMEE UND AUSBLICK

Die neuen Transparadigmen zeichnen sich ganz allgemein dadurch aus, dass
sie in Bezug auf Migration eine analytische Optik einnehmen, mit der die zunehmende Intensität und das steigende Ausmaß des zirkularen Flusses von
Waren, Informationen, aber auch Menschen im Zuge der Globalisierung

---

[29] a.a.O., S. 234
[30] a.a.O., S. 236
[31] a.a.O., S. 236

verdeutlicht werden sollen. Da eine einfache Übertragung amerikanischer
Forschungsergebnisse auf Europa höchst problematisch wäre, ist man seit
einiger Zeit bemüht, einen theoretischen Bezugsrahmen für die Analyse transnationaler Migration im europäischen Raum zu spezifizieren und
zu strukturieren. Des Weiteren werden erste, für den EU-Raum noch sehr
spärlich vorliegende, empirische Studien zu den neuen Migrationsansätzen
vergleichend analysiert. Sowohl der theoretische Bezugsrahmen der Transparadigmen wie auch dessen empirische Überprüfung weisen Forschungs-
lücken auf. Sie werden nachstehend spezifiziert und sollen Anregungen für
weiterführende Forschungen geben.

Unbefriedigend ist derzeit noch die Unschärfe der Begriffsbildung in den
Transparadigmen sowie der „Mehrwert" der Paradigmen in Relation zu anderen Eingliederungsmodellen; daher ist die Spezifizierung von Begriffen
und Paradigmen in vergleichender Perspektive ein wesentlicher Forschungs-
schwerpunkt:

- Was genau ist unter dem Begriff transnationale Migration zu verstehen? Ist es sinnvoll, diesen durch transstaatliche Migration zu ersetzen? Wie lässt er sich von transnationaler Pendelwanderung abgrenzen?
  Welcher MigrantInnentypus bzw. welche MigrantInnentypen sind damit gemeint? Wie bedeutsam ist quantitativ betrachtet ihr Anteil an den
  Migrationsströmen?
- Welche Gemeinsamkeiten respektive Unterschiede weisen die bislang
  entwickelten Transparadigmen auf? Wie ist ihre empirische Basis beschaffen? Beruhen die Paradigmen auf nur wenigen empirischen Studi-
  en, die immer wieder als Beleg angeführt werden? In welcher Beziehung
  stehen sie zu anderen Modellen wie Assimilation oder ethnischer Pluralismus?

Die Konzentration der neuen Transparadigmen auf „plurilokale transnationale Sozialräume", in denen sich transnationale Lebenswirklichkeiten
aufspannen,[32] hat dazu geführt, dass die sozialstrukturellen und sozialkulturellen Rahmenbedingungen, bezogen auf Herkunfts- und Zielland, in den
Hintergrund getreten sind. Es ist notwendig, diese Perspektiven in die neuen
Ansätze sowohl theoretisch wie empirisch zu integrieren:

- Welches sind die sozialstrukturellen und sozialkulturellen Bedingungen
  der transnationalen Migration? (sozialstrukturell: Wirtschaftsstruk-
  tur/Wirtschaftslage und die sich daraus ergebenden Erwerbschancen;

---

[32] Pries, Ludger (2003): Transnationalismus, Migration und Inkorporation. Herausforderungen an Raum- und Sozialwissenschaften. In: Geographische Revue
5. S. 26 ff.

rechtliche/politische Rahmenbedingungen verleihen unterschiedliches soziales Kapital; Nutzung moderner Transport-, Kommunikations- und Informationstechnologien für Kontakte zwischen Herkunfts- und Zielland; sozialkulturell: kulturelles Kapital in Form von Bildung, Sprachkenntnissen, Kommunikations- und Sozialkompetenz; Verfügbarkeit ethnischer Netze, Überwindung sozialkultureller Distanzen bedingt durch Heimatbewusstsein und weltanschaulich-religiöser Prägung)
• Spezifischer sozialstruktureller Aspekt: Wie lassen sich Einsichten der transnationalen Migration mit einer Analyse der EU-Migrationspolitik verbinden? (z. B. Gefahr der Entstehung devianter Subkulturen bei Einreise mit Touristenvisum und Fehlen regulärer Aufenthalts- und Arbeitserlaubnis; Zunahme temporärer Migrationsformen wie Saisonarbeit, Werkvertragsarbeit durch EU-Migrationspolitik)

Die empirische Basis der Transparadigmen ist im europäischen Kontext noch vergleichsweise dünn. Es fehlen Studien über die Auswirkungen transnationaler/transstaatlicher Migration auf Identitätskonstruktionen und Lebenskontexte von TransmigrantInnen sowie auf Herkunfts- und Zielland.

• Kommt es zur Emergenz pluraler (transnationaler/hybrider) Identitäten? Kommt es zu supranationalen Identitätskonstruktionen? Befördert dies die Herausbildung einer europäischen Identität? In welchem Verhältnis stehen diese zu nationalen Identitätskonstruktionen?
• Kommt es zur Herausbildung transnationaler Familien (zwei Haushalte mit grenzüberschreitender Mobilität, z. B. Besuche zu familiären Anlässen wie Taufe, Einschulung der Kinder, Hochzeit, Todesfall) und transnationaler Netzwerke/Gemeinschaften?
• Kommt es zur Erosion räumlich gebundener sozialer Welten und zur Herausbildung transnationaler sozialer Räume, die nicht an staatliche Grenzen gebunden sind – etwa im Bereich von Ökonomie, Politik, Kultur?
• Welche sozialstrukturellen Effekte, negativ wie positiv, hat die transnationale Migration in den Herkunfts- und welche in den Zielländern? Z. B. in den Herkunftsländern Entzug von Humankapital, in den Zielländern Verdrängungsprozesse bei einheimischen ArbeitnehmerInnen, in den Herkunftsländern Steigerung des Konsumniveaus durch Geldtransfers aus dem Ausland, in den Zielländern Abdeckung von Segmenten, in denen notwendige Aufgaben nur mit Hilfe von ArbeitsmigrantInnen erbracht werden können, so etwa häusliche Dienste oder Pflegeleistungen.

LITERATUR

Basch, Linda/Glick-Schiller, Nina/Szanton Blanc, Cristina (1994): Nations Unbound. Transnational Projects, Postcolonial Predicaments, and Deterritorialized Nation-States. Gordon and Breach Publishers Group

Faist, Thomas (2000) (Hrsg.): Transstaatliche Räume. Politik, Wirtschaft und Kultur in und zwischen Deutschland und der Türkei. Bielefeld: Transcript

Fassmann, Heinz (2002): EU-Erweiterung und Arbeitsmigration nach Österreich und Deutschland. Quantitative Vorhersagen und aktuelle Entwicklungstendenzen. In: IMIS-Beiträge, Heft 19/2002. S. 65–88

Fassmann, Heinz (2003): Transnationale Pendelwanderung. Polen in Wien. In: Acham, Karl/Scherke, Katharina (Hrsg.): Kontinuitäten und Brüche in der Mitte Europas. Studien Zur Moderne Bd. 18. Wien: Passagen. S. 57–77

Fürstenberg, Friedrich (2005): Soziale Aspekte der transnationalen Pendelwanderung. In: Sterbling, Anton (Hrsg.): Migrationsprozesse. Probleme von Abwanderungsregionen und Identitätsfragen. Hamburg: Krämer. S. 19–31

Han, Petrus (2005): Soziologie der Migration. Erklärungsmodelle, Fakten, Politische Konsequenzen, Perspektiven. 2. überarbeitete und erweiterte Auflage. Stuttgart: Lucius & Lucius

Hess, Sabine (2005): Globalisierte Hausarbeit. Au-pair als Migrationsstrategie von Frauen aus Osteuropa. Geschlecht und Gesellschaft Bd. 38. Wiesbaden: VS Verlag für Sozialwissenschaften

Portes, Alejandro/Guarnizo, Luis E./Landolt, Patricia (1999): The study of transnationalism: pitfalls and promise of an emergent research field. In: Ethnic and Racial Studies, Volume 22 Number 2/1999. pp. 217–237

Pries, Ludger (1997): Neue Migration im transnationalen Raum. In: ders. (Hrsg.): Transnationale Migration. Soziale Welt: Sonderband 12. Baden-Baden: Nomos-Verlagsgesellschaft. S. 15–44

Pries, Ludger (2001): Internationale Migration. Bielefeld: Transcript

Pries, Ludger (2003): Transnationalismus, Migration und Inkorporation. Herausforderungen an Raum- und Sozialwissenschaften. In: Geographische Revue 5. S. 23–39

Scheuringer, Brunhilde (1996): Bewahrung von Identität in der Fremde. In: AWR-Bulletin. Vierteljahresschrift für Flüchtlingsfragen, Jg. 34 (43) Heft 4/1996. S. 192–199

Waldinger, Roger/Fitzgerald, David (2004): Transnationalism in Question. In: American Journal of Sociology, Volume 109 Number 5/2004. pp. 1177–1195

Transnationale Migration:
Analyseebenen und mögliche empirische Zugänge

Wolfgang Aschauer

1. Zur Ausgangslage transnationaler Migrationsforschung

Die Globalisierung und Europäisierung von wirtschaftlichen, sozialen, kulturellen und politischen Verflechtungsbeziehungen bringt qualitativ neue Anforderungen mit sich. Die Soziologie sollte bisherige Vorstellungen, dass moderne Gesellschaften nur als nationalstaatlich organisiert beforscht werden, hinterfragen. In Europa sind zurzeit Fragen eines europäischen Gesellschaftsmodells relevant, weil die europäischen Staaten in eine weitgehend noch unerforschte „europäische Gesellschaft" eingebettet sind. Um Konfliktlinien zu Beginn des 21. Jahrhunderts zu entschlüsseln, ist es nach Beck (2005) notwendig, Kämpfe um die Anerkennung und Verteilung von Rechten global, transnational und national sozialwissenschaftlich abzubilden. Im Kontext des *methodologischen Kosmopolitismus* sollten neue, empirisch analysierbare, Dimensionen gefunden und miteinander verschmolzen werden. Beck betont in aktuellen Publikationen, dass trennscharfe Kategorien, die ein Entweder-oder implizieren, zunehmend durch das Prinzip des Sowohl-als-auch ersetzt werden sollten.[1] Auch die Migrationssoziologie müsste in ihren Analysen verstärkt die Dimensionen des Innen *und* des Außen, des *sowohl* AusländerIn *als auch* InländerIn und der Inklusion *und* Exklusion berücksichtigen.

Ein Konzept, das diesen Forderungen Rechnung trägt, stellt die Theorie der *transnationalen Migration* dar. Pries (1997, 2001a, b)[2], der diese Theorie im deutschsprachigen Raum geprägt hat, fasst Transmigration als „einen bedeutsamer werdenden Idealtypus internationaler Wanderungsbewegungen auf, bei dem der Wechsel zwischen Orten in verschiedenen National-

---

[1]   Vgl. Beck, Ulrich (2005): Europäisierung – Soziologie für das 21. Jahrhundert. In: Bundeszentrale für politische Bildung (Hrsg.): Aus Politik und Zeitgeschichte. Beiträge zur Wochenzeitung: „Das Parlament", S. 3–11.

[2]   Von Ludger Pries liegen zahlreiche Veröffentlichungen zur transnationalen Migration vor. In diesem Beitrag bezog sich der Autor auf folgende Arbeiten: Pries, Ludger (1997): Neue Migration im transnationalen Raum. In: ders. (Hrsg.): Transnationale Migration (Soziale Welt: Sonderband 12). Baden-Baden; Pries, Ludger (2001a): Internationale Migration. Bielefeld; Pries, Ludger (2001b): Migration und Integration in Zeiten der Transnationalisierung oder: Warum braucht Deutschland eine „Kulturrevolution"? In: Zeitschrift für Migration und soziale Arbeit, Heft 1, S. 14–19.

gesellschaften keine einmalige bzw. vorübergehende Ausnahmeerscheinung, sondern wiederkehrender Bestandteil von (Über-)Lebensstrategien ist".[3]

Kontakte zwischen Herkunfts- und Ankunftsregion werden durch die Herausbildung von langfristig angelegten *transnationalen Sozialräumen* gestaltet. In diese Räume fließen sowohl sozialstrukturelle Elemente als auch Identifikationen aus beiden Gesellschaften ein. Die daraus resultierenden Identitätskonzepte sind als hybrid zu bezeichnen, weil Elemente der Herkunfts- *und* der Ankunftsregion aufgenommen und zu etwas Neuem transformiert werden.[4]

Die Bedeutungszunahme von Transmigration und TransmigrantInnen – auch in der soziologischen Forschung – bedeutet keineswegs, dass die klassischen Formen von Wanderungsprozessen, also die dauerhafte Integration in die Ankunftsregion oder die Rückkehr in die Herkunftsregion, obsolet geworden sind. Die meisten Migrationsströme lassen sich in diese Kategorien einordnen. Eine Ergänzung um die Analyse der *transnationalen Sozialräume* und des neuen Wanderungstyps der *Transmigration*, gerade im Blickwinkel neuartiger Pendelbewegungen und der Binnenmigration innerhalb der Europäischen Union, ist jedoch dringlich gefordert. MigrantInnen, vorwiegend aus neuen EU-Mitgliedern und Beitrittskandidaten, bilden also ein interessantes Sample, weil zahlreiche Phänomene, die für den europäischen Transformationsprozess richtungweisend sind, beispielhaft analysiert werden können. Im positiven Fall (Inklusion) können sich Identitätskonzepte verschieben, hybride und erweiterte Formen annehmen und signifikant zur Entwicklung einer europäischen Gesellschaft beitragen. Im negativen Fall, wenn die soziokulturelle Distanz bestehen bleibt, kann sowohl bei MigrantInnen als auch innerhalb der Residenzgesellschaft eine Abgrenzung erfolgen (Exklusion).

Globalisierung und Transnationalisierung verstärken die ethnische, soziokulturelle und sprachliche Pluralisierung von Sozialräumen. Nicht nur, aber auch als Reaktion hierauf entstehen Regionalisierungs- und Re-Nationalisierungsströmungen, die aber den Prozess grenzüberschreitender wirtschaftlicher, politischer, kultureller und sozialer Pluralisierung nicht aufhalten können.[5] Inwiefern sich diese gegensätzlichen Prozesse sozialstrukturell und soziokulturell auf Herkunfts- und Aufnahmeländer auswirken, ist derzeit noch eine offene Frage. Deswegen fokussiert dieser Beitrag auf Bedingungen und Auswirkungen transnationaler Migration und versucht im Speziellen Analyseebenen auf sozialstruktureller und kultureller Ebene bereitzustellen.

---

[3]   Pries, Ludger (2001b): Migration und Integration in Zeiten der Transnationalisierung oder: Warum braucht Deutschland eine „Kulturrevolution"? In: Zeitschrift für Migration und soziale Arbeit, Heft 1, S. 14.
[4]   Vgl. Pries (2001b), S. 15ff.
[5]   Vgl. a.a.O., S. 16.

2. SOZIALSTRUKTURELLE ANALYSEEBENEN

Aus soziologischer Perspektive sind die sozialstrukturellen Bedingungen und Auswirkungen transnationaler Migration zentrale Kategorien, zwischen denen vielfältige Wechselwirkungen bestehen.

Verwiebe (2004) legte eine Studie zu den sozialstrukturellen Effekten der Europäisierung vor. Seine Theorie transnationaler Mobilität postuliert, dass sich soziale Mobilität innerhalb Europas als Verknüpfung von gesellschaftlichen Institutionen und individuellem Lebensverlauf vollzieht. Bezüglich der Auswirkungen transnationaler Migration geht Verwiebe von einer „Standardinklusion" aus. Durch transnationale Migration wird zwar das Ungleichheitsgefüge von Nationalstaaten verändert, jedoch findet durch die europäische Binnenmigration keine Polarisierung oder Nivellierung statt. Es kommt für transnationale MigrantInnen und auch für Herkunfts- und Ankunftsgesellschaften nicht zu gravierenden Veränderungen, weil der europäische Arbeitsmarkt nach ähnlichen Prinzipien wie nationale oder regionale Arbeitsmärkte funktioniert.[6]

Weil auch Verwiebes Theorie transnationaler Mobilität Rückkoppelungseffekte nur peripher behandelt, sollen in diesem Beitrag je nach Ausgangsbedingungen transnationaler Migration mögliche Effekte auf Herkunfts- und Ankunftsländer diskutiert werden.[7] Es wird ein Modell vorgeschlagen, das strukturelle Bedingungen und Auswirkungen transnationaler Migration in Beziehung setzt.

*Tabelle 1: Sozialstrukturelle Bedingungen und Auswirkungen auf
Aufnahme- und Herkunftsgesellschaften*

Bedingungen transnationaler Migration	Mögliche Auswirkungen Ankunftsländer	Mögliche Auswirkungen Herkunftsländer
Wirtschaftliche Bedingungen / Globalisierung	Sozioökonomische Disparitäten	Brain Drain und Brain Gain
Rechtliche und politische Bedingungen	Migrations- und Asylgesetze, Arbeits- und Aufenthaltserlaubnis	Reintegrationsversuche der EmigrantInnen
Technologische Bedingungen (Transport, Kommunikations- und Informationstechnologien)	Zunehmende soziokulturelle Vernetzungen	Entgrenzung von Räumen, transnationale Identitäten
Grenzüberschreitende Mobilität	Stärkere Arbeitsmigration aus grenznahen Regionen	Wandel sozialer Kohäsion

---

[6] Vgl. Verwiebe, Roland (2004): Transnationale Mobilität innerhalb Europas. Eine Studie zu den sozialstrukturellen Effekten der Europäisierung. Berlin, S. 196ff.

[7] Skizzierte Folgen transnationaler Migration auf Herkunfts- und Aufnahmegesellschaften stellen nur hypothetische Annahmen dar, die einer empirischen Überprüfung zugänglich werden. Das Modell soll in erster Linie dazu dienen, mögliche Analyseebenen für Studien zur Transformation in Europa im Hinblick auf Migrationsprozesse bereitzustellen.

Wirtschaftliche Bedingungen

Die veränderten Wirtschaftsbedingungen, insbesondere die in den 1990er-
Jahren einsetzende Globalisierung, werden als ausschlaggebend für die
transnationale Migration angesehen. Die Vermehrung transnationaler Unternehmen schafft neue Migrationsbewegungen hochgebildeter Fachkräfte.
Zusätzlich wird die Nachfrage nach Arbeitskräften tendenziell immer grenzüberschreitender und dies nicht nur nach billigen und willigen Arbeitskräften, sondern insbesondere auch nach hoch ausgebildeten Fachkräften.[8]
    Innerhalb der Ankunftsländer könnten mittelfristig durch verstärkte Ar-
beitsmigration die sozioökonomischen Disparitäten steigen, wobei vielfach
die gesellschaftliche und institutionelle Umwelt über den sozioökonomischen Beitrag der MigrantInnen zur Wirtschaftskraft des Landes entscheidet.[9] Verwiebe (2004) geht von zwei Szenarien aus, wie die soziale und ökonomische Integration in die deutsche Gesellschaft nach der vollständigen
Integration der osteuropäischen Nationen in die Europäische Union von-
statten gehen könnte. Ein erstes Szenario nimmt eine Unterschichtung der
deutschen Sozialstruktur an. TschechInnen, PolInnen oder SlowenInnen
würden weitgehend unabhängig von ihren Qualifikationen in „schlecht"
bezahlten Segmenten des Arbeitsmarktes mit Einheimischen konkurrieren und dabei Statusminderungen in Relation zur Position im Heimatland
hinnehmen müssen. Nach einem zweiten, als realistischer angesehenen Szenario würden OsteuropäerInnen mittelfristig von der Anerkennung beruflicher Qualifikationsabschlüsse profitieren und in allen Segmenten des Arbeitsmarktes mit Deutschen konkurrieren. Dies würde den Druck auf die
mittleren Schichten der deutschen Sozialstruktur erhöhen bzw. einen Ver-
drängungsmechanismus in Gang setzen. Im Übrigen wird nach der vollen
rechtlichen Integration der neuen osteuropäischen Mitgliedsstaaten aber
nur mit einer moderaten Wanderung aus diesen Ländern gerechnet.[10]
    Ein anderer, konzeptueller Ansatz verdeutlicht, wie sich die Transmi-
gration von Bildungs- oder Wirtschaftseliten auf die Herkunftsländer auswirken kann. Das Konzept des „Brain Gain" betont den positiven Effekt der
Remigration. Wenn Anreize im Herkunftsland geschaffen werden, Migrant-
Innen in den Aufnahmeländern eine gute sozioökonomische Position aufweisen und Netzwerke zwischen beiden Ländern vorhanden sind, kann sich

---

[8] Vgl. Faist, Thomas (2000) (Hrsg.): Transstaatliche Räume. Politik, Wirtschaft
     und Kultur in und zwischen Deutschland und der Türkei. Bielefeld, S. 39.
[9] Vgl. International Organization of Migration (2005) (Ed.): World Migration
     2005, report, p. 19ff.
[10] Vgl. Verwiebe (2004), S. 196ff.

die Abwanderung von Eliten durch deren Rückkehr mittel- und langfristig auf das Herkunftsland positiv auswirken.[11]

Rechtliche und politische Bedingungen

Um die transnationale Migration analysieren und auch prognostizieren zu können, ist es unabdingbar, die politischen und rechtlichen Rahmenbedingungen zu berücksichtigen. Aufenthaltsbeschränkungen verhindern die dauerhafte legale Niederlassung und verstärken den Zuzug von temporären Arbeitskräften. Transnationale Felder und Identitäten können nur entstehen, wenn die juristischen Regelungen der jeweiligen Aufnahmeländer diese Bewegungen zulassen und fördern.[12] Die Entsendestaaten wiederum dürften durchaus ein Interesse haben, die Kontakte zu den ehemaligen StaatsbürgerInnen aufrechtzuerhalten. Vor allem bei qualifizierten MigrantInnen versuchen die Herkunftsländer, von den technischen und unternehmerischen Qualifikationen, die im Aufnahmeland angeeignet werden, zu profitieren. Die ethnische Heimatbindung wird deswegen häufig politisch und gesetzlich gefördert.[13]

Technologische Bedingungen

Technologische Entwicklungen bewirken, dass multilokale Bezugspunkte für transnationale MigrantInnen geschaffen werden. Selbst große Entfernungen wirken nicht mehr als Barriere, weil ihre Überwindung technisch leicht möglich und kostengünstig ist. Durch den motorisierten Individualverkehr und vor allem durch billige Flugverbindungen pendeln viele ArbeitsmigrantInnen zwischen zwei kulturell verschiedenartigen Welten. Moderne Kommunikationstechnologien wie das Internet schaffen zusätzliche transnationale Netzwerke, durch die PendlerInnen ortsunabhängig mit zahlreichen Personen aus der Heimat in Kontakt bleiben können. Im Idealfall erfolgt eine Integration in und Identifikation mit beiden Nationen, wodurch einerseits die soziokulturellen Vernetzungen mit der Residenzgesellschaft zunehmen, andererseits der Erfahrungsaustausch mit der Herkunftsge-

---

[11] Vgl. Hunger, U. (2004): „Brain Gain". Theoretical Considerations and Empirical Data of a New Research Perspective in Development and Migration Theory. IMIS Beiträge, S. 14ff.

[12] Vgl. Waldinger, R. & Fitzgerald, D. (2004): Transnationalism in Question. American Journal of Sociology, 109 (5), p. 1178.

[13] Vgl. Han, Petrus (2005): Soziologie der Migration, 2. Auflage. Stuttgart, S. 75.

sellschaft aufrechterhalten wird. MigrantInnen, die für sich transnationale Räume entwickelt haben, schätzen im Idealfall die positiven Aspekte ihrer Heimat- wie auch ihrer Residenzkultur, so dass es ihnen gelingt, in beiden Nationen integriert zu sein.[14]

Grenzüberschreitende Mobilität

Je unbürokratischer nationale Grenzen passiert werden können, desto eher werden Migrationsbewegungen für Angehörige der Beitrittsländer und -kandidaten attraktiv. Vor allem aufgrund ökonomischer Disparitäten (Einkommensgefälle zwischen neuen und alten EU-Staaten) wird eine Zunahme der Pendelbewegungen erwartet. In grenznahen Regionen ist es zudem möglich, nur den Arbeitsort und nicht den Wohnort zu verlegen.[15] Fürstenberg[16] betont jedoch, dass die grenzüberschreitende Mobilität auch mit einer sozialstrukturellen Marginalisierung einhergehen kann. PendlerInnen in zwei Kulturen müssen unterschiedliche soziokulturelle Verhaltensmuster vereinbaren, verschiedenartige Rollen annehmen und komplexe Anpassungen an die neue Lebenssituation vornehmen. ArbeitsmigrantInnen in grenznahen Regionen können Entfremdungsprozessen ausgesetzt sein und somit auch die soziale Kohäsion am Heimatort gefährden. In Tschechien demonstriert eine Studie, dass durch die höheren Einkommen der PendlerInnen die zwischenmenschlichen Beziehungen am Wohnort von Neid und Missgunst geprägt sind.[17]

3. SOZIOKULTURELLE ANALYSEEBENE

Aktuelle Entwicklungen eines „Strukturwandels ohne Öffentlichkeit" in Europa, einer fehlenden Präsenz und Wichtigkeit der Europäischen Union in den Köpfen der Menschen, weisen insbesondere auf den Bedarf einer Analyse kultureller Entwicklungen hin. Zu fragen ist, inwiefern der kulturelle Hintergrund bzw. die Nationalität als Orientierungssystem und Abgrenzungsmodus dient, wie Fremdheit und Intoleranz gesellschaftlich konstru-

---

[14] Vgl. Goeke, Pascal (2004): Transnational Migratory Identities between Nuremberg, Serbia, Croatia and Bosnia-Herzegowina. IMIS Beiträge, 24, S. 191–201.
[15] Vgl. Fassmann, Heinz (2003): Transnationale Pendelwanderung. Polen in Wien. In: Acham, K. & Scherke, K. (2003): Kontinuitäten und Brüche in der Mitte Europas. Studien zur Moderne 18. Wien, S. 60.
[16] Vgl. Fürstenberg, Friedrich (2006): Soziale Aspekte der transnationalen Pendelwanderung. In: Sterbling, Anton (Hrsg.): Migrationsprozesse. Probleme von Abwanderungsregionen und Identitätsfragen. Hamburg, S. 19–31.
[17] Vgl. Vavrecjiva, Fischlova & Janata (2002), zit. nach Fürstenberg, a.a.O., S. 22.

iert werden und wie Konzepte der Multikulturalität und der Entstaatlichung
der Kultur im Integrationsprozess Akzeptanz erfahren könnten. Ein gang-
barer Weg, diese Veränderungen festzustellen, ist, einerseits die kulturelle
Ebene von Migrationsbewegungen zu analysieren und andererseits in die
individuelle Perspektive der MigrantInnen selbst einzutauchen. Da die traditionelle Transformationsforschung diese weichen Bereiche vernachlässigt
und auch die Theorie der transnationalen Migration nur ein mangelhaftes
empirisches Gerüst aufweist, wird vor allem dieser Zugang als Chance zu
neuen Erkenntnissen gesehen. Empirische Daten über transnationale MigrantInnen können wichtige Indikatoren liefern, inwieweit ein Modell der
grenzübergreifenden Expansion sozialer Räume[18] und das Konzept der pluralen (hybriden) Identitäten[19] für Europa relevant sind.

Tabelle 2: Soziokulturelle Bedingungen und Auswirkungen auf
Aufnahme- und Herkunftsgesellschaften
Status der MigrantInnen

Bedingungen transnationaler Migration	Mögliche Auswirkungen alte EU-Staaten	Mögliche Auswirkungen neue EU-Staaten
Vorhandener Status (rechtlich, beruflich, familiär → kulturelles Kapital)	Inklusions- vs. Exklusionstendenzen der MigrantInnen, Entstehung von Subkulturen	
Verfügbarkeit ethnischer Netze	Hybride/plurale vs. nationale Identitäten	
Überwindung soziokultureller Distanzen (Heimatbewusstsein, weltanschaulich-religiöse Prägung)	Wandel von Werthaltungen, Vernetzung kultureller Merkmale	

Fürstenberg[20] betont, dass der Status der MigrantInnen innerhalb der Residenzgesellschaft wesentlich für die Herausbildung von Netzwerkbeziehungen
ist. Rechtlich verleiht der Einreisestatus dem Träger soziales Kapital, beruflich zeigt sich sektoral und geschlechtsspezifisch eine Schwerpunktbildung
(männliche Arbeitskräfte im Bausektor und weibliche im Dienstleistungssek-
tor, beispielsweise im Gastgewerbe oder in Pflegebetrieben). Je nach Status
zeigt sich, dass in der Residenzgesellschaft Vorurteile vorhanden sein können, vor allem bei großer kultureller Distanz und wenn ausländische Arbeitskräfte in Konkurrenz zum einheimischen Arbeitsmarkt geraten.[21] Besonders
türkische MigrantInnen haben oft einen abgewerteten kulturellen Status

---

[18] Siehe Faist (2000), S. 349.
[19] z. B. Fassmann (2003)
[20] Vgl. Fürstenberg (2006), S. 20.
[21] Vgl. IOM (2005), S. 167–170.

und fühlen sich auch besonders häufig Diskriminierungen ausgesetzt.[22] Im Falle der transnationalen Migration sind überdies Individualisierungs- und Entfremdungsprozesse zu beiden Gesellschaften zu beobachten, woraus die Herausbildung von MigrantInnen-Subkulturen resultieren kann.[23]

Ethnische Netze

Eine wichtige Voraussetzung transnationaler Pendelbewegungen stellen ethnische Netze dar. Vor allem im Bereich des irregulären Arbeitsmarktes wäre die Vermittlung von Angebot und Nachfrage ohne ethnisches Netz nicht vorstellbar. Je größer die Gruppe und je loyaler die Netzwerkbeziehungen, desto mehr Sicherheit wird den PendlerInnen geboten.[24] Gerade ethnische Netze, deren Bedeutung im Falle einer zunehmenden Arbeitsmigration steigen wird, bieten Ansatzpunkte eines Austausches zwischen den Herkunfts- und Aufnahmeländern. Sie geben Sicherheit und Halt, eröffnen aber gerade dadurch auch Perspektiven, sich aus einer abgesicherten Position heraus mit der Residenzgesellschaft auseinanderzusetzen. In diesem Fall postuliert das neue Paradigma der transnationalen Migration das Entstehen hybrider oder pluraler Identitäten als „... Gleichzeitigkeit von Rückbesinnung und gesellschaftlicher Anpassung".[25] Sollten die ethnischen Netze in Konflikt mit der Residenzgesellschaft geraten, könnten sie jedoch auch den Nährboden für ein Erstarken nationaler Identitäten bilden.

Überwindung soziokultureller Distanzen

Die letzte soziokulturelle Bedingung transnationaler Migration bezieht sich auf individuelle Migrationsentscheidungen. Jede Migration ist mit einem schwierigen Anpassungsprozess und einer notwendigen Veränderung traditioneller Verhaltensmuster verbunden.[26] Die zunehmenden Kontakte zwischen benachbarten Nationen können auch innerhalb der Majorität (Residenzgesellschaft) zu einer Integration neuartiger kultureller Merkmale führen und beiderseits einen Wandel der Werthaltungen bewirken.

---

[22] Vgl. Kohlbacher, Josef & Reeger, Ursula (2002): Ethnische Segregation aus der Perspektive der Migranten – Gruppenspezifische Einstellungen, Wahrnehmungen und Erfahrungen von Ausländern in Wien. In: Fassmann, Heinz et al. (Hrsg.): Zuwanderung und Segregation. Europäische Metropolen im Vergleich. Klagenfurt, S. 233–256.

[23] Vgl. Fürstenberg (2006), S. 22.

[24] Vgl. Fassmann (2003), S. 62f.

[25] a.a.O. (2003), S. 72.

[26] Vgl. Fürstenberg (2006), S. 28.

Die hier angeführten soziokulturellen Analyseebenen sollten integraler Bestandteil der Migrationsforschung sein. Entscheidet man sich für die Untersuchung kultureller Prozesse, erfordert dies einen mikrosoziologischen, akteurszentrierten Zugang. Empirische Forschungen sollten vor allem in der Lebenswelt der betroffenen BürgerInnen durchgeführt werden. Im folgenden Abschnitt wird gezeigt, wie einzelne der angeführten Analyseebenen einer empirischen Überprüfung zugeführt werden könnten. Es sollen Anhaltspunkte für mögliche Sekundäranalysen und eigene empirische Forschungen gegeben werden.

4. Mögliche empirische Zugänge zur Thematik

Die bisherige Analyse der empirischen Befunde zeigt, dass nur wenige Untersuchungen zu transnationalen MigrantInnen im EU-Raum verfügbar sind und wesentliche Erkenntnisse häufig an Einzelfällen exemplifiziert werden. Aufgrund der Komplexität des Themas steht bisher die qualitative Forschung im Vordergrund[27], wobei der Fokus auf einzelne MigrantInnengruppen (z. B. Studierende, Expatriats, Au-pair Mädchen) gelegt wird. Daher sind gefundene Ergebnisse kaum generalisierbar. Auch quantitative Studien nähern sich der Thematik nur aus spezifischen Blickwinkeln und bilden deshalb nur einen kleinen Ausschnitt der Wirklichkeit transnationaler Räume ab.[28] Es gibt sowohl im europäischen als auch im anglo-amerikanischen Raum nur wenige empirische Studien, die sich dem Forschungsgebiet systematisch und theorieorientiert nähern und mehrere MigrantInnengruppen analysieren.[29]

---

[27] Qualitative Forschungen, die bisher zu transnationalen MigrantInnen durchgeführt wurden, sind beispielsweise in Goeke, Pascal (2004): Transnational Migratory Identities between Nuremberg, Serbia, Croatia and Bosnia-Herzegowina. IMIS Beiträge, 24; Hess, S. (2005): Globalisierte Hausarbeit: Au-pair als Migrationsstrategie von Frauen aus Osteuropa. Wiesbaden; oder Nagel, C. (2005): Skilled migration in global cities from „Other" perspectives: British Arabs, identity politics and local embeddedness. Geoforum, 36.

[28] Beispiele für quantitative Studien sind Fassmann (2003); Kohlbacher & Reger, 2002; Vavrecjiva, Fischlova & Janata (2002), zit. nach Fürstenberg (2006); und Verwiebe (2004).

[29] Wenn Studien zur transnationalen Migration durchgeführt werden, wäre eine Kooperation mit Einrichtungen, die sich schwerpunktmäßig mit Migration beschäftigen, wünschenswert. In Österreich gibt es das Forum für Migrationsstudien in Wien, dessen Ziel u.a. die Sammlung und inhaltliche Aufarbeitung existierender Daten, Statistiken, Berichte sowie Forschungsarbeiten zum Thema Migration ist. Auch über nationale Grenzen hinweg wären Kooperationen mit deutschsprachigen (z. B. IMIS – Institut für Osteuropaforschung sowie Institut für Migrationsforschung und interkulturelle Studien) und internationalen Einrichtungen (z. B. International Organization of Migration) möglich.

Während klassische Migrationsforschung in der Regel auf eine Mikro-
ebene (individuelle AkteurInnen oder Haushalte) *oder* eine Makroebene
(massenstatistische Datenanalysen) und auf die Herkunftsregionen *oder* die
Ankunftsregionen fokussiert war, sollten sich neue Migrationsstudien auf
„Zwischenlagen", auf eine Meso-Analyseebene und auf Bewegungen und
Sozialräume *zwischen* bzw. *oberhalb* der Herkunfts- und Ankunftsregionen
konzentrieren.

Unter dem Stichwort *Transmigration* werden auf Dauer angelegte Inter-
aktionsnetze untersucht, die sich zwischen verschiedenen Nationalstaaten
aufspannen. Demzufolge entstehen durch transnationale Migration neue
Formen und Inhalte von sozialen Positionierungen der Menschen.[30]

Die Systematisierung *sozialstruktureller* und *soziokultureller gesellschaftlicher Bedingungen* und *Auswirkungen* von transnationaler Migration
demonstriert die Komplexität und Vielschichtigkeit struktureller und kultureller Prozesse. Welche rechtlichen Rahmenbedingungen in Österreich
und den angrenzenden Beitrittsländern vorherrschen, welche soziodemo-
graphischen Faktoren auf transnationale Pendelbewegungen zutreffen und
inwiefern eine verstärkte Arbeitsmigration nach und aus Österreich zu beobachten ist, kann durch eine Analyse bestehender Studien und statistischer
Sekundärdaten erfolgen. Inwiefern transnationale Identitäten gebildet werden, eine zunehmende soziokulturelle Vernetzung in Herkunfts- und Resi-
denzgesellschaften erfolgt und die soziale Kohäsion in grenznahen Gebieten
beeinträchtigt wird, kann dagegen nur mit Methoden der Feldforschung bei
MigrantInnen untersucht werden.

4.1. Sekundäranalytische Forschung:
Aufarbeitung verfügbarer Statistiken und Studien

Sekundäranalysen, die verschiedenste verfügbare Statistiken aus dem erweiterten EU-Raum verwenden, eignen sich im besonderen Maße, um sozialstrukturelle Effekte nachzuweisen. Diese sind Auswertungen statistischen
Materials, das aus verschiedenen Quellen zusammengetragen und unter
neuen Gesichtspunkten analysiert wird.[31] Aus verfügbaren Daten können
auch Indikatoren für neuartige transnationale Prozesse abgeleitet werden.
Besonders bei aktuellen Studien aus der sozialen Ungleichheitsforschung
gilt die programmatische Forderung, „dass nationale und internationale,
vertikale und nicht-vertikale Ungleichheiten alle ein gemeinsames begriff-

---

[30] Vgl. Pries (2001b), S. 17f.
[31] Vgl. Beutelmeyer, W. & Kapitzla, G. (1988): Die Sekundäranalyse. In: E. Roth
(Hrsg.): Sozialwissenschaftliche Methoden. Lehr- und Handbuch für Forschung
und Praxis, 2. Auflage, München, S. 303.

liches und damit theoretisches Dach benötigen".[32] Zahlreiche AutorInnen bemühen sich derzeit, theoretisch überprüfbare Indikatoren der Transnationalisierung und Globalisierung zu bilden. Übereinstimmend werden in ökonomischen Studien als strukturelle Faktoren das Ausmaß der Deindustrialisierung, das Ausmaß direkter Investitionen multinationaler Unternehmen, das Ausmaß des Handels zwischen Nord und Süd und der Einfluss von Migrationsströmen auf das nationale Arbeitskräfteangebot genannt.[33]

Zusätzlich sind auch verstärkte Aktivitäten ersichtlich, EU-Statistiken für transnationale Forschungen aufzugreifen, um den Bezugsrahmen der sozialen Ungleichheitsforschung zu erweitern. Delhey (2006) prüft in diesem Kontext, ob europaweite Ungleichheiten für Einheimische in Deutschland, Ungarn und der Türkei lebensweltlich relevant sind. Seine sekundäranalytische Untersuchung (Euromodul-Daten 1999) orientiert sich an der Referenzgruppentheorie und demonstriert, dass EU-BürgerInnen ihr Land tatsächlich mit anderen Staaten vergleichen und dieser Vergleich – bei einer unterprivilegierten Stellung des Landes – die Lebenszufriedenheit negativ beeinflussen kann.[34]

Migrationsspezifisch könnte anhand zentraler Daten zu temporären Arbeitskräften in den EU-Kernländern gezeigt werden, ob tatsächlich eine Zunahme der Wanderungsbewegungen erfolgt und welche Bedeutung diese für die EU-Kernstaaten aufweist. Durch die Vereinheitlichung wesentlicher Daten von ArbeitsmigrantInnen könnte es gelingen, für einzelne Staaten neue Indikatoren zu transnationalen Wanderungsbewegungen zu bilden.

Zusätzlich bieten nationale Statistikeinrichtungen die Möglichkeit, soziodemographische Daten und Beschäftigungsdaten der ImmigrantInnen zu sammeln, wodurch Aussagen zu Push- und Pull-Faktoren, zur beruflichen und branchenspezifischen Konzentration, zur Segmentierung am Arbeitsmarkt und zur regionalen Verteilung (Bildung ethnischer Minderheiten) möglich werden. Auch bezüglich Werthaltungen und Einstellungen der Residenzgesellschaft können Sekundäranalysen zu fruchtbaren Erkenntnissen führen. Gerhards (2005) untersuchte beispielsweise, ob Gleichheitsideale der EU auch bei den EU-BürgerInnen Anerkennung finden. Anhand von Wer-

[32] Kreckel, Reinhard (1983): Theorie sozialer Ungleichheiten im Übergang. In: R. Kreckel (Hrsg.): Soziale Ungleichheiten. Göttingen, S. 8.

[33] Siehe dazu insbesondere die Publikationen von Alderson, Arthur, S. (1999): Explaining Deindustrialization: Globalization, Failure or Success? American Sociological Review 64, pp. 701–21; Borjas, George J. (2000) (Hrsg.): Issues in the Economics of Immigration, Chicago; Cline, William R. (1997): Trade and Income Distribution, Washington.

[34] Delhey, Jan (2006): Sind europäische Ungleichheiten lebensweltlich relevant? Die Perspektive der Referenzgruppenforschung am Beispiel Lebenszufriedenheit. Abstract zum Kongressbeitrag „Transnationalisierung sozialer Ungleichheit, München.

tevorstellungen bezüglich Gleichheit und Ungleichheit von in- und ausländischen Arbeitskräften (Eurobarometer-Daten) zeigte sich, dass erhebliche kulturelle Unterschiede bestehen und das Gleichheitskonzept der EU nach wie vor keine mehrheitliche Unterstützung bei den BürgerInnen findet.[35]

Sekundäranalysen können interessante und neuartige Erkenntnisse über strukturelle und kulturelle Prozesse liefern. Gerade bei soziokulturellen Messungen (z. B. Werthaltungen bei Gerhards) zeigt sich jedoch auch die Begrenztheit der Anwendung. Bevölkerungsrepräsentative Studien, die einen Gesamtüberblick über vorhandene Einstellungen geben, bilden nur Ausschnitte der empirischen Wirklichkeit bei spezifischen Phänomenen ab. Hier eignen sich selbstständig durchgeführte Feldforschungen eher, um Theorien und Modelle angemessen und differenziert zu operationalisieren.

4.2. Feldforschung mit MigrantInnen: Qualitative und quantitative Zugänge

Im empirischen Zugang sollten sich Forschungen zur Transmigration vorrangig auf „weiche kulturelle Felder" spezialisieren, weil in diesen Bereichen Forschungsdefizite klar erkennbar sind. „Weiche" Analysebereiche im Rahmen transnationaler Migration sind soziokulturelle Prozesse und individuelle Migrationserfahrungen. Transnationale Migration bewirkt „schleichende" Veränderungen von lebensweltlichen Verankerungen. Dies betrifft vielfach die Überwindung soziokultureller Distanzen, sei es in der Frage der Werthaltungen, der Rolle der Religion in der Gesellschaft oder der Thematisierung von Eigenem und Fremdem, Inklusionen und Exklusionen. Qualitative Forschung könnte vorwiegend zur Generierung von Hypothesen über die Bedeutung einzelner Faktoren dienen, quantitative Forschung wäre für die repräsentative Erfassung unterschiedlicher Migrationswege, Bedingungen und Folgen wünschenswert.

4.2.1. Der Zugang zu (transnationalen) MigrantInnen

Insbesondere bei quantitativen Forschungen zu MigrantInnen stellt sich vorab das Problem eines adäquaten Zugangs. Verzichtet man auf die Kriterien der Repräsentativität, wäre es denkbar, mit ethnischen Netzwerken in Kontakt zu treten. Für transnationale MigrantInnen wären dies etwa Vereine oder kirchliche Organisationen. Auch könnten typische Treffpunkte bestimmter MigrantInnengruppen recherchiert und eine Befragung eingeleitet

---

[35] Siehe dazu Gerhards, Jürgen & Höscher, Michael (Hrsg.) (2005): Kulturelle Unterschiede in der Europäischen Union. Ein Vergleich zwischen Mitgliedsländern, Beitrittskandidaten und der Türkei. Wiesbaden.

werden. Der Kontakt zu ArbeitsmigrantInnen im grenznahen Raum könnte über Betriebe erfolgen, die MigrantInnen beschäftigen.

Plant man repräsentative Umfragen, müssen amtliche Statistiken herangezogen oder zur Kontrolle eingesetzt werden. Das PIONEUR-Forschungsprojekt, das von der Europäischen Union umfassend gefördert wurde, versuchte beispielsweise 5.000 EU-MigrantInnen durch Telefoninterviews zu erreichen. Repräsentative Aussagen konnten nur für deutsche, britische, französische, italienische und spanische MigrantInnen gewonnen werden.[36] Verwiebe (2004) erachtete die Stichprobenziehung über die Melderegister des Landeseinwohneramtes Berlin als die beste Alternative für eine schriftliche Befragung. Illegale MigrantInnen und Personen, die in der Zwischenzeit weitergezogen sind, sind somit unberücksichtigt geblieben.[37]

4.2.2. Qualitative Forschung zu den
Besonderheiten neuer Migrationsbewegungen

Um die soziokulturellen Prozesse und individuellen Erfahrungen transnationaler Migration herauszustreichen, sollte jedoch zusätzlich auch qualitative Sozialforschung praktiziert werden. Qualitative Forschung ermöglicht eine tiefgehende Reflexion über den Forschungsgegenstand, authentische Informationen werden von Untersuchungsobjekten bereitgestellt.[38] Sie dient eher der Genese von Theorien, wobei die Aussagen der ProbandInnen zur Theorie „emergieren". Durch die Untersuchung spezifischer sozialer Gruppen und durch die Sammlung von Aussagentypen sollte es gelingen, gegenstandsbezogene Theorien aufzustellen, die zu neuen, allgemeiner gefassten Thesen führen.[39] Somit kann qualitative Sozialforschung unter speziellen MigrantInnengruppen auch zur Herausbildung eines theoretischen Bezugsrahmens für eine umfassende quantitative Erhebung beitragen.

Aus der Perspektive transnationaler MigrantInnen ergeben sich zahlreiche Fragen, die im Rahmen der qualitativen (Vor-)Studie behandelt werden sollen:

• Besteht eine Verankerung in zwei Gesellschaften? Werden aktiv verwandtschaftliche, wirtschaftliche oder politische Beziehungen über nationale Grenzen hinweg gepflegt?

---

[36] Zum PIONEUR–Projekt siehe: URL vom 10.2.2006, http://www.obets.ua.es/pioneur

[37] Vgl. Verwiebe (2004), S. 108.

[38] Vgl. Lamnek, Siegfried (1995): Qualitative Sozialforschung. Bd. 2, Methoden und Techniken. Weinheim, S. 60ff.

[39] Vgl. Glaser/Strauss (1967), zitiert nach Lamnek, Siegfried (1988): Qualitative Sozialforschung. Bd. 1, Methodologie. Weinheim, S. 106ff.

• Werden räumliche (nationale oder kulturelle) Grenzen in der Tat weniger wahrgenommen?
• Wird Transnationalisierung als instabile „Weder-hier-noch-da-Lebenssituation" oder als die Chance wahrgenommen, zwischen Vor- und Nachteilen einzelner nationaler Lebensverhältnisse abzuwägen bzw. als vorteilhaft empfundene Regeln zu befolgen und andere zu umgehen?
• Bedingen transnationale Migrationsprozesse eine duale Identitätsbildung? Kommt es zu hybriden Identitäten?

Zur Überprüfung dieser Forschungsfragen sollten homogene MigrantInnengruppen ausgewählt und verglichen werden. Im Folgenden werden einige Gruppen vorgeschlagen, die sich aufgrund des eher einfachen Zugangs für Forschungen an transnationalen MigrantInnen gut eignen würden.

a) Hochqualifizierte MigrantInnen

Hochqualifizierte MigrantInnen bilden die erste Gruppe, weil sich die Kernaussagen des Konzepts der Transmigration vielfach auf Eliten beziehen. „Expatriats" nehmen zudem eine Sonderstellung ein, weil sie im Gegensatz zu anderen MigrantInnen zumeist willkommen sind und dadurch leichter transnationale Netzwerke aufbauen können.[40] Selbst bei ihnen sind jedoch häufig Entfremdungsprozesse und Karrierestagnationen zu beobachten.[41] Qualitative Forschung könnte zeigen, dass auch unter „Expatriats" unterschiedliche Bedingungen, Wege und Auswirkungen der Migration möglich sind.

b) Studierende im Ausland

Studierende, die einen längerfristigen Auslandsaufenthalt anstreben, sind für die Forschung auf einfachstem Wege zu gewinnen. Zudem stellen sie eine interessante MigrantInnengruppe dar, bei der zahlreiche Annahmen des transnationalen Paradigmas überprüft werden können. Studierende könnten, ähnlich wie Au-pair-Mädchen[42], versuchen, Kontexte aus Herkunfts- und Zielländern strategisch zu nutzen.

In der Diskussion über transnationale Migrationsprozesse wird selten auf niedriger qualifizierte MigrantInnen eingegangen, die nicht die Möglichkeit haben, als kalkulierende KosmopolitInnen aufzutreten.[43] Es wäre

---

[40] Vgl. Nagel (2005), S. 197f.
[41] Vgl. Robinson & Carey (2000), zit. nach Nagel (2005), S. 200.
[42] Siehe dazu insbesondere Hess (2005).
[43] Vgl. Gerber, A. (2000): Theories and Lives. Transnationalism and the Conceptualization of International Migration to the United States. Imis Beiträge, 15, S. 31–37.

gefordert, auch jene EinwanderInnen in empirischen Analysen zu berücksichtigen, weil auch unter jenen MigrantInnen transnationale Phänomene
auftreten könnten.

c) ArbeitsmigrantInnen in grenznahen Regionen

Es kann angenommen werden, dass diese Art der Migration aufgrund des
Beitritts der neuen Ost-Staaten immens an Bedeutung gewinnen wird. In
den 1990er-Jahren war beispielsweise die Hälfte aller ostmitteleuropäischer
MigrantInnen – trotz ursprünglich hoher Qualifikation – auf einer niedrigen Qualifikationsstufe tätig.[44]

d) Türkische MigrantInnen und Einwanderer an den EU-Außengrenzen

Gerade bei diesen Gruppen besteht eine ethnische Segregation, die die Gefahr räumlicher und sozialer Exklusion in sich birgt.[45] Es könnte überprüft
werden, ob auch bei jenen Wanderungsbewegungen (z. B. afrikanische Einwanderer in Sizilien, Spanien und Frankreich und türkische Einwanderer in
europäischen Metropolen) das neue transnationale Paradigma Erklärungs-
möglichkeiten bietet und Tendenzen zur Ausrichtung einer doppelten Identität erkennbar sind.

Wählt man das qualitative Interview als Methode, so wäre bei MigrantInnen als Königsweg das narrative Interview zu sehen, weil eine vollständige Offenheit und Natürlichkeit der Interviewsituation gewährleistet wird.
Eine Vertrauensbasis ist bei derart sensiblen Untersuchungsobjekten unmittelbar vonnöten, der Erzählperspektive des Betroffenen sollte die größte Relevanz zugesprochen werden. Wenn theoretische Vorannahmen vorhanden
sind, wäre auch ein Leitfadengespräch möglich, um alle Problembereiche im
Interview abdecken zu können.[46]

Eine ökonomischere Variante qualitativer Forschung wären Fokusgrup-
pen, wobei auch hier eine Vielzahl an Informationen gewonnen wird. Zusätzlich zu individuellen Erfahrungen könnten auch die spezifische Subgruppe
als soziale Einheit und – damit verbunden – gruppenspezifische Verhaltensweisen beobachtet werden. Nachteilig bei Gruppendiskussionen wäre, dass

---

[44] Vgl. Fassmann, H. & Münz, R. (2000): Österreich und die Ost-West Wanderung.
Veränderte Perspektiven. In: dies. (Hrsg.): Ost-West Wanderung in Europa. Wien:
S. 88ff.

[45] Vgl. Giffinger, R. & Wimmer, H. (2002): Segregation von ausländischer Wohnbevölkerung als Barriere der sozialen Integration? In: Fassmann, H. et al. (Hrsg.):
Zuwanderung und Segregation. Europäische Metropolen im Vergleich. Klagenfurt, S. 229.

[46] Vgl. Lamnek (1995), S. 98–110.

anstelle von persönlichen Erlebnissen eher öffentliche Meinungen geäußert werden und – aufgrund der Fülle der Eindrücke – Unsicherheiten in der Interpretation bestehen bleiben.[47]

4.2.3. Quantitative Forschung zu unterschiedlichen Migrationsverläufen

Plant man quantitative Forschungen zur transnationalen Migration, ist ein theoretischer Bezugsrahmen unabdingbar. Basierend auf Forschungsergebnissen der kulturvergleichenden Psychologie und der Kultursoziologie wurde ein möglicher theoretischer Bezugsrahmen zu Bedingungen, moderierenden Variablen und Folgen der Migration für das Individuum erstellt. Das Modell, das anschließend illustriert und erläutert wird, soll einen möglichen Orientierungsrahmen für quantitative Forschung bilden. Da jedoch zahlreiche Variablen, die im Modell aufgeschlüsselt sind, auf Forschungen zur individuellen Situation von dauerhaft ansässigen MigrantInnen beruhen, sollten qualitative Erhebungen als Vorstudien eingesetzt werden, um Theorien und Modellskizzen für transnationale Migration spezifizieren zu können. Einerseits sollen Fragestellungen über komplexe Identitätsprozesse von transnationalen MigrantInnen beantwortet werden, andererseits Schlüsse über spezifische Bedingungen, moderierende Faktoren sowie Folgen von Migration gezogen werden. Damit könnten Modelle individueller Migrationsverläufe modifiziert und für transnationale Pendelbewegungen adaptiert werden. Ein derartiges methodisches Vorgehen wäre in der Soziologie keineswegs neu. In der empirischen Sozialforschung wird vermehrt eine *Methodentriangulation* gefordert, wo mittels eines kombinierten Einsatzes verschiedener Erhebungstechniken und Auswahlverfahren Schwächen bestimmter Forschungsstrategien ausgeglichen werden.[48]

Das vorgeschlagene Modell stellt individuelle Bedingungen, moderierende Variablen und Auswirkungen transnationaler Migration vor. Sowohl auf struktureller, psychischer und (inter-)kultureller Ebene wären Forschungen zur transnationalen Migration denkbar.

---

[47] Vgl. a.a.O., S. 125–132.
[48] Vgl. Schnell, Rainer, Hill, Paul, B. & Esser, Elke (1999): Methoden der empirischen Sozialforschung, 6. Auflage, München, Wien, S. 245.

*Tabelle 3: Orientierungsmodell zu Ausgangsbedingungen,
Moderatorvariablen und Folgen der Migration auf individueller Ebene*

Bedingungen	Moderierende Variablen	Auswirkungen
Strukturelle Ebene	*Strukturelle Ebene*	*Strukturelle Ebene*
• Geschlecht • Alter • Ausbildungsniveau • Beruf • Entfernung Herkunftsort	• Aufgewerteter/ abgewerteter Status • Dauer und Intensität der Pendelbewegung	• Lebenssituation (transnationale Räume)
Psychische Ebene • Persönlichkeits- spezifische Dispositionen (Offenheit, Flexibilität) • Motive/Bedürfnisse der temporären Immigration	*Psychische Ebene – Verhaltensebene* • Rollenerwartungen • Emotionsregulation • Kritisches Bewusstsein/Denken • Arbeits- und Wohnzufriedenheit • Einstellungen und Verhaltensmuster der Aufnahme/Herkunftskultur • Nutzung von Kommunikations- technologien	*Psychische Ebene – Verhaltensebene* • Identität • Seelische Gesundheit • Lebensstil • Kulturelle Merkmale
(Inter-)kulturelle Ebene • Sprachkenntnisse • Interkulturelle Begegnungen/ Vorerfahrungen • Nähe/Distanz zur Heimatkultur (qualitativ)	*(Inter-)kulturelle Ebene* • Soziale Unterstützung, soziale Netzwerke • Zugehörigkeit zu Wanderungsbewegungen (MigrantInnen-Subkultur) • Involviertheit in Aufnahmekultur • Kontaktdichte • Akkulturationsstrategien (Integration, Separation, Assimilation, Marginalisierung)	*(Inter-)kulturelle Ebene* • Soziale Beziehungen (transnationale Familien, Gemeinschaften) • Transnationale soziale Netzwerke

• Die *strukturelle Ebene* soll soziodemographische Merkmale analysieren, die zu Migrationsentscheidungen beitragen. Fassmann (2002) demonstrierte in einer Studie über die Absichten zur Migration in Osteuropa, dass vor allem junge, aufstiegswillige und höher qualifizierte Männer eine Bereitschaft zeigen, nach Österreich und Deutschland zu ziehen.[49]

---

[49] Vgl. Fassmann, Heinz (2002): EU-Erweiterung und Arbeitsmigration nach Österreich und Deutschland. Quantitative Vorhersagen und aktuelle Entwicklungstendenzen. IMIS Beiträge, 19, S. 65–88.

Als moderierende Faktoren auf struktureller Ebene spielen die Dauer und Intensität der Wanderung eine entscheidende Rolle. Je nach der Entfernung zum Herkunftsort und Dauer des Auslandsaufenthaltes können unterschiedliche Bedürfnisse, sich in die Residenzgesellschaft zu integrieren bzw. mit dem Herkunftsort verwurzelt zu bleiben, bestehen. Wesentlich ist auch der Status der immigrierten Personen. So zeigen Kohlbacher & Reeger (2002), dass türkische ImmigrantInnen und – geringer ausgeprägt – ex-jugoslawische Einwanderer in Wien signifikant mehr Nachteile bezüglich der ethnischen Segregation und Wohnintegration nennen als deutsche oder polnische Einwanderer.[50]

Die Folgen der Migration können strukturell anhand der derzeitigen Lebenssituation der MigrantInnen (im Wohn- und Arbeitsbereich) beurteilt werden.

• Forschungen zu *psychischen Ausgangsbedingungen, moderierenden Faktoren* und *Folgen* werden von der kulturvergleichenden Psychologie seit Jahren durchgeführt. Die Akkulturationsforschung untersucht die psychologischen Veränderungen durch die Kulturkontaktsituation und analysiert die Persönlichkeitsmerkmale, welche zur Bewältigung der Anforderungen dieser Situation dienen.[51] Derartige Merkmale sind beispielsweise Flexibilität und Offenheit.[52] Für die Analyse der Ausgangsbedingungen ist ebenfalls wichtig, welche Erwartungen in die Migration gesetzt wurden und welche persönlichen Motive mit ihr verbunden waren. Diese Push- und Pull-Faktoren der Auswanderung bzw. Pendelbewegung könnten in einer quantitativen Studie retrospektiv erhoben werden.

Auf psychischer Ebene beeinflussen zahlreiche moderierende Variablen den Migrationsprozess. Innerpsychisch stellen die Emotionsregulation und das kritische Denken wesentliche Prädiktoren dar, wie die Auswirkungen des Lebens in zwei Kulturen kompensiert werden.[53] Zusätzlich hängen positive Migrationserfahrungen von den Einstellungen (Vorurteilen) und Verhaltensweisen (Diskriminierungen) der Residenzgesellschaft ab. In Bezug zum Aufbau transnationaler Netzwerke spielt auch eine Rolle, inwiefern neue Kommunikationstechnologien genutzt werden, um mit dem Herkunftsland in Verbindung zu bleiben.

---

[50] Vgl. Kohlbacher & Reeger (2002), S. 241–245.
[51] Vgl. Schönpflug, Ute (2003): Migration aus kulturvergleichender psychologischer Perspektive. In: Thomas, A. (Hrsg.): Kulturvergleichende Psychologie. Göttingen: S. 518f.
[52] Ruben & Kealey (1979), zit. n. Schönpflug (2003), S. 527.
[53] Matsumoto, D. (in press): Psychological Skills Related to Intercultural Adjustment. In: Wong, P. & Wong, C.J. (Eds.): Handbook of Multicultural Perspectives on Stress and Coping. New York, pp. 1–8.

Bezüglich der Auswirkungen auf der psychischen Ebene und der Verhaltensebene sollten komplexe und weniger komplexe Analysebereiche (Veränderungen der Identität, Lebensstile, seelische Gesundheit) operationalisiert werden.

- Die Analyse der *kulturellen Ebene* ermöglicht spezielle Aussagen über transnationale MigrantInnen. Hinsichtlich der Ausgangsbedingungen der Migration zeigen kulturpsychologische Studien, dass Sprachkenntnisse, die Nähe zur Heimatkultur, das Wissen über kulturelle Gegebenheiten des Landes und positive Vorerfahrungen entscheidende Prädiktoren für die Migrationsentscheidung darstellen.[54]
Zentral für die Analyse der moderierenden Faktoren ist Berrys Modell der Akkulturationsstrategie (1990):

Tabelle 4: Akkulturationsmodell nach Berry (1990)

Beziehung zu anderen Gruppen, Aufnahmekultur behalten?		Identität und wichtige Merkmale der Herkunftskultur behalten?	
		JA	NEIN
	JA	INTEGRATION	ASSIMILATION
	NEIN	SEPARATION	MARGINALISIERUNG

Bejaht man kulturelle Merkmale der Herkunfts- und der Residenzgesellschaft, kommt es zur Integration, verneint man beide, kann Marginalisierung resultieren. Bei geringem Kontakt zur Aufnahmegesellschaft folgt Separation, bei Verlust des Kontakts zur Herkunftsgesellschaft folgt Assimilation. Transnationale MigrantInnen praktizieren voraussichtlich hauptsächlich die Integrationsstrategie, die auch kulturpsychologischen Studien zufolge zu weitgehend harmonischen, interkulturellen Beziehungen führt. Einwanderer aus islamischen Ländern, deren Status in europäischen Gesellschaften geringer ist, wählen jedoch auch häufig die Separationsstrategie, die mit problematischeren Beziehungen einhergeht.[55]

Eine wesentliche Moderatorfunktion für MigrantInnen üben soziale Netzwerke aus. Die Anzahl und der Verlauf der interkulturellen Kontakte ermöglichen Prognosen über die Entwicklung der Beziehungen zur Aufnah-

---

[54] Berry, John. W. (1990): Psychology of Acculturation. Understanding Individuals Moving between Cultures. In: Brislin, R. W. (Ed.): Applied Cross-Cultural Psychology, 14, Newbury Park, pp. 232–253.

[55] Barrette, G., Bourhis, R.Y., Personnaz, M. & Personnaz, B. (2004): Acculturation Orientations of French and North African undergraduates in Paris. International Journal of Intercultural Relations, 28, pp. 415–438.

megesellschaft.[56] Eine gelingende Integration setzt die Pflege von Netzwerken sowohl in der Herkunfts- wie in der Aufnahmegesellschaft voraus.[57] Fehlende Beziehungen führen zu Entfremdungsprozessen, Deprivation und erhöhten Stresssymptomen, die sich negativ auf die seelische Gesundheit auswirken.

Von hoher Relevanz sind weiters die Familienbeziehungen. Die Existenz transnationaler Familien – gekennzeichnet durch häufig grenzüberschreitende Mobilität – ist die Grundvoraussetzung für die weitere Entstehung von Netzwerken. Transnationale soziale Räume beschreiben in letzter Konsequenz den entgrenzten Lebensraum der TransmigrantInnen, in dem alle Aktivitäten stattfinden, die zur Bewältigung des Alltagslebens notwendig sind. Innerhalb transnationaler Gemeinschaften versuchen die MigrantInnen ihre sozialen Positions- und Statusansprüche einzubringen und zu behaupten. Ideales Resultat dieser Bestrebungen wäre eine Verankerung in beiden Gesellschaften, eine duale kulturelle Identität und Loyalität.[58]

Ein wesentliches Ziel von quantitativen Forschungen wurde mit diesem Modell illustriert. Es wurde gezeigt, welche Faktoren speziell auf die Herausbildung transnationaler Netzwerke und dualer Identitäten wirken. Zudem liegen kaum Studien vor, die Wege der Migration theoriegeleitet nachzeichnen und unterschiedliche Bedingungen, moderierende Faktoren und Folgen integrieren. In Tabelle 3 wurden zahlreiche Variablen aufgelistet, deren Relevanz für transnationale Pendelbewegungen erst durch Vorstudien bestimmt werden kann. Die relevanten Faktoren sollten herausgearbeitet und in einen theoretischen Kontext eingebettet werden, bevor sie für quantitative Forschungen operationalisiert werden.

Um empirische Befunde zu Transformationen in Europa liefern zu können, wäre es sinnvoll, die quantitative Erhebung zu mehreren Messzeitpunkten durchzuführen. Da es aus methodischen und forschungsökonomischen Gründen schwer möglich ist, eine Längsschnittstudie an denselben Personen durchzuführen, bieten sich zwei Varianten von Forschungsdesigns an. *Erstens* könnten Veränderungen zwischen Gesamtstichproben analysiert werden, über einen größeren Zeitraum wären also *Trendstudien* möglich.[59] *Zweitens* könnte eine Longitudinalstudie insofern simuliert werden, indem retrospektiv ausgewählte Ereignisse im Lebenslauf von MigrantInnen erhoben werden.[60]

Das Orientierungsmodell zu möglichen Bedingungen, Moderatorvariablen und Folgen von Migration leitet auf mehrere mögliche Forschungsfelder hin. Es könnten transnationale **Räume**, die in Auseinandersetzung mit der

---

[56] Vgl. Berry (1990), S. 252.
[57] Vgl. Schönpflug (2003), S. 520.
[58] Vgl. Han (2005), S. 79ff.
[59] Vgl. auch Schnell, Hill & Esser (1999), S. 233.
[60] Zu diesem Vorgehen näher Verwiebe (2004), S. 112ff.

Herkunfts- und Residenzgesellschaft gebildet werden, untersucht werden. Das Modell befasst sich zudem mit Entwicklungen kultureller, nationaler und transnationaler **Identitäten**. Forschungen könnten somit Schlüsse über mögliche Konfliktpotenziale innerhalb einer erweiterten EU zulassen. Da unterschiedliche Wege der Migration denkbar sind und explizit untersucht werden sollen, können auch wertvolle Erkenntnisse zur Charakterisierung von **Opfern** und **Rändern einer europäischen Transformation** (entfremdete und marginalisierte Individuen unter MigrantInnen) gefunden werden.

LITERATUR

Barrette, G., Bourhis, R.Y., Personnaz, M. & Personnaz, B. (2004). Acculturation orientations of French and North African undergraduates in Paris. International Journal of Intercultural Relations, 28, pp. 415–438.

Berry, J. W. (1990). Psychology of Acculturation. Understanding Individuals Moving between Cultures. In: Brislin, R. W. (Ed.). Applied Cross-Cultural Psychology, 14, Newbury Park: SAGE, pp. 232–253.

Beutelmeyer, W. & Kapitzla, G. (1988). Die Sekundäranalyse. In: E. Roth (Hrsg.). Sozialwissenschaftliche Methoden. Lehr- und Handbuch für Forschung und Praxis, 2.Aufl. München: Oldenbourg, S. 303–318.

Delhey, J. (2006). Sind europäische Ungleichheiten lebensweltlich relevant? Die Perspektive der Referenzgruppenforschung am Beispiel Lebenszufriedenheit. Abstract zum Kongressbeitrag „Transnationalisierung sozialer Ungleichheit", München.

Faist, T. (2000) (Hrsg.). Transstaatliche Räume. Politik, Wirtschaft und Kultur in und zwischen Deutschland und der Türkei: Bielefeld: Transcript.

Fassmann, H. & Münz, R. (2000). Österreich und die Ost-West Wanderung. Veränderte Perspektiven. In: dies. (Hrsg.): Ost-West Wanderung in Europa. Wien: Böhlau, S. 83–94.

Fassmann, H. (2002). EU-Erweiterung und Arbeitsmigration nach Österreich und Deutschland. Quantitative Vorhersagen und aktuelle Entwicklungstendenzen. IMIS Beiträge, 19, S. 65–88.

Fassmann, H. (2003). Transnationale Pendelwanderung. Polen in Wien. In: Acham, K. & Scherke, K. (2003). Kontinuitäten und Brüche in der Mitte Europas. Studien zur Moderne 18. Wien: Passagen-Verlag, S. 57–58.

Fürstenberg, F. (2006). Soziale Aspekte der transnationalen Pendelwanderung. In: Sterbling, Anton (Hrsg.): Migrationsprozesse. Probleme von Abwanderungsregionen und Identitätsfragen. Hamburg.

Gerber, A. (2000). Theories and Lives. Transnationalism and the Conceptualization of International Migration to the United States. Imis Beiträge, 15 (Transnationalismus und Kulturvergleich), S. 31–55.

Gerhards, J. & Höscher, M. (Hrsg.) (2005). Kulturelle Unterschiede in der Europäischen Union. Ein Vergleich zwischen Mitgliedsländern, Beitrittskandidaten und der Türkei. Wiesbaden.

Giffinger, R. & Wimmer, H. (2002). Segregation von ausländischer Wohnbevölkerung als Barriere der sozialen Integration? In: Fassmann, H., Kohlbacher, J. & Reeger, U. (Hrsg.). Zuwanderung und Segregation. Europäische Metropolen im Vergleich. Bundesministerium für Wissenschaft, Bildung und Kultur, Klagenfurt, S. 209–232.

Goeke, P. (2004). Transnational Migratory Identities between Nuremberg, Serbia, Croatia and Bosnia-Herzegowina. IMIS Beiträge, 24 (Migration and the Regulation of Social Integration), S. 191–203.

Han, P. (2005). Soziologie der Migration, 2. überarb. u. erw. Aufl. Stuttgart: Lucius & Lucius.

Hess, S. (2005). Globalisierte Hausarbeit: Au pair als Migrationsstrategie von Frauen aus Osteuropa. Wiesbaden: Verlag für Sozialwissenschaft.

Hunger, U. (2004). „Brain Gain". Theoretical Considerations and Empirical Data of a New Research Perspective in Development and Migration Theory. IMIS Beiträge, 24 (Migration and the Regulation of Social Integration), S. 213–224.

International Organization of Migration (2005). World Migration 2005, report.

Kohlbacher, J. & Reeger, U. (2002). Ethnische Segregation aus der Perspektive der Migranten – gruppenspezifische Einstellungen, Wahrnehmungen und Erfahrungen von Ausländern in Wien. In: Fassmann, H., Kohlbacher, J. & Reeger, U. (Hrsg.). Zuwanderung und Segregation. Europäische Metropolen im Vergleich. Bundesministerium für Wissenschaft, Bildung und Kultur, Klagenfurt, S. 233–256.

Kreckel, R. (1983). Theorie sozialer Ungleichheiten im Übergang. In: R. Kreckel (Hrsg.). Soziale Ungleichheiten. Göttingen: Schwartz.

Lamnek, S. (1995). Qualitative Sozialforschung. Bd. 2 Methoden und Techniken. Weinheim: Psychologie Verlags Union.

Matsumoto, D. (in press). Psychological Skills Related to Intercultural Adjustment. In: Wong, P. & Wong, C.J. (Eds.). Handbook of Multicultural Perspectives on Stress and Coping. New York: Kluwer Academic Publishing.

Nagel, C. (2005). Skilled migration in global cities from „Other" perspectives: British Arabs, identity politics and local embeddedness. Geoforum, 36, pp. 197–210.

Pries, Ludger (1997). Neue Migration im transnationalen Raum. In: ders. (Hrsg.). Transnationale Migration (Soziale Welt: Sonderband 12). Baden-Baden: Nomos-Verlagsgesellschaft.

Pries, Ludger (2001a). Internationale Migration. Bielefeld: Transcript.

Pries, Ludger (2001b): Migration und Integration in Zeiten der Transnationalisierung oder: Warum braucht Deutschland eine „Kulturrevolution"? In: Zeitschrift für Migration und soziale Arbeit, Heft 1, S. 14–19.

Schnell, R., Hill, P. & Esser, E. (1999). Methoden der empirischen Sozialforschung, 6. Aufl. München: Oldenbourg.

Schönpflug, U. (2003). Migration aus kulturvergleichender psychologischer Perspektive. In: Thomas, A. (Hrsg.). Kulturvergleichende Psychologie. Göttingen: Hogreve, S. 515–541.

URL vom 10. 2. 2006, http://www.obets.ua.es/pioneur

Verwiebe, Roland (2004). Transnationale Mobilität innerhalb Europas. Eine Studie zu den sozialstrukturellen Effekten der Europäisierung. Berlin: Edition Sigma.

Waldinger, R. & Fitzgerald, D. (2004). Transnationalism in Question. American Journal of Sociology, 109 (5), pp. 1177–1195.

Des-Integration

Michaela Strasser

In den folgenden Ausführungen soll – so die Intention – verdeutlicht werden, dass Prozesse der Integration und Desintegration stets zusammen gedacht werden müssen. Es sind parallel verlaufende, sich überschneidende Prozesse, die durchaus zu gegenläufigen Entwicklungen führen können. Auch wenn diese Überlegungen aus einem sozialwissenschaftlich-sozialphilosophischen Blickwinkel erfolgen, kommen sie nicht umhin, die politische und kulturelle Dimension einzubeziehen. Die Multidimensionalität von Integration steht hierbei im Vordergrund und Integration und Desintegration werden in ein Spannungsverhältnis gesetzt.

I. Worüber sprechen wir, wenn wir von Integration sprechen?

Als Ausgangspunkt wird mit dem „Wörterbuch der Soziologie"[1] bewusst der „lexikalische Befund" gewählt. Integration als soziologischer Begriff bezeichnet einen dynamischen Prozess, „in dem ein Mensch oder mehrere Menschen unter Zuweisung von *Positionen und Funktionen* in die *Sozialstruktur* eines *sozialen Systems* aufgenommen werden"[2]. Es geht also um Individuen oder Gruppen, es geht um die Zuweisung von Positionen oder Funktionen, und es geht um die Einbindung auf soziostruktureller Ebene.

Daraus ergeben sich schon erste Spannungsmomente, die auch als Problemfelder in den verschiedenen Beiträgen dieses Bandes formuliert werden, gerade weil sie aus unterschiedlichen einzelwissenschaftlichen Disziplinen oder unterschiedlichen Erfahrungen aus der Praxis Integration und Desintegration in den Blick nehmen.

---

[1] Das „Wörterbuch der Soziologie", herausgegeben von Günter Endruweit und Gisela Trommsdorff, erschien zuerst dreibändig 1989 in einer dtv-Ausgabe. In einer einbändigen Ausgabe wurde es von denselben Herausgebern in zweiter, völlig neu bearbeiteter und erweiterter Auflage 2005 als UTB herausgegeben. Da in der zweiten Auflage in dem von Elke M. Geenen verfassten Artikel „Integration" die Vorstellung unterschiedlicher soziologischer Konzepte von Integration überwiegt, wird für den definitorischen Ansatz auf den von Günter Endruweit verfassten Artikel „Integration" in der ersten Auflage zurückgegriffen.

[2] Endruweit, Günter (1989): Artikel „Integration". In: Endruweit, Günter / Trommsdorff, Gisela (Hrsg.): Wörterbuch der Soziologie. 3 Bde. Stuttgart: Enke. Bd. 2. S. 307 f.

Wenn es um Positionen oder Funktionen geht, kann die zuweisende Instanz oder Institution pauschal oder selektiv vorgehen. Dies spielt insbesondere bei der Gestaltung gesetzlicher Rahmenbedingungen eine Rolle bzw. wie diese dann in der Praxis von Behörden, Ämtern umgesetzt werden. Bürokratismen ordnen, verwalten, quantifizieren. Eine mögliche Folge davon ist, dass eben nicht Integration stattfindet, sondern Desintegration. Es zeichnet sich schon hierbei vor allem eine der prinzipiellen Spannungen ab, nämlich zwischen dem Einzelnen und einer Gesamtheit, sei es das gesellschaftliche System als solches, seien es gesellschaftliche Teilsysteme wie der Arbeitsmarkt oder das Bildungswesen, sei es das Flüchtlings- und Asylwesen. Es kann aber auch die Gruppe der zu integrierenden Minderheit selbst Druck auf den Einzelnen ausüben. Sie kann gegenüber dem Individuum dominieren und Integrationsmuster fixieren. In diesen unterschiedlichen Mustern geht es nicht um den Einzelnen, der seine Position oder Funktion innerhalb des Sozialkörpers sucht, sondern er bekommt sie zugewiesen: Integrationssubjekte wandeln sich zu Integrationsobjekten.

So geht eine „anständige Gesellschaft" mit den Menschen nicht um, würde Avishai Margalit sagen. In seiner „Politik der Würde" ist „eine Gesellschaft dann anständig, wenn ihre Institutionen die Menschen nicht demütigen. … In einer zivilisierten Gesellschaft demütigen die Menschen einander nicht, während es in einer anständigen Gesellschaft die Institutionen sind, die den Menschen nicht demütigen."[3]

Integration ist – so weiter das Wörterbuch der Soziologie – als Form des soziokulturellen Wandels aufzufassen und zwar sowohl beim Aufgenommenen als auch beim Sozialsystem selbst. Beim Aufgenommenen wird dieser soziokulturelle Wandel im zunehmenden Maße als selbstverständlich gefordert und – wie die österreichische Integrationsvereinbarung zeigt – zur Verpflichtung gemacht, ansonsten mit Sanktionen belegt: zumindest hinsichtlich der Eintrittsschwelle des Spracherwerbs. Mit Blick auf das aufzunehmende Sozialsystem findet ein Wandel allerdings nur dann statt, sofern Aufnahmebereitschaft und Bereitschaft zum soziokulturellen Wandel bestehen. Und hier werden die Grenzen immer enger gezogen, die Gesellschaften immer geschlossener. Auch das gilt es noch aufzuzeigen.

Integration unterscheidet sich von Akkulturation als „ein- oder wechselseitige Übernahme von Teilelementen einer anderen Kultur"[4]. Integration unterscheidet sich von Assimilation, diese ist „Angleichung von Individuen oder Gruppen an die Kulturmuster einer aufnehmenden Gruppe oder

---

[3] Margalit, Avishai (1999): Politik der Würde. Über Achtung und Verachtung. Aus
     d. Amerikan. v. Anne Vonderstein. Frankfurt a.M.: Fischer. S. 15.
[4] Geenen, Elke M. (2005): Artikel „Integration". In: Endruweit, Günter/Trommsdorff, Gisela (Hrsg.): Wörterbuch der Soziologie. 2., völlig neubearb. u. erw. Aufl.
     Stuttgart: Lucius & Lucius. S. 247–249. S. 248.

Gesellschaft". Die Grenzen zwischen Akkulturation und Assimilation sind fließend, je nach Anpassungsdruck. Hoher Anpassungsdruck kann aber gegenteilige Prozesse wie etwa Segmentation freisetzen.[5] Integration unterscheidet sich von Interkulturation, „bei der ein Wanderer zwischen zwei Sozialsystemen einen Teil seines soziokulturellen Erbes behält, einen Teil an Neuem hinzugewinnt und auch einen Bereich an gemischter Kultur entwickelt"[6].

Integration ist also mehr als Assimilation und Akkulturation und zugleich weniger als Interkulturation. Dieser Punkt soll später nochmals aufgegriffen werden, um anstelle von Interkulturation zum Ideal der Transkulturalität zu gelangen. „Ideal" insofern, als dieses Mehr an Integration angesichts der Debatten um eine im Kern ethnisch verstandene Leitkultur fast utopisch klingt und sich dennoch Ansätze zur Entwicklung – auch von Transkulturalität – abzeichnen, die ihren Sitz im Individuum hat. Transkulturalität zielt als Begriff dabei nicht auf eine Universalkultur, auch nicht auf ein Transzendieren der Kulturalität. Der Mensch als soziales Wesen ist stets ein auf Kultur – als die Natur des sozialen Menschen – bezogenes Wesen, kann Kultur also nicht überschreiten.

Ob wir die Problematik der Integration oder Desintegration von der Theorie oder Praxis her angehen, wir stehen vor einem komplexen Problem und komplexen Prozessen, die eben nicht einen einmal erreichten Zustand bezeichnen, sondern immer eine Dynamik implizieren. Prozesse der Integration laufen unter bestimmten – strukturellen, institutionellen und kulturellen – Rahmenbedingungen ab, die liberal oder restriktiv (um nicht zu sagen: repressiv) gestaltet werden können und in die verschiedene AkteurInnen eingebunden sind.

Die Vielschichtigkeit der Rede von Integration wird deutlich, da Integration sowohl die systemische Ebene betrifft als auch die Akteursebene. Zudem geht es um verschiedenste Phänomene der Migration, die „Integration" auslösen.

Die *systemische* Ebene umspannt die lokale, die kommunale, die regionale, die nationale, die EU-Ebene bis hin zu globalen Phänomenen, die Migrationen auslösen. Sie umfasst die politische Ebene mit ihren Instanzen und Institutionen, damit vor allem Gesetzgebung und Verwaltung. Integration ist eine Frage institutionellen Handelns. Sie spielt sich insbesondere auf der ökonomischen Ebene ab. Nicht minder wichtig sind die zivilgesellschaftliche Ebene sowie die soziokulturelle Ebene und damit auch die Ebene der religiösen Gemeinschaften.

---

[5] ebd.
[6] Endruweit (1989), S. 308.

Die *Akteursebene* betrifft alle, die Integrationsleistungen erbringen – seitens sowohl der „Aufnehmenden" als auch der „Aufzunehmenden". Beide Seiten können aber auch Integration verweigern.

Wer ist *MigrantIn?* Von wem sprechen wir? Wovon sprechen wir? Wir sprechen vom/von der Einzelnen, der/die fremd ist. Wann und wie wird er/sie zum/zur Fremden? Der/Die GastarbeiterIn wurde zum/zur FremdarbeiterIn, während der „Fremdenverkehr" sich um „Gäste" bemüht. Der/Die EU-BürgerIn als PendlermigrantIn – ein(e) Fremde(r)? Das sind nicht nur Sprachspiele, es geht um Konstruktionen, Codierungen, um Instrumentalisierung von Sprache.

Wir sprechen von MigrantInnen und auch von jenen, die remigrieren. Von dem, der Flüchtling ist, Asyl sucht, vor ethnischer, rassischer, politischer Verfolgung flüchtet, vor Hunger flüchtet, oder einfach nur Hoffnung auf ein besseres Leben mitbringt, eingeschleppt wird oder sich selber durchschlägt, Sippe und Familie verlässt oder seiner Familie nachzieht, oder nur (saisonal) pendelt zwischen Aufnahme- und Herkunftsgesellschaft. Wir sprechen von jenen der zweiten Generation und von jenen, die noch nicht angenommen, akzeptiert[7] und respektiert[8] sind; denen immer noch die Frage gestellt wird: Woher kommen Sie und wie geht es Ihnen „bei uns"? Wir sprechen von denen, die Bilder der Hoffnung in sich tragen, vielleicht auch nur Illusionen, die der Wirklichkeit nicht entsprechen. Die historische Dimension ist dabei noch nicht angesprochen.

All diesen Phänomenen, diesen Menschen stehen gegenüber – wir. Damit soll der Blick auf das Zielland gelenkt werden.

II. DAS ZIELLAND

1. Rahmenbedingungen

Es geht immer auch um das Zielland, in dessen Rahmen Integration stattfindet oder verweigert wird. Zu diesem Rahmen gehören die sozialen, die kulturellen, die politischen, die ökonomischen und die rechtlichen Bedingungen, innerhalb derer nur einige Perspektiven aufgezeigt werden können.

---

[7] Die Akzeptanz, Kern aktiver Toleranz, hat bei allen Debatten um Integration, kulturelle und religiöse Traditionen immer auch den Einzelnen in den Blick zu nehmen, der in seiner Unverwechselbarkeit akzeptiert sein will. Diesen Punkt hat in ihrer Analyse zum Kopftuchstreit in Frankreich herausgearbeitet: Galeotti, Elisabetta (2000): Zu einer Neubegründung liberaler Toleranz. Eine Analyse der „Affaire du foulard". In: Forst, Rainer (Hrsg.): Toleranz. Philosophische Grundlagen und gesellschaftliche Praxis einer umstrittenen Tugend. Frankfurt a.M., New York: Campus, S. 231–256.

[8] Zur Bedeutung des Respekts, durchaus in Korrelation zur Würde, siehe Sennett, Richard (2002): Respekt im Zeitalter der Ungleichheit. Aus d. Amerikan. v. Michael Bischoff. Berlin: Berlin Verlag.

Die *rechtlichen Rahmenregelungen* entscheiden über Legalität und Illegalität des Aufenthaltes im Zielland und damit der Person, die Aufenthalt nimmt. Auf der rechtspolitischen Ebene der Gesetzgebung wird das Recht zum Steuerungsinstrument. Gesetze können als Instrumente der Integration wie auch Desintegration eingesetzt werden. Es können Aktionsspielräume gewährt werden, die vor allem auch rechtliche Sicherheit bieten. Damit aber auch Stabilität, Voraussehbarkeit für das eigene Handeln innerhalb stabiler Verhältnisse. Gerade der Zeitfaktor spielt hier eine wesentliche Rolle. Klare Regelungen und deren eindeutige Anwendung machen Zukunftshorizonte voraussehbar, erlauben Planung im je eigenen Entscheidungshorizont.

Unklare oder komplexe gesetzliche Regelungen oder eine Änderung der jeweiligen geltenden Gesetzeslage, die in zu rascher Abfolge erfolgt, können hingegen zur „legalen Falle" werden. Restriktive gesetzliche Rahmenbedingungen schaffen aber auch selbst die Voraussetzungen dafür, dass Migration und Integration nur teilweise gelingen können und z. B. Arbeitsmigration in einen „kriminellen Sozialdarwinismus" abgleitet. Provokant formuliert führt dann das, was aufgrund solcher Regelungen faktisch eintreten musste, zu noch restriktiveren Regelungen, die mit den vorher geschaffenen Fakten legitimiert werden – ein Kreis, der sich schließt.

Bleiben wir noch im Zielland, beim Wandel der Wertekultur und der in ihr dominanten Wertesets. Österreich wird hier in den Blick genommen.

Auf *kultureller Ebene* dominieren Kräfte der Bewahrung, die sich der Erneuerung entgegenstellen. Beharrung stellt sich gegen Innovation, warnt vor „kultureller Vermischung" und Verlust des Eigenen. Dahinter steht sowohl das Bild – oder besser – Wunschdenken einer monolithischen Kultur – längst Illusion, brüchig geworden und doch immer wieder beschworen in Bildern der „heilen Welt auf der Insel der Seligen". Der „Wiener Charme" als Weltkulturerbe? Kitschheimat, eine Welt im Ansichtskartenformat, in dessen Rahmen sich so viel nicht mehr fügen möchte, fügen kann, was mittlerweile unsere gesellschaftliche Realität ausmacht. Es gilt also, auch Heimat, die scheinbar heile Welt, als „Positivfolie zum Fremden kritisch zu hinterfragen"[9].

Eine geschlossene Welt, die – um heile Welt sein zu können – immer mehr ausschließt, auch „Eigene" aus der „eigenen Gesellschaft", weil sie nicht ins Bild passen. Weg von den Strassen, den Plätzen oder: permanent beobachtet, überwacht. Die Anständigen rücken näher zusammen, halten sich auch die eigenen Anderen auf Distanz. In diese heile Welt brechen dann die Fremden ein, die an einer Authentizität einer lokalen Kultur gemessen werden, die eine geschaffene, eine konstruierte ist, als Konstrukt statisch gehalten wird und bewahrt werden muss.

---

[9] Hackl, Wolfgang (2001): Touristische Begegnung als Erfahrung von Fremdheit. In: Janz, Rolf-Peter (Hrsg.): Faszination und Schrecken des Fremden. Frankfurt a.M.: Suhrkamp. S. 208–229. Hier S. 224.

Die Anderen wiederum suchen ihre eigenen geschlossenen Welten, ihre eigenen „Herkunftsgemeinden" in der „Fremde" mitten unter uns, die ihnen die Geborgenheit vermittelt, die ihnen die Ankunftsgesellschaft nicht zu geben vermag. Sie bilden eigene „Netzwerke" – manche sprechen auch von Gettoisierung. Aus der Binnensicht der Gettos ist es eine „culture de l'entre-soi". Auch sie gefährdet Integration und individuelle Integrität, denn es ist immer der/die Einzelne, der/die sowohl AdressatIn der Integration als auch TrägerIn der Integrationsleistung ist.

2. Desintegration der eigenen Gesellschaft

Ist es nicht mittlerweile eine Illusion, bei den Zielländern unterschiedlichster Migrationsströme davon auszugehen, dass sie selbst integrierte Sozialkörper sind? Die hoch entwickelten Gesellschaften der Gegenwart befinden sich, wie Axel Honneth schon 1994 feststellte, „in einer Situation, für die sich am ehesten der Begriff der ‚Desintegration' anbietet, wenn wir nur den aktuellen Grad der Privatisierung, den Auflösungsprozess der Familie und die ökonomische Verelendung ernst genug nehmen"[10].

Eines der Probleme von „Integration" besteht – darauf soll hier aufmerksam gemacht werden – darin, dass sich Prozesse der Desintegration zunehmend überschneiden. Die Zielgesellschaft als homogenes Ganzes ist selbst ein Konstrukt. Wir erleben eine wachsende Desintegration in der eigenen Gesellschaft, die sich in Randgruppen, sozial Ausgegrenzten, abzeichnet, und eine – quantitativ gesehen – nicht mehr nur marginale Größe darstellt. Man könnte sie als „Binnenwanderungen" eigener Art innerhalb des sozialen Wohlstandsgefüges sehen. Vom Wohlstand in den Notstand, im Sinne eines Abrutschens, verbunden mit dem Verlust bisheriger vertrauter Milieus oder sozialer Räume, mit dem Verlust soziokulturellen Kapitals, mit dem Verlust der Anerkennung und damit des Selbstwertgefühls – oft einhergehend mit Schuldgefühlen. Und damit geht die personale Integrität verloren. Es sind Anzeichen jener Transformationsprozesse, denen unsere eigenen Gesellschaften ausgesetzt sind und die auch eine politische Dimension haben.

Zugleich erhöhen sich die Anforderungen eben an diese sich desintegrierenden Gesellschaften, die einer wachsenden Polarisierung ausgesetzt sind. Sie sollen Integrationsleistungen gegenüber jenen erbringen, die von einem geografischen Außen kommen. Angstpotenziale und Unsicherheiten treffen aufeinander.

---

[10] Honneth, Axel (1994): Desintegration. Bruchstücke einer soziologischen Zeitdiagnose. Frankfurt a.M.: Fischer. Hier S. 10.

2.1 Beispiel Österreich[11]

Desintegrationsprozesse innerhalb der eigenen Gesellschaft lassen sich an einem Wandel der Wertpräferenzen in der österreichischen Gesellschaft ablesen. Aktuelle Studien belegen, dass die gesellschaftlichen Wertesysteme starken Veränderungen unterliegen. Der/Die ÖsterreicherIn sucht das Vertraute, Rückhalt im privaten Bereich. Solidarität wird nur noch innerhalb der Familie und näheren Bekanntschaft praktiziert. Die Mikrosolidarität steigt, die Mesosolidarität in Richtung Nachbarschaft und eigene Gesellschaft hält noch in etwa den gleichen Stand, während die Makrosolidarität (gegenüber AusländerInnen oder der Dritten Welt) sukzessive abnimmt. Die AusländerInnenfeindlichkeit steigt weiter an. Mittlerweile sehen (im Vergleich von 2001 bis 2004) schon 65% der Gesellschaft AusländerInnen eher als Belastung denn als Nutzen, 70% sehen eine geringe Anpassungsbereitschaft von AusländerInnen. 80% der ÖsterreicherInnen fordern eine stärkere Anpassung der AusländerInnen an unseren Lebensstil.[12] Bei einem Anteil von 70% bis 80% findet sich AusländerInnenfeindlichkeit also nicht mehr nur bei den Modernisierungsverlierern, sondern greift mehrheitlich auf die Gesellschaft über.

Die Zukunftsangst steigt, die vorherrschenden Ängste der ÖsterreicherInnen gelten dem Zusammenbruch des Gesundheitssystems (82%), darauf folgen Faktoren, die die Sicherheit und Stabilität der Gesellschaft bedrohen (Kriminalität, Drogensucht, Arbeitslosigkeit, Rechts- sowie Linksradikalismus). 64% der ÖsterreicherInnen haben Angst vor Überfremdung.[13]

Die Tendenz zu Konformismus und Autoritarismus ist im Steigen begriffen. Die Daten zum Wandel der Werthaltungen in Österreich lassen regressive Tendenzen erkennen. In den Erziehungszielen der ÖsterreicherInnen dominieren wieder Konventionalismus und Angepasstheit. Heimat und Familie werden zu räumlichen und sozialen Ressourcen von Geborgenheit. „Die Erfahrung alltäglicher Normalität, die sich in Verhaltens- und Erwartungssicherheiten niederschlägt"[14], scheint auch in Österreich ins Wanken zu geraten. Moralisierende politische Strategien (nach dem Gut-und-Böse-Schema) bewirken eine Kultur des Misstrauens, und auf dieser Tastatur der Emotionalität und Irrationalität kann gut populistisch gespielt werden.

---

[11] Die Daten zu Österreich beziehen sich auf IMAS Reporte aus dem Jahre 2004 sowie 2005, abrufbar unter http://www.imas.at/
[12] IMAS-Report, Nr. 17 (September 2004). Zuwanderungsproblematik.
[13] IMAS-Report, Nr. 19 (Oktober 2004). Ängste als Wegbegleiter.
[14] Aschauer, Wolfgang (2006): Werte und Wertewandel in Österreich – aktuelle Studien und Trends. In: Fischer, Michael/Badura, Heinrich (Hrsg.): Politische Ethik I. Ethikräume der Politik. Frankfurt a.M., u.a.: P. Lang. Siehe dazu IMAS-Report, Nr. 7 (Mai 2005). Erziehungsziele in Zentraleuropa.

Unser System produziert strukturell „Insider" und „Outsider" aufgrund ihrer eigenen Inklusions- und Exklusionsmechanismen. Nach einem Beitrag von Emmerich Tálos sind – bezogen auf den Sozialstaat – solche Mechanismen soziostrukturell programmiert und setzen Desintegrationsprozesse frei bzw. tragen selbst zu steigenden Tendenzen der Desintegration bei. „In erwerbsorientierten sozialen Sicherungssystemen ist ebenso wie im System der Armenfürsorge und der Sozialhilfe Ausgrenzung strukturell angelegt."[15] Tálos zielt insbesondere darauf ab,

> dass es im Sozialstaat Outsider im Sinne des gesetzlich normierten Ausschlusses aus den Leistungssystemen gibt. „Ausgrenzung" ist darauf nicht begrenzt. Materielle Teilhabechancen können trotz formaler „Integration" unzureichend sein. Anders gesprochen heißt dies: formelle „Inklusion" und materiale „Exklusion" sind zugleich möglich und miteinander verbunden. ... Beides ist in den Gestaltungsprinzipien erwerbsorientierter Sozialstaaten traditionell angelegt.[16]

Die Problematik der Ausgrenzung trotz Integration in den Bereich staatlich geregelter sozialer Sicherung – bedingt durch einschneidende Änderungen am Erwerbsarbeitsmarkt – spielt realiter eine zunehmende Rolle. Dazu kommt es zu weiteren (in-)direkten Ausschlüssen, z. B. aufgrund der neuen atypischen Beschäftigungsformen. Bilanz: 400.000 ÖsterreicherInnen leben in Armut, 1 Million sind armutsgefährdet – und Sachzwänge legitimieren die non-decisions der Politik. „Aktuelle Politik" – so Tálos – „berücksichtigt weder das Problem wachsender Verarmung, noch die aus atypischer Erwerbsarbeit resultierenden Konsequenzen der Beeinträchtigung von materiellen Teilhabemöglichkeiten."[17]

2.2 Beispiel Deutschland

Ein Vergleich mit Deutschland zeigt eine ähnliche Lage. Die Zukunftsangst steigt, von 2002 bis 2005 von fast 24% auf 42%. Die Zunahme menschenfeindlicher Einstellungen und Verhaltensweisen wird davon abhängen, „wie viele Menschen künftig in unsichere Arbeits- und Lebensverhältnisse geraten, politische Ohnmachtgefühle empfinden und instabile emotionale Situationen erfahren, kurz: prekären Anerkennungsverhältnissen ausgesetzt sind" – so aus dem Forschungsprojekt „Gruppenbezogene Menschenfeind-

---

[15] Tálos, Emmerich (2004): „Insider" und „Outsider" – „Inklusion" und „Exklusion" im Sozialstaat. In: Zilian, Hans Georg (Hrsg.): Insider und Outsider. München, Mering: Raimer Hampp Verlag. S. 105–118. Hier S. 109.
[16] a.a.O. S. 106 f.
[17] a.a.O. S. 116.

lichkeit" am Institut für interdisziplinäre Konflikt- und Gewaltforschung (IKG) der Universität Bielefeld.[18] Es droht „die Verbreitung von Ideologien der Ungleichwertigkeit", so weiter der Bericht, „sodass der Grundsatz der Gleichheit bzw. Gleichwertigkeit an Gültigkeit und Akzeptanz verliert und immer mehr Menschen in ihrer Integrität psychisch verletzt oder gar zerstört werden".[19]

Bedroht ist die politische Mitte, denn gerade hier verschieben sich die „Normalitäten". Der Gesamtanstieg der Fremdenfeindlichkeit ist „insbesondere auf Personen zurückzuführen ..., die sich selbst der politischen Mitte zuordnen. In dieser Gruppe stimmen 2005 ca. 61 % zu, dass es zu viele AusländerInnen in Deutschland gibt, im Jahr 2002 waren es 55 %". Auch in Deutschland sind die autoritären Überzeugungen im Steigen begriffen. Die Zustimmung zu harten politischen Forderungen steigt. 87 % der Befragten meinten, Verbrechen sollten härter bestraft werden, und etwa 80 % sähen es gerne, wenn härter gegen AußenseiterInnen und UnruhestifterInnen vorgegangen würde.[20]

Natürlich ließe sich der Ländervergleich fortsetzen, es sollte damit aber vor allem eines verdeutlicht werden: An der Schnittstelle von „nicht mehr integriert" und „noch nicht integriert" treffen in Unsicherheit, ja Angst, und auf der Suche nach ihrer eigener Identität diejenigen aufeinander, die einander fremd sind. Einheimische wie Fremde sind Teil, ja Objekt solcher Desintegrationsmechanismen. Dieser Schnittpunkt schafft jedoch nicht Gemeinsamkeit, sondern trennt.

Wahrnehmungsmechanismen verfestigen sich zu „feindseligen Einstellungen". Gerade in der medialen Vermittlung von Bildern, aber auch von Sprachbildern, werden Wahrnehmungsmuster geschaffen, perpetuiert, automatisiert. Der „kollektive Blick" vereinnahmt den Einzelnen. „Feindselige Einstellungen" finden Ausdruck in Rassismus, Fremdenfeindlichkeit, Abwertung des Religiösen (Antisemitismus und Islamophobie), Herabsetzungen des sozialen Andersseins (Heterophobie), Missachtung von „Entbehrlichen" (Obdachlose, Drogensüchtige, usw.). Oder auch in der Einfor-

---

[18] Dieses Projekt läuft unter der Leitung von Wilhelm Heitmeyer seit 2002 und ist auf 10 Jahre angelegt, mit einem jährlichen Report „Deutsche Zustände" im Suhrkamp-Verlag. Derzeit 4 Bände, hrsg. v. Wilhelm Heitmeyer. Projektdaten und aktuelle Ergebnisse, derzeit für den Vergleichszeitraum von 2002 bis 2005, abrufbar unter http://www.uni-bielefeld.de/Universitaet/Einrichtungen/ Zentrale%20Institute/IWT/FWG/Feindseligkeit/Desintegration.html, abgerufen am 30. 4. 2006. Verantwortlich für den Inhalt: Kirsten Endrikat. Vgl. des Weiteren zur Lage in Deutschland Heitmeyer, Wilhelm/Imbusch, Peter (Hrsg.) (2005): Integrationspotenziale einer modernen Gesellschaft. Wiesbaden: VS Verlag für Sozialwissenschaften.

[19] ebd.

[20] ebd.

derung von Etabliertenvorrechten, die sich in einer „konkurrenzorientierten Fremdenfeindlichkeit" niederschlägt[21], wenn vergleichsweise in Österreich 54% (Jänner 2006) in der Verhinderung der Zuwanderung von ausländischen Arbeitskräften eine der entscheidenden Zukunftsbewältigungsstrategien sehen.[22]

Etabliertenvorrechte verschleiern abwertende Einstellungen und leugnen zugleich die Gleichwertigkeit aller Menschen, indem zwischen den Etablierten und den Außenseitern Rangfolgen erstellt werden.[23] Abwertende Einstellungen können aber auch überspringen, wenn z. B. von den gesellschaftlichen oder politischen Eliten eines Landes Ideologien der Ungleichwertigkeit offen vertreten werden oder als Alibi dafür benutzt werden, um andere Systemschwächen zu überdecken.[24] Gleichwertigkeit ist eben ein Konstrukt, es geht um den Maßstab, die Kriterien, woran gleich und gleich gemessen werden.

Eine Spirale der Abwertung und Diskriminierung wird damit in Gang gesetzt, die vor allem über drei Mechanismen verfügt:

Teilweise werden Gruppen gegen andere instrumentalisiert oder als Bedrohungspotenzial auf die öffentliche Tagesordnung gehoben. Oder die Situation schwacher Gruppen wird erst gar nicht thematisiert. Sie werden aus der öffentlichen Wahrnehmung und Diskussion ausgeschlossen, vergessen. Damit werden sie aber auch nicht anerkannt, um über die Verbesserung ihrer Lage nicht nachdenken zu müssen. Es kann auch die Schuldumkehr eingesetzt werden, wenn die Ursachen für Abwertungen den Gruppen selbst zugeschrieben werden und damit die Gesellschaft entlastet wird.[25] Das trifft die eigenen Anderen ebenso wie die fremden Anderen. Man hält sich die Anderen auf Distanz. Daher die Rede von Parallelgesellschaften und den neuen Gettos. Gettos könnten von außen her betrachtet durchaus die Funktion der Unsichtbarkeit haben – es wird nicht gesehen, wie in den Binnenräumen gelebt wird, oder es wird nicht sichtbar gemacht.

---

[21] ebd.

[22] In einer Umfrage von Jänner 2006 gaben 54% der ÖsterreicherInnen als zweitwichtigstes „Rezept" für die Zukunftsbewältigung an: „Zuwanderung ausländischer ArbeitnehmerInnen verhindern". An erster Stelle sehen 58% der ÖsterreicherInnen „Das Abwandern österreichischer Betriebe verhindern". Siehe dazu IMAS-Report, Nr. 4 (Jänner 2006). Rezepte für Zukunftsbewältigung.

[23] So auch der Titel der bekannten Studie von Elias, Norbert/Scotson, John L. (2002/1965): Etablierte und Außenseiter. Übers. v. Michael Schröter. Frankfurt a.M.: Suhrkamp.

[24] Fürstenberg, Friedrich (2006): Soziale Aspekte der transnationalen Pendelwanderung. In: Sterbling, Anton (Hrsg.): Migrationsprozesse. Probleme von Abwanderungsregionen, Identitätsfragen. Beiträge zur Osteuropaforschung. Bd. 12. Hamburg: Krämer.

Die Rolle der Wahrnehmung und dessen, was wahrnehmbar gemacht wird, darf nicht unterschätzt werden. Es geht sehr wohl auch um den gesellschaftspolitischen Diskurs, der die öffentliche Meinung bestimmt – und um die Rolle der Medien. Sie setzen Verstärkereffekte, indem sie immer wieder extreme Phänomene, Positionen, Ereignisse präsentieren und Bedrohungsszenarien entwerfen – und anderes ausblenden. Man könnte fast sagen: Normalität findet nicht statt.

III. DER/DIE MIGRANTIN

Sein/Ihr rechtlicher Status im Ankunftsland – Legalität oder Illegalität –, sein/ihr sozialer Status im Herkunfts- und Ankunftsland, sein/ihr personaler Status, seine/ihre „Netzwerke", sein/ihr Überschreiten der Kulturen: sie entscheiden über seine/ihre Chance für eine gelingende Integration und integre Identität.

Von Sprache als Schlüssel zur Kommunikation und damit zur sozialen Integration war schon vielfach die Rede. Sie spielt in den aktuellen Debatten um Integrationsvereinbarungen eine zentrale Rolle. Stellvertretend sollen zwei Schriftstellerinnen sprechen.

Agota Kristof, die 1956 aus Ungarn flüchtete und in der französischsprachigen Schweiz aufgenommen wurde, authentisiert ihre Erfahrungen in „Die Analphabetin". Nach ihrer Ankunft in der Schweiz (sie hat Arbeit in der Fabrik gefunden) berichtet sie von einem Gespräch – im Bus mit dem Schaffner:

> Wie soll ich ihm ... erklären, ... dass sein schönes Land für uns, die Flüchtlinge, nur eine Wüste ist, eine Wüste, durch die wir hindurch müssen, um zu dem zu kommen, was man ‚Integration' ... nennt. ... Ich weiß, dass ich das Französische nie so schreiben werde wie die von Geburt französischsprachigen Schriftsteller, aber ich werde es schreiben, wie ich kann, so gut ich kann. Ich habe diese Sprache nicht gewählt. Sie ist mir aufgedrängt worden vom Schicksal, vom Zufall, von den Umständen. Ich bin gezwungen, französisch zu schreiben. Es ist eine Herausforderung. Eine Herausforderung für die Analphabetin.[26]

Zdenka Becker, in Tschechien geboren, aufgewachsen in der Slowakei, seit 27 Jahren in Österreich, schreibt in „Hautnah":

[25] Vgl. dazu Heitmeyer, Wilhelm (Hrsg.) (2005): Deutsche Zustände 3. Frankfurt a.M.: Suhrkamp.

[26] Kristof, Agota (2005): Die Analphabetin. Zürich: Ammann. S. 60. S. 75.

Seit es mir bewusst ist, dass es für immer so bleiben wird, dass die anderen sofort, nachdem sie mich sprechen gehört haben, fragen werden, woher ich kom-
me, denke ich, dass mein Beruf Ausländerin sei. Für immer und ewig. Ich bin
hier allein, kein Mensch spricht so, wie ich, keiner stößt die Laute so hart und
kurz aus sich wie ich. Meine Aussprache ist die Erinnerung an meine verlorene
Heimat, sie ist die Flucht nach vorne, ein Brandmal, eine Tätowierung, der ich
davonzurennen versuche. Ich lebe in einer fremden Welt ohne Land und ohne
Volk, benütze Worte, die nicht meine sind.
Ich bin fremd hier, weil sich meine Zunge nach den Vokalen nicht so richtig
biegt, fremd dort, weil ich den Meinen den Rücken kehrte. Gefallen in den Gra-
ben zweier Kulturen, die sich näher kommen möchten.
Wie viele Sprachen du sprichst, so viele Male bist du ein Mensch, sagt ein altes
Sprichwort. Ich spreche vier Sprachen und bin nur ein Mensch. Keine vier. Ich
bin ein Mensch mit vier Häuten, die meinen Körper wie die Jahresringe umkrei-
sen, die ein Teil von ihm sind.[27]

Wenn auch nur fragmentarisch angedeutet, kann damit vielleicht dennoch Folgendes zum Ausdruck gebracht werden: Sprache ist mehr als nur
die Kompetenz des Lesens und Schreibens, Sprache ist individuelles Ausdrucksmittel, Ausdrucksmittel der Persönlichkeit. Umso betreffender und
ausschließender, wenn schon die fremde Aussprache über Zugehörigkeit
oder Nichtzugehörigkeit entscheidet, ja selbst zum Stigma wird.
    Integration kann nur gelingen, wenn in jedem einzelnen „Migranten",
jeder einzelnen „Migrantin" Herkunftsland wie Zielland zur Integration gelangen, zu einer neuen Einheit verschmelzen. Wenn die erste Heimat nicht
für die zweite aufgegeben werden muss. Denn eines steht fest: „Bevor man
zum Immigranten wird, ist man Emigrant; bevor man in einem Land ankommt, hat man ein anderes verlassen müssen."[28] Die eine Zugehörigkeit
legt man nicht ab, um mit einer neuen Zugehörigkeit am Nullpunkt zu beginnen. Eine „repressive Integration" hingegen zwingt dazu, „sich entweder
gegen sich selbst oder gegen die anderen zu entscheiden"[29].
    Eine nicht integre individuelle Identität kann zur Integration in eine
diese Identität „schluckende" kollektive Identität führen – das ist auch eine
Facette neu sich bildender transnationaler Identitäten (z. B. Islam, europäischer Islam), die sehr wohl eine Sprengkraft in nationalen territorialen
Gesellschaften entwickeln können, eine Art systemimmanenter kultureller
(ethnischer, religiöser) Regionalisierung.

---

[27] Becker, Zdenka (2001): http://www.kultur-verlag.de/beckerzdenka/rheinsberg
     2002.htm, abgerufen am 25. 4. 2006.
[28] Maalouf, Amin (2000): Mörderische Identitäten. Aus d. Franz. v. Christian Han-
     sen. Frankfurt a.M.: Suhrkamp. S. 38.
[29] a.a.O. S. 35 f.

„Identität lässt sich nicht aufteilen, weder halbieren noch dritteln oder in Abschnitte zergliedern. Ich besitze" – so betont Amin Maalouf, in einer Region geboren, die heute zum Libanon gehört, lebend in Frankreich, dennoch weder Franzose, noch Libanese, sondern Amin Maalouf – „nicht mehrere Identitäten, ich besitze nur eine einzige, bestehend aus all den Elementen, die sie geformt haben, in einer besonderen ‚Dosierung', die von Mensch zu Mensch verschieden ist"[30].

Hier kann ein Ansatzpunkt dafür liegen, was „hybride Identität" genannt wird oder was „transkulturelle Identität" bedeuten kann: jene Identität, die jeden Einzelnen unverwechselbar macht und die ich aus der Differenz zu den Anderen immer wieder neu entwerfe und vielleicht gelungene Desintegration ist.

Die Grenze der Integration ist die Integrität der individuellen Persönlichkeit.

Integration ist dann gelungen, wenn sie das ermöglicht und hervorbringt, was schon an ihrer (Wort-)Wurzel zugrunde gelegt ist. Integration leitet sich von integer ab und rührt damit an Integrität. Mit Integrität kommt das Ganzheitliche in den Blick, das Vollständige, das Unangetastete. Und dann ist es nur mehr ein Schritt zu dem, worum es eigentlich und konkret geht:

„Die Würde des Menschen ist unantastbar."

Literatur

Aschauer, Wolfgang (2006): Werte und Wertewandel in Österreich – aktuelle Studien und Trends. In: Fischer, Michael/Badura, Heinrich (Hrsg.): Politische Ethik I. Ethikräume der Politik. Frankfurt a. M., u. a.: P. Lang

Becker, Zdenka (2001): Hautnah. http://www.kultur-verlag.de/beckerzdenka/rheinsberg2002.htm, 28.4.2006

Elias, Norbert/Scotson, John L. (2002/1965): Etablierte und Außenseiter. Übers. v. Michael Schröter. Frankfurt a.M.: Suhrkamp

Endruweit, Günter (1989): Artikel „Integration". In: Endruweit, Günter/Trommsdorff, Gisela (Hrsg.): Wörterbuch der Soziologie. 3 Bde. Stuttgart: Enke. Bd. 2.

Fürstenberg, Friedrich (2006): Soziale Aspekte der transnationalen Pendelwanderung. In: Sterbling, Anton (Hrsg.): Migrationsprozesse. Probleme von Abwanderungsregionen, Identitätsfragen. Beiträge zur Osteuropaforschung Bd. 12. Hamburg: Krämer

Galeotti, Elisabetta (2000): Zu einer Neubegründung liberaler Toleranz. Eine Analyse der „Affaire du foulard". In: Forst, Rainer (Hrsg.): Toleranz. Philosophische

---

[30] a.a.O. S. 7 f.

Grundlagen und gesellschaftliche Praxis einer umstrittenen Tugend. Frankfurt a.M., New York: Campus. S. 231–256

Geenen, Elke M. (2005): Artikel „Integration". In: Endruweit, Günter/Trommsdorff, Gisela (Hrsg.): Wörterbuch der Soziologie. 2., völlig neubearb. u. erw. Aufl. Stuttgart: Lucius & Lucius

Hackl, Wolfgang (2001): Touristische Begegnung als Erfahrung von Fremdheit. In: Janz, Rolf-Peter (Hrsg.): Faszination und Schrecken des Fremden. Frankfurt a.M.: Suhrkamp. S. 208–229

Heitmeyer, Wilhelm/Imbusch, Peter (Hrsg.) (2005): Integrationspotenziale einer modernen Gesellschaft. Wiesbaden: VS Verlag für Sozialwissenschaften

Heitmeyer, Wilhelm (Hrsg.) (2005): Deutsche Zustände 3. Frankfurt a.M.: Suhrkamp

Honneth, Axel (1994): Desintegration. Bruchstücke einer soziologischen Zeitdiagnose. Frankfurt a.M.: Fischer

IMAS-Report, Nr. 17 (September 2004). Zuwanderungsproblematik.

IMAS-Report, Nr. 19 (Oktober 2004). Ängste als Wegbegleiter.

IMAS-Report, Nr. 7 (Mai 2005). Erziehungsziele in Zentraleuropa.

IMAS-Report, Nr. 4 (Jänner 2006). Rezepte für Zukunftsbewältigung.

Kristof, Agota (2005): Die Analphabetin. Zürich: Ammann

Maalouf, Amin (2000): Mörderische Identitäten. Aus d. Franz. v. Christian Hansen. Frankfurt a.M.: Suhrkamp

Margalit, Avishai (1999): Politik der Würde. Über Achtung und Verachtung. Aus d. Amerikan. v. Anne Vonderstein. Frankfurt a.M.: Fischer

Tálos, Emmerich (2004): „Insider" und „Outsider" – „Inklusion" und „Exklusion" im Sozialstaat. In: Zilian, Hans Georg (Hrsg.): Insider und Outsider. München, Mering: Raimer Hampp Verlag. S. 105–118

AutorInnen-Kurzbiografien

Wolfgang ASCHAUER, Soziologe, Psychologe, Lehrbeauftragter an der Abteilung Soziologie und Kulturwissenschaft des Fachbereiches Erziehungswissenschaft und Kultursoziologie der Universität Salzburg. Forschungsschwerpunkte: Tourismussoziologie; Migrationsforschung; Wertewandel; empirische Sozialforschung und Statistik. Kontakt: Universität Salzburg, Abteilung Soziologie und Kulturwissenschaft, Rudolfskai 42, A-5020 Salzburg, E-Mail: wolfgang.aschauer@sbg.ac.at

Rainer BAUBÖCK, Politikwissenschafter, Mitarbeiter am Institut für Europäische Integrationsforschung der Österreichischen Akademie der Wissenschaften, stellvertretender Obmann der Kommission für Migrations- und Integrationsforschung der Österreichischen Akademie der Wissenschaften, Lehrbeauftragter an den Universitäten Innsbruck und Wien, Vorsitzender der Österreichischen Gesellschaft für Politikwissenschaft (2004–2005), ab Jänner 2007 Professor für politische und soziale Theorie am Europäischen Hochschulinstitut in Florenz. Forschungsschwerpunkte: Migration; Multikulturalismus; Nationalismus; Staatsbürgerschaft; politische Theorie. Kontakt: Österreichische Akademie der Wissenschaften, Institut für Europäische Integrationsforschung, Prinz Eugen-Straße 8–10, A-1040 Wien. E-Mail: rainer.baubock@oeaw.ac.at

Siglinde BOLBECHER, Exilforscherin, Historikerin, Literaturwissenschafterin, Ausstellungsgestalterin, wissenschaftliche Mitarbeiterin des Dokumentationsarchivs des Österreichischen Widerstandes, Mitbegründerin der Theodor Kramer Gesellschaft, Leiterin der FrauenAG der Österreichischen Gesellschaft für Exilforschung. Forschungsschwerpunkte: Aufsätze zur Zeitgeschichte und Exilliteratur, Herausgeberin der gesammelten Werke Stella Rotenbergs sowie Mitverfasserin des Lexikons der österreichischen Exilliteratur. Kontakt: Theodor Kramer Gesellschaft, Engerthstraße 204/14, A-1020 Wien, E-Mail: bolbecher@theodorkramer.at

Patrick DUVAL, Univ.-Dozent für Nederlandistik an der Université Paul Verlaine-Metz, Mitglied u.a. des Centre d'Etudes Germaniques Interculturelles de Lorraine (CEGIL), Leiter des Forschungsprojekts „Identités néerlandaises". Forschungsschwerpunkte: niederländische Mentalitätsgeschichte; Staats- und Nationswerdung in den Niederlanden und in Belgien; Humanismus in den Niederlanden. Kontakt: Université Paul Verlaine – U.F.R. Lettres & Langues / Néerlandais, Ile du Saulcy, F-57045 Metz Cedex 1. E-Mail: pduval@univ-metz.fr

Claire EXTRAMIANA, zuständig für Spracherwerb in der Abteilung für
französische Sprache und Sprachen Frankreichs des Ministère de la culture et de la communication, Délégation générale à la langue française
et aux langues de France (DGLFLF), Leitung der ExpertInnengruppe
„Sprachtest für Zuwanderer" im Rahmen der französischen Aufnah-
me- und Integrationsvereinbarung (September 2003 bis Dezember 2005).
Kontakt: Ministère de la culture et de la communication, Délégation générale à la langue française et aux langues de France, 6, rue des Pyrami-
des, F-75001 Paris. E-Mail: claire.extramiana@culture.gouv.fr

Heinz FASSMANN, Univ.-Prof. für Angewandte Geographie, Raumforschung und Raumordnung am Institut für Geographie und Regionalforschung der Universität Wien, korrespondierendes Mitglied der Österreichischen Akademie der Wissenschaften, Mitglied der Academia
Europaea. Forschungsschwerpunkte: Stadtgeographie; Demographie
(besonders im Bereich Migration); Transformation im östlichen Europa;
Raumordnung in Österreich. Kontakt: Universität Wien, Angewandte
Geographie, Raumforschung und Raumordnung, Universitätsstraße 7,
A-1010 Wien. E-Mail: heinz.fassmann@univie.ac.at

Gerhard HETFLEISCH, Historiker, Lehrbeauftragter an der Universität
Innsbruck (1991–2002), seit 1985 Geschäftsführer des ZeMiT – Zentrums
für MigrantInnen in Tirol, 2002 bis 2005 Geschäftsführer des Equal Pro-
jekts MIDAS (Wien), seit 2005 Geschäftsführer des Equal Projekts „Join
In!" (Tirol), Konsulent und Co-Redakteur des Integrationskonzeptes für
Salzburg. Forschungsschwerpunkte: Rassismus; Migration; Integration.
Kontakt: „Join In!"-Geschäftsführung, Maximilianstraße 9, A-6020
Innsbruck. E-Mail: hetfleisch@join-in.at

Albert LICHTBLAU, Ao.Univ.-Prof. im Fachbereich für Geschichts- und
Politikwissenschaft, stellvertretender Leiter des Zentrums für jüdische
Kulturgeschichte an der Universität Salzburg. Forschungsschwerpunk-
te: Migration; Koexistenzen; österreichisch-jüdische Geschichte; Oral
History; audiovisuelle Geschichte. Kontakt: Universität Salzburg, Fach-
bereich für Geschichts- und Politikwissenschaft, Rudolfskai 42, A-5020
Salzburg. E-Mail: albert.lichtblau@sbg.ac.at

Manfred OBERLECHNER, Soziologe, Politikwissenschafter, Lehrer für
Deutsch als Fremdsprache/Zweitsprache, Studien in Salzburg, Wien,
Rotterdam, Amsterdam und Strasbourg, Lehraufträge und Gastvorträge
u.a. an der Universität Salzburg und Université Paul Verlaine-Metz, Ver-
tragsassistent an der Kunstuniversität Mozarteum Salzburg im Bereich
„Cultural Studies" (1998–2004), seit 2004 wissenschaftlicher Projektleiter im Bereich Arbeitsmarktpolitik der Salzburger arbeitsmarktpoliti-

schen Betreuungseinrichtung zur Integration von ZuwanderInnen in den österreichischen Arbeitsmarkt (VeBBAS). Forschungsschwerpunkte: Arbeitsmarktpolitik; Multikulturalismus; Interkulturalität; Migration; Exil. Kontakt: VeBBAS, Elisabethkai 60/5, A-5020 Salzburg. E-Mail: m.oberlechner@vebbas.at

Margit ÖPPMAYR, Publizistin, Kommunikationswissenschafterin, seit 1989 Geschäftsführerin der Salzburger arbeitsmarktpolitischen Betreuungseinrichtung zur Integration von ZuwanderInnen in den österreichischen Arbeitsmarkt (VeBBAS). Beratungsschwerpunkt: Integration von AsylwerberInnen und Asylberechtigten. Kontakt: VeBBAS, Elisabethkai 60/5, A-5020 Salzburg. E-Mail: m.oeppmayr@vebbas.at

Brunhilde SCHEURINGER, Ao.Univ.-Prof. an der Abteilung Soziologie und Kulturwissenschaft des Fachbereiches Erziehungswissenschaft und Kultursoziologie der Universität Salzburg. Forschungsschwerpunkte: allgemeine Soziologie; Sozialstrukturanalyse; Flüchtlingssoziologie; Bildungssoziologie. Kontakt: Universität Salzburg, Abteilung Soziologie und Kulturwissenschaft, Rudolfskai 42, A-5020 Salzburg. E-Mail: brunhilde.scheuringer@sbg.ac.at

Siegfried STEINLECHNER, Landesgeschäftsführer des Arbeitsmarktservice Salzburg (AMS), 20 Jahre Erfahrung in der arbeitsmarktpolitischen Grundlagen- und Entwicklungsarbeit, ab 1994 Managementverantwortung im AMS, u.a. verantwortlich für die Umsetzung des Ausländerbeschäftigungsgesetzes im Bundesland Salzburg. Kontakt: Arbeitsmarktservice Salzburg, Auerspergstraße 67a, A-5020 Salzburg. E-Mail: siegfried.steinlechner@ams.at

Michaela STRASSER, Ao.Univ.-Prof. im Fachbereich Sozial- und Wirtschaftswissenschaften an der Rechtswissenschaftlichen Fakultät der Universität Salzburg, Mitglied u.a. der „International Association of Legal and Social Philosophy". Forschungsschwerpunkte: Politische Theorie und Ideengeschichte (19./20. Jahrhundert); Sozialphilosophie (Informations- und Wissensgesellschaft); rechtswissenschaftliche Grundlagenwissenschaften (Rechtsethik). Kontakt: Universität Salzburg, Rechtswissenschaftliche Fakultät, Churfürststraße 1, A-5020 Salzburg. E-Mail: michaela.strasser@sbg.ac.at

Bassam TIBI, A.D. White Professor an der Cornell University (USA), Univ.-Prof. für Internationale Beziehungen an der Universität Göttingen, Forschungsprofessur an der Harvard University, Mitglied des „Fundamentalism Project" der American Academy of Arts and Sciences, zahlreiche Gastprofessuren in den USA, Asien und Afrika, Visiting Professor an der Diplomatischen Akademie in Wien, Mitbegründer der arabischen Organisation für Menschenrechte, Mitträger des islamisch-jüdischen Dialogs. Forschungsschwerpunkte: Islamologie; Fundamentalismus; internationale Politik. Kontakt: Abteilung für Internationale Beziehungen, Seminar für Politikwissenschaft, Platz der Göttinger Sieben 3, D-37073 Göttingen. E-Mail: B.Tibi@sowi.uni-goettingen.de

Nadine E. B. WEIBEL, Sozioanthropologin, Mitglied der Forschungsgruppe „Société, Droit et Religion en Europe" des Centre National de la Recherche Scientifique (CNRS). Forschungsschwerpunkte: Islam in Frankreich und Europa; Hinduismus in Frankreich; Gender und Religionen. Kontakt: Centre National de la Recherche Scientifique, 23, rue du Loess - B.P. 20, F-67037 Strasbourg Cedex 02, E-Mail: nadine.weibel@c-strasbourg.fr

Peter WEIS, Sozialversicherungsrechtsexperte, Leiter des Referates Sozialversicherung der Kammer für Arbeiter und Angestellte für Salzburg, als Arbeitnehmervertreter Mitglied in verschiedenen Ausschüssen. Beratungsschwerpunkte: Pensionsversicherung; Arbeitslosenversicherung; Krankenversicherung; Unfallversicherung; Rehabilitation; Kinderbetreuungsgeld. Kontakt: Kammer für Arbeiter und Angestellte, Markus Sittikus-Straße 10, A-5020-Salzburg. E-Mail: p.weis@ak-sbg.at

Nebahat YILMAZ-HUBER, Doktoratsstudentin an der Universität Innsbruck, Lehrbeauftragte an der Universität Innsbruck (2002–2004), derzeit Forschungsaufenthalt an der Yale University, New Haven, USA (bis Februar 2007). Forschungsschwerpunkte: Migration und Integration speziell der türkischen ZuwanderInnen; Mobbing gegen AusländerInnen. Kontakt: An der Lan Straße 31, A-6020 Innsbruck. E-Mail: nebi.yilhu@uibk.ac.at